广东财大法学学术文库

# 法律的逻辑与方法研究

THE STUDIES OF LEGAL LOGIC AND METHODS

姚小林◎著

中国政法大学出版社

2015·北京

# TOTAL ORDER 总　序

　　我国的改革开放事业已进入一个全新的发展阶段。面对新形势新任务，全面建成小康社会，进而建成富强、民主、文明、和谐的社会主义现代化国家，实现中华民族伟大复兴的中国梦，必须全面推进依法治国。建设中国特色社会主义法治体系和社会主义法治国家是一项系统工程，它的推进需要全社会的共同努力，也仰赖于法学学术研究的发展和进步，需要优秀的法学理论成果的支持。

　　广东财经大学法学院从成立至今已经走过了 22 个春秋。22 年来，法学院在师资队伍建设、专业建设、学科建设、人才培养、社会服务等方面都取得了突出的成绩，已经发展成为广东省乃至华南地区重要的法学人才培养基地。为了促使法学院学科建设和科学研究迈上一个新的台阶，培育一批优秀的法学研究人才，产出一批优质的理论研究成果，为国家法治建设尽一点绵薄之力，在中国政法大学出版社的大力支持下，我们组织撰写、出版这套"广东财大法学学术文库"。

　　"广东财大法学学术文库"以反映广东财经大学法学院教师的最新学术研究成果，促进广财法学学科建设的发展和繁荣，促进广财法学科学研究和人才培养，构建广财法律人对外学术交流的新平台，扩大广财法学的社会影响，提升广财法学的学术地位为基本宗旨。

　　"广东财大法学学术文库"的学术队伍具有系统而深厚的法学理论基础，宽广而扎实的法学专业知识功底，具有很强的创新意识、较高的理论造诣和较强的科研能力。入选"广东财大法学学术文库"的著作将密切关注法学学术前沿，紧密联系经济、社会发展的实际，牢牢把握时代的脉搏，坚持立足中国实际和拓展国际视野的原则，充分反映最新的法学研究思想成果，为中国的法学研究事业添砖加瓦。

我们愿意将"广东财大法学学术文库"作为广东财经大学法学院成年的礼物，献给一直以来关心、支持、帮助法学院发展的领导、专家、朋友们，献给我们同舟共济、艰苦奋斗的同事们。

我们希望"广东财大法学学术文库"的学术成果日益丰富，成为广财法律学人茁壮成长的生机勃勃的学术园地，成为广财法学院对外展示高层次理论研究成果的重要窗口，为争奇斗艳的中国法学研究的学术大花园增添一朵亮丽的奇葩，为法学学科建设和科学研究事业的蓬勃发展，为促进中国现代法治建设和社会文明进步奉献我们的一分力量。

我们对为"广东财大法学学术文库"的策划、出版付出辛勤劳动的中国政法大学出版社的编辑、各位评审专家和编委表示衷心的感谢！

广东财经大学法学院

2015 年 4 月 12 日

■■■■ ABSTRACT 摘　要 ◢

　　本书的研究主题为"案件逻辑学"，即作为法律方法的逻辑学，主张从案件出发而非案例或法条出发，深入探究司法诉讼领域内在的逻辑结构及其发展规律。它既不同于传统的案例逻辑学，因为后者主要采用"形式逻辑＋法律事例"的叙事模式，这在本质上仍归属于普通逻辑范畴；也不同于时下盛行的法律推理或法律论证专题研究，因为后者侧重形而上学意义上的法律逻辑批判与反思，这在本质上依旧属于法律哲学范畴。本书重心即作为法律方法的法律推理研究，它立足法律人的司法适用视角，将法律推理分解为法律事实推理、法律规范推理和法律裁判推理三个逻辑层面，而法律论证亦即它的应用延伸，法律谬误则是法律推理与论证的特殊表现类型。按照法律适用逻辑的难易程度，待决的问题案件一般可分为简单案件与疑难案件。简单案件推理主要适用分析性的形式法律推理，涉及归纳法、因果法、类比法以及诸多三段论推理。疑难案件推理主要采用论理解释、法律原则、判例创造、衡平裁判、习惯入法、法理补充、政策依据和经验法则等众多的司法方法。法律论证实现了法律推理的正当化与合理化，并存在逻辑的、论辩的和修辞的三类评价标准。作为逻辑错误或诡辩形式的法律谬误，不但为司法诉讼过程中的自诉方或公诉方提供了非常有力的证明工具，而且也为主持审判工作的法律裁判者提供了质疑和认定当事人纠纷事由特别有效的证伪手段。

CONTENTS 目　录

# 绪　论

## 一、法律人的必修课

在现代法治社会，法律职业是一项受人尊敬的特殊职业。"这是一项多么奇妙的职业呀"，美国大法官霍姆斯发出由衷的赞叹："它犹如一面魔镜，我们看到其中所映射出的不仅有我们自己的生活，还有所有前人的生活！每当我思考这个宏大的主题时，我的双目也为之晕眩。如果我们打算将法律作为我们的情人来讨论的话，在座诸位都知道，只能用持久而孤寂的激情来追求它——只有当人们像对待神祇那样倾尽全部所能，才能赢得她的芳心。"[1] 的确，法律与教师、医生常被人们誉为最有前途的朝阳职业，而法律人则以其体面的收入和较高的社会地位在择业时很受年轻人的追捧。作为这项特殊职业的主要成员，法官与检察官常以客观公正的形象示人，而律师则常以当事人忠实代言人的形象示人。但是，一个成熟的法律人需要长期的职业历练。因此，霍姆斯告诫我们："那些已经开始追求却没能坚持、半途而废的人们，要么是因为他们没有机会一睹她圣洁美好的芳颜，要么是因为他们缺乏为如此伟大的追求而努力的心思。"[2] 其中，经验、逻辑正是法律人终生职业历练过程中的两大必修课程，法律人必须为此付出全身心的努力。

我们知道，霍姆斯提出过一个法律人耳能熟详的著名命题："法律的生命

---

〔1〕 ［美］霍姆斯：《法律的生命在于经验——霍姆斯法学文集》，明辉译，清华大学出版社2007年版，第186页。

〔2〕 ［美］霍姆斯：《法律的生命在于经验——霍姆斯法学文集》，明辉译，清华大学出版社2007年版，第186页。

不是逻辑，而是经验。"[1]但是，这并不意味着霍姆斯是逻辑否定论者。在后来的演讲中，他道出了该命题的另一深层次内涵："这种思考方式是极为普通的，对于法律人的训练就是一种逻辑上的训练。那些类比、识别和演绎的过程正是那些法律人最为熟悉的过程。司法裁决中的语言主要是逻辑的语言。逻辑的方法和形式迎合了人们对确定性的热切渴望和存在于每一个人心灵当中的宁静平和。"[2]因此，霍姆斯命题实际上蕴涵了法律人职业历练的"逻辑"与"经验"两大必修课程。其中，"逻辑"构成法律人职业历练的必要条件，没有逻辑素养的法律人不能称之为法律人；"经验"构成法律人职业历练的充分条件，有经验的法律人可以从事法律工作，但不一定是称职的法律人，法律人还需同时具备严谨缜密的逻辑思维能力。要补充说明的是，这里的"逻辑"主要指称分析性的演绎推理与论证；而霍姆斯所指"经验"则实质地蕴涵了非分析性的辩证法律推理。因此他也说过："在逻辑形式的背后，存在着对于相互竞争的立法理由的相对价值和重要意义的判断，通常是一种无以言表且毫无意识的判断，这是实际存在的，然而却是整个诉讼程序的根源和命脉所在。你们可以赋予任何一个结论以某种逻辑形式。你们总是可以在一项契约中暗示某种条件。"[3]可见，霍姆斯命题的原始含义兼容了形式意义与实质意义的逻辑推理范畴，我们必须作全面而辩证的理解。总之，逻辑是法律人的必修课之一。

逻辑之所以成为法律人的必修课，首先是法律规范本身对一致性的内在追求使然。作为一种有效的行为规范体系，法律规范不仅在制定法立法层面表现为宪法、法律、法规、规章等所构成的严密效力等级体系，也在法律实际运行层面存在严格统一的行政执法结构与司法裁判审级制度。而有关逻辑条理性与批判性的系统训练，不但有助于提升法律人的逻辑素养与思辨能力，推动法律人职业活动的精致化与合理化进程，而且也有助于正确立法和准确适用法律，达到维护宪法法律权威与推动法律体系统一与完善的最终目的。因

---

〔1〕〔美〕小奥利弗·温德尔·霍姆斯：《普通法》，冉昊、姚中秋译，中国政法大学出版社2006年版，第1页。

〔2〕〔美〕霍姆斯：《法律的生命在于经验——霍姆斯法学文集》，明辉译，清华大学出版社2007年版，第217页。

〔3〕〔美〕霍姆斯：《法律的生命在于经验——霍姆斯法学文集》，明辉译，清华大学出版社2007年版，第217页。

此，美国法学家博登海默指出："形式逻辑是作为平等、公正执法的重要工具而起作用的。它要求法官始终如一地和不具偏见地执行法律命令。"[1]美国大法官亚狄瑟则从法律职业角度说得更为具体："了解逻辑规则而非仅仅记住某个执行的步骤，有助于使我们成为更好的律师或法学院学生。法官也得以更适当地审理案件，并发表更具说服力的判决意见。……细心地研究逻辑可以带来许多明显的利益：让我们得以更轻松地学习法律、找出推理过程中的错误、学习避免错误以及更清晰一致地思考困难的问题；即使在法界专业人士中，这种能力也比一般预期的更罕见。"[2]中国学者季卫东教授也认为："法律家的思考方式以三段论推理为基础，力图通过缜密的思维把规范与事实、特殊与普遍、过去与未来织补得天衣无缝。它要求对决定进行诸如判决理由那样的正当化处理以保障言之成理，持之有据，富于说服力。但是，与数学论证不同，在大多数场合法律论证不可能得出'放之四海而皆准'的必然结论。因此，法律决定的妥当与否取决于当事人各方及其代理人自由地对抗性议论的程度。法律家们在相辅相成的辩论中，以当事人适格为由排斥一部分参加者，以本案关联性为由淘汰一部分论据，以合理性为由筛选一部分解决方案，通过一步一步的证伪过程，使结果尽量接近正义……在具体操作上，法律家与其说追求绝对的真实，毋宁说是根据由符合程序要件的当事人的主张和举证而重构事实做出判断。"[3]因此，笔者认为逻辑是法律人的必修课一点也不为过，它真实地存在于法律人职业活动的所有实践操作环节与过程中。

## 二、法律人的逻辑佝偻病

逻辑构成法律人职业活动的必要条件。一个法律人如果不懂逻辑，那么他就有可能罹患法律职业活动常见的"骨质疏松症"——法律逻辑佝偻病[4]。这种病症的社会负面影响程度，借用2004年冯小刚导演的贺岁剧

---

[1]　[美]E. 博登海默：《法理学——法律哲学与法律方法》，邓正来译，中国政法大学出版社1999年版，第496～467页。

[2]　[美]鲁格罗·亚狄瑟：《法律的逻辑——法官写给法律人的逻辑指引》，唐欣伟译，法律出版社2007年版，第4页。

[3]　季卫东：《法治的秩序建构》，中国政法大学出版社1999年版，第200～201页。

[4]　佝偻病，是一种因维生素D匮乏导致的骨骼病变症状，主要表现为病人的肌肉松弛、四肢无力、骨质疏松、易骨折等临床症状。——笔者注

《天下无贼》主角葛优一句经典台词——"后果很严重"。具体说来，这种法律逻辑病症主要表现为：

（1）法律人如果缺乏必要的逻辑思维训练，其在职业活动就有可能表现出语言使用随意、推理论证混乱无序，并最终可能导致法律规范生成的立法恣意风险与法律规范援引的司法任性倾向，这是一种非常典型的法律逻辑佝偻病症状。

立法恣意或司法任性本来是前资本主义社会的常见现象，是不注重正当程序的人治社会产物。在"朕言即法"的时代，逻辑在权力面前往往显得软弱无力、可有可无。然而在奉行社会主义法治理念的当代中国，法律实践中否定逻辑或无视逻辑作用的思潮仍然存在现实的市场。有法官曾对其所在法院进行一次书面问卷调查，调查对象都是从事刑事、民事、商事、行政和审判监督工作等审判一线的法官，本次调查共发出 50 份问卷，收回 39 份。结果发现：任职时间较短和较长的法官对法律推理运用较少，而任职在十年左右的法官运用较多；对"经常运用直觉推理和类比推理"的选项，没有法官选择；在"是否选择演绎推理"的选项中，11 人选择"经常运用"，16 人选择"偶尔使用"，12 人不用；在"是否知道法律推理"选项中，竟然有 5 人选择"不知道"。[1] 基于中国的司法制度现实，这样的调查结果显然不只是反映个别现象。对此现象，学者解兴权的解释也许可以参考：长期以来，由于法官没有承担强制性的推理和论证义务，因而他们的判决书一般写得比较简单和随便，经常会出现所援引法条与事实和判决结论相互脱节与抵牾的现象，也就是说法条、事实、结论是三张皮，各不相关。[2] 而在现实的立法与司法实践中，逻辑佝偻病现象可谓俯拾即是。如 2004 年《宪法（修正案）》第 22 条规定："公民的合法的私有财产不受侵犯。"在逻辑上，宪法所保护的"私有财产"自然属于"合法的"私有财产，而该宪法修正案在"私有财产"前添加"合法的"限制词，纯粹属于同语反复。在《民法通则》第四章第一节，"民事法律行为"概念同样存在严重的逻辑问题，因为该法律本身就是一部民事基本法律，"法律行为"之前添加"民事"二字也是多此一举。后来，

---

〔1〕 张静："法律推理在审判实践中的运用——以一个基层法院的调查为例"，载 http://cdfy.chinacourt. org/article/detail/2007/07/id/558292. shtml，访问日期：2015 年 3 月 20 日。

〔2〕 解兴权：《通向正义之路——法律推理的方法论研究》，中国政法大学出版社 2000 年版，第 2 页。

米健教授为此特地撰文进行批评〔1〕。最近几年，不断有雷人的判决书被媒体公开曝光，如四川某地一份终审判决书存在66处错误〔2〕，又如湖南某地法院同一判决书出现两个不同版本〔3〕等，可谓不胜枚举。这些问题判决书的出现，除了归咎于某些法官不负责任的工作态度外，还与他们头脑潜在的逻辑盲区、法律盲区不无重大关系。

（2）法律人如果故意规避规则或制造逻辑诡辩，在国家立法或司法适用领域试图影响甚至改变法律生态环境，那么就会不公正地服务于某一特定人群或一方当事人的特殊法律诉求，就会产生一种不完全的法律逻辑佝偻病症状。

不管是在制定法国家，还是在判例法国家，法官、律师和检察官等法律人首先自身必须遵循法律规则，即使他们享有一定程度的自由裁量权，也不能随心所欲地改变既定规则制度，更不能利用公共权力通过故意回避或通过利用逻辑错误的方式，不公正地选择性执法或恣意枉法裁判，最终可能导致司法诚信败坏的不良社会恶果。如广为人知的"临时性强奸案"就是这样一则司法丑闻〔4〕：2009年6月10日，浙江湖州南浔某派出所协警邱、蔡二人，邀请小陈和小沈等女青年一起吃晚饭，将她们灌醉带到一家宾馆实施奸淫。事后，邱、蔡二人被逮捕并由南浔区人民法院公开审理判决三年有期徒刑，罪名是"临时性的故意犯罪"（强奸），由此引发社会舆论大哗。法院判决书写道："本案认为，被告人××以奸淫为目的，趁人醉酒之机强奸妇女，其行为均已构成强奸罪。公诉机关指控的罪名成立，依法应予惩处。被告人××具有自首情节，依法予以从轻处罚。两辩护人认为两被告人主动到公安机关投案，并如实供述各自全部犯罪事实，具有法定从轻或减轻情节，以及两被告人的犯罪属临时性的故意犯罪，犯罪情节一般，主观恶性较小，危害后果较轻，归案后认罪态度好，真诚悔罪，并取得被害人的谅解，且系初犯、

---

〔1〕 米健："论'民事法律行为'命名的谬误"，载《人民法院报》2003年10月10日。

〔2〕 王甘霖："一份判决书66个错"，载 http://www.mzyfz.com/news/mag/r/20091220/153604.shtml，访问日期：2015年3月20日。

〔3〕 宋广辉："湖南耒阳法院：同一判决书，竟有两个版本"，载 http://www.people.com.cn/GB/shehui/1063/2927101.html，访问日期：2015年3月20日。

〔4〕 陈磊："'临时性强奸案'背后的协警、女孩和网络民意"，载 http://www.infzm.com/content/37410，访问日期：2015年3月20日。

偶犯，建议酌情从轻处罚的辩护意见，与庭审查明的事实相符，本院予以采纳。"2009 年 12 月 31 日，湖州市中级人民法院对本案作出重审判决，分别改判邱和蔡二人犯强奸罪处有期徒刑 11 年和 11 年 6 个月，并分别被剥夺政治权利 1 年。在本案中，原审法院判决书非法杜撰出"临时性的故意犯罪"概念，其目的是为二位被告人减轻罪责创设有利的法律规则条件。而在法官判错案的"眼花事件"中，当事法官以"眼花"为由试图规避责任。该事件的经过大致如下[1]：2011 年 9 月，河南三门峡境内一起交通肇事案三死两伤，肇事司机被交警认定为"应负事故的全部责任"。3 个月后，河南省陕县人民检察院向陕县人民法院提起公诉，指控被告人杨新华犯交通肇事罪。经过合议庭审理，2012 年 3 月，陕县人民法院判处肇事司机有期徒刑 2 年。在被告人没有做出赔偿的情况下，陕县人民法院以"被告人积极赔偿受害人家属部分经济损失 90 余万元"为由，对被肇事司机从轻发落。2012 年 4 月 23 日上午，河南三门峡陕县人民法院开庭再审本案，改正了原审判决的三处逻辑错误，最终以交通肇事罪判处杨新华有期徒刑 3 年 6 个月。后来，记者采访案件原审法院的主审法官水涛，水涛承认案件判错了，其原因是自己"眼睛花"，当时没看清赔偿证明。

（3）法律人表面上遵循逻辑规则，实际上是以贴标签或模糊笼统的逻辑语言形式掩饰或忽略法律决定中的论证程序环节，作为最终法律决定形式的法律文书也普遍存在和稀泥、说理性不强现象，这是法律逻辑佝偻病最为隐形的症状表现。

法律文书必须具有说理性，诉讼活动也必须遵循基本的逻辑规律和规则。现实中的法律逻辑佝偻病存在一种甚为隐蔽的表现形式，即表面上遵照相关逻辑规律规则，实则推诿掩盖本应充分展示的法律推理与论证工作。美国大法官亚狄瑟也不无感慨道："法官们经常只用一个老掉牙的词组'推理有瑕疵'，而不做进一步说明；律师、法学教授和法学评论的作者们也是如此。这种陈词滥调，说了等于没说。他们并没有指出到底是哪儿出了差错：法条引述？法条诠释？法条的事实适用层面？还是陈述中出现了形式或非形式谬

---

[1]　吴喆华："河南陕县法官'眼花'判错案被停职 案件将重审"，载 http://china. cnr. cn/yao-wen/201204/t20120418_ 509464763. shtml，访问日期：2014 年 3 月 31 日。

[2]　参见吴喆华："河南陕县法官'眼花'错判案再审，原主审法官被追责"，载 http://chi-na. cnr. cn/xwwgf/201204/t20120423_ 509494741. shtml，访问日期：2014 年 3 月 31 日。

误?"〔1〕在我国的司法实践中,此类法律逻辑佝偻病表现得更为明显普遍,不管是当事人诉状,还是法官签署的裁判文书皆是如此,现列举二例略加说明。如在"杨清云与杨明海、蔡翠梅物权保护纠纷案"中,杨清云不服庆市黔江区人民法院〔2013〕黔法民初字第 03287 号民事判决,向重庆市第四中级人民法院提起上诉,请求上诉法院撤销原审判决。上诉人杨清云称:"一审法院违背民事诉讼法的规定,在判决书中未对上诉人及被上诉人所提交的证据依法审查,论证认定本案事实,仍然采用以前'三段论'的判决方式,实难让人难以信服。"〔2〕至于一审法院以前"三段论"的判决方式究竟什么样,上诉人杨清云的上诉状并没有交代,更没有具体列举反驳的事实根据和理由。又如在"唐慧诉永州劳教委终审案"中,终审法院湖南省高级人民法院一方面认同劳教行为是"具体行政行为明显不当"而非违法,另一方面认为劳教决定"不具法律效力",该判决书表述模棱两可,莫衷一是。请看湖南省高级人民法院〔2013〕湘高法行终字第 26 号判决书:"本院认为,本案的争议焦点是永州市劳教委作出的不予赔偿决定是否具有事实和法律依据。从查明的事实看,唐慧多次严重扰乱国家机关工作和社会正常秩序,依法应承担相应的法律责任。据此,永州市劳教委对唐慧作出了劳动教养 1 年 6 个月的决定。湖南省劳教委复议决定确认了永州市劳教委认定的'唐慧有违法行为,应承担相应法律责任'的主要事实,同时认为,永州市劳教委没有考虑到唐慧女儿尚未成年,且身心受到严重伤害,需要特殊监护,对唐慧依法进行训诫、教育更为适宜等情况,依法撤销了永州市劳教委的劳动教养决定。其撤销的法定理由属于《中华人民共和国行政复议法》第 28 条第 1 款第 3 项第 5 目规定的'具体行政行为明显不当'。因此,永州市劳教委以撤销的理由是出于人文关怀,决定不予赔偿,于法无据。行政执法行为被撤销后,根据《湖南省行政程序规定》第 162 条第 3 款规定,其撤销效力追溯至行政执法行为作出之日。故湖南省劳教委撤销永州市劳教委对唐慧的劳动教养决定的效力追溯至该决定作出之日。由此,永州市劳教委对唐慧的劳动教养决定从作出之日起就不具有法律效力,对唐慧已经实施的 9 天劳动教养失去了法律依

---

〔1〕 [美]鲁格罗·亚狄瑟:《法律的逻辑——法官写给法律人的逻辑指引》,唐欣伟译,法律出版社 2007 年版,第 2 页。

〔2〕 "重庆市第四中级人民法院〔2014〕渝四中法民终字第 00492 号",载 http://www.court.gov.cn/zgcpwsw/cq/zqsdszjrmfy_ 4546/ms/201412/t20141218_ 5107673.htm,访问日期:2015 年 3 月 21 日。

据，唐慧有取得国家赔偿的权利，其要求永州市劳教委按照国家上年度职工日平均工资给予其侵犯人身自由的赔偿金的诉讼请求，依法应予支持。"[1]

上述三类法律逻辑佝偻病症状在我国的司法实践中较为普遍，有关主管部门也充分意识到这些逻辑症状的严重后果。2015年2月4日，最高人民法院发布法发的［2015］3号《最高人民法院关于全面深化改革的意见》第34条明确指出必须推动裁判文书说理改革："加强对当事人争议较大、法律关系复杂、社会关注度较高的一审案件，以及所有的二审案件、再审案件、审判委员会讨论决定案件裁判文书的说理性。……完善裁判文书说理的刚性约束机制和激励机制，建立裁判文书说理的评价体系，将裁判文书的说理水平作为法官业绩评价和晋级、选升的重要因素。"[2]而2002年4月1日施行的《最高人民法院关于民事诉讼证据的若干规定》第64条对法官裁判活动的逻辑推理能力作出了具体规范化的制度要求："审判人员应当依照法定程序全面、客观地审核证据，依据法律的规定，遵循法官职业道德，运用逻辑推理和日常生活经验，对证据有无证明力和证明力大小独立进行判断，并公开判断的理由和结果。"重要的不是规定，而是行动，法律人必须自觉提升自身逻辑素养，增强法律文书说理性。事实上，法律人的逻辑推理与论证能力已成为当今法律实务活动顺利进行的必备条件。

**三、作为法律方法的案件逻辑学**

关于法律与逻辑之间关系的学术研究是法律逻辑学的主要任务，它业已成为当今世界法学界跨学科交叉研究的重要课题。通过综合分析20世纪下半叶以来国内外有关学术研究成果，笔者发现法律逻辑研究课题主要存在三类不同的研究路径与分析视角：一是立足形式逻辑立场的例证逻辑学，它采用形式逻辑为主角、法律事例（包括法条）为陪衬的叙事模式，以逻辑分析方法为基础。金承光教授的观点颇有代表性："《法律逻辑学》依然以传统逻辑为其基本内容，但对一些带有法学专业性质的逻辑问题进行了较为深入的探

---

[1] "湖南省高级人民法院［2013］湘高法行终字第26号判决书"，载 http://slide. news. sina. com. cn/c/slide_ 1_ 2841_ 33572. html#p＝1，访问日期：2015年3月21日。

[2] 周利航、杨青："最高法发布关于全面深化人民法院改革的意见"，载 http://www. chinacourt. org/article/detail/2015/02/id/1557989. shtml，访问日期：2015年3月21日。

讨和合理阐释。"〔1〕此类研究本质上属于传统普通逻辑学范畴，可以说囊括了现有绝大部分法律逻辑教材的内容。如雍琦教授主编《逻辑》（中国政法大学 1997 年版），王洪教授主编《法律逻辑学案例教程》（知识产权出版社 2001 年版），张大松、蒋新苗主编《法律逻辑学教程》（高等教育出版社 2003 年版），张大松主编《法律逻辑学案例教程》（复旦大学出版社 2009 年版）等。二是立足法哲学立场的法律思维学，着重研究法律推理的认识论与方法论功能，主要采用逻辑分析与价值分析的研究方法。如学者张保生如此定位过他的一部著作："本书不是一部法律逻辑学著作，而是一部关于法律推理的哲学著作……是以推理主客体的认识和实践关系为主线，始终围绕主客体相互作用的矛盾运动而展开论述的。"〔2〕而解兴权所著《通向正义之路》的副标题就是"法律推理的方法论研究"，他的研究仍然基于法律推理的法哲学反思，其内容结构包括法律推理的本体论认识、历史学考察以及关于形式的法律推理与辩证的法律推理的反省性思考。王洪教授最新力作《制定法推理与判例法推理》，可以说代表了他关于法律推理研究的法律思维学面向。诚如他所言："抓住了法律思维的原则和方法，法律的思维也可以像舞蹈家的脚步一样轻盈。我在本书中就是想揭示与概括制定法推理和判例法推理传统、原则与精神、方法与技艺。"〔3〕三是立足解释学立场的法律论证学，通过建构法律论辩的系列命题模型具体阐释法律实践领域的内在逻辑发展规律，此类法律逻辑研究第一次拥有了真正的法哲学意义，它既区别于第一类传统的形式逻辑立场，也有别于第二类哲学的形而上学研究路径。其代表作包括德国阿列克西成名作《法律论证理论》以及荷兰菲特丽丝《法律论证原理》和德国诺伊曼《法律论证学》（法律出版社 2014 年版）等，中国相关著作如戚渊、郑永流、舒国滢合著的《法律论证与法学方法》（山东人民出版社 2005 年版）和焦宝乾的专著《法律论证：思维与方法》（北京大学出版社 2010 年版）等。此类研究对法律方法研究富有启发，但是它本质上属于法哲学研究模式，主要盛行于大陆法系国家和地区。

　　其实，关于法律与逻辑的关系问题研究，当今法学界开始显露第四类的

---

〔1〕　雍琦、金承光：《法律逻辑教与学》，法律出版社 2007 年版，前言。
〔2〕　张保生：《法律推理的理论与方法》，中国政法大学出版社 2000 年版，第 8～10 页。
〔3〕　王洪：《制定法推理与判例法推理》，中国政法大学出版社 2013 年版，第 401～402 页。

学术研究路径与分析视角——作为法律方法的法律逻辑研究，本书简称"案件逻辑学"，即从案件出发而不是从观点、案例和法条出发，深入探究司法诉讼案件内在的逻辑结构及其发展规律。"案件逻辑学"是参照美国行为主义法学家布赖克（Donald J. Black）"案件社会学"（the sociology of the case）的提法，即他所指的"法律的微观社会学"（the field – the microsociology of law – will）。他使用"案件社会学"是希望他的研究模式有别于传统的法理学模式，即"它只关注法律的行为，即不同案件实际发生的情况。它只描述我们能直接观察到的情况，并只提供我们可以对其正确性进行检验的理论"。[1] 因此，他强调法律是一种可以观察、预测和解释的自然现象，我们不必诉诸价值判断，也不力求实现整个法律制度的宏观分析，而是着重分析案件内在的社会结构。从现有研究成果来看，美国大法官亚狄瑟代表作《法律的逻辑》最具有"案件逻辑学"特色，因为该书采用法官叙事方式，并建立在数量可观的美国法院判例基础之上，既不是那种纯粹演绎形式逻辑的例证逻辑学，也不属于重构司法诉讼制度的宏大叙事。不过，该书对法律论证与实质法律推理问题并没有涉及，只是侧重分析诉讼案件的形式逻辑结构。而美国大法官伯顿所著的《法律和法律推理导论》也采用了法官叙事方式，但仍侧重法理解读普通法传统下的法律推理特征。当代中国学者王洪教授撰写的《法律逻辑学》（中国政法大学出版社 2008 年版）和《逻辑的训诫——立法与司法的准则》（北京大学出版社 2008 年版），已经系统挖掘到了立法决定与司法裁判内在的逻辑结构特点（即法律推理、事实推理与判决推理三分法），并兼顾了法律推理与法律论证之传统逻辑固有的结构性元素，但是仍囿于美国法学家布赖克所批判的传统法理学叙事模式，而没有站在法律适用者的逻辑视角安排叙事结构。雍琦等人所著的《法律适用中的逻辑》（中国政法大学出版社 2002 年版）对建构司法诉讼推理的逻辑结构作出了初步尝试，并将法律概念和法律命题融入法律推理之大小前提与结论所组成的形式逻辑结构问题研究；陈金钊、熊明辉合著的《法律逻辑学》（中国人民大学出版社 2012 年版）采用广义的法律逻辑概念，将法律方法之法律解释部分糅合到现有的法律逻辑结构中，也注意到了形式逻辑与实质逻辑层面的叙事统一。但是，这两部著

---

[1] ［美］唐·布莱克：《社会学视野中的司法》，郭星华等译，法律出版社 2002 年版，序言第4 页。

作不具有亚狄瑟《法律的逻辑》研究特点，即采取法官叙事方式。本书希望以"案件逻辑学"作为《法律的逻辑与方法研究》的副标题，通过统合前人研究成果将法律逻辑研究推进到一个新阶段。

最后谈谈本书的研究框架与主要特色：①研究框架：包括绪言、正文八章、参考文献和后记。绪言围绕美国大法官霍姆斯经典名言引出法律职业活动必备逻辑功能与价值，并提出"案件逻辑学"概念。正文八章立足司法适用立场（法官和律师为主），以法律推理为核心，秉承"推理需论证、论证即推理、谬误亦论证"之基本思路安排全文，将全文分为两大部分：第一大部分以揭示简单案件适用的形式逻辑结构为主，其中第一章为法律推理概述，除了重新梳理法律推理的概念界定与逻辑结构外，重点提及法律推理构成的概念与命题之两大逻辑单元，第二章至第四章具体分析司法适用的三分法推理逻辑结构，即法律事实推理、法律规范推理与法律裁判推理；第二大部分以揭示法律适用的实质逻辑结构为主，其中第五章为解决疑难案件的实质推理问题研究，作为后面三章的过渡性安排，而第六章兼顾形式的法律论证与实质的法律论证研究，第七章为形式的法律谬误，第八章为非形式的法律谬误。参考文献只列举本书参考的主要著作文献，论文则详见于正文页脚的注释。后记交代本书来龙去脉，不用赘述。②主要特色：一是在研究方法上，以案件分析为主，将案件分析与逻辑分析和价值分析相结合。本书所指"案件分析"，不是通常所说"案例分析"，意指关于司法判决或裁定的系统梳理，而非简单地剪裁案例。特别欣慰的是，当今中国的司法文书公开制度为本书写作提供了极大便利条件。本书力图查阅原版司法文书，并注意搜集案件相关的社会信息与学术信息。二是在研究内容上，注意关注法律动态，以研究中国问题为主，如第一章关于但书条款、选择条款和兜底条款的详细评析，第四章和第五章所涉指导性案例的规范评价与适用状况分析，第五章疑难案件之"证据不足事实不清"适用情形与"实质推理的司法方法"部分以及第七章与第八章法律谬误部分都是本书亮点所在。此外，本书还涉及最新公布的人民法院四五改革计划纲要与立法法修正案等。三是在结构安排上，注意本书标题的语言简洁与自身逻辑统一，注意形式法律逻辑与实质法律逻辑的结合适用，而在筛选案件方面也注意兼顾民事案件、刑事案件和行政案件的不同案件类型搭配。

第一章

# 法律推理概述

我们先看两则法律小故事。第一则故事发生在辩护律师与当事人之间：
"您听好了"刑事被告人对他的辩护律师说，"如果我可以只蹲半年监狱，您
将得到额外的 5 万元酬金。"在法庭上，律师竭尽全力为被告辩护，被告终于
如愿以偿。后来，律师对同事透露："这真是个棘手的问题，法官本来想判他
无罪释放的。"第二则故事发生在当事人之间：最近，美国俄勒冈州公民加里·
哈林顿很是郁闷，他只是因为收集雨水就被法庭判处 30 天监禁。他辩解说
私自收集三桶雨水是为了消防，因为他居住在一个易发生野火的大森林里。
而按照俄勒冈州法规定，这些桶属于非法水库，州水委员会才拥有雨水的所
有权。其实，这两则故事都分别了蕴涵一个法律推理：第一则小故事为充分
假言推理，即按照律师代理协议，如果刑事被告人被法庭判处半年监禁，那
么辩护律师得到刑事被告人额外支付的 5 万元酬金；刑事被告人最终被法庭
判处半年监禁，所以，辩护律师获得刑事被告人额外支付的 5 万元酬金。这
是一个有效的肯定前件式的充分假言三段论。第二则小故事为规范三段论推
理，即按照美国俄勒冈州法律规定，俄勒冈州水委员会拥有天然雨水的所有
权，任何人私自拥有天然雨水都将被法庭判处 30 天监禁；加里·哈林顿私自
收集了三桶雨水，所以，加里·哈林顿被法庭判处 30 天监禁。与普通推理不
同，法律推理是涉法性推理，它的前提必须包含一个法律命题。总的来说，
法律推理表现为形式的"演绎论证模式"，形式推理方法是其主要的适用逻辑
工具。因此，美国大法官亚狄瑟指出："一旦某项具支配性的规则或原则被选
定之后，它就得依照合乎逻辑规律的方式加以适用，而在形式上必须正确无
误。这个过程必须符合逻辑秩序，个别概念之间在形式上也得要一致。在这
个阶段，我们关心的是命题间的关系，而非命题的内容。因此，在推理过程

中对形式正确性的要求远超过实质内容的可欲性。"[1]当然，我们也不可否认，一旦备选的法律规则或原则不确定或不存在，那么寻找和发现这个大前提的推理活动可能还得让位于非形式的实质法律推理，这是后话，本书的前半部分主要研究形式的法律推理问题。在法律方法的意义上，本章首先研究法律推理的概念界定与推理结构，并通过分析法律推理的两大基本构成单元——概念与命题问题，为后面所有的法律推理与论证研究作好逻辑准备与推论铺垫。

## 第一节　概述

### 一、法律推理界定

在最宽泛的意义上，"法律推理是一个反映各类法律推理活动（立法推理、司法推理、执法推理、职事法律推理、大众法律推理等）'总和'的概念，是从这一总和中抽象出来的。在这个意义上，它是该类活动的'简称'"。[2]这个界定比较全面地描述了法律推理的概念外延范围，在这个层面上，法律推理主要可分为立法推理与司法适用推理。而关于法律推理的内涵界定，则存在诸多争议，概括而言主要存在逻辑推导、司法工具观、权威论证观和推理综合观四类观点：

一是逻辑推导观。即认为法律推理是一般逻辑推理在法律领域中的应用，这是一种分析性的法律推理工具观，形式的演绎推理论证被视为分析和解决法律问题的必要逻辑工具，实质上是基于逻辑学的立场和研究视角。如《牛津法律大辞典》指出："在很大程度上，法律推理是将普通的逻辑推理过程适用于法律命题。"[3]又如孙国华、朱景文教授主编的《法理学》认为："推理通常是指人们逻辑思维的一种活动，即从一个或几个已知的判断（前提）得出另一个未知的判断（结论）。这种思维活动在法律领域中的运用就泛称法

---

[1]　[美]鲁格罗·亚狄瑟：《法律的逻辑——法官写给法律人的逻辑指引》，唐欣伟译，法律出版社 2007 年版，第 26 页。

[2]　张保生：《法律推理的理论与方法》，中国政法大学出版社 2000 年版，第 79 页。

[3]　[英]戴维·M. 沃克：《牛津法律大辞典》，李双元等译，法律出版社 2003 年版，第 942 页。

律推理。"〔1〕这种法律推理观认为法官应秉承司法的克制立场，实质上属于司法消极主义的法律逻辑观。

二是司法工具观。其反对将法律推理视为权威性的逻辑推导观，认为法律推理不过是裁判的工具或手段，不仅为法官和律师所使用，也为广大公民所使用。法律推理不再属于法律应用逻辑的范畴，它本身作为法哲学的一个重要问题而具有非分析性的实践特征。如比利时法哲学家佩雷尔曼认为："法律逻辑并不像我们通常说设想的，将逻辑应用于法律。我们所指的是供法学家，特别是供法官完成其任务之用的一些工具，方法论工具或智力手段。"〔2〕而英国法学家麦考密克认为法律推理为解决法律纠纷提供了"最为便捷的方式"："在规则适用中，正是对演绎逻辑所进行的思考才使我们能够以最为便捷的方式弄清楚，对于正在进行的诉讼，一个人是如何可能在大量的事实中选择出所有那些值得主张的行为和事件以佐证自己立场的。"〔3〕此类观点重视法官的主观能动性，倡导司法能动主义，并强调应当立足法学立场来研究法律逻辑问题。

三是权威论证观。其认为法律推理是为特定的法律行为举出理由，以论证合法性和权威性（证成）的法定手段，此类观点强调从实质推理的论证角度研究法律推理的自身特色，使之与其他推理区别开来。如伯顿认为："法律推理就是在法律争辩中运用法律理由的过程。"〔4〕按照德国法学家阿列克西的观点，法律规则的适用并不只是在概念上形成的大前提之下的逻辑涵摄，把法律论辩（parktischer Diskurs）形式的法律推理当作普遍实践推理的特殊情形具有"核心的意义"，这是因为"法律论辩所涉及的是一种特殊情形，因为法律论证（parktischer Argumentation）是在一系列受限的条件下进行的。在这一点上，特别应当指出它须受制制定法的约束，它必须尊重判例，它受制于由制度化推动的法学所阐释的教义学，以及它必须受诉讼制度的限制等

---

〔1〕 孙国华、朱景文：《法理学》（第2版），中国人民大学出版社2004年版，第364页。

〔2〕 Chaim Perelman, "Justice, Law and Argument: Essays on Moral and Legal Reasoning", 转载于解兴权：《通向正义之路——法律推理的方法论研究》，中国政法大学出版社2000年版，第15页。

〔3〕 ［英］尼尔·麦考密克：《法律推理与法律理论》，姜峰译，法律出版社2005年版，第44页。

〔4〕 ［美］史蒂文·J. 伯顿：《法律和法律推理导论》，张志铭、解兴权译，中国政法大学出版社2000年版，第1页。

等"。[1]

四是推理综合观。其认为法律推理不仅包括形式逻辑的运用，也包括辩证逻辑（实质逻辑）的运用。博登海默是典型的法律推理综合论者，他一方面反对否认或缩小形式逻辑在法律中的作用，认为形式逻辑在解决法律问题时还是具有相对有限的作用。"当一条制定法规则或法官制定的规则——其含义明确或为一个早先的权威性解释所阐释——对审判该案件的法官具有拘束力时，它就具有了演绎推理工具的作用。"另一方面，他认为辩证逻辑也可以发挥很大的作用，这是因为"当法院在解释法规的词语、承认其命令具有某些例外、扩大或限制某一法官制定的规则的适用范围或废弃这种规则等方面具有某种程度的自由裁量权时，三段论逻辑方法在解决这些问题时就不具有多大的作用了"。[2]其实，英国法学家麦考密克也是法律推理综合论者，只是更重视他称之为"后果主义论辩"的实质推理研究。他说："就最为一般的情况而言，只要是已经找到了必要的'法律理由'，随后进行简单的演绎推理就可以将结论正当化了，尽管如此，同样明显的是，在证明'法律理由'自身为何成立时，如果涉及提出更为进一步的假定的话，那么这样的证明过程就不一定遵循同样的演绎形式了。那同样是演绎性证明所无能为力的，在这种情况下，我们必须转而求助于其他论证方式来揭示一个完整的法律证明过程。"[3]法律推理综合观已逐渐为我国当今法学界所接受。

笔者也认同法律推理综合论，但是反对将法律推理主体与方法的泛化做法，而是主张着重研究法律推理中的法律人（主要是法官和律师）处理待决案件应采用的逻辑解决方案，这种方案可以兼备分析性的演绎推论模式与非分析性的实质推论模式。关于法律推理的界定，我们还应采用张文显教授提出的法律方法视角（而非法学方法论视角），因为"法律推理是逻辑思维方法在法律领域中的运用，是法律方法一个主要的具体体现"。[4]为此，我们可

[1]　[德]罗伯特·阿列克西：《法律论证理论——作为法律证立理论的一种理性论辩理论》，舒国滢译，中国法制出版社2002年版，第19～20页。

[2]　[美]E.博登海默：《法理学——法律哲学与法律方法》，邓正来译，中国政法大学出版社1999年版，第496页。

[3]　[英]尼尔·麦考密克：《法律推理与法律理论》，姜峰译，法律出版社2005年版，第68页。

[4]　张文显：《法理学》（第3版），高等教育出版社2007年版，第275页。

以把法律推理概念界定如下：所谓法律推理就是指法律人（法律职业者）在其职业活动中认定案件事实、发现和解释法律规范并以此为基础正确作出法律裁判的逻辑过程或方法。另外，这里还要特别指出：作为法律适用过程或方法的法律推理应作广义的理解，即后文所指法律论证实际上是法律推理的应用状态，但法律推理需要法律论证实现正当化、合理化，而法律推理出现的逻辑谬误亦不过是特殊的法律论证类型。

## 二、法律推理的逻辑构成

从法律方法的角度来看，一个完整的法律推理系统一般包括三方面的内容要素：谁进行法律推理？法律推理的对象是什么？采用什么方法法律推理？即包括法律推理的主体、客体和方法。

### （一）法律推理主体

法律推理主体，即具有一定的法律推理能力并从事有关法律认识与实践活动的人。在现代法治社会，一切个人都可能成为法律推理的主体，但只有法律职业者特别是法官、律师和检察官才属于最为典型的法律推理主体，并由此而形成具有共同逻辑思维特征的法律职业共同体。在当代社会，法律职业已成为高度专业化、技术化的职业工种选择，法律人必须具备缜密的法律推理能力，因为法律推理能力已被视为法律职业技术构成的必备内容选择。[1]

### （二）法律推理客体

法律推理客体即法律推理的客观对象范围，也就是法律推理主体所面临和解决的法律问题，它一般可分解为规范性材料与事实性材料两个方面：事实性材料，它一般属于已经发生的过去材料，推理主体须注意区分客观事实与案件事实，它主要包括证据和行为动机。规范性材料，首先是指法条与政策等规范性文件；其次包括宗教、道德信条、判例、习惯等不成文规定；最后还包括法律决定文书、法律标志与制度设施等。作为法律推理的一般对象，法律问题在立法推理与司法推理中存在不同的表现：前者是法律创制面临的

---

〔1〕 当代中国法理学对此已有共识，如高教版《法理学》指出："法律职业的技术是一种专门化的技术，它包括法律解释技术、法律推理技术、法律程序技术、证据运用技术、法庭辩论技术、法律文书制作技术等等。"参见张文显：《法理学》（第3版），高等教育出版社2007年版，第264~265页。

社会公平正义与不同利益妥协平衡之类抽象的法律价值问题；后者则以具体个案的浓缩形式出现。

（三）法律推理方法

法律推理方法即采用何种方式法律推理？推理方法是推理主体认识和把握推理客体的工具性手段。在传统意义上，法律推理方法主要指形式逻辑方法（主要指演绎推理、归纳推理和类比推理）的法律应用。但是，现代法律推理还可能涉及科学方法（如自然科学推理、经济分析推理等）、哲学方法（如辩证推理与因果推理）以及经验方法（如直觉推理、常识推理等）。本书侧重研究逻辑与哲学层面的推理方法应用问题。由于每种法律推理的适用领域和范围不同，因此它也存在不同类型的具体适用方法：

1. 立法推理方法与司法推理方法

立法推理贯穿于法规立项、法案起草、前期论证、立法审议与通过、立法后评估与审查等法律创制的不同环节和过程。二者之间存在共性：一是都具有决策思维的特点，需要对推理的大前提进行选择，只是立法推理侧重对目的标准中的法律价值进行选择，而司法推理侧重对操作标准中的法律规则进行选择；二是存在功能互补的关系，立法推理既是创制法律的过程，也是适用法律的过程，而司法推理也不排除法律适用中的规则创制活动；三是都具有防止权力异化的权力制约功能，都强调推理程序的规则遵守和对相关法律理由的说明义务与责任，由此对立法多数人暴政与司法恣意形成有效的程序制约。

立法推理与司法推理也存在若干重要区别：其一，存在不同的人性论基础：立法推理秉承人性恶论，力图为违法犯罪行为提供可控性制度框架，旨在防范与制约权力恣意；而司法推理主张人性善论，凡未经法院审理不得认定为违法犯罪，特别是刑事司法坚持无罪推定原则。其二，存在不同的法律推理标准：立法推理主要是一种价值推理，坚持法律推理的目的标准，强调对不同利益主体价值诉求的甄别与平衡，本质上是一种政治决策过程；而司法推理通过执行操作标准来间接体现和贯彻目的标准，主要是一种规则推理，强调独立公正地对选择适用不同的法律规则。其三，存在不同的法律推理主体：立法推理主体为民意代表和专职立法工作者；而司法推理主体主要为法官和律师。其四，存在不同的推理技术和方法：立法推理强调立法技术独特性，更多采用归纳推理和因果推理；而司法推理则以演绎推理和类比推理为主。其五，存在不同的推理结论方式：立法推理尊重民意，采用多数决的民主决定方式；而司法推理强调司法独立公正，注重法官能动作用，甚至可以采用独任裁判制。

2. 民事司法推理方法与刑事司法推理方法

民事司法推理方法与刑事司法推理方法都属于司法诉讼领域常见的法律推理方法，但也存在若干不同点：一是法律推理目的不同：刑事司法推理着眼于国家立场上的国家利益与社会公共利益，其推理活动存在更为刚性的程序规则；而民事司法推理则立足当事人的合法权益，是建立在更加合理基础上的审判活动，程序规则更为灵活。二是法律推理主体不同：刑事司法推理一般在代表国家公诉方的检察官与被控告人之间进行，而民事司法推理则是在相对平等的当事人及其代理人之间进行。三是事实认定原则不同：民事司法推理坚持谁主张谁举证的原则，当事人之间存在明显的证据交换与辩论问题，法官满足于形式上的事实真实性审查；刑事司法推理一般由控诉方承担举证责任，被告享有沉默权，法官与陪审员力求事实实质上的真实性。四是刑事司法推理把动机当作客体之一，而民事司法推理则是结果论的，因此后者比前者具有更强的理性色彩。

3. 普通法推理方法与制定法推理方法

理解普通法与制定法两种法律推理之间关系的关键，在于弄清规则和判例在这两种法律推理中的作用，以及由此造成的偏重归纳推理、类比推理和偏重演绎推理的区别。伯顿认为，演绎推理是从规则出发，类比推理是从判例出发，但规则和判例都是可以产生法律理由的法律标准。"演绎的法律推理用一条规则作为大前提，陈述必要的和充足的事实条件，把任何案件纳入该规则所设的类比中。……类比的法律推理似乎也假设了一种类似于一般科学推理观的推理形式。如果两案实质性事实相同，你们就会认为两案是相似的，按遵循先例原则两案应作类似处理。"[1] 无论在普通法中，还是在制定法中，判例都发挥一般规范的作用，只是在普通法中居于主要法源，而在制定法中为辅助的法源地位。这是因为，制定法推理的确定性来源于规则的确定性，而普通法推理的确定性则来源于遵从先例制度。制定法的法律适用是直接进

---

〔1〕〔美〕史蒂文·J. 伯顿：《法律和法律推理导论》，张志铭、解兴权译，中国政法大学出版社2000年版，第98～99页。

行演绎推理，而普通法的法律适用则需要演绎推理之前进行归纳推理，从先前的判例中归纳出判决理由和一般的法律原则，再将其作为大前提作出具体的判决结论。因此，大陆法系的法官主要通过对法条合乎逻辑的解释来获得法律决定的正当性根据，而普通法国家法官则必须从先前的司法判决中归纳出的基准中寻找其作出法律决定的正当性根据。制定法与普通法的法律推理区别，突出地表现为正当理由提出过程中的演绎推理的可能性和局限性。不可否认，演绎推理与从制定法出发的推理的联系最为紧密，但这并不意味着法律的正当理由都是由演绎推理提供的。麦考密克指出了不适用演绎推理的三种情形：一是在什么法律规则同案件有关的问题上发生的争论；二是在法律用语含糊不清而必须在两种不同解释中作出选择的情况；三是事实的分类问题。

### 三、法律推理的三分法过程

一般而言，一项法律决定特别是司法裁判过程至少要解决三方面的问题：其一，认定案件事实；其二，寻找和发现法律规范；其三，将案件事实置于法律规范之下即根据法律和事实作出决定。[1] 相应地，一项法律决定的最终作出也必然从事三种意义或逻辑层面上的法律推理，即事实推理、规范推理和裁判推理。

（一）事实推理

事实推理是确认法律事实的推理，旨在确认证据并基于证据认定案件事实。事实推理主要包括归纳法、因果法和类比法等探知案件事实真相的形式推理方法。事实推理过程可以简化为：

前提 1：事实

前提 2：事实

……

————————————————

结论：事实

在法律的事实推理中，事实必须借助证据的证立（包括证实与证伪）来

————————————————

〔1〕 王洪：《法律逻辑学》，中国政法大学出版社 2008 年版，第 7 页。

实现，因此法律的事实推理实质上主要反映法律证据与案件事实之间的逻辑关系，即事实←→证据。如在陕西"'表哥'杨达才案"[1]中，社会公众正是运用典型类的不完全归纳法推出杨达才存在重大的经济犯罪嫌疑：2012年"8·26"延安特大车祸（36人死亡）现场，陕西安监局长杨达才不合时宜的"微笑"。网友经"人肉搜索"，从系列新闻照片中扒出他佩戴的5只名表，总估价20万人民币。这是个不完全归纳，其推理过程可简化为：不合时宜的"微笑"→手表1只→手表5只→其他众多不明来源财物。公众的质疑后来被司法机关证实。2013年9月5日，西安市中级人民法院一审宣判：杨达才犯受贿罪，判处有期徒刑10年，并处没收财产5万元，犯巨额财产来源不明罪，判处有期徒刑6年，决定执行有期徒刑14年。

（二）规范推理

规范推理是确认法律规则的推理活动，旨在发现和解释法律规范或者填补法律漏洞，即规范←→法律。法律的规范推理条件有二：一是法律有明确规定但不具体；二是法律无明确规定。法律解释与续造方法也可归入广义上的法律规范推理范畴。本书重在探讨模态推理、规范推理和假言推理等形式逻辑层面的规范推理方法。规范推理过程可以简化为：

前提1：规范

前提2：规范

……

————————————————

结论：规范

如全国人大常委会《关于香港特别行政区行政长官普选问题的决定》[2]就运用了法律规范推理。2014年8月31日，全国人大常委会表决通过关于香港特别行政区行政长官普选问题的决定：从2017年开始，香港特别行政区行政长官可以实行由普选产生的办法，在进行行政长官普选时，须组成一个有

————————————————

〔1〕 "'表哥'杨达才'微笑门'始末"，载 http://news. cncnews. cn/2014 - 02 - 01/124059734. html，访问日期：2015年1月5日。

〔2〕 "全国人民代表大会常务委员会关于香港特别行政区2012年行政长官和立法会产生办法及有关普选问题的决定"，载 http://www. npc. gov. cn/npc/cwhhy/12jcwh/2014 - 08/31/content_ 1876904. htm，访问日期：2015年1月5日。

广泛代表性的提名委员会，按照民主程序产生 2 名至 3 名行政长官候选人，每名候选人均须获得提名委员会全体委员半数以上的支持。这个立法决定的关于 2017 年香港特首普选的法律依据（推理前提）主要包括：一是《香港特别行政区基本法》第 45 条第 2 款规定："行政长官的产生办法根据香港特别行政区的实际情况和循序渐进的原则而规定，最终达至由一个有广泛代表性的提名委员会按民主程序提名后普选产生的目标。"二是 2007 年 12 月 29 日第十届全国人民代表大会常务委员会第三十一次会议通过的《全国人民代表大会常务委员会关于香港特别行政区 2012 年行政长官和立法会产生办法及有关普选问题的决定》规定，2017 年香港特别行政区第五任行政长官的选举可以实行由普选产生的办法；而行政长官产生办法的修改问题由现任行政长官向全国人民代表大会常务委员会提出报告，由全国人民代表大会常务委员会确定。

（三）裁判推理

裁判推理是以事实推理和规范推理的结果分别作为小前提（事实根据）和大前提（规范根据）而作出相应法律决定的推理方法，其最终目的是论证当事人行为正当性与合理性程度，即法律决定≈行为的正当性与合理性程度。当今世界各国大体存在制定法裁判推理与判例法裁判推理等不同的法律裁判推理模式和传统。裁判推理过程可以简化为：

前提 1：事实

前提 2：规范

……

---

结论：法律决定

如在"杨凤琴与杨正暖健康权纠纷案"中，一审法院经审理后认为："法律规定公民的身体健康权应受保护，任何人不得非法侵害；侵权人造成他人人身伤害的应当承担赔偿责任，被侵权人有过错的可以适当减轻侵权人的赔偿责任。本案中，杨凤琴与杨正暖为招揽乘客发生冲突，先是杨正暖辱骂杨凤琴过错在先，杨凤琴在听到杨正暖的辱骂后，没有冷静处理，而是撕扯杨正暖的衣领，造成双方的矛盾激化，双方均有过错，考虑到事情的起因，是由杨正暖辱骂杨凤琴引起，且杨正暖本身没有从事运输业的营运证，故杨正暖在本案中承担 80% 的责任，杨凤琴自行承担 20% 的责任较为适宜。"〔1〕在本案中，法院的裁判推理过程可简化为：我国《民法通则》第 106 条规定，法律侵权人造成他人人身伤害的应当承担赔偿责任，被侵权人有过错的可以适当减轻侵权人的赔偿责任（规范前提）；本案中原告（被侵权人）杨凤琴被法院认定存在过错（事实前提）；原告（被侵权人）杨凤琴也应承担法律责任（自行承担 20% 责任）（司法判决）。

## 第二节  法律推理的逻辑单元：概念

为什么法律推理首先要研究概念呢？这是因为，概念是构成命题的基本逻辑单元，而命题又是构成推理的基本逻辑单元。就法律推理而言，不管是法律事实，还是法律规范，都表现为一系列的法律概念与事实概念，或者一组纯粹的法律命题，并可根据法律命题的逻辑关系推导出新的法律命题。可以说，法律概念在法律推理中具有中介性的逻辑功能。正如学者指出的："从逻辑上看，法律概念是构成法律的最基本的要素，也是连接案件事实与法律规定而建构法律推理的中介环节。"〔2〕同时，法律概念毕竟是涉法类概念，它还具有重要的法制统一功能。我们知道，法律的主要作用是为纷繁复杂的人类社会提供合理稳定的行为标准体系。"为能成功地完成这一任务，法律制度就必须形成一些有助于对社会生活中多种多样的现象与事件进行分类的专门观念和概念。这样，它就为统一地和一致地调整或处理相同或基本类似的现象奠定了基础。因此，法律概念可以被视为用来以一种简略的方式辨识那些具有相同或共同要素的典型情形的工作性工具。"〔3〕

### 一、概念概述

（一）概念

在逻辑意义上，概念的语言形态是通过语词（词或词组）来表达并充当

---

〔1〕 "安徽省阜阳市颍东区人民法院［2015］东民一初字第 00054 号"，载 http://www.court.gov.cn/zgcpwsw/ah/ahsfyszjrmfy/fysydqrmfy/ms/201503/t20150304_6784988.htm，访问日期：2015 年 3 月 17 日。
〔2〕 雍琦、金承光、姚荣茂：《法律适用中的逻辑》，中国政法大学出版社 2002 年版，第 88 页。
〔3〕 ［美］E. 博登海默：《法理学——法律哲学与法律方法》，邓正来译，中国政法大学出版社 1999 年版，第 484 页。

命题基本结构单位的词项；而从本质特性上看，概念则是反映思维对象的本质属性或特有属性的思维形态，体现着某一词项的特定内涵。概念与词项、概念与法律概念的逻辑关系可表示为：

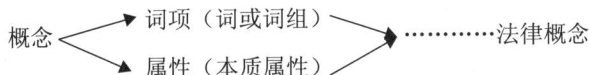

概念 $\longrightarrow$ 词项（词或词组） $\longrightarrow$ ………法律概念
概念 $\longrightarrow$ 属性（本质属性）

　　概念可以进行不同的分类，如根据指称事物外延数量的不同，概念可以分为单独概念、普遍概念和空概念：单独概念即概念只反映一个对象，如"中华人民共和国最高人民法院"；普遍概念即概念反映存在若干对象的某类事物，如"中级人民法院"；空概念即不存在反映对象的概念，如"广东省高级人民检察院"是一个虚假概念，现实中只存在"广东省人民检察院"。而根据指称对象是事物的群体还是某类事物中的个体，概念可分为集合概念和非集合概念：集合概念即以事物的群体为反映对象的概念，如"人民"；非集合概念将不以事物的群体为反映对象的概念，如"公民"。最后，根据指称事物是否具有某种属性，概念可分为正概念和负概念：正概念即反映对象具有某种属性的概念，如"合法"；负概念则是指反映对象不具有某种属性的概念，如"非法"。

　　（二）法律概念

　　法律概念是一种特殊的概念形式，它在形式上与法律原则（词项形式的法律概念）和法律规则（条文形式的法律命题）相对应；在内容上具有明确的规范性特征和内涵，指向着某类行为的权利义务和法律责任。法律概念也是概念，但它并非全部是来自非法律领域的普通概念。法律范畴是法律概念的上位概念。哪些法律概念来自日常用语？哪些法律概念为法律自身所创造呢？在成文法中，法律概念有的是从日常词汇转化而来，它基本保留了日常语言的本来意义，如宪法文本中的"公民"、"选举"、"权利"等。有的法律概念虽然从日常词汇转化而来，但却被赋予了崭新的法律内涵，如民法中的"善意"意指"不知情"，它在日常语言却仅指"慈善心肠"，为道德伦理术语；民事诉讼法中的"第三人"是指原告与被告之外的其他当事人，但在日常语言中意指"排列次序为第3的人"。也有各国立法实践生造的法律专门术语，这些术语既可能沿袭本国历史，如刑法中的"自首"、"徒刑"，民事诉讼法中的"公平责任"、"举证责任倒置"等；也可能移植于国外，如民商法中的"当事人"和"不当得利"，金融法中的"信托"等。法律概念还有来自专门领域的技术用语，这在行政法、经济法和知识产权法领域表现尤为明显，如"政府采购"、"信用证"、"有价证券"、"特许"、"专利"等。

如有一个案例涉及法院对黄某是否适用死刑之"年满十八岁"的概念适用问题[1]：黄某，江苏沭阳人，1978年9月11日出生。1996年9月11日，黄某与胡某、徐某等4人在新沂市某镇丁某家吊丧。下午3点多，胡某想起曾与其有矛盾的王某也在该镇，于是便让黄某等人帮忙教训王某。基于哥们义气，黄某等人爽快地答应了下来。当日下午，黄某等人携带木棍，乘坐徐某驾驶的农用三轮车到处寻找王某，他们在该镇某处发现王某后，不问青红皂白即持木棍对其头部猛击。王某倒地后，徐某又驾车载着众人逃离现场。两天后，王某经抢救无效死亡。黄某潜逃出走。2011年12月6日，黄某终于被公安机关抓获归案，并受到依法审判，按照故意杀人罪论处。这是因为，根据我国现行《刑法》第49条规定，犯罪的时候"不满十八周岁"的人和审判的时候怀孕的妇女，不适用死刑。而最高人民法院《关于人民法院审判严重刑事犯罪案件中具体应用法律的若干问题的答复（三）（1985年8月21日）》规定："31. 问：《刑法》第14条所规定的刑事责任年龄应以日计算，还是以时计算？如果是以日计算，是到生日当天，还是到生日的前一天或者后一天，认为是满周岁？（湖南）答：刑法第十四条所规定的已满十四岁，是指实足年龄，应以日计算，即过了十四周岁生日，从第二天起，才认为已满十四岁。例如，被告人1968年7月26日生，至1982年7月27日即认为已满十四岁。对已满十六岁、已满十八岁年龄的计算，亦与此相同。并且一律按公历的年、月、日计算。"因此，江苏省新沂市人民法院依法按"未成年人犯罪"案件处理，并适用1979年《刑法》判处黄某有期徒刑10年，剥夺政治权利3年。

**二、概念外延间的关系**

概念所指称事物之间的关系也就是概念外延之间的关系。我们先看有关案例，如2012年8月31日通过的《民事诉讼法》修正案规定："对污染环境、侵害众多消费者合法权益等损害社会公共利益的行为，法律规定的机关

---

[1] 纪树霞、张燮："18岁生日当天致人死亡，法院按'未成年人犯罪'判刑"，载《江南时报》2012年5月21日。

和有关组织可以向人民法院提起诉讼。"根据以上法律规定，那么谁才是环境公益诉讼的适格主体？答案是："法律规定的机关和有关组织。"但是 2011 年 10 月 31 日全国人大常委会初审的修正案草案却规定："对污染环境、侵害众多消费者合法权益等损害社会公共利益的行为，有关机关、社会团体可以向人民法院提起诉讼。"[1] 在初审稿中，环境公益诉讼的适格主体被规定为"有关机关、社会团体"。从逻辑上分析，"有关机关"的概念外延大于"法律规定的机关"，但"社会团体"的概念外延却小于"有关组织"。我们从正式生效的法律规定来看，法律对环境公益诉讼的机关主体作了进一步规范性限制规定，其目的就在于限制和制约公共权力在环境公益诉讼中的诉讼权利；但是另一方面却放宽了社会组织的环境公益诉讼主体资格，应该说这是一大法治进步。

　　根据概念的外延间有无重合之处，概念外延间的关系可分为相容关系和不相容关系两大类：一是概念间的相容关系：即两个以上的概念外延之间存在部分重合或完全重合的逻辑关系，具体包括全同关系、包含关系和交叉关系三种形式。全同关系即概念之间的外延完全重合，如"人民法院"与"审判机关"就是全同关系；包含关系即一个概念的外延蕴涵于另一个概念的外延，如"国务院"与"人民政府"、"人民检察院"与"海珠区人民检察院"都是包含关系；交叉关系即两个概念的外延存在部分重合关系，如"未成年人"与"精神病人"就是交叉关系。二是概念间的不相容关系，即两个以上的概念外延之间完全不存在重合关系，具体包括矛盾关系和反对关系两种形式。矛盾关系，即两个以上的概念同时包含于一个属概念之中，并且它们的外延之和等于其属概念的外延，如"合法与非法"就是矛盾关系；反对关系，即两个以上的概念同时包含于一个属概念之中，并且它们的外延之和小于其属概念的外延，如"合法"与"违法"就是反对关系，因为合法与违法之间还存在既不违法也不合法的灰色地带，即制定法无明确规定也不禁止的法律空白。

　　我们通过 1893 年美国"进口西红柿案"对概念间关系作具体的分析论证：[2] 1893 年，美国商人约翰·尼克斯（John Nix）等从西印度洋群岛进口

---

〔1〕　陈丽平："民事诉讼法修正案草案首设公益诉讼制度"，载 http://www.npc.gov.cn/huiyi/cwh/1123/2011 - 10/25/content_ 1676092. htm，访问日期：2015 年 3 月 17 日。

〔2〕　"149 U. S. 304；149 U. S. 304；13 S. Ct. 881；37 L. Ed. 745；1893 U. S. LEXIS 2303"，载 http://www. asia - comparativelaw. com/article/default. asp？id = 88，访问日期：2015 年 3 月 17 日。

一批西红柿，被纽约港海关扣留要求交税。海关官员爱德华·L. 赫登（Edward L. Hedden），认定西红柿为蔬菜，按照美国法律应交 10% 关税。但是，尼克斯等人认为西红柿为水果，按照美国法律，进口水果是免税的。为此，双方发生争执，闹到联邦最高法院。美国联邦最高法院 9 名大法官作出一致裁决：根据其烹调方法和流行观点，西红柿应当被视作是蔬菜，纽约港海关胜诉。格雷大法官最后代表最高法院起草判决书。格雷法官指出："引自字典的文字将'果实'一词定义为植物的种子，或是植物中包含种子的部分，特指这些植物中多汁、含果肉的产品，其中包含有种子。这些定义并没有倾向于说西红柿是'水果'，也没有将其和日常用语或关税用语中的'蔬菜'区隔开。"在本案中，"西红柿"被法院最后认定为"蔬菜"的下位概念，而非"水果"的下位概念。也就是说，"西红柿"与"水果"之间不存在任何概念的重合关系。该案后来作为经典判例屡次被美国联邦最高法院援引，作为法院采信有别于字典解释的日常意义的依据。如"索恩诉麦根案"［Sonn v. Maggone, 159 U. S. 417（1895）］，"索顿斯托尔诉维布施及希尔格案"［Saltonstall v. Wiebusch&Hilger, 156 U. S. 601（1895）］、"凯德沃德诉泽案"［Cadwalder v. Zeh, 151 U. S. 171（1894）］和"JSG 贸易集团诉 Tray‐Wrap 集团案"［JSG Trading Corp. v. Tray‐Wrap, Inc. 917 F. 2d 75（2d Cir. 1990）］等。

### 三、概念的限制与概括

概念的限制就是通过增加概念的内涵以缩小概念的外延的逻辑方法，即由一个外延较大的概念过渡到一个外延较小的概念，或者说是由属概念过渡到种概念的逻辑方法。而概念的概括就是通过减少概念的内涵以扩大概念的外延的逻辑方法，即由一个外延较小的概念过渡到一个外延较大的概念，或者说是由种概念过渡到属概念的逻辑方法。

我们来分析"黄新福等五人强奸抢劫寻衅滋事案"[1]：1997 年 11 月 10 日早晨 6 时许，被告人黄新福、卢公平、高国成伙同周北山、"安徽人"（均另案处理）经合谋后，窜至长兴县雉城镇东门的温秀美容店内拉下卷闸门，黄新福与周北山对店主林某某实施暴力，劫得人民币 120 元、金戒指一只、

---

［1］ "浙江省高级人民法院刑事判决书［2000］浙刑再抗字第 7 号"，载 http://www.pkulaw.cn/fulltext_ form. aspx？Db = pfnl&Gid = 117443337&EncodingName =，访问日期：2015 年 1 月 6 日。

金项链一条。长兴县人民法院于 2000 年 5 月 16 日作出〔2000〕长刑一初字第 58 号刑事判决。黄新福、卢公平、高国成、熊迎春等四人不服,提出上诉。湖州市中级人民法院于 2000 年 9 月 5 日作出〔2000〕湖中法刑终字第 48 号刑事判决,认为黄新福、卢公平、高国成抢劫温秀美容店,不以入户抢劫认定。终审判决生效后,浙江省人民检察院于 2000 年 12 月 18 日以原判决确有错误为由,向本院提出抗诉。浙江省高级人民法院依法作出判决,对原审被告人黄新福、卢公平、高国成伙同他人抢劫温秀美容店部分,以普通抢劫罪量刑。浙江省高级人民法院认为:被害人林成招、蔡秀珠陈述黄某等五人敲美容店门时,该店尚未营业,蔡秀珠及服务员等尚在睡觉,林蔡二人同时也陈述店内有卧室和厨房。庭审时,被告黄某、高某均供认美容店内有厨房,店主等人吃住在里面,卢某也供述黄某把老板叫到厨房殴打的事实,上述证据能够相互引证,可以认定温秀美容店是集生活、经营于一体的场所。黄某等人在早晨温秀美容店尚未开门营业时,敲门进入美容店,又把门关上,随即对店主林成招实施暴力抢劫,根据最高人民法院《关于审理抢劫、抢夺刑事案件适用法律若干问题的意见》,本节犯罪事实应认定为"入户抢劫"。原判认定为普通抢劫不当。浙江省人民检察院的抗诉理由成立,应予采纳。

在本案中,浙江省高级人民法院确定"温秀美容店"构成"入户抢劫罪"中"户"的要件运用了什么逻辑方法?浙江省高级人民法院确定"温秀美容店"构成"入户抢劫罪"中"户"的要件,运用了概念概括与限制的逻辑方法。首先,浙江省高级人民法院通过对"温秀美容店"进行概括,抽掉"温秀"这一内涵,把"温秀美容店"划入"美容店"范围,然后对"美容店"进行了两次限制。第一次由"美容店"限制为"有生活功能的美容店",揭示了温秀美容店除了经营的内涵外还具有生活功能的内涵。第二次由"有生活功能的美容店"限制为"处于非营业状态的有生活功能的美容店",揭示温秀美容店处于非营业状态的内涵。浙江省高级人民法院两次概念限制的逻辑方法,揭示出"温秀美容店"所具有的"入户抢劫罪"中的"户"的内涵,使法官对温秀美容店的认识具体化,最终准确地依法办案。

### 四、概念的定义与划分

概念是通过揭示某一概念所反映对象的本质属性或特有对象范围来明确概念的逻辑方法。概念式定义方法主要包括三种:一是实质定义法,即揭示对象本质属性或特有属性的定义方法，以属加种差定义法为典型。如我国现行《物权法》第 2 条的规定："本法所称物权，是指权利人依法对特定的物享有直接支配和派他的权利，包括所有权、用益物权和担保物权。" 又如现行《公务员法》第 2 条的规定："本法所称公务员，是指依法履行公职、纳入国家行政编制、由国家财政负担工资福利的工作人员。" 二是外延定义法，即揭示被定义项的对象范围的定义方法。如我国现行《公司法》第 2 条的规定："本法所称公司是指依照本法在中国境内设立的有限责任公司和股份有限公司。" 三是语词定义法，即用来说明或规定语词含义的定义方法。如我国《民法通则》第 155 条的规定："民法所称的'以上'、'以下'、'以内'、'届满'，包括本数；所称的'不满'、'以外'不包括本数。" 概念的定义规则主要包括：定义必须相应相称，即定义项的外延与被定义项的外延必须是全同关系，否则犯定义过窄或定义过宽错误；定义项中不得直接或间接包含被定义项，否则犯同义反复或循环定义的逻辑错误；除非必要，定义项一般不能用否定词项，否则犯定义否定的逻辑错误；定义必须简洁确切，否则犯定义含混或以比喻作定义的逻辑错误。

概念的划分是揭示概念外延的逻辑方法。它是把一个外延较大的属概念所包含的若干个种概念揭示出来，或者说是将一个概念所反映的一类事物分为若干个小类。划分的方法有一般方法和特殊方法之分。一般方法包括一次划分与连续划分，特殊方法就是二分法。概念的划分规则主要包括：划分必须相应相称，即划分后得到的各个子项的外延之和必须等于其母项的外延，否则犯多出子项或划分不全的错误；划分标准必须同一，否则犯混淆标准的错误；划分子项不得相容，否则犯子项相容的错误。如在平金村银洞三组诉三江镇人民政府土地行政登记案一审行政判决书中，受理法院认为原告关于山权的划分不适用于熟土（自留地），属于划分概念方面的混淆标准错误。该判决书指出："原告主张该争议地归其所有的主要依据是原银洞大队的《山林划片决定》关于'林权山界的划分'明确银洞第三生产队的管辖山权范围为'由培牙、对门门河一带，又由白土地公到烧灰冲乌坡的干田止'。该份证据虽然具有客观真实性，但只能证明是对山权的划分，不是对熟土（自留地）的处理，且《山林划片决定》的说明中对熟土（自留地）加以说明，即熟土（自留地）是社员的仍归社员耕种，故该份证据不能作为争议地的有效证据。原告提交的《林权林地使用证》，虽然四抵与争议地相符，但该证登记的是林地，不是耕地，且与现场状况不符，同时该证是使用权依据，不是所有权依据，且该证登记与该组的《山林登记清册》登记不相符，属权属来源不清，亦不能作为该争议地的权属依据。"[1]因此，法院最终判决驳回原告平金村银洞三组的诉讼请求。

## 第三节 法律推理的逻辑单元：命题

法律推理是由一系列命题构成的，不管是作为前提的法律规范与案件事实，还是作为结论的法律决定，都表现为命题的逻辑序列形式，因此在法律推理过程中应当遵循有关命题形式的逻辑属性，以保证推理过程与结果的有效性。实际上，命题的判断性质不但有助于揭示法律概念的内涵与外延，而且有助于制定法规则通过其外在表达方式——法律条款实现系统化。此外，法律裁判也表现为特定的命题形式作为最终司法定论。在逻辑的层面上，法律命题首先表现为规范的模态命题，其次表现为通过联言命题、选言命题和假言命题等形式所表现的但书条款、兜底条款和选择性条款等特殊性法律条款。

### 一、命题概述

（一）命题的界定

在逻辑的意义上，命题是表达思想的语句形式，它借助语句表达人们所反映思维对象的真假情况。命题的特征包括：命题必须反映思维对象的情况，即命题须对思维对象的情况有所断定（肯定或否定）；命题具有真假之分，凡是符合思维对象实际的命题就是真命题，否则即为假命题。

而在立法与法律实务中，命题不但是法律文本中各种规范概念的逻辑表达形式，是正确揭示这些概念的内涵、要素构成与法律功能的必要逻辑手段，而且也是法律人根据法律、依据事实构建法律裁判（决定）规范的重要逻辑基础。具体说来，命题的法律作用主要表现在以下四个方面：一是法律概念的内涵可以采取命题形式：如现行《刑法》第25条规定："共同犯罪是指二

---

[1] "贵州省锦屏县人民法院［2014］锦行初字第29号"，载 http：//www. court. gov. cn/zgcpwsw/ gz/gzsqdnmzdzzzzzjrmfy/jpxrmfy/xz/201501/t20150121_6366848. htm，访问日期：2015年3月17日。

人以上共同故意犯罪。"又如现行《继承法》第 3 条规定:"遗产是公民死亡时遗留的个人合法财产。"二是法律概念的外延可以采取命题形式,如现行《刑法》第 32 条规定:"刑罚分为主刑和附加刑。"又如现行《物权法》第 2 条规定:"本法所称物,包括动产和不动产。"三是命题形式、法律条文与法律规范(规则)之间存在紧密的逻辑关系。与其他规范相比,法律规范的规范性(合法性)是其特质之一,其基本内容就是强调行为主体的权利(表现为可以为或可以不为)义务(表现为应当为或禁止为)行为模式,以"必须"、"允许"和"禁止"为模态词的规范模态命题自然就成为外在表现法律规范的基本逻辑工具。同时,法律规范以行为条件、行为模式和法律后果为内在逻辑构成的法律规则的语言表现形式就是"如果……就……否则……"(充分)假言命题也就成为作为法律规则外在形式——法律条文(法律规定)的必然逻辑手段选择。此外,法律规范中的"但书条款"和"兜底条款"以及"有下列情形之一的"选择性条款等分别反映了联言命题和选言命题之特定命题形式的法律逻辑功能。四是命题形式与法律裁判也存在特定关系。前文已提到,法律裁判一般可分解三个不同的阶段和过程:认定法律事实,发现法律规范和作出法律决定,而每一阶段和过程的逻辑形式都可表现为不同功能的法律命题,即小前提、大前提和结论。不可否认,法律适用阶段的裁判规范命题有别于立法意义上的法律规范命题:后者主要是立法结果的文本表达形式,侧重于法律命题的规范效力与价值承载功能;前者则强调抽象的法律规范与具体的案件事实的实际联结,赋予的是人类行为的实际法律意义与法律后果,更强调法律推理过程的辩证性质与结果的可论辩性。

(二)命题的种类

依据是否含有模态词,命题可分为模态命题与非模态命题。依据模态词性质的不同,模态命题又可分为真值模态命题与规范模态命题。依据其是否包含其他命题,非模态命题可分为简单命题与复合命题。简单命题是指本身不包含其他命题的命题,可细分为直言命题(性质命题)和关系命题。复合命题是指包含有其他命题的命题,依据联结词性质的不同可细分为联言命题、选言命题、假言命题和负命题。既然命题存在不同的种类,那么它们是否存在共同的逻辑结构呢?回答是肯定的:"命题=常项+变项。"其中,量项(所有、有些)和联结项(是,不是;R;∧,∨等)属于逻辑常项,存在确定的逻辑涵义,二者决定命题所属的形式。也就是说,一旦改变命题的逻辑常项，则将改变整个命题所属的形式。主项（S）和谓项（P）属于逻辑变项，是命题中的可变要素，它们的改变不关乎命题形式的任何变化。

准确识别逻辑常项是进行批判性思维训练的前提条件：不同的命题与推理形式有不同的特点和使用规则，正确判别人们表达其思想所使用的命题与推理形式，是对它们所作出逻辑评判和理性审视的前提条件，也是深入、精到地把握其确切含义的重要基础。不同的命题与推理形式的区别最终取决于其逻辑常项。可以说，正确地掌握并敏锐地识别不同命题与推理形式的逻辑常项，是进行批判性思维的前提条件。如：所有的聪明人都是近视眼，我近视得很厉害，所以我很聪明。以下哪项与上述推理的逻辑结构最为一致？A. 我是个笨人，因为所有的聪明人都是近视眼，而我的视力那么好。B. 所有的猪都有 4 条腿，但这种动物 8 条腿，所以它不是猪。C. 小陈十分高兴，所以小陈一定长得胖，因为高兴的人都能长胖。D. 所有的天才都高度近视，我一定高度近视，因为我是天才。E. 所有的鸡都是尖嘴，这种总在树上待着的鸟是尖嘴，因此它是鸡。要选择正确答案，我们先要把各个备选答案进行简单的逻辑符号转化：题干"所有的 P 是 M，S 是 M；所以，S 是 P"。选项 A："所有的 P 是 M，S 不是 M；所以，S 不是 P。"选项 B："所有的 P 是 M，S 不是 M；所以，S 不是 P。"选项 C："所有的 M 是 P，S 是 M；所以，S 是 P。"选项 D："所有的 M 是 P，S 是 M；所以，S 是 P。"选项 E："所有的 P 是 M，S 是 M；所以，S 是 P。"最终的答案，自然是选择选项 E，只有它与题干具有共同的形式逻辑结构。

## 二、简单命题

### （一）直言命题

直言命题也称性质命题、定言命题，它是反映思维对象具有或不具有某种性质的命题。它存在四种具体命题形式（命题的主项和谓项分别用 S 和 P 来表示）：

全称肯定命题：所有 S 是 P，简称 SAP 或 A。

全称否定命题：所有 S 不是 P，简称 SEP 或 E。

特称肯定命题：有 S 是 P，简称 SIP 或 I。

特称否定命题：有 S 不是 P，简称 SOP 或 O。

上述四类命题的主项与谓项的周延性（即全部反映认识的对象情况）分

别情况为：全称肯定命题的主项周延，谓项不周延；全称否定命题的主项周延，谓项周延；特称肯定命题主项与谓项都不周延；特称否定命题主项不周延，谓项周延。而同类的四个直言命题之间存在的真假对当关系以逻辑方阵的形式出现（参见下图），具体说来，全称肯定命题 SAP 与全称否定命题 SEP 为反对关系，特称肯定命题 SIP 与特称否定命题 SOP 为下反对关系，全称肯定命题 SAP 与特称肯定命题 SIP 以及全称否定命题 SEP 与特称否定命题 SOP 都是差等关系，全称肯定命题 SAP 与特称否定命题 SOP 以及全称否定命题 SEP 与特称肯定命题 SIP 都是矛盾关系，至于这些逻辑关系的具体内容，参见后面的第七章"形式的法律谬误"。

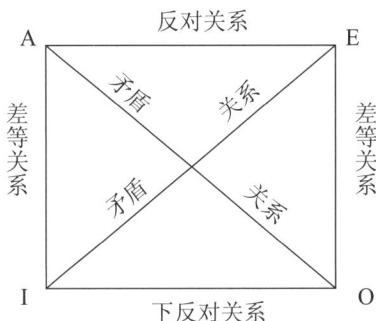

图 1-1　直言命题逻辑方阵

(二) 关系命题

关系命题就是断定事物之间具有或者不具有某种关系的命题，它由关系主项（a 与 b）、关系项（R）和关系量项三部分组成。关系命题可简化为逻辑形式"aRb 或 R（a，b）"。关系命题表现为对称性关系和传递性关系两类逻辑属性，现分别描述如下：

关系命题（至少两类对象 a，b）存在的三类对称性关系：若 a 与 b 有 R 关系，b 与 a 也有 R 关系，则关系 R 为对称关系，如同案犯；若 a 与 b 有 R 关系，b 与 a 必定无 R 关系，则关系 R 为反对称关系，如高于；若 a 与 b 有 R 关系，b 与 a 不一定有 R 关系，则关系 R 为非对称关系，如诬告。

关系命题（三类对象 a，b，c）存在的三类传递性关系：若 a 与 b 有 R 关系，b 与 c 有 R 关系，a 与 c 也有 R 关系，a、b、c 之间为传递性关系；若 a 与 b 有 R 关系，b 与 c 有 R 关系，a 与 c 也有 R 关系，则 a、b、c 之间为传递性关系，如"多于"、"高于"、"真包含于"等概念反映的是传递性逻辑关系；若a与b有R关系，b与c有R关系，a与c无R关系，则a、b、c之间为反传递性关系，如"父子"、"大2岁"等概念反映的是反传递性的逻辑关系；若a与b有R关系，b与c有R关系，a与c可能有R关系，a与c可能不具有R关系，则a、b、c之间为非传递性关系，如"抢劫"、"教唆"等概念反映的是非传递性逻辑关系。

这里以一则"十二人犯罪团伙以'一夜情'为饵宰客案"为例说明之[1]：2005年3月5日，位于海淀区花园路的方岸咖啡店老板曹确一和妻子刘佳雇用多名女服务员，其中包括两名在校女学生。女老板刘佳自称"王冰"，上网以"一夜情"等名约见网友，而约会时均由该咖啡店的女服务员扮演"一夜情"。每次双方见面后，网友都被带到方岸咖啡店聊天，并被引诱高消费。当网友嫌贵不愿意付账时，曹确一等人便出面使用暴力、威胁等手段强迫对方付账。在开业后的短短20多天内，该团伙就作案19起，涉案金额2.5万余元。在本案庭审中，被告人曹确一辩称其没有参与19起，其辩护人表示曹确一未实际参与方岸咖啡厅的经营管理，不能以组织、领导强迫交易罪定罪处罚。法院经审理后认为，被告人曹确一、刘佳在经营方岸咖啡厅期间，为了招揽客人、牟取高额利润，安排被告人梁金凤等女青年以"一夜情"名义诱骗男网友去该咖啡厅消费，并雇用被告人罗彦钊等人以暴力威胁、扣押物品、强迫写欠条等手段迫使被害人交付钱款。12名被告人的行为违反了自愿、平等、公平、诚实信用的交易原则和交易秩序，且在短时期内，经常性地实施强迫他人接受服务的行为，情节严重，其行为均已构成强迫交易罪，应予惩处。在共同犯罪中，被告人曹确一、刘佳负责组织、策划，起主要作用，系主犯。经查证，被告人曹确一虽然并非名义上的经营者，但多名被告人的供述及被害人的陈述均能够证实，曹确一实际参与策划并对被害人实施了威胁或者殴打行为，应认定为主犯。对于被告人曹确一的辩解及其辩护人关于曹确一不应认定为组织者的辩护意见，法院不予采纳。在本案中，法院最终认定在共同犯罪中，被告人曹确一、刘佳负责组织、策划，起主要作用，系主犯。这是一个关系命题吗？不是。法律中的"主犯"关系并不反映曹确

[1] 范静："12人犯罪团伙以'一夜情'为饵宰客"，载 http://www.chinacourt.org/article/detail/2005/12/id/190727.shtml，访问日期：2015年1月6日。

一、刘佳二人共有的整体关系，而是属于二人分别接受刑事处罚的独立定罪情节，这一命题实际上可以分解为两个直言命题，即"曹确一是主犯"与"刘佳是主犯"。需要指出的是，有些命题在语句结构上很像关系命题，但其实不然，它们实际上可以分解成两个或多个意思完整的直言命题，这样的命题不属于关系命题，因为关系命题是简单命题，而不是可以分解为两个或两个以上简单命题的复合命题。

### 三、模态命题

根据模态词的不同，模态命题分为两类：一是狭义的模态命题，又称之为真值模态命题，是指包含"必然"和"可能"这两个模态词的模态命题，它是断定事物情况具有必然性或可能性的命题形式。二是规范命题是要求人们以某种方式作出或不作出某种行为的命题形式，它是包含"必须"和"允许"与"禁止"之类模态词的命题形式，因此又可分为必须命题、禁止命题和允许命题三类。我们来看看法律条款中的规范命题：按照行为模式的不同，法律规范一般可以分为授权性规范（可以为与可以不为）、义务性规范（必须为）和禁止性规范（不得为）三种具体类型。如我国现行《宪法》第 36 条关于"公民有宗教信仰的自由"的规定和现行《合同法》第 9 条关于"当事人依法可以委托代理人订立合同"的规定就是授权性规范；现行《婚姻法》第 4 条关于"夫妻应当互相忠实、互相尊重"的规定和现行《法官法》第 3 条关于"法官应当忠实执行宪法和法律，全心全意为人民服务"的规定就是义务性规范；而现行《国籍法》第 12 条关于"国家工作人员和现役军人，不得退出中国国籍"的规定和现行《律师法》第 11 条关于"公务员不得兼任执业律师"的规定就是禁止性规范。

### 四、复合命题

复合命题是包含有其他命题的命题，它以简单命题为基本构成单元，该基本单元命题一般称为子命题（肢命题）。根据联结词的不同，复合命题可以分为联言命题、选言命题、假言命题和负命题四种基本类型。

（一）联言命题

联言命题是断定若干事物情况同时存在（即各子命题同真）的命题，其逻辑联结词为"并且"。它的逻辑形式为：p 并且 q，也即 $p \wedge q$。其中符号 $\wedge$

读作"合取"。它的逻辑属性是：当所有肢命题为真时，则该联言命题为真；而当部分肢命题为真或为假，或者所有肢命题都为假，则该联言命题都为假。在制定法中，存在以联言命题形式所表达的两种特殊法律条款：但书条款和兜底条款。

（1）但书条款：即但书，它是指立法语言中在形式上以"但"字开头，在内容上规定例外、限制和附加条件的文字。[1]但书属于一种普遍采用的特殊行为规范，大致表现以下六种具体类型：一是排除型但书，采用"但是……"、"但……除外"、"除……外"等语言形式。如现行《刑法修正案（八）》第3条在《刑法》第49条中增加一款作为第2款："审判的时候已满七十五周岁的人，不适用死刑，但以特别残忍手段致人死亡的除外。"二是授权型但书，采用"但是可以……"、"但是……可以……"、"但是……有……"等语言形式。如现行《民法通则》第78条规定："按份共有财产的每个共有人有权要求将自己的份额分出或者转让。但在出售时，其他共有人在同等条件下，有优先购买的权利。"三是要求型但书，采用"但是应当……"、"但是……应当……"、"但是……要……"等语言形式。如现行《民事诉讼法》第243条规定："被执行人未按执行通知履行法律文书确定的义务，人民法院有权扣留、提取被执行人应当履行义务部分的收入。但应当保留被执行人及其所扶养家属的生活必需费用。"四是命令型但书，采用"但是必须……"、"但……必须"等语言形式。现行《刑事诉讼法》第90条规定："公安机关对人民检察院不批准逮捕的决定，认为有错误的时候，可以要求复议，但是必须将被拘留的人立即释放。"五是禁止型但书，采用"但不得……"、"但……不……"、"但是……不能……"等语言形式。如现行《行政诉讼法》第62条规定："当事人对已经发生法律效力的判决、裁定，认为确有错误的，可以向原审人民法院或者上一级人民法院提出申诉，但判决、裁定不停止执行。"六是否定型但书，采用"但是……不认为……"等语言形式。如现行《刑法》第13条规定："一切危害国家主权、领土完整和安全，分裂国家、颠覆人民民主专政的政权和推翻社会主义制度……以及其他危害社会的行为，依照法律应当受刑罚处罚的，都是犯罪，但是情节显著轻微危害不大的，不认为是犯罪。"关于但书条款的法律适用，除了遵循联言命题的逻辑属性外，我们还应根据其

---

[1] 朱力宇、张曙光：《立法学》（第3版），中国人民大学出版社2009年版，第276页。

不同的但书类型区别对待。笔者以刘振立故意杀人案为例，河南省南阳市中级人民法院 2011 年 10 月 11 日作出如下判决："本院认为，被告人刘振立因琐事故意非法剥夺他人生命，致人死亡，其行为已构成故意杀人罪。……被告人刘振立所犯罪行极其严重，但根据《中华人民共和国刑法修正案（八）》规定的审判的时候已满七十五周岁的人不适用死刑，但以特别残忍手段致人死亡的除外。刘振立的犯罪行为发生在《中华人民共和国刑法修正案（八）》实施以前，根据从旧兼从轻原则，考虑到被告人刘振立现年七十六岁，不属于特别残忍手段致人死亡，故不判处刘振立死刑。……本院为打击犯罪，保护公民的人身权利、财产权利不受侵犯，维护社会治安秩序，依照《中华人民共和国刑法》第 232 条、第 57 条第 1 款、第 36 条第 1 款和《中华人民共和国民法通则》第 119 条之规定，判决如下：一、被告人刘振立故意杀人罪，判处无期徒刑，剥夺政治权利终身。"[1] 在本案中，判决书引用的法律规则之一是现行《刑法修正案（八）》第 3 条但书条款："审判的时候已满七十五周岁的人，不适用死刑，但以特别残忍手段致人死亡的除外。"该但书条款是排除型条款，可转化为联言命题形式：犯故意杀人罪以特别残忍手段致人死亡的且审判的时候已满 75 周岁的人适用死刑。在本案中，刘振立虽然构成故意杀人罪并且已年满 75 周岁以上，但是不属于特别残忍手段致人死亡，因此他不适用死刑。在本案中，作为大前提的联言命题有两个肢命题（犯故意杀人罪和已年满 75 周岁以上）为真，但其另一个肢命题（以特别残忍手段致人死亡的）为假，因此，得出结论"刘振立适用死刑"为假。

（2）兜底条款：通常采用"等……"或"其他……"语言形式，它与同时列举的其他条款共同构成一个完整的联言命题类型[2]，用来指称一个法律概念或法律规则。它是在法律条款中能够涵盖其他条款所没有包括的，或者包括不了的，或者目前无法立法的特殊法律条款，是为形式上解决法律不周延问题、内容上填补法律漏洞的一种立法技术。根据不同的语言表达形式，兜底条款可分为等型兜底条款和其他型兜底条款：其中，前者是采用

---

〔1〕"河南省南阳市中级人民法院〔2011〕南刑一初字第 041 号"，载 http://www. pkulaw. cn/fulltext_ form. aspx？Gid = 118072352&EncodingName = %，访问日期：2015 年 3 月 17 日。

〔2〕兜底条款可以采用联言命题形式，有时也可采用选言命题等逻辑形式，如现行《刑法》第 78 条关于减刑条件的规定："有下列重大立功表现之一的，应当减刑：……（六）对国家和社会有其他重大贡献的。"此类命题的推理活动必须遵循选言命题的逻辑属性，这里不再赘述。

"等……"语言形式的兜底条款,如现行《宪法》第9条规定:"矿藏、水流、森林、山岭、草原、荒地、滩涂等自然资源,都属于国家所有,即全民所有。"后者是采用"其他……"语言形式的兜底条款,如现行《刑法》第92条规定:"本法所称公民私人所有的财产,是指下列财产:(一)公民的合法收入、储蓄、房屋和其他生活资料;(二)依法归个人、家庭所有的生产资料;(三)个体户和私营企业的合法财产;(四)依法归个人所有的股份、股票、债券和其他财产。"又如现行《宪法》第62条规定:"全国人民代表大会行使下列职权:……(十五)应当由最高国家权力机关行使的其他职权。"不过,这两类兜底条款都是不确定的概括性条款,语言相对模糊、抽象、富有弹性,需要立法者或法律适用者进行解释性推理方可适用个案。如原告克丽缇娜(上海)贸易有限公司与被告北京丹颜美容有限公司及被告北京丹颜美容有限公司首成分公司不正当竞争纠纷案一审民事判决书:"《反不正当竞争法》第2条第1款规定:'经营者在市场交易中,应当遵循自愿、平等、公平、诚实信用的原则,遵守公认的商业道德。'该条款系所发生的不正当竞争行为未为该法其他条款予以明确规定时而规定的兜底条款,该条款的适用有着严格的限定。《反不正当竞争法》是规范市场竞争关系、保障公平交易的一项基本法律,该法与《商标法》是一般法与特别法的关系。本案争议的本质属于商标权纠纷,故该条款在本案中并无适用空间。综上,对于克丽缇娜公司关于丹颜公司及丹颜首成分公司不正当竞争的主张及相关诉讼请求,本院不予支持。"[1]在本案中,法院指出了《反不正当竞争法》第2条第1款为本法分则的兜底条款,与《商标法》是一般法与特别法关系,根据特别法优先于一般法的适用原则,该兜底条款不适用本案,所以,法院对原告的法律诉求不予以支持。

(二)选言命题

所谓选言命题,就是表示选择性关系的语句形式,它是断定若干事物情况中至少有一情况存在(即至少有一子命题为真)的命题。由于联结词性质的不同,选言命题可分为相容选言命题和不相容选言命题。其中,相容选言命题可表示为 p 或者 q,即 $p \lor q$(p 析取 q),联结词采用"或者……或者……"、

---

[1] "北京市朝阳区人民法院[2013]朝民初字第 40132 号",载 http://ipr. court. gov. cn/bj/bzd-jz/201404/t20140429_ 923569. html,访问日期:2015 年 3 月 17 日。

"也许……也许……"等语言形式,其逻辑属性是:选言肢之间是反对关系,可以同时为真;一个选言肢为假,则其他选言肢为真。不相容选言命题可表示为要么 p,要么 q,即 p q(p 不相容析取 q),联结词采用"要么……要么……"、"不是……就是……"等语言形式,其逻辑属性为:选言肢之间是矛盾关系,不可以同时为真;一个选言肢为真,则其他选言肢为假;一个选言肢为假,则其他选言肢为真。

法律条款中的选言命题形式主要表现为选择性条款,即以"有下列情形之一的"等语言形式所表现的法律规则条款,由于它是通过列举形式明确行为主体的具体权利义务关系,所以为法律适用者提供了较大自由裁量空间。如我国现行《行政处罚法》第 37 条规定:"当事人有下列情形之一的,应当依法从轻或者减轻行政处罚:(一)主动消除或者减轻违法行为危害后果的;(二)受他人胁迫有违法行为的;(三)配合行政机关查处违法行为有立功表现的;(四)其他依法从轻或者减轻行政处罚的。"又如我国《民法通则》第 23 条规定:"公民有下列情形之一的,利害关系人可以向人民法院申请宣告他死亡:(一)下落不明满四年的;(二)因意外事故下落不明,从事故发生之日起满二年的。"在选择性法律条款的适用中,我们有必要区分这些条款之间的逻辑关系属性究竟是相容关系还是不相容关系,然后根据相关条款不同的逻辑属性作出区别处理。上述《民法通则》第 23 条规定即为不相容选择性条款,其有效式有两个,即肯定否定式和否定肯定式。如李炎申请宣告公民死亡案的判决书:"本院认为,被申请人朱秀芳自 2007 年 5 月 31 日突然失踪,至今杳无音讯。申请人向公安机关报案后至今无法找寻到朱秀芳下落,本院发出寻找朱秀芳公告,公告期满朱秀芳仍无下落,故对被申请人朱秀芳下落不明之事实予以确认。依照《中华人民共和国民法通则》第 23 条和《中华人民共和国民事诉讼法》第 184 条第 1 款、第 185 条之规定,判决如下:宣告朱秀芳死亡。"[1] 在本案中,法院判决采用了否定肯定式的选言推理,通过否定"被申请人朱秀芳因意外事故下落不明,从事故发生之日起满二年的";进一步确认"被申请人朱秀芳下落不明满四年"(2007 年 5 月 31 日开始失踪至 2014 年 2 月 7 日法院判决超过六年),所以最终判决被申请人朱秀

---

〔1〕 "上海市崇明县人民法院〔2013〕崇民一(民)特字第 1 号",载 http://www.court.gov.cn/zgcpwsw/sh/shsdezjrmfy/cmxrmfy/ms/201403/t20140315_527897.htm,访问日期:2015 年 3 月 17 日。

芳宣告死亡。

（三）假言命题

假言命题在自然语言中是表示条件关系的语句，它是有条件地断定一事物情况存在的复合命题。根据条件的不同，假言命题可分为充分条件假言命题、必要条件假言命题和充要条件假言命题。①充分条件假言命题，即如果p，那么q，即 $p \rightarrow q$（p蕴涵q），其逻辑属性是：p为真，则q为真；q为假，则p为假。②必要条件假言命题，即只有p，才q，即 $p \leftarrow q$（p逆蕴涵q），其逻辑属性是：p为假，则q为假；q为真，则p为真。③充要条件假言命题，即当且仅当p才q，即 $p \longleftrightarrow q$（p等值q），其逻辑属性是：p为真，则q为真；p为假，则q为假；q为真，则p为真；q为假，则p为假。在立法实践中，法律条款一般都采用假言命题形式表示既定的法律规则条款，因为法律规则通常采用行为模式＋行为后果的逻辑结构形式，即都可简化为"如果……就……"或者"只有……才……"的假言命题形式。为此，有关法律规则条款适用必须遵循假言命题的相关逻辑属性。

相对于其他命题而言，法律条款使用假言命题的频率更高，有时直接使用假言联结词，有时则省略假言联结词。①充分假言命题：如现行《刑事诉讼法》第98条规定："人民检察院在审查批准逮捕工作中，如果发现公安机关的侦查活动有违法情况，应当通知公安机关予以纠正，公安机关应当将纠正情况通知人民检察院。"又如《民法通则》第20条规定："公民下落不明满二年的，利害关系人可以向人民法院申请宣告他为失踪人。"②必要假言命题：如现行《刑事诉讼法》第102条规定："附带民事诉讼应当同刑事案件一并审判，只有为了防止刑事案件审判的过分迟延，才可以在刑事案件审判后，由同一审判组织继续审理附带民事诉讼。"关于假言命题形式法律条款的适用，首先应考虑这些假言命题的不同条件的逻辑属性，即是充分条件还是必要条件，然后根据不同条件的逻辑属性作出不同的法律推理或论证。如李某某附带民事一审判决书就是法院援引现行《刑事诉讼法》第102条规定，对本案被告人李某某犯故意伤害罪附带民事赔偿案件进行了单独审理裁决："上海市浦东新区人民检察院以沪浦检刑诉［2013］1325号起诉书指控被告人李某某犯故意伤害罪，于2013年5月27日向本院提起公诉。在诉讼过程中，附带民事诉讼原告人张某某向本院提起附带民事诉讼。本院依法组成合议庭，公开开庭审理了本案。附带民事诉讼原告人张某某及其诉讼代理人陈海升、被告人李某某到庭参加诉讼。因民事部分的事实一时难以查清，为防止刑事案件过分延迟，故刑事部分已先行判决，现附带民事诉讼也已审理终结。……据此，为维护社会治安秩序，保护公民的人身权利和财产权利不受侵犯，依照《中华人民共和国刑法》第 234 条第 1 款、第 36 条、《中华人民共和国刑事诉讼法》第 99 条、第 102 条、《最高人民法院关于适用〈中华人民共和国刑事诉讼法〉的解释》第 155 条、《中华人民共和国民法通则》第 119 条及最高人民法院《关于审理人身损害赔偿案件适用法律若干问题的解释》第 17 条第 1 款、第 19 条、第 20 条、第 21 条、第 22 条、第 24 条之规定，判决如下：被告人李某某赔偿附带民事诉讼原告人张某某经济损失人民币一万八千六百四十一元六角（此款于判决生效后一个月内缴纳）。"[1]

（四）负命题和多重复合命题

负命题是由逻辑联结词"并非"联结一个子命题构成的复合命题，它是否定一个命题的命题。负命题的逻辑形式是：并非 p。通常，用符号¬（读作"并非"）替换常项"并非"，可得公式：¬p。而多重复合命题就是指以复合命题为子命题的复合命题。通常情况下，较之一般复合命题而言，多重复合命题在形式上更为复杂，在内容上也更为丰富。一般而言，制定法很少采用单一的简单命题或复合命题形式，而是多同时采用两个以上的混合命题形式。如我国《民法通则》第 19 条规定："被人民法院宣告为无民事行为能力人或者限制民事行为能力人的，根据他健康恢复的状况，经本人或者利害关系人申请，人民法院可以宣告他为限制民事行为能力人或者完全民事行为能力人。"该法律规则条款总体上属于假言命题形式，但假言命题的前件和后件则都采用以"或者"为联结词的选言命题形式，后件还采用了"可以"规范词所表达的规范模态命题形式。又如我国现行《刑法》第 37 条规定："对于犯罪情节轻微不需要判处刑罚的，可以免予刑事处罚，但是可以根据案件的不同情况，予以训诫或者责令具结悔过、赔礼道歉、赔偿损失，或者由主管部门予以行政处罚或者行政处分。"这是但书形式的法律条款，包括两个联言肢，前一个联言肢为包含"可以"规范词的假言命题，后一个联言肢则采用

---

[1] "上海市浦东新区人民法院［2013］浦刑初字第 1673 号"，载 http://www.court.gov.cn/zgcpwsw/sh/shsdyzjrmfy/shspdxqrmfy/xs/201402/t20140213_ 337596. htm，访问日期：2015 年 3 月 17 日。

以"或者"为联结词的选言命题形式。多重复合命题的司法适用，应根据命题类型的不同逻辑属性，在统摄主干命题逻辑属性的基础上，再综合考虑其他辅助性肢命题的逻辑属性。

第二章

# 法律事实的推理

2004 年 3 月，最高人民检察院公诉厅通报了原审被判死刑或死缓而经被告人上诉或申诉后改判无罪的七起典型刑事案件[1]：黑龙江省"杨方忠故意杀人案"；海南省"黄亚全、黄圣玉抢劫案"；广西壮族自治区"覃俊虎、兰永奎抢劫故意杀人案"；甘肃省"出租车司机荆爱国运输毒品案"；辽宁省"李化伟故意杀人案"；重庆市"童立民故意杀人案"；云南省"孙万刚故意杀人案"。其中，前三起案件均是犯罪事实不是刑事被告人所为，是在真正的犯罪嫌疑人抓获后才得以纠正的冤案；甘肃省"出租车司机荆爱国运输毒品案"则是侦查人员为破案而设置圈套、蓄意制造的假案；辽宁省"李化伟故意杀人案"、重庆市"童立民故意杀人案"、云南省"孙万刚故意杀人案"则是证据不足，无法认定犯罪事实即被告人所为而判无罪的错案。从案件改判的原因来看，这些案件冤假错案都是由于司法机关对认定案件基本事实的证据出现偏差或证据不充分引起的。2007 年 8 月，时任最高人民法院副院长张军也认为，随着死刑复核权收归最高人民法院，最高人民法院在死刑复核中发现了刑事侦查阶段的一些普遍性问题：第一，重口供轻物证。一旦被告认罪、人赃俱获，侦查机关便不重视收集物证。第二，重直觉轻科学。被告人一旦认罪，侦查机关就不进行科学鉴定。第三，重经验轻逻辑。[2]为了回应和解决以上问题，我国 2012 年对《刑事诉讼法》进行重大修改和补充，进一步明确规范了案件事实的证据查明程序规则。如第 15 条规定："严禁刑讯逼供和

---

〔1〕 张有义："解析冤假错案：阳光定案需要科学评价体系"，载 http://news. sina. com. cn/c/2005 – 06 – 27/14507057876. shtml，访问日期：2015 年 1 月 6 日。

〔2〕 林世钰： "公检法负责人建议刑诉法修改应重视侦查程序遏制刑讯逼供"，载 http://news. xinhuanet. com/legal/2007 –08/22/content_ 6580837. htm，访问日期：2015 年 3 月 14 日。

以威胁、引诱、欺骗以及其他非法方法收集证据，不得强迫任何人证实自己有罪。"同时第17条还规定："对一切案件的判处都要重证据，重调查研究，不轻信口供。只有被告人供述，没有其他证据的，不能认定被告人有罪和处以刑罚；没有被告人供述，证据确实、充分的，可以认定被告人有罪和处以刑罚。"运用证据查明和认定案件事实，是司法诉讼的必要程序性环节，离不开司法人员有效的法律事实推理，这不仅表现在刑事诉讼程序制度实践中，也体现在行政诉讼程序与民事诉讼程序的制度实践中。

## 第一节　概述

### 一、小前提的认定方法

在整个法律推理系统中，如果说法律规范的推理是发现作为法律裁判大前提的法律规则推理方法，那么法律事实的推理就是认定作为法律裁判小前提的案件事实推理过程。在此，我们注重的是司法意义上的法律事实概念研究。

（一）法律事实的界定

所谓事实，意味着"事实是事情的真实情况"。[1]事实求真，但事实并非事情本身，它实际上只是反映人们关于客体对象的认识程度，既具有客观实在性，也具有主观属性。但相对于法律事实而言，事实为客观事实，前者更具有法律人的主观能动特征。法律事实虽然属于客观事实的一种，但法律事实与客观事实不可能完全一致。法律事实除了客观属性外，更反映认识主体的规范价值。中国传统的法理学认为，法律事实就是法律所规定的，能够引起法律关系的产生、变更和消灭的客观情况或现象，是法律规范适用的前提和基础。[2]但是，这仅仅是一种基于立法或制定法的立场所进行的学术解读，是典型的客观事实说。如果基于司法立场理解法律事实概念，我们就会发现事实与法律实际上是分离的，法律主要指规则，而"事实"既引起了法

---

〔1〕　中国社会科学院语言研究所词典编辑室编：《现代汉语词典》，商务印书馆1996年版，第1153页。

〔2〕　张文显：《法理学》（第3版），高等教育出版社2007年版，第165页。

律关系的产生、变更和消灭，又是司法诉讼程序中律师和法官等法律人反复认证、质证、定证的事实。法律事实由客观事实转化而来，并通过法律规范事实构成的涵摄作用转化为案件事实、个案事实。可见，法律事实不是纯粹的客观事实概念，而是指称客观事实与法律规范关系（借助证据链）的关联性中介概念[1]。总之，法律事实应是具有司法意义的涉法型范畴。

（二）法律事实的特征

（1）法律事实的首要特征是其客观实在性。法律事实的客观实在性意味着法律事实在司法认知层面所表现的经验特征，意味着它可通过个案处理转换为借助证据链证立或证伪的经验性事实，亦即案件事实。虽然法律事实不同于客观事实，但是任何引起当事人之间权利、义务产生、变更、消灭的事实首先应当满足其客观性的要求，当事人或法官不能无中生有，通过编造、伪造事实来增加权利或减少义务。否则，相关人要承担相应的法律责任，如我国现行刑法通过设定伪造证据罪和枉法裁判罪等对其予以制度规范。

（2）法律事实是为法律所确认的规范性事实。法律事实必须是为法律规范所涵盖的事实，客观事实唯有具备法律的关联性且与规范性事实相符合方可转化为法律事实、案件事实。法律事实的规范性即涉法性，使之区别于其他事实，如政治事实、经济事实、历史事实等客观事实。因此，法律事实在司法实践中又被认为是为法律规范大前提所统摄涵盖的法律行为或事件。

（3）法律事实须是法官等法律适用者依法认定的事实，具体涉及认证、质证和定证等必要的司法程序环节。在当事人之间产生法律后果的事实，并非都经过法官的认定；法官对事实的司法认定是从终极性的角度来说的。司法裁判中的法律事实大多是经过证据证明的事实，而证据是法官认定法律事实的主要手段，但是法律事实并非一定是用证据证明的事实，因为法官还可以采用司法认知、经验法则、当事人自认和事实推定等非证据方式来认定法律事实。

（4）法律事实能够引起法律关系的产生、变更或消灭。一个事实，只有

---

[1] 关于法律事实的性质，法学界存在客观事实说（中国传统法理学通说）、主观事实说（认为司法认定的事实是法官和陪审员所发现的主观事实，以美国现实主义法学家弗兰克为代表）、法律程序确定事实说（认为法律世界中没有什么"绝对的"事实，有的只是主管机关在法律规定程序中所确定的事实，以纯粹法学派凯尔森为代表）、虚无事实说（认为法律的目的之一是解决争端而不是发现事实真相，以美国法学家迈克尔·D. 贝勒斯为代表）等。本书无意对上述诸多法律事实说进行具体解析评价。

它能够导致法律关系的产生、变更或消灭方可称之为法律事实。也就是说，正是由于法律事实的出现才导致法律关系的产生、变更或消灭的，因此法律事实是法律关系的必要前提与客观基础，它构成个案司法裁判推理的小前提。但是从结果上看，法律事实的出现并不必然导致法律关系的产生、变更或消灭，这是因为当事人的某些行为可能由于当事人不诉或协议免责、赦免、特权豁免、诉讼时效失效等情形出现被免除相应法律责任，相应的法律关系也无从产生或变化。

（三）法律事实的推理

法律事实推理是关于事实的推论，是关于实际事情及其实际事情之间的关联的推论，是从一些事实命题出发得出另外一些事实命题的推论，是探寻与发现事实真相的推论。[1] 就具体的待决案件而言，事实发现需要推理，事实的检验或认定也需要推理，需要以推理的方式说明事实的存在。一般而言，事实推理的逻辑值为真（1）假（0）。但是法律事实毕竟不同于客观事实，法律事实的推理活动还有其规范性要求，它不可简单地归为逻辑值的真假问题。这是因为，法律事实推理的目的是确认待决案件的案件事实，而案件事实的确认必须借助法律所认可的证据来进行，也就是说，相关推理活动必须遵循相应的法律证据规则，如非法证据排除、书面证据优先、最佳证据原则等，而证据立法及其适用选择离不开法律人的价值判断与利益衡量。立足法律推理的全过程，总的来说，法律事实的推理主要是通过证据链内在的逻辑关系证实或证伪待决案件事实，属于法律裁判推理中小前提的逻辑认定方法。

**二、事实推理中的因果关系**

法律事实的推理不但要以已知的事实为基础推论出未知事实，而且更重要的是依据人们普遍接受的自然法则（常识）——即基于已知事实与未知事实存在的因果关系原理进行符合逻辑的推论。因果关系是不同现象之间存在普遍联系的重要表现。如果某种现象的存在引起了另一种现象的发生，那么我们就认为，这两种现象之间存在某种因果关系。其中，引起某一现象产生的现象称之为"原因"，被另一现象所引起的现象称之为"结果"。因果关系既可能是必然性的，也可能是或然性的，人类认识的任务就是尽可能地发现

---

[1] 王洪：《法律逻辑学》，中国政法大学出版社 2008 年版，第 122 页。

各种现象之间存在的因果联系。因果关系的必然性主要借助演绎推理（特别是各类三段论）来发现，而因果关系的或然性则主要通过归纳推理（包括不完全归纳的因果法与溯因法）和类比推理来实现。因果关系的客观存在为法律事实推理正当化提供了必要的物质基础。

逻辑上的因果关系在大体可归结为四类具体的关系模式，即充分而非必要条件关系、必要而非充分条件关系、充分且必要条件关系和既不充分也不必要条件关系。如果一种现象能够单独产生某一结果（即另一现象），我们就说这是充分条件意义上的原因。如气温降到零度以下是水结冰的充分条件，断电是熄灯的充分条件。如果一种现象不出现就不会产生某一结果（即另一现象），我们就说这是必要条件意义上的原因。如氧气是燃烧的必要条件，司法资格是从事律师的必要条件等。因果关系具有三个基本特点：一是前后相继性，即前因后果。二是共存共变性，即在特定的时间截面，因果两种因素同时存在，它们的发展变化存在一定量上的对应关系。三是非一一对应性。因果关系并不意味着原因与结果之间存在简单的线性关系，而是存在一因一果、一因多果、多因一果、多因多果等诸多的关系情形。那么，我们该如何认识和发现不同现象之间的因果关系呢？总的来说，排除归纳法提供了基本的逻辑工具，它是基本思路是：考察被研究现象出现的若干场合，在它的先行现象或恒常伴随的现象中寻找它产生的可能原因，然后有选择地安排某些事例或实验，根据因果关系的上述特点（先后相继性、共存共变性等），排除那些不相干的现象或假设，最后得出相对可靠的结论。[1]同理，只要找出与假设原因或既定结果不同的一个（一些）事实或现象，我们就可以质疑甚至推翻原有的结论。如"有人认为鸡蛋黄的颜色与鸡所吃的绿色植物性饲料相关"。为了验证这个结论，哪个实验方法最为可靠呢？下面提供了五个备选答案：A. 选择一优良品种的蛋鸡进行实验。B. 化验比较植物性饲料和非植物性饲料的营养成分。C. 选择品种等级完全相同的蛋鸡，一半喂食植物性饲料，一半喂食非植物性饲料。D. 对同一批次蛋鸡逐渐增加（或减少）植物性饲料的比例。E. 选出不同品种的蛋鸡，喂食同样的植物性饲料。为此，我们可以通过排除 A、B、D 和 E 四个选项的方法获得最佳答案 C。该题涉及的是对比

〔1〕 周建武：《MBA 联考 300 分奇迹·逻辑分册》（第 2 版），复旦大学出版社 2001 年版，第 241 页。

实验，而对比实验的关键是让实验对象的其他方面条件相同，而选项 A 没有讲明何种实验方法，明显不符合题意；选项 B 只讲化验，仅从饲料到鸡蛋还会有更复杂的转换过程，化验方法不唯一；选项 E 不对，因为题干的结论并不是对某些特定的鸡而言的；最后只有选项 D，但该选项只是变化材料的量，虽然也与题干相关要求符合，但是对验证题干的结论而言不及选项 C 可靠。因此，最佳答案 C。具体说来，探求因果关系的逻辑方法主要包括求因果五法和溯因法两种基本类型，而归纳法和类比法则为因果关系研究提供了辅助性的逻辑平台与方法论框架。

　　基于因果关系的法律事实推理被广泛运用于民事与刑事司法领域的侵权归责实践，即探究违法行为与危害结果之间事实上的逻辑关系，下面以"帕尔斯格拉夫诉讼铁路公司案"予以具体说明[1]：原告帕尔斯格拉夫计划去海滨度假，她从被告铁路公司那里购得一张火车票，站在被告公司的月台上等车。当一辆火车已经开始启动时，两个乘客飞奔而至并试图抢上火车。其中一个乘客顺利地登上了火车。而另外一个乘客因手里拿着一个包裹，当他想从月台上跳上车厢时，由于脚底不稳而几乎摔倒。这时，车厢内一个工作人员伸手将这个人拉进了车厢，月台上的另一个工作人员则在此乘客的后面帮助将他推上火车。在这个过程中，意外发生了，乘客的包裹不小心脱手掉到了月台栏杆上。虽然从外表上绝不可能发现里面的东西，但是这个长 15 英寸并且用报纸包着的包裹实际上是一包烟花爆竹。当包裹落下时，突然发生爆炸。爆炸冲击力溅起月台边上几米外的残片，并且砸到原告的身上并导致原告受伤。原告对铁路公司提起侵权行为诉讼，并最后上诉至纽约州上诉法院。纽约州上诉法院最终采纳法官卡多佐的意见，驳回原告上诉。卡多佐认为：如果要追究被告职员过错的话，那么此种过错只存在于被告职员与持包人之间，而不存在于被告职员和原告之间。在当时的情况下，除那位乘客外，谁都无法注意到包裹里存在的潜在危险。只有一种法律利益或者一种权利遭到侵犯的情况下，才可能存在一种过失侵权行为诉讼。按照案件当时的情况，此过失属于一种欠缺注意的行为。原告站在月台上，她有权利要求她的人身

─────────

〔1〕 "Palsgraf v. Long Island Railroad Co., 248 N. Y. 339, 162 N. E. 99（N. Y. 1928）", available at http://www.loc.gov/websites/wayback/20090305162722/http：/en.wikipedia.org/wiki/Palsgraf_ v. _ Long_ Island_ Railroad_ Co.（2015－01－06）.

安全不受到故意的侵犯，但是原告并没有提出这样的诉讼请求。原告也可就一种不合理危险所发生的非故意侵犯提出诉讼要求，但是这种情况存在着一定的限制。就本案件而言，报纸包着的包裹会在车站爆炸并炸起碎片的事件，即使是一个最细心的人都是无法预料的。卡多佐还认为：法律上的因果关系，无论是最接近的原因还是最遥远的因果关系，对于我们来说都是非常陌生的东西。在此，责任问题永远优先于危害结果的程度问题。如果根本就不存在一个侵权行为，那么就没有必要来考虑侵权行为的损害赔偿问题。在这里，法律上的因果关系强调一种"预见性"因素，如果一个普通人可以预见到被告类似行为对原告的损害的结果，那么被告对原告就有一种注意的义务；如果被告没有尽到这种注意的义务，他就要承担原告损害的赔偿责任。反之，如果原告受到的损害无法预料，那么被告就在法律上不承担原告的损失。这是因果关系最简单的法律表述。至于"预见性"的尺度是什么？在英美国家的法律实践中更为复杂，有时法官们区分"最接近的因果关系"和"因果关系过于疏远"，有时区分"危险范围区域内"和"直接的因果关系"等，以此来确定被告的法律责任及其适用范围。

## 第二节　归纳法

在我国的司法实践中，归纳法被广泛运用于法律事实认定等方面的工作，"综上"、"综上所述"、"归纳"之类概括词成为人民法院裁判文书常见的惯用语。如"王某某二人盗窃案"一审刑事判决书[1]："综上，被告人王某某实施盗窃犯罪1起，盗窃金额为5527元，被告人张某某共实施盗窃犯罪2起，盗窃金额为11 615元。上述事实，有公诉机关提交并经当庭质证、法庭认证的下列证据予以证实，被告人王某某、张某某的照片，户籍证明，到案经过，……"又如"宋某与魏某离婚纠纷案"一审民事判决书[2]："根据原告诉状和被告答辩的内容并征得双方同意，归纳法庭调查焦点为：（1）原、被

---

〔1〕 "河南省新乡市牧野区人民法院［2015］新牧刑初字第5号"，载 http://www. hncourt. gov. cn/public/paperview. php? id =1343686，访问日期：2015年3月14日。

〔2〕 "河北省深泽县人民法院［2014］深民一初字第00478号"，载 http://www. court. gov. cn/zgcpwsw/heb/hbssjzszjrmfy/szxrmfy/ms/201411/t20141102_ 3810142. htm，访问日期：2015年3月14日。

告的夫妻感情是否确已破裂。（2）婚生子女随谁生活更有利于孩子的健康成长，抚育费如何负担。（3）双方的婚前个人财产及婚后共同财产情况。"实际上，上述案例归纳法推理所体现的归纳一般化操作，既是制定法裁判推理的基础，也是判例法发展的基础，我们有必要详细剖析其逻辑特征。所谓归纳一般化，也就是在法律中从特殊推论到一般的逻辑过程，它是从特定事实或经验（法规或判决）推论到一般或普遍性命题（法则或学说）的方法。〔1〕

### 一、何为归纳法

归纳法即归纳推理的逻辑方法，它是通过考察一类事物的许多对象具有某种属性，进而推出该类事物都具有某种属性的结论，因此，归纳法是由个别（或特殊）到一般的思维过程。典型归纳法推理形式可简化如下：

S1 具有 P 属性，

S2 具有 P 属性，

S3 具有 P 属性，

……

———————————————————————

Sn 具有 P 属性。

所以，凡 S 具有 P 属性。

运用归纳法推理的前提是关于个别事物或现象的特殊性命题，而结论则是关于该类事物或现象的普遍性命题。由于其结论所断定的知识范围超出了前提所断定的知识范围，故归纳法推理为或然性的。在法律实践中，归纳法常用于寻找裁决推论的大小前提。特别是，法律适用者一旦发现没有现成的制定法规则可资援引时，他就可能采用归纳法从以往判决中推导出有关的一般规则或原则，而类似案情的"共同点"事实确证便成为归纳推理的关键所在，因此归纳法本质上属于法律的事实认定和规范发现上的扩张解释性手段。总的来说，归纳法可作为演绎推理和类比推理的前提性推论方法而存在。根据前提的考察对象是否为结论概括的某类事物全部对象，归纳法主要分为完全归纳法与不完全归纳法两种类型。

———————————————————

〔1〕 ［美］鲁格罗·亚狄瑟：《法律的逻辑——法官写给法律人的逻辑指引》，唐欣伟译，法律出版社 2007 年版，第 110 页。

## 二、完全归纳法

我们先看看众所周知的数学家高斯的故事：高斯十岁时，老师出了一道数学难题：把 1 到 100 的整数写下来，然后把它们加起来！不到几秒钟，高斯就得出答案：5050，其他同学尚忙得满头大汗呢。高斯给老师的解释是：$1 + 100 = 101$，$2 + 99 = 101$，$3 + 98 = 101$，……$49 + 52 = 101$，$50 + 51 = 101$，一共有 50 对和为 101 的数目，所以答案应为 $50 \times 101 = 5050$。在此，高斯成功运用了完全归纳法，这个推理过程可简化为：

$$S1 \text{ 具有（或不具有）P 属性，}$$
$$S2 \text{ 具有（或不具有）P 属性，}$$
$$S3 \text{ 具有（或不具有）P 属性，}$$
$$……$$

---

$$Sn \text{ 具有（或不具有）P 属性，}$$
$$S1、S2、S3，……Sn \text{ 是 S 类的全部个体对象。}$$

完全归纳法是根据某类事物每一个对象都具有某种属性，从而推导出该类事物全部对象都具有该属性的非演绎推理方法。其特点是：推理前提所考察的是某类事物的全部对象，其结论没有超出前提断定的范围，因此结论与前提的逻辑联系是必然的。它既是一种发现的方法，也是一种论证的方法。它的基本规则是：前提必须真实确定；前提所反映的个体对象之和等于结论反映的类概念外延。

## 三、不完全归纳法

$$S1 \text{ 具有（或不具有）P 属性，}$$
$$S1 \text{ 具有（或不具有）P 属性，}$$
$$S2 \text{ 具有（或不具有）P 属性，}$$
$$S3 \text{ 具有（或不具有）P 属性，}$$
$$……$$

---

$$Sn \text{ 具有（或不具有）P 属性，}$$
$$S1、S2、S3，……Sn \text{ 是 S 类的部分对象。}$$

以上为不完全归纳法的推理模型。所谓不完全归纳法，就是指根据某类事物中部分对象具有某种属性，推出该类事物全部对象都具有该属性的推理。它具体可分为简单枚举法、科学归纳法和典型归纳法三种推理形式。

（一）简单枚举法

简单枚举法是指在经验认识基础上考察一类事物中的部分对象，发现它们都具有某种属性，并且没有遇到与之相反的情况，从而推出关于该类对象都具有某种属性的归纳推理。它的推理过程可简化为：

$$S_1 \text{ 是 } P,$$
$$S_2 \text{ 是 } P,$$
$$\cdots\cdots$$
$$S_n \text{ 是 } P,$$

S1，S2，…Sn 是 S 类的部分对象，并且其中没有 S 不是 P。

所以，所有 S 是（或不是）P。

简单枚举法被广泛运用于假说，其特点是：前提所考察的是某类事物的部分对象；推理的根据是已考察的部分对象具有某种属性且没有出现相反的情况，但并没有研究这些对象具有某种属性的原因；结论是或然性的。如在"贵州茅台酒股份有限公司与高光圆侵害商标专用权纠纷案"[1]中，原告贵州茅台酒股份有限公司起诉称："茅台酒自从诞生至今已经有两千多年历史，'贵州茅台'1991年获得首届'中国驰名商标'，多年来获得的各种奖项不胜枚举。被告作为商行的经营者，采购假冒茅台酒进行销售，严重侵犯了商标权人的利益，更影响了'国酒茅台'在世人心中的地位。被告在经营过程中销售假冒茅台品牌的产品属于违法行为，侵犯了原告的合法权益，应当承担法律责任。"该方法如运用得不好容易犯"轻率概括"的逻辑错误，因为只需一个反例就可以推翻原结论。如针对论题"天下乌鸦一般黑"，我们只要列举一个反例，即科学家在日本、印度、坦桑尼亚等地发现过白乌鸦，即可反驳原论题的可靠性。又如针对"哺乳动物都是胎生的"这个结论性命题，我们只需要列举产于澳大利亚的鸭嘴兽（现存最原始的卵生哺乳动物），就可以推

[1] "广东省珠海市中级人民法院 [2013] 珠中法知民初字第321号"，载 http://ipr.court.gov.cn/gd/sbq/201403/t20140323_586568.html，访问日期：2015年3月14日。

翻原论题。

（二）科学归纳法

科学归纳法由英国哲学家培根发现，它是根据一类事物包含的部分对象都具有某种属性，并且分析这部分对象与某种属性之间可能存在有因果联系，进而得出关于该类事物都具有某种属性的一般性结论的推理。它的推理过程可简化为：

$$S1 \text{ 是 } P,$$
$$S2 \text{ 是 } P,$$
$$\cdots\cdots$$
$$Sn \text{ 是 } P,$$

S1、S2···Sn 是 S 类的部分对象，其中没有 Si（$1 \leqslant i \leqslant n$）不是 P；

并且科学研究表明，S 和 P 之间存在因果联系。

所以，所有 S 都是 P

科学归纳法的特点是：科学归纳法不是仅仅根据某种现象的重复出现而概括出结论，而是在某种现象重复出现的基础上，进一步分析现象与属性之间可能具有因果联系，然后得出结论，即"不仅知其然，而且猜其所以然"。它常运用于观察实验中。如著名俄国化学家门捷列夫运用科学归纳法等，通过对当时已经发现的 63 种化学元素之间存在的因果关系进行分析研究，最终总结概括出化学元素周期律。但是，科学归纳法不同于简单枚举法：第一，二者得出结论的依据不同：简单枚举法源于经验观察的感性认识（未遇到相反事例）为依据，只知其然不知其所以然；科学归纳法则以科学实验为基础，侧重于分析现象之间的内在因果联系，不仅知其然，也力求知其所以然。第二，提高结论可靠性的途径不同：简单枚举法靠增加量即被考察的对象和扩大被考察的范围来提高其可靠性的；科学归纳法则着眼于提升前提与结论的关联性程度，它的可靠性并不是依靠前提的多少来决定，而是立足于事物之间内在的因果联系（质）。

（三）典型归纳法

典型归纳法是指根据某类事物中某个典型代表性对象具有某种属性，从而推出该类事物全部对象都具有该属性的推理。它的推理过程可简化为：

S1 是 P，

S1 是 S 类的典型对象，

科学研究也表明，S 和 P 之间存在因果联系。

所以，所有 S 都是 P。

典型归纳法的推理规则包括：一是选准典型个体，即选准最能体现同类对象的典型代表；二是找准共性特征，即在典型对象上找准能够推广到同类所有个体的那种属性。我们以安徽阜阳"大头娃娃案"[1]为例：2003 年奥强出生后 10 天，便开始食用"伊鹿"牌婴幼儿奶粉，一个月后出现高烧、腹泻等症状，经医生诊断，奥强患有腹泻、肺炎、营养不良等病症。据质检部门检验，发现该奶粉中蛋白质含量 2%，只有国家标准的 1/8，还不如米粉的营养价值。调查人员由此推出，所有"大头娃娃"都与喝劣质奶粉有关，后全部查封"伊鹿"牌婴幼儿奶粉。2004 年 6 月，高政代表儿子提起诉讼，要求马大成等 6 家生产、销售商赔偿奥强 20 万元损失费。同年底，阜阳市中级人民法院开庭审理了此案，一审判决被告马大成、刘洁、高建、张军、路玉成、刘家显赔偿奥强 6.1 万余元。调查人员运用典型归纳法得出"所有'大头娃娃'都与喝劣质奶粉有关"这一结论，该推理过程可简化为：安徽阜阳市发现一例"大头娃娃"，该儿童出现头大、嘴小、浮肿、低烧的症状源于喝劣质奶粉。该儿童是同类病人中的典型代表，所以，所有"大头娃娃"与喝劣质奶粉有关。

## 第三节　因果法

因果法本质上属于不完全归纳法，它主要是根据事物之间的因果关系所进行的非演绎推理。按照推理的不同方向，因果法可以分为求因果五法和溯因法，前者是从行为或事件发生的原因推导出结果，而后者却是根据行为结果反推导出事件或行为发生的原因。因果法在法律实践中存在广泛用途，因为任何法律行为与行为结果之间只有存在一定的因果联系才构成事实上的权利义务责任关系。而在法律事实推理过程中，现存证据与待证事实的关系一

---

[1] "安徽阜阳'大头娃娃'案，诉讼判决获赔 6.1 万"，载 http://www.dayoo.com/roll/201204/05/10001538_108016932.htm，访问日期：2015 年 3 月 14 日。

般被视为法律中的因果关系。

## 一、求因果五法

求因果五法又称"穆勒五法",最早由英国哲学家穆勒总结提出,这些方法存在共同特点:就是它们都是根据部分场合某一研究现象与该现象出现之前或其后的若干情况之间具有某种关系,推出所有场合该现象与其所有的先行或后行情况之间都具有这种关系的结论。求因果五法属于不完全的排除归纳法,但不同于简单枚举的全称归纳推理,因为前者通过对其前提所确认的先行情况进行分离而得出结论,后者则通过对前提的总计而得出结论。它具体包括求同法、求异法、求同求异并用法、共变法和剩余法等五种形式,故又称求因果五法。

(一) 求同法

求同法又名契合法,它是指如果在被研究现象出现的若干个场合中,仅有一个共同的情况,那么这个共同的情况是被研究现象的原因(或结果)。如果我们用 A、B、C、D 和 E 分别代表一个个具体场合,并用 a、b、c、d、e 分别代表不同现象,那么求同法的推理过程可表示为:

场合1:有情况 A、B、C,出现现象 a;

场合2:有情况 A、B、D,出现现象 a;

场合3:有情况 A、C、E,出现现象 a;

…………

---

所以,A 是 a 的原因。

求同法的特点是异中求同。其基本规则包括:一是被研究现象出现的考察场合越多,其结论就越可靠;二是分析先行情况或后行情况中有无求同共同情况,以便确定被研究情况是否唯一,否则不能运用求同法;三是注意分析先行或后行情况中唯一不同的情况与被研究现象之间的相互联系,以便确定两者之间是否存在因果联系。如1960年,英国一个农场十万多只火鸡和小鸭吃了发霉花生,在几个月内都患癌死了。后来,人们将发霉花生又喂了羊、猫、鸽子等动物,发生了同样结果。1963年,有人用发霉花生喂食大白鼠、鱼和雪貂,这些动物也纷纷患癌死亡。于是,人们推断吃了发霉花生可能是这些动物得癌死亡的原因。后来化验证明，发霉花生内含有黄曲霉素，而黄曲霉素是致癌物质。这个推理过程就是运用了求同法。

（二）求异法

求异法即差异法，它是指如果在被研究现象出现和不出现的两个场合中，仅有一个情况不同且仅出现在被研究现象存在的场合，那么，这个唯一不同的情况是被研究现象的原因（或结果）或必不可少的部分原因。它的推理过程可表示为：

场合1：有情况 A、B、C、D，出现现象 a；
场合2：有情况 B、C、D，不出现现象 a。
────────────────────────────
所以，A 是 a 的原因。

求异法的特点是同中求异。求异法的基本规则包括：一是场合1出现而场合2没出现的情况 A 必须唯一；二是分析甄别情况 A 是被研究现象 a 的全部原因还是部分原因；三是唯一的情况 A 不会引起被研究现象的不相关的其他因素，否则就要排除。我们以"袁滋称金破案"为例："李汧公勉镇凤翔，有属邑耕夫得马蹄金一瓮，送于县宰，宰虑公藏之守不严，置于私室。信宿视之，皆土块耳，瓮金出土之际，乡社悉来观验，遽有变更，莫不骇异，以闻于府。宰不能自明，遂以易金诬服。虽词款具存，莫穷隐用之所，以案上闻。汧公览之甚怒。俄有筵宴，语及斯事，咸共惊异，时袁相国滋在幕中，俯首无所答。汧公诘之，袁曰：'某疑此事有枉耳。'汧公曰：'当有所见，非判官莫探情伪。'袁曰：'诺。'俾移狱府中，阅瓮间，得二百五十余块，遂于列肆索金深沔与块相等，始称其半，已及三百斤，询其负担人力，乃二农夫以竹担舁至县，计其金数非二人所担可举，明其在路时金已化为土矣，于是群情大豁，宰获清雪。"[1]在这个故事中，袁滋运用求异法，通过认识到装金陶罐重于装石头的陶罐而最终查明"马蹄金"被抬罐力夫偷换的事实，县令冤案也得以平反昭雪。

（三）求同求异并用法

求同求异并用法简称并用法，它是指如果仅有某一情况在被研究现象存

────────────────────────────

[1]　（明）冯梦龙：《智囊全集》（第三部·察智·三八八·袁滋）。

在的若干场合出现，而在被研究现象不存在的若干场合不出现，那么这一情况是被研究现象的原因（或结果）。它的推理过程可表示为：

正面场合：有情况 A、B、C，出现现象 a；

有情况 A、B、D，出现现象 a；

有情况 A、C、E，出现现象 a。

反面场合：有情况 B、C、E，不出现现象 a；

有情况 D、O、H，不出现现象 a；

有情况 C、F、I，不出现现象 a。

所以，A 是 a 的原因。

并用法的特点是两次求同、一次求异。它的基本规则包括：一是正面例组与反面例组的组成场合越多，结论的可靠性就越高。二是对于反面例组的若干场合，应选择与正面例组场合较为相似的进行比较，以提高结论的可靠性。这里有个关于并用法的经典案例：很久以来，人们发现有些鸟能远航万里而不迷失方向。原因是什么呢？人们对此曾作过不少猜测，但都没有得到证实。后来，科学家发现每当天晴能见到太阳时，这些鸟就能确定其飞行的正确方向；反之，每当天阴见不到太阳时，它们就迷失方向。由此，科学家得出结论，认为鸟能远航而不迷失方向的原因是利用太阳定向的。

（四）共变法

共变法是指如果在被研究现象发生变化的若干场合中，唯有一个情况也发生变化，那么，这个唯一变化的情况便是被研究现象的原因或结果。共变法的特点在于同中求变。它的推理过程可表示为：

有情况 A1，就出现现象 a1，b，c，d；

有情况 A2，就出现现象 a2，b，c，d；

有情况 A3，就出现现象 a3，b，c，d；

…………

所以，A 是 a 的原因。

共变法的基本规则为：一是被研究现象发生共变的情况是否唯一，是偶然的情况还是深层次的情况？二是唯一共变的情况与被研究现象之间是单向的、不可逆反的，还是相互作用、可逆的？三是被考察的场合应该在三个以上。四是共变的方向不管是同向的、逆向的，还是同向的、逆向的并存，应该存在有规律的变化。我们以马克思的资本观为例："资本来到世间，从头到脚，每个毛孔都滴着血和肮脏的东西。""一旦有适当的利润，资本就胆大起来。如果有10%的利润，资本就保证到处被使用；有20%的利润，资本就活跃起来；有50%的利润，资本就铤而走险；为了100%的利润，资本就敢践踏一切人间法律；有300%的利润，资本就敢犯任何罪行，甚至冒绞首的危险。如果动乱和纷争能带来利润，它就会鼓励动乱和纷争，走私和贩卖奴隶就是证明。"[1]

（五）剩余法

剩余法是指如果已知某一复合的被研究现象中的部分是某情况作用的结果，那么这个复合现象的剩余部分就是其他情况作用的结果。剩余法的特点在于由余果求余因。它的推理过程可表示为：

已知复合情况 K（A、B、C、D）是复合现象 F（a、b、c、d）的原因，并且：

A 是 a 的原因；

B 是 b 的原因；

C 是 c 的原因。

————————————————

所以，D 是 d 的原因

剩余法的基本规则包括：一是必须确证被考察现象的一部分（a，b，c）是复杂先行情况 K 的一部分（A，B，C）引起的，而剩余的部分 d 不是上述 K 的一部分（A，B，C）引起的。二是复杂现象的剩余部分（a）的原因 A 既可能是单一情况，也可能是复合情况，如属于复合情况则应深究其深层原因。北京石景山警方利用 DNA 技术破获八女被害案就是成功运用剩余法的典型案例[2]：1999 年 5 月 30 日凌晨，北京石景山路 23 号大院 2 号楼 1 单元 2 层 3 号发生一起特大凶杀案，同住在此的福建某工艺品首饰公司来京工作的八

————————————————

〔1〕《马克思恩格斯全集》（第23卷），人民出版社1972年版，第829页。

〔2〕 宛霞、吕蓓："北京石景山警方利用 DNA 技术破获 6 年前 8 女被害案"，载 http://city. sina. com. cn/city/2005 - 09 - 30/57696. html，访问日期：2015 年 1 月 6 日。

位女青年惨死在刀下，其中一人被杀死在楼下，其余七人被杀死在室内。侦查人员经过细致的现场勘查，共提取了 80 余处血迹，与 8 名受害人尸体血样同时检验和比对，确定每一处血迹是谁所留，终于找到了非受害人的第九种血迹，也就是案犯所留血迹，因此判断案犯在作案时受伤出血，经 DNA 比对，与犯罪嫌疑人赵连荣的 DNA 相同。案件侦破后，根据案犯赵连荣交代，刘雅诚法医的现场重建与认定嫌疑人等分析结论完全正确。

## 二、溯因法

### （一）溯因法的实质

溯因法是指根据某事物现象特征去推测该现象之原因的逻辑方法。它对已知事实作出理论解释，从而使事实可以被理解。侦查破案的过程就是不断运用溯因法推理的过程。在案件侦查特别是刑事侦查中，通常是从犯罪行为所造成的犯罪现场出发，通过现场勘察所得的物品、痕迹和多方调查入手，来回溯作案的相关线索、了解作案的过程和方式等情况。也就是说，从时间和过程来看，侦破活动是在犯罪活动之后，侦查人员要了解犯罪事件的全部真相，就只能从已发生案件的结果来推测各种可能存在的原因，就是从案件的"果"来推测何以形成的各种原因；从逻辑上看，这种由果推因的思维过程就是基于溯因推理的逻辑方法。有人根据溯因推理的"倒推"这一特点将其称为"设证推理"，或叫回溯法。如果我们用 E 表示观察陈述，用 H 表示猜测假说，那么溯因法的逻辑公式可表示为：

$$
\begin{array}{ll}
E & \text{待解释的观察陈述} \\
H{\rightarrow}E & \text{猜测性假说可导出观察陈述} \\
\hline
H & \text{被猜想的理论成立}
\end{array}
$$

溯因法受逻辑规则制约程度小而灵活性程度大，它是与求因果五法推理方向相反的一种或然性推理方法。它的逻辑结构包括三要素：观察陈述、导致观察现象的可能原因即猜测性假说和关于猜测性假说蕴涵观察陈述的命题。它的适用规则包括：一是逆推时所设想的理论性假说 H 与待解释的观察陈述 E 之间要有相关性，即如果 H 真，则 E 可被解释。否则，逆推的结论就无可靠性。二是逆推的解释理论不应是特设性的，而应是可检验的。三是注意分析假设原因 H 与现象 E 之间的联系是否具有必然联系。这就要求我们在运用溯因推理时努力寻找有关现象产生的真正原因,避免得出虚假结论。浙江省"104 国道系列袭车案"的侦破过程就成功运用了溯因法推理[1]:1999 年 7 月~9 月间,位于温州郊区的 104 国道仰义—双屿路段,连续发生汽车挡风玻璃被击碎事件。短短几个月时间,上百辆过往车辆都遭遇不法之徒这种猖狂的袭击,有相同遭遇的驾驶员们怨声载道,联名上书有关部门,新闻媒介纷纷报道,一时造成极大影响。温州市鹿城区公安分局为此组成了专案组,对案件多发地段进行了秘密监控。在调查摸排工作中,侦察人员发现了两个集中性疑点:在仰义—双屿长仅 7.6 公里的沿线,就有四家汽车玻璃修配店,其中三家都是一个名叫刘某某的江苏人所开。专案组在秘密守候控制期间发现,每当刘外出后不久,就有汽车被袭击案件发生,就有汽车上他的店门请求换玻璃。据此线索,10 月 21 日下午,侦查员及时拘捕了刘某某,并当场从刘某某及其"搭档"诸某的身上搜出了作案工具:弹弓和钢珠。在本案中,侦查人员的推理过程为:连续发生汽车挡风玻璃被击碎事件,每当店主刘某外出后不久,就有汽车被袭击案件发生,就有汽车上他的店门请求换玻璃,车玻璃被打坏需要修理(即已知事实 E);如果该路段汽车被袭案与汽车修理店主有关(迫使汽车上门修理),那么就会发生以上事实(即如果 H 则 E);因此,该路段汽车被袭案与汽车修理店主有关(即造成 E 的原因是 H)。

(二) 溯因法的种类

溯因法一般包括溯因解释法、多元溯因法和多级溯因法。其中,溯因解释法是对已知现象的机理(或原因)作出回溯推测性解释的推理方法,它的特点是一因一果。而多元溯因法是一种根据已观察现象的特征,从多个角度追溯和解释该现象的可能原因的推理方法。由于事物现象间因果联系的复杂性,某一现象可能由多种不同的现象分别引起,也有可能由相互联系的多种不同现象共同引起。其特点是平面的多因一果。该方法在刑事侦查中多用于推测作案人手法、赃物去向及被害人情况。其逻辑公式可表示为:

---

[1]　沈纯:"摘除国道线上的毒瘤",载《浙江公安报》1999 年 11 月 24 日。

E　待解释的观察陈述

H1→E, H2→E, H3→E, ⋯⋯Hn→E　多种猜测性假说可导出观察陈述

<hr>

H　被猜想的理论成立

"江面女尸案"的侦破就是运用了多元溯因法推理[1]：某年7月25日，在某江面上浮现一具女尸，当地法医对尸表进行检查，估计年龄约30岁，尸源正在调查中。于颈瓿气管环状软骨水平处的皮肤见一半环形表皮剥脱，以左侧较显著。切开颈部皮肤，见左侧胸锁乳突肌下段出血，右侧甲状胸骨肌出血。解剖则见右肺下叶脏层胸下有瘀斑，气管内未见泡沫。胃内溺液不明显。为了确证死因，将颈部皮肤、肌肉及内脏送我中心作病理学检查。法医认为，水中发现尸体，应该考虑到以下几种情况：①是失足落水，属于意外；②是自杀投水；③是他杀溺死，情节多变；④是罪犯将人杀害后抛尸入水，以图掩盖事实真相。前面三种情况叫溺死，最后一种情况为非溺死。生前溺死者尸体上可见到溺死的生理反应，而抛尸入水者则无。重要的生理反应有：①口、鼻孔周围"蟹沫"出现；②手中有水草、泥沙等异物抓握；③水性肺气肿；④腹部膨隆；⑤肺及支气管内可检出异物。本案中，法医在分析水中尸体现象的发生原因时两次运用了多元溯因推理方法。其一，法医运用多元溯因法，推导可解释水中尸体的四种原因。其二，法医运用多元溯因法，分析可解释溺死的五种重要的可能生理反应。

多级溯因法是一种逐层探索事物现象原因的溯因思维方法。换言之，多级溯因法是一种连续的溯因模式，即根据事实E去猜测可以解释E的原因H1，接着根据H1的特征，去猜测蕴涵H1的上层原因H2⋯⋯如此连续下去，不断追求高一层次的原因。多级溯因法也是多个有内在联系的溯因推理的联锁式。其特点是立体的多因一果，其逻辑公式可表示为：

E　待解释的观察陈述

H1→E, H2→H1, H3→H2, ⋯⋯Hn→Hn – 1　多种猜测性假说可导出观察陈述

<hr>

H　被猜想的理论成立

<hr>

[1]　徐若英等：《法医病理案例分析》，高等教育出版社2007年版，第92页。

我们以"电梯爆炸案"为例：[1] 1962 年某日晚上，一枚炸弹在某国一家饭店的电梯里爆炸了。当地警方在查验炸弹残留物时，发现其所用雷管是本国正规生产的产品。根据这一发现，警方认为：第一，这种正规雷管产品是国家指定的零售商出售的，因为某雷管是在国家指定的零售商处购买的，那么该雷管是本国正规生产的产品；第二，这家零售店的购货单上留下了嫌疑人的笔迹，因为如果零售商坚持让国家军火制品购买者亲自签名并留下地址，那么该零售商是经国家认定的。所以，警方最后推断：犯罪嫌疑人可能在购货单上留下了笔迹。经过查询，警方终于找到一家军火零售商，据他说，他记得在案发前三天，购买那些雷管的买主在其登记本上签下了名字，并且留下了一个地址。警方在该国笔迹学家的协助下，抓获了真正的疑犯。在本案中，警方根据爆炸现场的残留物，采用多级溯因法推测出犯罪嫌疑人可能在购货单上留下了笔迹，然后又根据深入调查的事实情况最终抓获了嫌疑犯。可表示如下：当地警方在查验炸弹残留物时发现其所用雷管是本国正规生产的产品（E）；如果这种正规雷管产品是国家指定的零售商出售（H1），那么该雷管是本国正规生产的产品（E）；如果这家零售店的购货单留下了嫌疑人的笔迹（H2），那么该零售商是经国家认定即是国家指定的零售商出售的（H1）；所以，犯罪嫌疑人可能在购货单上留下了笔迹（H2）。从逻辑上看，多级溯因法的每一推导环节都是或然性的，经过多次逆传递之后，最先的事实与最后推断之间的联系程度很可能会降低，也就是说，最后的推断不一定能合理地解释原来的观察事实。多级溯因法所得答案也只是尝试性的，到底何因导致此果，只能是"或然推出"。这也表明，运用多级溯因法时要注意提高其结论的可靠性。

## 第四节　类比法

类比法也可视为一种特殊类型的归纳推理，二者同属于或然性的非演绎推理形式。如我国著名逻辑学家金岳霖认为："简单枚举法、类比法、统计推理与求因果五法属于归纳推理的范畴。"[2] 而在法律论证实践中，归纳推理

〔1〕　张大松：《法律逻辑学案例教程》，复旦大学出版社 2009 年版，第 41~42 页。
〔2〕　金岳霖：《形式逻辑》，人民出版社 1979 年版，第 212 页。

即列举推论，类比法即类比推论。按照美国大法官亚狄瑟的观点："我们把这两种程序都放在归纳推理的标题下，是因为每种程序都是从观察个案开始。另外，正如以后我们将看到的，法律分析中，类比的强度有时是经由列举其相关的相似性来检测的。两种推论形式中，从前提得出的结论都只是较有可能为真（而非伪），并没有传达更进一步的观念。"[1]类比法的法律应用首先表现于待决案件事实的类推实践中。在此，我们对类比法的主要特征、基本类型等逻辑属性做个较为全面的分析探讨，并指出法律事实推理中的类比法应用状况。

### 一、类比法的逻辑实质

类比法即类比推理，它是根据 A、B 两个或两类对象在一系列属性上的相似性，并且已知 A 对象还有其他属性，从而推出 B 对象也具有其他相似属性的非演绎推理方法。如果 A 和 B 分别表示两个（两类）认识对象，a、b、c、d 分别表示这两个（两类）对象的若干属性，那么典型的类比法推理形式可以简化如下：

对象 A 有属性 a、b、c、d，

对象 B 有属性 a、b、c，

所以，对象 B 有属性 d。

类比法具有以下基本特征：第一，它是一种相对独立的推理类型，是从特殊（个别）到特殊（个别）的非演绎方法，它有别于从一般到特殊（个别）的演绎推理形式。第二，它的前提与结论之间不具有必然性，因为它是在两个对象或两类对象之间进行的，客观上它们虽然具有相似性但也会具有差异性。第三，它不同于比较方法，因为比较是确定两个或两类对象的相同性与差异性的思维方法，既要研究它们之间的相同点，也要研究它们之间的不同点；而类比法是在比较两个或两类对象相似点的基础上，以诸多相似属性推出未知相似属性的思维方法。

---

[1] [美]鲁格罗·亚狄瑟：《法律的逻辑——法官写给法律人的逻辑指引》，唐欣伟译，法律出版社 2007 年版，第 61 页。

类比法的规则主要包括：一是比较发现两个或两类对象之间是否存在尽可能多的相同性或相似属性，因为类比结论的可接受性与被分析对象的数量成正比。二是尽量对两个或两类对象的本质属性进行类比，因为类比结论的有效性，除了取决于类比对象量上的相似性外，更取决于类比对象的相似属性是否能够反映比较对象的本质属性。三是尽可能查证两个或两类对象之间的差异性，因为类比结论的可接受性直接取决于比较对象的相关性，为此我们要防止因忽视比较对象重要差异而犯"机械类比"的逻辑错误，如中国有名的成语故事"东施效颦"就是如此。据考证，"东施效颦"一词来源于《庄子·天运》："故西施病心而颦其里，其里之丑人见之而美之，归亦捧心而颦其里。其里之富人见之，坚闭门而不出；贫人见之，挈妻子而去之走。"这段话的意思大致为：越国美女西施向来犯有心痛的毛病，每次心痛时，她总是轻轻按住胸口、微微皱着眉头。同乡丑女东施爱美，认为西施这个动作很美，于是也学着捧心皱眉。然而乡里的富人见了东施，却马上紧闭门户不出；乡里的穷人见了东施，也赶紧带着妻儿避开她。该成语故事告诉人们如果盲目胡乱模仿他人，结果只会适得其反。

## 二、类比法的基本类型

在认识活动过程中，人们不但可以根据两个或两类对象在某些方面的相同，推出它们在其他方面也存在相同；而且可以根据两个或两类对象在某些方面的差异，推出它们在其他方面也存在差异；更多的还可能既根据其相同点，也根据其差异性，然后通过平衡其相同点和差异性而得出相关的结论。上述的不同情景构成类比法的不同模式，即类比法存在肯定类比、否定类比和中性类比三种基本类型。我们分述如下：

（1）肯定类比：即正类比，它是类比法最一般也最典型的推理形式。它是根据两个（或两类）对象存在某些相似的属性推导出它们在另一属性上也是相似的。这种推理模式可简化为：

对象 A 有属性 a、b、c、d，

对象 B 有属性 a、b、c，

_____

所以，对象 B 也有属性 d。

（2）否定类比：即负类比，它是根据两个或两类对象存在某些属性的相异而推出它们在另一属性上也是相异的。这种推理模式可简化：

$$对象 A 有属性 a、b、c、d，$$
$$对象 B 不具有属性 a、b、c，$$

$$所以，对象 B 不具有属性 d。$$

（3）中性类比：它是根据两个对象在某些方面的相同而在另外一些方面的差异，在平衡两者之间相同点和差异点的基础上，依据关键的相同或相异要素，推出两个（或两类）对象在其他方面的相同或相异的结论。这种推理模式可简化：

$$对象 A 有属性 a、b、c、p、q、r，还有属性 x，$$
$$对象 B 有属性 a、b、c，不具有属性 p、q、r，$$

$$所以，对象 B 具有/不具有属性 x。$$

除了以上分类外，根据比较对象的属性是指称对象的性质还是对象间的关系，类比法还可分为性质类比和关系类比。其中，性质类比是以两个或两类对象之间的某些性质的相似作为依据进行的类比推理；而关系类比则是以两个或两类对象之间的某些因果关系或规律性的相似为根据进行的类比推理。

### 三、案情推理中的类比法

在法律实践中，类比法既是认定案件事实（小前提）的基本逻辑工具，也是填补法律漏洞（大前提）并实现司法判例创新的必要逻辑方法。本章主要分析法律事实推理中的类比法实践，主要体现为刑事并案侦查、司法模拟试验和司法鉴定等有关案情查明亦即证据与案件事实关联的系列推论活动。

（1）案情类推的一般模式：如果我们使用 A、B、C、D 代表不同的案情，而 X、Y、Z 表示这些案情的不同属性或关系（或相关的法律后果），那么案情推理中的类比法推论就可简化为如下逻辑公式：

案情 A、B、C、D，导致法律后果 X、Y。

案情 A、B、C 导致法律后果 Z。

所以，案情 D 很有可能导致法律后果 Z。

如在香港"茂隆皮箱行纠纷案"[1]中，茂隆皮箱行辩护律师罗文锦有效地运用类比法，非常成功地反驳了对方当事人的荒谬诉求。19 世纪 30 年代中期，中国商人冯灿经营的茂隆皮箱行由于货真价实生意兴隆，因而引起英国商人威尔斯的嫉妒。一天，威尔斯风度十足地来到茂隆行，很爽利地下了 3000 只皮箱的订单，总价为 20 万港元。冯灿喜出望外地跟威尔斯签订了合同，合同规定 3000 只皮箱按质按量一个月交货，否则，由卖方（茂隆行）赔偿损失货款的 50%。当冯灿如期交货时，威尔斯拿出一只皮箱，强行将其拆开，指着里面作骨架的木框说："货不对板唷！合同上写明是皮箱，但皮箱子含有木料，就不是皮箱了。按合约你们要赔偿货款的 50%。若有不服，就到法院见。"威尔斯说完扬长而去，随后作为原告向香港法院起诉。当时的香港法院有意偏袒威尔斯，初判冯灿诈骗罪名成立，不仅需赔偿威尔斯 10 万港元，还要负责一切诉讼费用。香港律师罗文锦不惧压力，主动为茂隆行上诉辩护。在上诉法庭上，正当威尔斯信口雌黄、气焰嚣张的时候，罗文锦从律师席上站了起来，并从口袋里取出一只大号金怀表，高声问法官："请问这是什么表？"法官答道："这是英国伦敦出品的金表，可是这与本案有什么关系呢？"罗文锦高举金表，面对法庭上所有的人说："有关系。这是金表，没有人怀疑是吧？但是，请问，这块金表除表面镀金之外，内部的机制都是金制的吗？"旁听者同声议论："当然不是。"罗文锦继续说道："那么人们为什么又叫它金表呢？"他见现场气氛活跃起来了，便严正地高声说："由此可见，茂隆行皮箱案不过是原告无理取闹，存心敲诈勒索，有意破坏茂隆行的名誉而已。"法官在众目睽睽之下，理屈词穷，只得判威尔斯诬告罪名成立，除按价接纳 3000 只皮箱外，还要交罚款 5000 港元。在本案中，辩护律师罗文锦的辩护推理过程可简化为：金怀表之所以被人们称之为金表，是因为表是镀金的，但是并不意味着表的所有零件都是金制才是合格的金表产品；皮箱之所以被人们称之为皮箱，是因为箱子主要是皮革制作的，与金表具有类似的

---

〔1〕　缪浩然："轰动省港的茂隆皮箱行案"，载《羊城晚报》2010 年 12 月 11 日。

制作原理，因此，皮箱并不意味着箱子的所有部分都是皮革制作的，但它仍然可称之为合格的皮箱产品。

（2）刑事并案侦查：又名串案侦查，它是指把一定时间内发生的若干性质相同或相似的案件，认定为同一个作案主体作案而展开的合并侦查活动。一般来说，刑事侦查能够实施并案侦查基于三方面的原因和根据[1]：一是犯罪分子作案的连续性，由于犯罪分子有强烈的占有欲和疯狂的冒险心，往往连续作案，所以在不同时间、地点发生的某些案件很有可能是同一个人或同一伙人所为，这是并案侦查的主要依据；二是犯罪人、犯罪工具及犯罪痕迹的特殊性和相对稳定性，不同的人、不同的作案工具及手脚留下的痕迹往往因人而异，但一个人或同伙人作案则在犯罪工具、犯罪痕迹等方面具有某些共同性或者表现出某些相对稳定的逻辑关联；三是犯罪行为的习惯性，犯罪行为可能反映出行为人的某些日常生活和职业习惯，如犯罪手段和某些动作习惯，也可能在其反复的犯罪过程中经过成功或受挫的对比和选择形成的，如在系列案件中的作案时间、地点、目标、工具等方面的重复性习惯。刑事并案侦查的类比推理过程可简化如下：

A 案有 a（如作案时间）、b（如作案地点）、c（如作案手段）、
d（如作案工具）的特征，并有 e（某犯所为）的属性，

B 案也有 a、b、c、d 的特性，

所以，B 案也有 e（某犯所为）的属性。

据羊城晚报报道[2]：在 3 个月里先后撞车 17 次勒索 2.5 万余元的车文武、彭艳丽（均为化名）被控以危险方法危害公共安全罪，最终于 2011 年 7 月 15 日在广州市越秀区人民法院公开受审。在侦查过程中，侦查员发现犯罪嫌疑人车文武、彭艳丽系情侣，在 2010 年 3 月至 6 月期间，由车文武驾车搭载彭艳丽等，特地选择上下班塞车高峰期间的城市道路、高速公路，并针对挂外地牌照、车辆较好、年龄 30 岁以上的车主故意制作交通事故假象，当目标车辆变更车道时，驾车尾随的车文武即突然加速用其车的左前部撞向目标

〔1〕 田粟：《侦查逻辑》，重庆出版社 2000 年版，第 186～187 页。
〔2〕 黄琼等："情侣撞车党专撞变线车，作案选内环路等繁华路"，载 http://news. ycwb. com/2011 - 07/15/content_ 3491902. htm，访问日期：2015 年 3 月 13 日。

车辆的右后侧，由于作案车辆的车前灯经过改装一碰就脱落，最终造成对方负全部责任的交通事故后果，随后以此要挟和采用语言胁迫的方法敲诈勒索被害人，前后共故意制作此类交通事故 17 次。本案正是成功运用并案侦查法才侦破此案，使二位犯罪嫌疑人受到了应有的刑事处罚。

（3）模拟试验与司法鉴定：模拟试验即侦查实验，是公安机关、检察机关和审判机关通用的一种案情查明方法，它是指司法人员为了确定和判明与案件有关的某些事实和行为，在某种条件下能否发生或怎样发生，而按照原来的条件进行模拟性探查事实真相的逻辑推导方法。我国现行《刑事诉讼法》第 133 条规定："为了查明案情，在必要的时候，经公安机关负责人批准，可以进行侦查实验。"同时第 91 条规定："对侦查实验笔录应当着重审查实验的过程、方法，以及笔录的制作是否符合有关规定。侦查实验的条件与事件发生时的条件有明显差异，或者存在影响实验结论科学性的其他情形的，侦查实验笔录不得作为定案的根据。"而最高人民检察院 1999 年《人民检察院刑事诉讼规则》第 171 条也规定："为了查明案情，在必要的时候，经检察长批准，可以进行侦查实验。"发生在山东省即墨市的一起人身伤害纠纷案件正是借助模拟试验才得以查明事实真相：[1]2012 年 12 月 20 日，年近六旬的山东省即墨市农民王永军，决定趁着农闲到镇上找份工作，得知李彩云经营的小印刷厂高薪聘请工人，就前去应聘。李彩云的印刷厂以印制"福"字为主要业务，节前工作量大，急需人手。两人面谈时，李彩云见王永军年龄较大而不想留用他。经不住王永军一再央求，李彩云雇用了他，开始教他操作机器。在机器操作过程中，李彩云的手突然被挤压在机器里造成重伤。王永军因涉嫌过失致人重伤被立案侦查，不久后被移送山东省即墨市人民检察院审查批捕。检察官提审时，犯罪嫌疑人王永军一直喊冤，声称李彩云的伤是她自己造成的；但是被害人李彩云坚持认为这场事故是因王永军疏忽大意而致。为了查明案件真相，检察官建议由公安机关进行侦查实验。在案发车间，民警先请熟练工人操作三遍，演示机器工作原理及流程；然后由被害人站在案发时所处的位置，摆出当时的姿势，解说事件经过；最后由犯罪嫌疑人操作机器，模拟现场情况。经过反复试验，办案检察官最终确认：案发时身高不足1.6 米的被害人站在机器一侧，按不到开始键，摆好整理"福"字的姿势后，

〔1〕 吕秀丽、刘文斐："'侦查实验'揭开事故真相"，载《检察日报》2013 年 2 月 7 日。

也够不到停止键，只有站在操作盘位置的王永军才能启动机器。事实真相正如被害人李彩云所说，王永军没有听清口令，擅自开动机器造成伤害后果。2013 年 1 月 30 日，即墨市人民检察院以涉嫌过失致人重伤罪批准逮捕王永军。

　　而刑事侦查与司法认定中的司法鉴定也可能运用到类比法，如文书鉴定和痕迹鉴定，它们涉及鉴定人员关于原物与现场实物的比对分析。所谓文书鉴定就是运用文件检验学的原理和技术，对文书的笔迹、图章、印文、文书的制作工具及形成时间等问题进行鉴定，对证件及有价证券的真伪进行鉴定和对纸张、笔墨成分及打印或复印设备进行鉴定等。而痕迹鉴定一般是指运用痕迹学的原理和技术，对有关人体、物体形成痕迹的同一性及分离痕迹与原整体相关性等问题进行鉴定。如在"王德辉遗产继承纠纷案"中，有关书面遗嘱协议中的王德辉签名真伪的笔迹司法鉴定就运用了案情类比法[1]：21 世纪初，香港华懋集团主席龚如心与其公公王廷歆之间，发生了一起究竟谁是龚如心丈夫王德辉 400 亿港元遗产继承人的世纪诉讼。本案争议焦点是龚如心所提供的遗嘱签名"王德辉"三个字的真伪问题。2000 年 8 月，中国刑警学院贾玉文教授与中国人民大学徐立根教授和詹楚材教授共同承担了龚如心所持遗嘱签名的司法鉴定任务。龚如心律师团为贾玉文教授等提供了另外 18 个有王德辉中文签名的文档，这些中文签名是从 20 世纪 50 年代到 1985 年间的，是争辩双方都没有争议的王德辉真迹。贾玉文教授说："在我们的鉴定中，主要从王德辉的汉字签名的形体、结构、笔顺、运笔中着手，进行比对。尽管书写不是机械重复，同一个人的每一个签名都不可能完全一样，但变化是在一定范围内的。一个人写字是经过训练而形成的，成型之后便形成一种习惯，从而形成一种独一无二的笔迹，这便是我的鉴定的基础。""而我所要比对的王德辉笔迹是一个用扁尖书法笔签的名字，有点隶书艺术风格，与那 18 个签名里的多数在书写工具和书写速度上有所不同。我在比对之后，发现这个有争议的王德辉签名与那 18 个签名风格相近，'王'字呈倒梯形，'王'字下部末笔往上翘一下，'辉'字'德'字的结构、运笔和这 18 个签名的笔顺是一致的，这就是我鉴定签名为真迹的依据。"据此，贾玉文等三位

---

[1] "港媒解读龚如心遗产案"，载 http://news. xinhuanet. com/gangao/2011 – 04/07/c_ 121277275. htm，访问日期：2015 年 3 月 13 日。

专家共同签发了这份书面鉴定结论：龚如心所持遗嘱的王德辉签名为真迹。在本案庭审过程中，虽然龚如心被香港初审法庭和上诉法庭判处败诉，但是香港终审法院 5 名大法官最终于 2005 年 9 月 16 日作出一致裁决：龚如心所持遗嘱为其丈夫王德辉最终遗嘱！世纪遗产案终于尘埃落定，龚如心如愿获逾400 亿港元遗产。

第三章

# 法律规范的推理

顾名思义，法律规范的推理是涉及法律规范的推理，是法律人寻找和发现待决案件援引法律规范的逻辑推理活动。所谓法律规范的推理，又叫作法律规范命题之间的推理，"是指由一般性（普遍性）法律规范命题（即'制定法规范'）推导出另一个一般性（普遍性）法律规范命题（即'裁判规范'或'审判规范'）的推理。这种推理亦可称为'由规范推导规范'的推理"。[1]在法律规范推理过程中，法律规范既是起点也是终点。英国法学家麦考密克对此有过精辟的论述："任何对法律推理所作的说明，都要对法的性质到底是什么给出一个基本的假设；同样，关于法的性质的理论，也可以通过其在法律推理中的特定含义和具体应用得到检验。"[2]在他看来，法律推理具有形式合理性的逻辑要求，也具有实质合理性的逻辑要求，二者之间是相容和相互依赖的逻辑关系。为此，他将法律推理分为两个层次：第一层次是运用演绎推理的方法解决其形式合理性问题；第二层次即实质推理，它是在互相竞争裁决中进行选择的结果论推理方法。本章研究麦考密克所指的第一层次法律推理即法律规范的推理。至于他所指的第二层次实质推理，将在第五章和第六章另行专题研究。

---

〔1〕 雍琦、金承光、姚荣茂：《法律适用中的逻辑》，中国政法大学出版社 2002 年版，第 68 页。

〔2〕 〔英〕尼尔·麦考密克：《法律推理与法律理论》，姜峰译，法律出版社 2005 年版，第 221 页。

## 第一节　概述

### 一、大前提的发现方法

在整个法律推理活动过程中，如果说法律事实的推理属于小前提（法律事实）的确认方法，那么法律规范的推理就是大前提（法律规范）的发现方法。不管是法律事实的推理，还是法律规范的推理，最终都是为法律裁判寻找现实可行的推论依据，即事实根据和法律准绳。在这个意义上，法律事实的推理和法律规范的推理都是为下一步法律裁判的推理作好前提性准备工作。但是我们还应注意到，法律规范概念在法理上存在广义和狭义之说：广义上的法律规范与"法律"一词通用，主要由法律概念、法律规则与法律原则三要素构成；狭义上的法律规范与"法律规则"同义，它是区别于法律原则的特定规范形式，特指制定法形式的成文法规则。而本章所指"法律规范的推理"特指作为制定法形式的法律规则的推理，而非泛指广义上的法律规范推理（简称法律推理）。法律规范的推理活动，被我国台湾地区学者黄茂荣称为"找法活动"，认为这一活动过程实际上"就是现代法学方法论上所称之找法活动（Rechtsgewinnung），即在规范地处理一个具体案件时找寻所谓的'大前提'（der Obersatz）的活动"[1]。这个寻找大前提的"找法活动"，离不开法律规范的解释和推理活动。

法律解释本质属于广义上的法律规范推理范畴，因为法律规范的解释不外乎是对法律规则所涉概念和命题等逻辑形式的理解、补充和说明，离不开关于法律概念和法律命题的逻辑推演活动，但这也反映出法律推理不同于普通推理的重要特征，即涉法性。正如雍琦教授指出的："寻找并援用法律条款，是使法律推理的结论具有合法性、妥当性，即可接受性的法律依据。"[2]因此，构建法律推理大前提的活动，其实就是法官等法律适用者通过其职业性行为寻找和发现法律规范（法律条款），并援引法律规范（法律条款）的过程和

---

[1] 黄茂荣：《法律方法与现代民法》（增订第3版），台湾大学法学丛书1993年版，第391页。

[2] 雍琦、金承光、姚荣茂：《法律适用中的逻辑》，中国政法大学出版社2002年版，第282页。

活动。由于可供援引的法律规范（即找法的结果）大致存在三种情形，因此相应地存在三种不同的司法处理方法，按照梁慧星教授的说法，具体包括：其一，有法律条文，则需要确定其适用范围，明确其内容意义，区分其构成要件与法律效果，这一套工作叫狭义的法律解释；其二，没有法律规定，这种情况叫作法律漏洞，需要由法官自己创设一个规则，创设规则当然要依据一些方法和理论，这一套工作叫作法律漏洞补充；其三，虽有法律规定，但属于不确定概念，需要结合本案事实将不确定概念具体化，这一套工作叫不确定概念的价值补充，这三类工作加在一起叫广义的法律解释。[1]广义上的法律规范解释活动，也可称之为解释性法律推理活动，一般也可分为形式逻辑层面的法律解释推理与实质逻辑层面的法律解释推理，前者针对有相应的法律规定情形，可借助规范推理、选言推理、假言推理和类比推理等形式逻辑方法予以实现；而后者针对法律漏洞和不确定法律概念等情形，则需要采用实质的法律推理方法。

在形式逻辑的层面上，由于法律规范（法律规则）可表现为各种形式的概念和命题类型，并最终体现于具有固定格式的法律文本中，因此我们研究的法律规范推理也存在诸多类型的推理模式，应具体问题具体分析。如在立法阶段，立法者主要借助归纳推理和类比推理等非演绎推理形式形成一般性法律规范；而在法律适用阶段，适用法律者更多的是借助演绎推理将一般性法律规范予以明确和具体化。按照学界通论，作为一种行为规范，法律规范存在行为条件、行为模式和行为后果三类逻辑构成要素，并可转化为"如果……就……否则"之类的逻辑语言形式，这是典型的充分条件假言命题形式。同时，作为法律规范核心构成要素的行为模式部分一般又可划分为授权（可以为与不为）、禁止（不得为）和义务（必须为）三种具体行为模式，并以"允许"、"禁止"和"必须"等规范模态词为重要标志，因此，法律规范内在地蕴涵着规范模态命题。进而我们可以得知，假言推理和模态推理内在地体现于寻找和发现法律规范的解释性活动过程中。此外，在法律适用阶段，即使不能及时发现明确可供援引的法律规范，却也可能通过选言推理和类比推理等逻辑方法探究到相类似的法律规范。

---

〔1〕 梁慧星：《裁判的方法》，法律出版社 2003 年版，第 49 页。

## 二、法律规范的语言与不完全性

在法律实践中，我们常常很难及时发现可供直接援引的法律规范。由于法律语言、社会现实与法律自身等方面的原因，我们需要借助法律规范的推理活动等形式来寻找法律决定特别是司法裁判的大前提。具体说来，一方面是在法律语言方面，法律规范必须借助概念、命题等逻辑形式的自然语言予以呈现，形成所谓的"法言法语"。但是，由于自然语言与法律语言存在非完全对应性等原因，立法意义上的法律规范必须通过解释性推理才能转化为具体可适用的裁判规范。况且"从逻辑上讲，法律条款本身是法律语言，属于一级语言（即命题）。而在法律适用过程中进行法律推理时，在确认案件事实的基础上，援用法律条款得出裁决、判处结论时，被援用的法律条款，已不是法律语言而是司法语言，它属于二级语言（命题）。尽管从表面上看，二者的文字表述是一致的（当然也不可否认，二者未必总保持一致），但当法律条款被援用时，实际上已掺入了援用者的理解成分乃至评价因素，即其中产生了司法人员如何进行司法解释的问题"。[1] 为此，我们可采用通过字面解释、扩张解释和限制解释等涉及明确概念内涵与外延的逻辑推理方法来实现。另一方面是因为社会现实与法律自身的不完全对称性。法律规范虽然具有稳定性、可预测性等形式特征，但是社会现实是不断变化发展的，由于立法者的疏忽或者有意为之，法律的相关规定总会出现与复杂现实不相吻合甚至滞后的情形。此时，法律适用者必须借助体系解释、历史解释和目的解释等方法，要么寻求法律规范的立法原意，要么发现法律规范的崭新内涵。而对于法律自身，法律规范（特别是立法规范）条款总是抽象的、概括的，是针对一般人、一般事和一般行为而言的，这与法律适用阶段碰到的个别人、个别事和个别行为并不是一回事。法律不可能尽善尽美，即法律存在不完全性问题。不完全性问题最早由奥地利数理逻辑学家哥德尔提出，所以又称为哥德尔不完全性定理，包括两条具体内容：一是一个不弱于初等数论的形式系统，如果一致则不完全；二是这样的形式系统如果一致则这种一

---

[1] 雍琦、金承光、姚荣茂：《法律适用中的逻辑》，中国政法大学出版社 2002 年版，第 282～283 页。

致性在系统内不可证立。〔1〕哥德尔不完全性定理也可用来解释法律的不完全性问题："所谓不完全性，是指现行法上欠缺当前事态所必要的规范，或规范不完全，或有补充必要。"〔2〕根据哥德尔不完全性定理，人类社会也是一个永远无法彻底解决自身问题的不完全系统，而作为人类社会子系统的法律规范系统（特别是立法规范系统）也不例外。人类可借助立法机关不断地制定新法律，并对已有法律规范进行解释、修改和补充，以使一个国家或地区的法律系统日臻完善，但是这个法律系统永远不可完全。形式的法律规范推理有助于法律规范系统的一致协调和完备，但是因为它也存在不完全性问题，所以它又必须辅之以实质的法律规范推理，来保证法律纠纷相对圆满的司法解决。最后，笔者列举两个案例来分析说明法律规范的推理理由。

案例一，江苏首例"同性卖淫案"〔3〕：2003 年 1 月至 8 月，被告人李宁以营利为目的，先后伙同刘超、冷成宝等人经预谋后，采取张贴广告、登报的方式招聘"公关先生"，制定公关人员管理制度，指使刘超、冷成宝对"公关先生"进行管理，并在其经营的"金麒麟"、"廊桥"及"正麒"酒吧内将"公关先生"介绍给同性嫖客，由同性嫖客带至南京市"新富城"大酒店等处从事同性卖淫活动。2003 年 9 月，南京市秦淮区警方以涉嫌组织卖淫罪、协助组织卖淫罪为由，将李宁等人刑事拘留，同时向检察机关提请批捕。南京检方认为刑法对组织同性与同性之间的卖淫行为没有明确界定，按"法无明文规定不为罪"的原则，作出不批捕决定。2003 年 9 月至 10 月下旬，南京警方对南京检方的认定不服，遂通过江苏省政法委协调，协调决定由江苏省高级人民法院向最高人民法院请示。最高人民法院又向全国人大常委会作了汇报。全国人大常委会下属专业委员会听取案件汇报后确定：组织男青年向同性卖淫，比照组织卖淫罪定罪量刑。2004 年 1 月 2 日，南京检方以李宁涉嫌组织卖淫罪提起公诉，秦淮区人民法院初审判决："根据我国《刑法》规定，组织他人卖淫中的'他人'，主要是指女性，也不排斥男性；所谓'卖淫'既指异性之间，也包括同性之间。被告人李宁以营利为目的，以登报方

〔1〕 陈慕泽："正确理解哥德尔不完全性定理"，载《湖南科技大学学报》2008 年第 2 期。
〔2〕 梁慧星：《梁慧星文选》，法律出版社 2003 年版，第 53～54 页。
〔3〕 "江苏省首例'同性卖淫案'"，载 http://blog. sina. com. cn/s/blog_ 739b9c8a0100pvs8. html，访问日期：2015 年 1 月 10 日。

式招募'公关先生'从事金钱与性的交易活动。虽然该交易在同性之间进行，但该行为亦为卖淫行为。被告人李宁作为组织者，其行为妨害了社会治安管理秩序和良好的社会风尚，符合组织卖淫罪构成要件，其行为构成组织卖淫罪。判处被告人李宁有期徒刑8年，罚金人民币6万元；追缴李宁违法所得1500元。"李宁不服初审判决，向南京市中级人民法院提出上诉。李宁的辩护律师认为李宁不应对本案的犯罪事实承担全部刑事责任，且社会危害性较小、归案后认罪态度好，愿意交纳罚金，请求二审法院对其从轻判处。南京市中级人民法院经审理认为，上诉人李宁组织同性卖淫的行为符合组织卖淫罪的犯罪构成要件，且一审秦淮区法院根据李宁的犯罪事实及情节对其在法定量刑幅度内处刑并无不当，故李宁及其辩护律师的上述意见不予采纳。在本案中，法律的主要争点就在于刑法分则关于组织卖淫罪的"卖淫"概念外延是否涵盖同性之间的非法性交易行为。在关于"卖淫"行为是否涉罪的问题上，两级法院和公安、检察机关之所以出现法律适用争议，这不仅由于法律规定之"卖淫"概念存在的语言模糊问题，也由于相关法律规定的滞后问题。在本案中，公检法机关为了取得关于"卖淫"概念的权威解释，最后求助全国人大常委会。全国人大常委会下属专业委员会给出了立法性建议：组织男青年向同性卖淫，比照组织卖淫罪定罪量刑。虽然该立法性建议谈不上正式的立法解释，但对法院裁判还是具有政策性指导意义。实际上，法院进行了扩大解释：之所以定性为组织卖淫罪，是因为组织他人卖淫中的"他人"主要是指女性，但也不排斥男性；所谓"卖淫"既指异性之间，也包括同性之间。如此，本案法院裁判所涉法律规则大前提最终得以明确具体化。

案例二，"朱素明诉昆明市交通警察支队行政处罚案"[1]：2005年1月5日原告朱素明驾驶汽车违章驶入公交专用车道被被告交警一大队值勤民警当场查获，依据《道路交通安全法》第90条之规定，拟作出对其处罚100元罚款的行政处罚，原告朱素明无申辩意见，被告交警一大队值勤民警当场制作《昆明市公安局交通警察支队公安交通管理简易程序处罚决定书》交原告签名，并告之原告朱素明权利义务及交纳罚款的相关规定后，当场将处罚决定

---

[1]　屈明光、何春好："2006年度昆明法院17件精品案例"，载 http://www.yn.xinhuanet.com/topic/2007/2006jpal，访问日期：2015年1月10日。

书送达原告朱素明。后来，原告朱素明向昆明市官渡区人民法院起诉，认为被告适用简易程序当场对其作出行政处罚程序违法，适用法律错误，请求人民法院撤销被告作出的《公安交通管理简易程序处罚决定书》。也就是说，被告认为根据《行政处罚法》对其应适用一般程序。昆明市官渡区人民法院经审理认为，《道路交通安全法》中关于道路交通安全违法行为予以行政处罚的规定相对于《行政处罚法》的规定属特别法，依据法律冲突的适用规则，一般法与特别法相冲突时，应适用特别法，遂判决维持被告交警一大队作出的处罚决定书。朱素明以一审判决适用法律审查认定错误为由向昆明市中级人民法院提起上诉。昆明市中级人民法院经审理后认为，全国人大与全国人大常委会都是法律的制定主体，均为行使最高立法权的国家立法机构，全国人大常委会是全国人大的常设机关，在全国人大闭会期间，其可以经常性地行使国家最高层次的立法权，两个国家最高立法机构所制定的法律不应存在位阶上的"层级冲突"，即不会产生"上位法"与"下位法"之间冲突的问题，故上诉人朱素明在该案中认为全国人大制定的《行政处罚法》系"上位法"，全国人大常委会制定的《道路交通安全法》系"下位法"的诉讼理由是不成立的。其次，全国人大制定的《行政处罚法》是对所有行政处罚作较原则的规范性规定，属于普通法规范；而由全国人大常委会制定的《道路交通安全法》则是对道路交通安全管理的有关事项作具体规定，属特别法规范。按照我国《立法法》第83条的规定："特别规定与一般规定不一致的，适用特别规定。"故本案应当适用特别规定。一审法院对该行政处罚决定予以维持无误，遂判决维持原判。本案的法律争点在于：针对朱素明因交通违法驶入公交专用车道被交警处罚一案，昆明市公安局交通警察支队的行政处罚依据是《道路交通安全法》还是《行政处罚法》？本案上诉人朱素明和上诉法院昆明市中级人民法院都借助规范三段论解决各自的推理大前提（法律援引）问题。其中，上诉人朱素明的推理过程可简化为：由于全国人大与全国人大常委会属于不同的立法主体，全国人大制定的《行政处罚法》和全国人大常委会制定的《道路交通安全法》作为不同位阶的法律规范是上位法与下位法的关系，而我国现行立法法规定上位法与下位法不一致的，适用上位法。所以，本案适用全国人大制定的《行政处罚法》，因此本案所涉100元交通行政违法罚款适用一般行政处罚程序。而昆明市中级人民法院的推理过程也可简化为：全国人大与全国人大常委会作为行使最高立法权的国家立法机构为同一立法主体，全国人大制定的《行政处罚法》和全国人大常委会制定的《道路交通安全法》是一般法与特别法的关系，属于同一位阶的法律；我国现行立法法规定，同一位阶的特别法与一般法不一致的，适用特别法；所以，本案应适用全国人大常委会制定的《道路交通安全法》，即本案涉及的 100 元交通行政违法罚款适用简易行政处罚程序。上诉人与上诉法院通过同样形式的法律规范推理得出各自主张的法律规范依据，为作出进一步的法律决定提供了必要的大前提。

## 第二节　法律规范的模态推理

法律规范的模态推理，即规范模态命题推理，它是以规范命题为前提或结论的演绎推理形式，其推理前提与推理结论之间存在必然关系，它具体表现为规范命题直接推理和规范命题间接推理（规范三段论）两种形式。不过，首先要指出的是，规范命题并不是法律规范的唯一命题形式，法律规范还可以表现为联言命题、选言命题、假言命题等诸多命题形式。同样，规范命题并不只是法律规范的表现形式，它也可以表现伦理规范、政治规范、宗教规范等社会规范类型。

### 一、规范命题直接推理

规范命题直接推理就是指根据同一规范体系中规范命题之间的逻辑对当关系（又称逻辑方阵）而进行的法律演绎推理。由于同类法律规范命题之间存在矛盾关系、反对关系、下反对关系和差等关系四种逻辑关系，因此规范命题直接推理相应地也存在规范矛盾关系推理、规范反对关系推理、规范下反对关系推理和规范差等关系推理四种推理形式。如果 Op 表示必须肯定命题（它与禁止否定命题 F￢p 等值），O￢p 表示必须否定命题（它与禁止肯定命题 Fp 等值），Pp 表示允许肯定命题，P￢p 表示允许否定命题，那么这四类规范模态命题之间就存在如下的逻辑对当关系，俗称规范（模态）命题逻辑方阵：

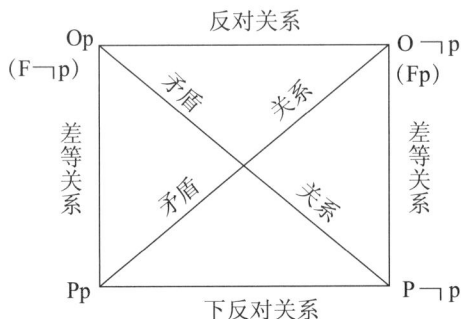

图 3-1　规范命题逻辑方阵

　　具体而言，同类规范命题之间存在的两类逻辑关系为：（1）Op 与 P￢p 以及 O￢p 与 Pp 为矛盾关系：二者不可同真，也不可同假；一真，另一必假；一假，另一必真。（2）Op 与 O￢p 为反对关系：二者不可同真，但可同假；一真，另一必假；一假，另一可真可假。（3）Pp 与 P￢p 为下反对关系：二者可同真但不可同假；一真，另一可真可假；一假，另一必真。（4）Op 与 Pp 以及 O￢p 与 P￢p 为差等关系：前者真，后者真；前者假，后者可真可假；后者真，前者可真可假；后者假，前者必假。为此，我们可以把规范直接推理分为以下四种具体类型：

　　（1）规范矛盾关系推理。它的逻辑依据是：处于矛盾关系的两个规范命题之间不能同真，也不能同假，它本质上是一种等值推理。它存在八个有效式：Op→并非 P￢p；并非 Op→P￢p；O￢p→并非 Pp；并非 O￢p→Pp；Pp→并非 O￢p；并非 Pp→O￢p；P￢p→并非 Op；并非 P￢p→Op。如：当事人可以在法庭上提出新的证据（Pp），所以，当事人不应当不提出新的证据（并非 O￢p）。又如：并非公共场所允许吸烟（并非 Pp），所以，公共场所不应当吸烟（O￢p）。换言之，公共场所禁止吸烟（Fp）。再如：并非子女不可以随母姓（并非 P￢p），所以，子女应当随母姓（Op）。

　　（2）规范反对关系推理。它的逻辑依据是：一个为真，另一个必假。它只有两个有效式：Op→并非 O￢p（必须 P，所以，并非必须非 P）；O￢p→并非 Op（必须非 P，所以，并非必须 P）。如：凡法官必须不参与经商（O￢p），所以，法官并非必须经商（并非 Op）。换言之，禁止法官参与经商（即 Fp）。又如：法官审理民事纠纷前必须在当事人之间先行调解（Op）。所以，法官审理民事纠纷前并非不应当在当事人之间先行调解（O￢p）。

（3）规范下反对关系推理。它的逻辑依据是：一个为假，另一个必真。它只有两个有效式：并非 PP →P ﹁ p（并非必须 P，所以，必须非 P）；并非 P ﹁ p → PP（并非必须非 P，所以，必须 P）。如：并非每个公民都必须交纳个人所得税（并非 PP），所以，每个公民应当不必都缴纳个人所得税（P ﹁ p）。又如：并不是公民不应当享有宗教信仰自由（并非 P ﹁ p），所以，公民应当享有宗教信仰自由（PP）。

（4）规范差等关系推理。它的逻辑依据是：前者真，后者必真；后者假，则前者必假。它有四个有效式，分别为：Op→Pp；O ﹁ p→P ﹁ p；并非 Pp→并非 Op；并非 P ﹁ p→并非 O ﹁ p。如：中华人民共和国公民必须履行服兵役的义务（Op），所以，中华人民共和国公民允许履行服兵役的义务（Pp）。又如：法人组织并不是不允许作为民事诉讼主体参与民事审判活动（并非 P ﹁ p）。所以，法人组织并不是应当作为民事诉讼主体参与民事审判活动（并非 O ﹁ p）。

最后，我们通过"陈拥军侵占案"[1]说明规范直接推理的司法运用状况，这是一起不同审级法院围绕刑事被告犯罪行为存在法律定性争议的案件。案情大致为：被告人陈拥军在湖南省石门化肥厂任出纳员期间，于 1988 年 5 月至 1991 年 11 月，利用职务上的便利，采取收入不记账、偷支本厂在银行的存款、监守自盗等手段，先后作案 62 次，侵吞公款 175 651.94，后被抓获归案。1994 年 3 月 3 日，湖南省常德市中级人民法院作出刑事判决，认定被告人陈拥军犯贪污罪，故判处其死刑，剥夺政治权利终身。被告人陈拥军不服初审判决，向湖南省高级人民法院提出上诉。1994 年 6 月 9 日，湖南省高级人民院对一审法院常德市中级人民法院认定的陈拥军的犯罪事实予以确认，同时依照《中华人民共和国刑事诉讼法》第 136 条第 1 项的规定裁定：驳回上诉，维持原判；依照《刑事诉讼法》第 144 条规定，将此案报请最高人民法院复核。最高人民法院经复核后认为：本案一审、二审认定的犯罪事实清楚，证据确实、充分，审判程序合法。但同时必须考虑到在本案报请复核期间，全国人大常委会《关于惩治违反公司法的犯罪的决定》已经颁布并且施行。被告人陈拥军身为国有企业职工，利用职务之便侵吞公款。这种行为在《关于惩治违反公司法的犯罪的决定》施行前，依照全国人大常委会《关于惩

---

[1]　"陈拥军侵占案"，载《最高人民法院公报》1996 年第 4 期。

治贪污罪贿赂罪的补充规定》第 1 条的规定，应当认定为贪污罪，并应当依照补充规定的第 2 条处罚。而《关于惩治违反公司法的犯罪的决定》第 10 条把公司职工利用职务或者工作上的便利侵吞公司财物的行为，另行规定为侵占罪。第 14 条规定，有限责任公司、股份有限公司以外的企业职工犯侵占罪的，也适用《关于惩治违反公司法的犯罪的决定》。贪污罪的处刑比侵占罪重，依照《中华人民共和国刑法》第 9 条的规定，当新法不认为是犯罪或者处刑较轻时，应当适用新法。据此，最高人民法院 1996 年 3 月 26 日作出改判："一、撤销湖南省常德市中级人民法院和湖南省高级人民法院关于此案的刑事判决和刑事裁定；二、被告人陈拥军犯侵占罪，判处有期徒刑十年，剥夺政治权利二年。"在本案中，最高人民法院根据《刑法》第 9 条规定，运用规范命题反对关系直接推理，撤销湖南省常德市中级人民法院和湖南省高级人民法院关于此案为贪污罪的刑事裁决，最终判决陈拥军犯侵占罪。最高人民法院的推理过程可简化为：依照《中华人民共和国刑法》第 9 条的规定，当新法不认为是犯罪或者处刑较轻时，应当适用新法。所以，陈拥军不应当适用旧法（即"不应当不适用新法"）。最高人民法院之所以作出如此判决，这是因为在规范命题的逻辑方阵中，必须肯定命题"应当适用新法"与必须否定命题"应当不适用新法"为逻辑的反对关系，二者不可同真，当前者为真时，后者必假。

**二、规范命题间接推理**

规范命题间接推理即规范三段论，是大前提为规范模态命题的三段论推理形式。由于规范模态命题存在"必须"、"允许"和"禁止"三类不同的规范模态词，因此规范三段论也可分为必须规范三段论、允许规范三段论和禁止规范三段论三种类型。规范三段论实质属于规范模态命题和直言命题所构成的复合型推理类型，它的有效性不仅取决于大小前提的真实确定，也取决于推理形式的有效性，即必须同时满足规范命题、直言命题和三段论这三种逻辑形式的逻辑属性。

（一）必须规范三段论

必须规范三段论是大前提和结论均为必须规范命题的三段论。必须规范命题是包含"应"、"应当"、"必须"等关联词的规范模态命题，我国民法、刑法和行政法领域的诸多法律条款都采用此类命题形式。按照必须规范命题的逻辑性质不同，必须规范三段论可分为必须肯定规范命题（简称必须 P）

和必须否定规范命题（简称必须非 P）。必须规范三段论可简化为逻辑公式：

大前提（法律规范）：必须 P（或非 P），
小前提（法律事实）：S 是 P，

────────────────────────────

结论（法律裁决）：S 必须 P（或非 P）。

陈少伟等 20 人走私普通货物案的司法判决就是通过运用必须规范三段论等推理形式，最终认定陈少伟等 20 人走私普通货物犯罪属于个人犯罪而非单位犯罪，应当援引关于个人犯罪的相关刑法规定。本案案情与判决情况大致为[1]：1993 年 2 月，被告人唐逸刚（在逃）以其家族成员被告人唐逸敏等人为核心，纠集被告人陈少伟等人员，先后在广东省汕头市注册成立了汕头市和发（集团）有限公司、汕头市和发食品有限公司、汕头经济特区南翔经济发展有限公司等，与香港城拍船务有限公司相互勾结，买通部分监管码头的武警、海关官员，掌握、控制汕头经济特区海之杰国际船舶代理有限公司第五部、潮阳市关阜货运码头有限公司、汕头市东海港务有限公司集装箱部等部门，大肆进行走私食品、汽车、通信器材、不锈钢板等犯罪活动。陈少伟参与走私 108 次，偷逃应缴税额人民币 5 亿多元；唐逸敏参与走私 23 次，偷逃应缴税额 4800 多万元；陈怀杰参与走私 56 次，偷逃应缴税额 2 亿多元；纪伟雄参与走私 126 次，偷逃税额 5 亿多元等。2002 年 9 月 18 日，中山市中级人民法院以走私普通货物罪分别判处陈少伟死刑，缓期二年执行；唐逸敏无期徒刑；陈怀杰有期徒刑 15 年；纪伟雄有期徒刑 14 年等。宣判以后，陈少伟、唐逸敏等 20 名被告人均不服，分别以本案系单位犯罪、原判量刑过重等理由提出上诉。2002 年 11 月 25 日，广东省高级人民法院二审裁定驳回上诉，维持原判。本案的法律争点之一，就是陈少伟等 20 人走私普通货物的犯罪行为究竟属于犯罪嫌疑人的个人犯罪还是他们所属公司的单位犯罪？广东省高级人民法院的终审裁定明确指出："对于部分上诉人及辩护人提出本案属单位犯罪的理由，经查：有关南翔公司的工商登记资料证实南翔公司于 1993

────────────────────────────

[1] "陈少伟等 20 人走私普通货物案"，载 http://www.chinacourt.org/article/detail/2003/06/id/63184.shtml，访问日期：2015 年 3 月 12 日；"广东省高级人民法院刑事裁定书（2002）粤高法刑二终字第 268 号"，载 http://www.hicourt.gov.cn/juanzong/cpwushow.asp？id=1363，访问日期：2015 年 1 月 12 日。

年由汕头市龙湖区××单位向区政府申请批准设立，法定代表人为唐逸刚，该公司于同年取得进出口经营权，1998 年 3 月被注销。原汕头市龙湖区××单位夏××的证言、上诉人唐逸敏在侦查阶段的供词均证实该公司实际是由唐逸刚个人出资、控制，××单位只收取水电费及场地租金，未参与经营管理。"证人黄森薇的证言、上诉人郑勇、纪乐熙的供词证实其三人分别于 1993 年、1996 年、1997 年到南翔公司工作，南翔公司进口的货物大部分是转关运输的货物，用于报关的发票、装箱单、订购合同均是唐逸敏安排施拱星、黄森薇制作的。唐逸敏在预审阶段供称："南翔公司从一成立就为唐逸刚进口货物伪造货物装箱单、发票、订购合同，南翔公司并不是一个独立的公司，实际上是唐逸刚指派下非正常货物的报关部门。"本院认为："本案走私通信器材部分是以南翔公司的名义进行报关，南翔公司属于《刑法》第 30 条所指的公司，但该公司实际是由唐逸刚个人出资、控制，也是基于唐逸刚个人意志作出的走私决定，违法所得亦由唐逸刚个人支配。此外，该公司虽不是为走私而设立的，但从上述证人证言及上诉人的供词可以证实该公司以为唐逸刚走私货物作虚假报关为主要活动。根据最高人民法院《关于审理单位犯罪案件具体应用法律有关问题的解释》的规定，唐逸敏、施拱星参与以南翔公司名义，采用伪报品名的手段走私通信器材的犯罪活动，应依照《刑法》有关自然人犯罪的规定定罪处罚。至于本案的和发食品公司、关埠码头、东海集装箱部、海之杰第五部是唐逸刚为了走私而投资、承包的，违法所得亦是由唐逸刚个人占有、支配，根据上述《解释》亦应以自然人犯罪论处。故提出本案属单位犯罪的意见不能成立，不予采纳。"在本案中，广东省高级人民法院关于陈少伟等 20 人走私普通货物属于个人犯罪的终审裁定包含了一个必须规范三段论，即大前提为必须规范命题、小前提为直言命题（事实命题）和结论为必须规范命题的三段论：最高人民法院 1996 年 6 月 25 日《关于审理单位犯罪案件具体应用法律有关问题的解释》第 2 条规定：个人为进行违法犯罪活动而设立的公司、企业、事业单位实施犯罪的，或者公司、企业、事业单位设立后，以实施犯罪为主要活动的，不以单位犯罪论处，应以个人犯罪论处；本案中陈少伟等 20 人进行走私普通货物的公司中，除南翔公司外，均是唐逸刚为走私而设立、承包的公司，南翔公司虽不是为走私而设立的，但是以走私为主要活动；本案陈少伟等 20 人走私普通货物应以个人犯罪论处援引相关法律依据。

（二）允许规范三段论

允许规范三段论是大前提和结论均为允许规范命题的三段论。允许规范命题是包含"允许"、"可以"等关联词的规范命题，它按照命题的性质不同可分为允许肯定规范命题（简称允许 P）和允许否定规范命题（简称允许非 P）。至于包含联结词"有"的法律条款，应具体问题具体分析，它有时表达允许规范命题，一般针对那些权利类条款，如我国现行《宪法》第 43 条规定"中华人民共和国劳动者有休息的权利"，有些条款干脆采用"享有"来表示，如我国现行《物权法》第 39 条规定"所有权人对自己的不动产或者动产，依法享有占有、使用、收益和处分的权利"；有时则表达必须规范命题，一般针对那些义务类条款，如我国现行《宪法》第 56 条规定"中华人民共和国公民有依照法律纳税的义务"。允许规范三段论可简化为逻辑公式：

大前提（法律规范）：允许 P（或非 P），

小前提（法律事实）：S 是 P，

———————————————————————————

结论（法律裁决）：S 允许 P（或非 P）。

我国现行《刑法》第 23 条规定："对于未遂犯，可以比照既遂犯从轻或减轻处罚。"该法律条款蕴涵的未遂犯适用刑罚规则采取了允许规范肯定命题形式，而在"罗某某掩饰、隐瞒犯罪所得罪（未遂）案"[1]中，法院正是运用上述允许规范肯定命题为大前提的允许规范三段论等推理形式，最终作出比照既遂犯减轻处罚的判决。广东省仁化县人民检察院指控，2011 年 1 月 20 日 21 时许，"阿龙"（绰号）等四名男子在仁化县凡口矿采矿车间充填队磨砂厂钳工班盗得十条充填管，后被告人罗某某前往凡口矿黄土高原小区对面公路靠公厕的下坡路边进行收购，在装车时被赶来的保安人员当场抓获。"阿龙"（绰号）等四名男子则逃离现场。经鉴定，被盗充填管每条价值 400 元人民币，十条充填管价值 4000 元人民币。公诉机关向法庭宣读、出示了证人证言、扣押物品清单等书证、被告人供述与辩解、鉴定意见、现场勘验、检查笔录等证据，据此指控被告人罗某某的行为已构成掩饰、隐瞒犯罪所得罪，

———————————————————————————

〔1〕 "广东省仁化县人民法院［2014］韶仁法刑初字第 16 号"，载 http://www.court.gov.cn/zgcpwsw/gd/gdssgszjrmfy/rhxrmfy/xs/201403/t20140328_642692.htm，访问日期：2015 年 3 月 12 日。

应依照《中华人民共和国刑法》第 312 条之规定，追究其刑事责任，同时建议对其判处 6 个月至 1 年零 6 个月有期徒刑。2014 年 2 月 25 日，广东省仁化县人民法院作出初审判决："本院认为，被告人罗某某明知是犯罪所得而予以收购，但由于其意志以外的原因而未得逞，其行为已触犯刑律，构成掩饰、隐瞒犯罪所得罪（未遂）。公诉机关指控被告人罗某某的犯罪事实清楚，证据确实、充分，罪名准确，应予支持。鉴于被告人罗某某归案后能如实供述自己的罪行，认罪态度较好，有悔罪表现，可以从轻处罚；被告人罗某某系未遂犯，可以比照既遂犯从轻或减轻处罚。公诉机关提出对被告人罗某某判处有期徒刑六个月至一年零六个月的量刑建议，本院予以参考。综上所述，依照《中华人民共和国刑法》第 312 条第 1 款、第 23 条、第 67 条第 3 款、第 72 条、第 76 条、第 52 条、第 53 条之规定，判决如下：被告人罗某某犯掩饰、隐瞒犯罪所得罪（未遂），判处拘役 3 个月，缓刑 6 个月，并处罚金人民币 5 千元。"在本案中，法院关于被告人罗某某犯罪未遂的法律认定过程可简化如下：我国现行《刑法》第 23 条规定，对于未遂犯，可以比照既遂犯从轻或减轻处罚（允许规范肯定命题）；本案被告人罗某某被认定为未遂犯，所以，对于被告人罗某某的判决应当援引现行《刑法》第 23 条规定，即对罗某某可以比照既遂犯从轻或减轻处罚。

（三）禁止规范三段论

禁止规范三段论是大前提和结论均为禁止规范命题的三段论。禁止规范命题是包含"不得"、"禁止"等关联词的规范命题，它按照规范命题的性质不同可分为禁止肯定规范命题（简称禁止 P）和禁止否定规范命题（简称禁止非 P）。禁止规范三段论可简化为逻辑公式：

大前提（法律规范）：禁止 P（或非 P），
小前提（法律事实）：S 是 P，

结论（法律裁决）：S 禁止 P（或非 P）。

我国现行《婚姻法》第 7 条规定和第 10 条列举了关于无效婚姻的若干情形，都采用了禁止规范命题形式。在"廖某某申请与陈某某婚姻无效案"[1]

---

[1] "重庆市彭水苗族土家族自治县人民法院［2014］彭法民特字第 00002 号"，载 http://www.court.gov.cn/zgcpwsw/cq/zqsdszjrmfy_4546/psmztjzzzxrmfy/ms/201412/t20141209_4652379.htm，访问日期：2015 年 3 月 12 日。

中，受理法院重庆市彭水县人民法院正是根据上述禁止性法律规范作出了如下判决："本院认为，根据《中华人民共和国婚姻法》第七条规定：'有下列情形之一的，禁止结婚：（一）直系血亲和三代以内的旁系血亲；（二）患有医学上认为不应当结婚的疾病。'第十条规定：'有下列情形之一的，婚姻无效：（一）重婚的；（二）有禁止结婚的亲属关系的；（三）婚前患有医学上认为不应当结婚的疾病，婚后尚未治愈的；（四）未到法定婚龄的。'在本案中，申请人廖某某的母亲陈某甲与被告申请人陈某某的父亲陈某乙系同胞姐弟，即申请人廖某某与被申请人陈某某系亲表兄妹，系三代以内的旁系血亲，而三代以内的旁系血亲按照婚姻法的规定是禁止结婚，结婚的其婚姻应当宣告无效。综上所述，依照《中华人民共和国婚姻法》第 7 条第 1 项、第 10 条第 2 项及《最高人民法院关于适用中华人民共和国婚姻法若干问题的解释（一）》第 9 条第 1 款的规定，判决如下：宣告申请人廖某某与被申请人陈某某的婚姻无效。"在本案判决中，法院运用了禁止规范三段论，该三段论推理过程可简化如下：我国现行《婚姻法》第 7 条和第 10 条规定，男女双方为三代以内旁系血亲的，禁止结婚；本案申请人廖某某与被申请人陈某某系亲表兄妹，系三代以内的旁系血亲，所以，申请人廖某某与被申请人陈某某被禁止结婚。

## 第三节  选言推理与假言推理

### 一、选言推理

我们先看一则逸事趣闻：古时候，有人在集市上摆了一个猜谜摊，他用竹竿在摊子一侧挂着玩具脸谱，另一侧吊着一千铜钱，脸谱与铜钱之间悬挂了一条横幅："以左右两物为谜面，打一俗语，猜中者即以一千铜钱相赠"。众人围观来猜谜，但无人猜中。忽然有一后生推开围观人群，什么也不说，取走吊在竹竿上的铜钱拔腿就走，摆摊人却笑而不管。众人忙问究竟，摆摊人回答谜语已被后生猜中。为什么呢？其实后生揭谜揭得很不光彩，他就成功运用了一次不相容的选言推理：要么要钱，要么要脸；后生要钱，所以，后生不要脸。这里所指的选言推理即选言三段论，它是大前提为选言命题的三段论推理形式。根据大前提的逻辑性质不同，选言三段论可分为相容选言推理和不相容选言推理两种具体类型。

（一）相容选言推理

相容选言推理是包含一个相容选言命题，并以相容选言命题的逻辑性质为依据而进行的三段论推理。相容选言命题的联结词为"或者"、"也许"、"可能"等，可用逻辑符号"∨"表示，读作"析取"。其逻辑性质为：一命题为真，则其肢命题至少有一个为真。依据这一逻辑性质，相容选言推理存在以下逻辑规则。否定一部分选言肢，必须肯定另一部分选言肢；肯定一部分选言肢，但不能否定另一部分选言肢。因此，相容选言推理只有否定肯定式的有效式。如果作为大前提的是为包含两个选言肢 p 和 q 的选言命题，那么该有效的相容选言推理可简化为：

$$\frac{p \lor q \quad \neg p}{q}$$

或者为：

$$\frac{p \lor q \quad \neg q}{p}$$

我国现行《民法通则》第 17 条，以相容选言命题形式规定了无民事行为能力或者限制民事行为能力的精神病人的监护人认定次序和程序规则。在盛阿二与张二妹申请变更监护人特别程序民事裁定书[1]中，受理法院江苏省昆山市人民法院援引上述规则并运用否定肯定式的相容选言推理作出如下民事裁定："对于担任无民事行为能力人或者限制民事行为能力之精神病人的监护人有争议的，应当由精神病人住所地的村民委员会在近亲属中指定，对指定不服的，由人民法院裁决。我国民法通则中规定的近亲属，包括配偶、父

---

[1] "江苏省昆山市人民法院［2013］昆民特字第 20 号"，载 http://www.court.gov.cn/zgcpwsw/jiangsu/jssszszjrmfy/kssrmfy/ms/201409/t20140905_2830289.htm，访问日期：2015 年 3 月 12 日。

母、子女、兄弟姐妹、祖父母、外祖父母、孙子女、外孙子女。本案被监护人盛小狗为精神病人，多年来一直需要监护人履行监护职责，保护其人身、财产及其他合法权益，申请人及被申请人对上述事实均无异议。在本案审理中，昆山市巴城镇茅沙塘村村民委员会明确张二妹、盛平监护盛小狗，并证实 2012 年 10 月 13 日盛阿三去世后一直由张二妹履行监护职责，对此申请人盛阿二与被申请人张二妹存在争议，均表示愿意担任盛小狗监护人。本院认为，我国《民法通则》规定指定监护人的顺序为：（一）配偶；（二）父母；（三）成年子女；（四）其他近亲属；（五）关系密切的其他亲属、朋友愿意承担监护责任，经精神病人的所在单位或者住所地的居民委员会、村民委员会同意的，申请人盛阿二与被申请人张二妹相比，属于前一顺序的监护人指定对象，在无证据证明盛阿二无监护能力或对被监护人明显不利的情况下，申请人盛阿二应担任监护人，对于昆山市巴城镇茅沙塘村村民委员会指定张二妹、盛平作为盛小狗监护人的指定，本院依法应当予以撤销。"本案中的法院推理过程可简化如下：我国现行《民法通则》第 7 条规定："适合担任精神病人监护人的近亲属依次为（一）配偶；（二）父母；（三）成年子女；（四）其他近亲属；（五）关系密切的其他亲属等。"本案被监护人盛小狗为精神病人，而盛阿二与张二妹相比，属于前一顺序的监护人指定对象，张二妹不宜担任盛小狗监护人；所以，本院申请人盛阿二应担任精神病人盛小狗的监护人。

　　（二）不相容选言推理

　　不相容选言推理是包含一个不相容选言命题，并以不相容选言命题的逻辑性质为依据所进行的三段论推理。不相容选言命题的联结词一般为"要么……要么……"、"不是……就是……"等，可用逻辑符号"$\vee$"表示，读作"不相容析取"。不相容选言推理存在两个有效式，即否定肯定式与肯定否定式。由于不相容选言命题的逻辑性质为"一命题为真，则其肢命题有且只有一个为真"，因此，不相容选言推理存在以下逻辑规则：否定除一个以外的肢命题，就能肯定那个未被否定的肢命题；肯定一个肢命题，也能否定其余所有肢命题。如果作为大前提的选言命题简化为包含两个选言肢 p 和 q 的命题，那么该推理的两类有效式可简化为：

（1）否定肯定式：

$$p \veebar q$$
$$\neg p$$

$$q$$

或者为：

$$p \veebar q$$
$$\neg q$$

$$p$$

（2）肯定否定式：

$$p \veebar q$$
$$\neg p$$

$$\neg q$$

或者为：

$$p \veebar q$$
$$\neg q$$

$$\neg p$$

在"留学生朗姆申请结婚登记案"中，受理当事人婚姻登记申请的中国民政部门运用肯定否定式的不相容选言推理，找到适用该案的规则大前提，进而否决了朗姆与中国女孩的结婚登记申请。该案的情况大致如下[1]：朗姆（男）是一个前来中国学习的外国留学生，他来中国之前就已在其本国结婚。在中国学习生活期间，朗姆结识我国某工厂女工尚玲（中国公民）。随着双方之间的频繁交往，彼此产生感情并有结婚打算。但双方决定结婚时，尚

---

[1] 赵相林：《国际私法教学案例评析》，中信出版社 2006 年版，第 220 ~ 221 页。

玲所在单位拒绝为其开具结婚登记有关证明，而尚玲的父母也因朗姆结过婚而极力反对。朗姆即以其所属国的法律允许一夫多妻制为由，向其所在的该市民政局提出与尚玲的结婚申请，请求发给二人结婚证。该市民政局婚姻登记机关经过审查认为：根据《中华人民共和国民法通则》第147条的规定"中华人民共和国公民与外国人结婚适用婚姻缔结地的法律"，本案的婚姻登记应该适用《中华人民共和国婚姻法》。而该法第2条规定："实行婚姻自由、一夫一妻、男女平等的婚姻制度。"因此最终驳回朗姆的申请，不予登记，同时向双方告知该行为的违法性。朗姆和尚玲能否在中国登记结婚的关键在于，他们是适用朗姆所属国的法律还是适用中国的法律。由于两国法律关于婚姻制度规定是不相容的，因此不可能同时适用中华人民共和国法律（一夫一妻制）和朗姆所属国法律（一夫多妻制）。由于二人是在中国办理结婚登记申请，尚玲为中国公民，因此应适用中国法律。在本案中，市民政局不予登记的行政决定是这样作出的：朗姆与中国女孩尚玲的结婚登记申请，要么适用中国法，要么适用朗姆所属国法；本案适用中国法（婚姻法）；因此，本案不适用朗姆所属国法。

**二、假言推理**

宋代郑克所著的《折狱龟鉴》卷六曾记载范纯仁劾毒破案故事："范纯仁丞相知河中府时，录事参军宋儋年会客罢，以疾告，是夜暴卒。盖其妾与小吏为奸也。纯仁知其死不以理，遂付有司案治。会儋年子以丧柩归，移文追验其尸，九窍流血，睛枯舌烂，举体如漆。有司讯囚，言置毒鳖菹中。纯仁问：'鳖菹在第几巡？岂有中毒而能终席耶？必非实情。'命再劾之。乃因客散醉归，置毒酒杯中而杀之。此盖罪人以儋年不嗜鳖而为坐客所共知，且其后巡数尚多，欲为他日翻异逃死之计尔。"在本案中，范纯仁运用充分假言推理识破毒死参军宋儋年的犯罪嫌疑人宋儋年的小妾作的伪证，指出她不是在众人吃过的鳖上放毒，因为其他人食鳖都未被毒死，而是在宋儋年饭后所饮茶水放毒。范纯仁推理过程为：如果毒药放在清蒸的鳖中，那么中毒的就绝不是宋儋年一人；事实上中毒的只有宋儋年一人，因此，毒药不是放在清蒸的鳖中。所谓假言推理，即假言三段论，它是大前提为假言命题的三段论推理形式。根据大前提的逻辑性质不同，假言推理可以分为充分假言推理、必要假言推理和充要假言推理三种假言三段论类型。

（一）充分假言推理

充分假言推理即充分假言三段论，它是前提中包含有充分条件假言命题，并依据充分条件假言命题前件与后件之间的逻辑关系进行的三段论推理形式。充分条件的假言命题前件 p 与后件 q 之间的逻辑关系为：有 p 必有 q，无 p 未必无 q；有 q 未必有 p，无 q 必无 p。其中，充分假言命题的联结词主要有："如果……那么……"；"假如……那么……"；"只要……就……"等，它的逻辑公式为 p→q，读作 p 蕴涵 q。其推理规则为：肯定前件就要肯定后件，但肯定后件不一定能肯定前件；否定后件就要否定前件，但否定前件不一定能否定后件。由此得知，充分假言推理存在两种有效式：一是肯定前件式，以充分条件假言命题为一个前提，另一个前提肯定其前件，结论就肯定其后件。即（（p→q）∧ p）→q。二是否定后件式：以充分条件假言命题为一个前提，另一个前提否定其后件，结论就否定其前件。即（（p→q）∧ ¬ q）→¬ p。

我国现行《婚姻法》第 32 条第 2 款规定："人民法院审理离婚案件，应当进行调解；如感情确已破裂，调解无效，应准予离婚。"该条款前半部分是一个必须规范命题，而后半部分就是一个充分条件假言命题。如在"邵某某与袁某某离婚纠纷案"中，受理法院莫力达瓦达斡尔族自治旗人民法院正是以上述法律条款为前提作出如下判决的："原、被告系合法夫妻关系。双方在共同生活期间，未能很好地建立夫妻感情，经常发生争吵，感情确已破裂。现原告要求离婚，经法院做调解和好无效的情况下，根据《中华人民共和国婚姻法》第 32 条第 2 款的规定，原告的离婚请求符合法律规定，应予支持。……根据上述事实及理由，依照《中华人民共和国民事诉讼法》第 152 条的规定，判决如下：一、准予原告邵某某与被告袁某某离婚……"[1] 在本案中，法院运用充分假言推理找到了判决书可供援引的法律规则大前提，推理过程可简化为：根据《中华人民共和国婚姻法》第 32 条第 2 款规定，夫妻双方如感情确已破裂，调解无效，应准予离婚；本案中的双方在共同生活期间，未能很好地建立夫妻感情，经常发生争吵，感情确已破裂；因此，原告的离婚请求

---

〔1〕 "内蒙古自治区莫力达瓦达斡尔族自治旗人民法院〔2014〕莫民初字第 00053 号"，载 http://www.court.gov.cn/zgcpwsw/nmg/nmgzzqhlbeszjrmfy/mldwdwezzzqrmfy/ms/201406/t20140630_1860601.htm，访问日期：2015 年 3 月 12 日。

符合《中华人民共和国婚姻法》第 32 条第 2 款规定，法院应予支持。

（二）必要假言推理

必要假言推理，即必要假言三段论，它是前提中包含有必要条件假言命题，并按必要条件假言命题前件与后件之间的逻辑关系进行的三段论推理形式。必要条件假言命题前件后件之间的逻辑关系为：无 p 必无 q，有 p 未必有 q；有 q 必有 p，无 q 未必无 p。其中，必要假言命题的联结词主要有："只有……才……"；"必须……才……"等，它的逻辑公式为 p←q，读作 p 逆蕴涵 q。其推理规则为：其一，否定前件就要否定后件，但肯定前件不一定能肯定后件；其二，肯定后件就要肯定前件，但否定后件不一定能否定前件。由此得知，必要假言推理存在两种有效式：一是否定前件式，以必要条件假言命题为一个前提，另一个前提否定其前件，结论就否定其后件，即（（p←q）∧¬p）→¬q。如：现行《刑法》第 15 条规定："过失犯罪，法律有规定的才负刑事责任。"因此，可以推知，法律没有规定的过失犯罪，当事人不是要负刑事责任的。二是肯定后件式，以必要条件假言命题为一个前提，另一个前提肯定其后件，结论就肯定其前件，即（（p←q）∧q）→p。我国现行《刑法》第 15 条规定：过失犯罪，法律有规定的才负刑事责任。因此，可以推知，当事人对其过失犯罪是负刑事责任的，是因为该过失犯罪是有法律规定的。

如在"叶某某犯失火罪"一审刑事判决书[1]中，法院运用了必要假言推理作出如下判决："被告人叶某某在生产过程中，从事野外切割钢管作业时，应当预见切割钢管会产生大量火花，可能会引燃杂草，造成火灾，由于过于自信的过失，未采取有效的防护措施，致使发生森林火灾，且过火林地面积达 9.46 公顷，其行为已构成失火罪。公诉机关指控的罪名成立。……依照《中华人民共和国刑法》第 115 条第 2 款、第 15 条、第 67 条第 3 款之规定，判决如下：被告人叶某某犯失火罪，判处拘役四个月。"我们根据法院判决，可以得知其司法判决大前提即《刑法》第 15 条的现实存在：我国现行《刑法》第 15 条规定：过失犯罪，法律有规定的才负刑事责任；被告人叶某某被法院判处负失火罪的刑事责任，因此，被告人叶某某犯失火罪的过失犯

---

〔1〕"四川省盐边县人民法院〔2014〕盐边刑初字第 62 号"，载 http://www.court.gov.cn/zgcp-wsw/sc/scspzhszjrmfy/ybxrmfy/xs/201411/t20141119_4186912.htm，访问日期：2015 年 3 月 12 日。

罪是有法律规定的过失犯罪。

### （三）充要假言推理

充要假言推理即充要假言三段论是充分必要条件假言推理的简称，它是以充要条件假言命题作前提，并按充要条件假言命题前件与后件之间的逻辑关系进行的三段论推理形式。充要条件假言命题可表示为 p（q，读作 p 等值于 q，常见的联结词有"……当且仅当……则……"；"……当且仅当……才……"等。其推理规则为：肯定前件就要肯定后件，肯定后件就要肯定前件；否定前件就要否定后件，否定后件就要否定前件。因此，充要假言三段论存在四种有效式：一是肯定前件式，（（p↔q）∧p）→q；二是肯定后件式，（（p↔q）∧q）→p。如：人不犯我，我不犯人；人若犯我，我必犯人。所以，人若犯我，我也必犯人。三是否定前件式，（（p↔q）∧￢p）→￢q。四是否定后件式，（（p↔q）∧￢q）→￢p。如：凡事预则立，不预则废。所以，凡事不预则废。

### （四）假言连锁推理

假言连锁推理以两个或两个以上相互关联的假言命题为前提，根据假言命题的逻辑性质，推出一个新的假言命题为其结论的复合假言推理。所谓相互关联的假言命题，是指其前提中的假言命题有先后顺序，且前一命题的后件是后一命题的前件。这就构成所谓的连锁关系。假言连锁推理的这种逻辑特征，决定了它必须遵守上述相应的假言推理规则。它具体包括以下三种类型：一是充分条件假言连锁推理：〔（p→q）∧（q→r）〕→（p→r）；或者〔（p→q）∧（q→r）〕→（￢r→￢p）。二是必要条件假言连锁推理：〔（p←q）∧（q←r）〕→（￢p→￢r）；或者〔（p←q）∧（q←r）〕→（r→p）。三是混合条件假言连锁推理：〔（p↔q）∧（q↔r）〕→（p→r）；或者（￢p→￢r）或者（r→p）或者（￢r→￢p）。以下面二案例说明之。

案例一：在"冯某过失致人死亡案"[1] 中，青铜峡市人民法院经审理查明：被告人冯自安与被害人柴泽系同队村民，平时两家关系较好。2008 年 6 月 30 日 16 时许，被告人冯自安同本队村民柴泽在青铜峡市叶盛镇张庄村一队农田水渠边因淌水发生争吵，两人互相推搡，冯自安将柴泽推倒在农田，

---

〔1〕 "宁夏青铜峡市人民法院〔2008〕青刑初字第 208 号"，载 http://www.nxwzfy.gov.cn/4/2010 - 1 - 21/2456001@373.htm，访问日期：2012 年 10 月 31 日。

柴泽倒地后头部来回摆动，冯自安见状喊来其妻李秀英及村民柴苗，被告人冯自安将柴泽背到村子里抢救，经抢救无效于当日死亡。青铜峡市人民法院认为："被告人冯自安与被害人柴泽因淌水发生纠纷，在纠纷过程中，被告人冯自安将被害人柴泽推倒在农田里，被害人柴泽因外伤、情绪激动等因素诱发心源性猝死，被告人冯自安对自己的行为可能造成被害人柴泽死亡结果应当预见而没有预见，客观上确实发生了被害人死亡的实际结果，且被告人冯自安的行为与被害人死亡的结果之间具有间接的因果关系，其行为构成过失致人死亡罪。本院为了维护社会治安秩序，保护公民生命权不受侵犯，保障社会主义经济建设事业的顺利进行，依照《中华人民共和国刑法》第233条、第72条第1款、第73条第2、3款之规定，判决如下：被告人冯自安犯过失致人死亡罪，判处有期徒刑三年，宣告缓刑五年。"在本案中，青铜峡市人民法院判决成功运用了充分条件假言连锁推理 $[(p{\rightarrow}q)\wedge(q{\rightarrow}r)]\rightarrow(p{\rightarrow}r)$，其推理过程可简化为：我国现行《刑法》第273条规定，过失致人死亡的（p），那么处三年以上七年以下有期徒刑（q）；被告人冯自安过失致人死亡（p）；所以，对被告人冯自安判处有期徒刑三年（q）。而对被告人冯自安判处有期徒刑3年（q），但我国现行《刑法》第72和73条规定，对于被判处拘役、三年以下有期徒刑的犯罪分子，根据犯罪分子的犯罪情节和悔罪表现，适用缓刑确实不致再危害社会的，可以宣告缓刑，缓刑考验期限为原判刑期以上五年以下，但是不能少于一年（r）；冯自安有悔罪表现（他及时将柴泽背到村子里抢救）（r）；所以，对被告人冯自安应宣告缓刑五年（r）。也就是说，对被告人冯自安过失致人死亡的，应判处有期徒刑3年，宣告缓刑5年（p→r）。

　　案例二，在"杜某非法行医案"[1]中，北京市丰台区人民法院经审理查明：2002年1月3日4时许，被告人杜志芳在本市丰台区六圈庄秦李庄，在未取得医生执业资格的情况下，非法为被害人张静接生，后张静分娩时子宫多处破裂出血，致急性失血性休克死亡。被告人杜志芳后被查获。案发后，被告人之夫已支付被害人张静在丰台区医院抢救的费用500余元，并向被害人之夫李登山支付了人民币5000元。以上事实，由公诉机关向法庭提供且经

〔1〕 "北京市第二中级人民［2004］二中刑终字第81号"，载 http://zjbar.chinalawinfo.com/NewLaw2002/SLC/SLC.asp? Db=fnl&Gid=117490432，访问日期：2015年1月13日。

当庭质证属实的系列证据证实。法院认为，被告人杜志芳未取得医生执业资格而非法行医，致人死亡，其行为构成非法行医罪，应予处罚。北京市丰台区人民法院进一步指出：被告人杜志芳行医时间是在中华人民共和国《执业医师法》实施以后，被告人杜志芳是否具有"医生执业资格"，要看其是否具备《执业医师法》所规定的从事诊疗活动所必须具备的条件。具体而言，在医疗、预防、保健机构中从事医疗、预防、保健业务的人员，应同时具备以下两项条件：①通过医师资格考试，取得执业医师资格或者执业助理医师资格；②在所在地县级以上卫生行政部门注册，领取由国务院卫生行政部门统一印制的医师执业证书。如果申请个体行医，则必须同时具备以下条件：①通过执业医师资格考试，取得医师资格。执业助理医师没有申请个体行医的资格；②在所在地县级以上卫生行政部门注册，领取由国务院卫生行政部门统一印制的医师执业证书；③注册后在医疗、预防、保健机构中执业满5年。被告人杜志芳不具有"医生执业资格"。而被告人杜志芳在北京市非法行医，造成就诊人死亡，其行为符合非法行医罪的构成要件。北京市丰台区人民法院最终对被告人杜志芳判处有期徒刑10年，剥夺政治权利2年，并处罚金人民币10 000元。同时判被告人杜志芳赔偿附带民事诉讼原告人李登山经济损失人民币5169.6元，赔偿张同彬赡养费人民币29 376元，赔偿陈玉英赡养费人民币31 104元，赔偿李超抚养费人民币7776元，赔偿李娟抚养费人民币12 960元，赔偿李留剑抚养费人民币15 552元。一审判决后，原告和被告都不服，提出上诉，北京市第二中级人民法院作出维持原判的终审判决。在本案审理过程中，本案被告杜志芳是否犯了非法行医罪，其关键在于杜某是否具有医生执业资格。尽管其毕业于正规医学院，在原籍已经取得医生资格，并在医疗机构从事医疗工作十多年，但其在行为地是否具有医生执业资格，判断依据是《执业医师法》。法院正是综合而有效地运用了必要条件假言连锁推理与充分条件假言推理，最终得出杜志芳犯有非法行医罪。第一步，通过有效的必要条件假言连锁推理（否定前件式），得知杜志芳不具有医生执业资格：只有通过执业医师资格考试，取得医师资格（p），并在所在地县级以上卫生行政部门注册，领取由国务院卫生行政部门统一印制的医师执业证书（q），且注册后在医疗、预防、保健机构中执业满五年（r），才能取得医生执业资格（b）；只有取得医生执业资格（b），才能为病人治病（a）；因此，如果并非（p∧q∧r∧b），那么不能为病人治病（a）。第二步：通过有效的充分条件假言三段论推理，得知杜志芳犯有非法行医罪。具体说来，在第一步推理的基础上，法院根据案件事实，即被告杜某没有在北京当地县级以上卫生行政部门注册，更不用说注册后在医疗、预防、保健机构中执业满五年，也即"并非（p∧q∧r∧b）"以及杜某实施了非法行医行为等事实，运用充分条件假言推理肯定前件式，推断被告杜某不能为病人治病（a 即本案中不能为被害人接生），进而推断杜某犯了非法行医罪。该案判决的推理过程可简化为：（（（p∧q∧r）←b）∧（b←a）→a,（（¬（p∧q∧r∧b）→¬a）∧（b←a））→¬b。

### 三、假言选言推理

假言选言推理是以假言命题（充分条件）和选言命题为分别作为大小前提构成的复合演绎推理形式。其中，由两个假言命题和一个二选言肢的选言命题为前提构成的假言选言推理又称"二难推理"，而由三个或假言命题和含有三个或四个选言肢的选言命题为前提构成的假言选言推理称为"三难推理"或"多难推理"。古希腊伊壁鸠鲁运用二难推理驳斥过"存在一个仁慈而万能的上帝"的宗教神学观点：如果上帝是仁慈的，他就愿意消灭世间的邪恶；如果上帝是万能的，他就能够消灭世间的邪恶；上帝或者不愿意消灭世间的邪恶，或者他不能够消灭世间的邪恶；所以，上帝或者不是仁慈的，或者不是万能的。根据作为前提的充分条件命题的逻辑属性，二难推理大致存在简单构成式、简单破坏式、复杂构成式和复杂破坏式四种类型：

（一）简单构成式

简单构成式是两个充分条件假言前提的前件不同而后件相同，选言前提的两个选言肢分别肯定两个不同的前件为真，根据充分条件假言推理"已知前件为真，就能推出后件为真"规则，从而得出肯定结论的推理形式。

> 如果 p，那么 r
> 如果 q，那么 r
> 或者 p，或者 q
> ——————————————
> 总之，r。

上述推理过程也可简化为：［（（p→r）∧（q→r））∧（p∨q）］→r。我

们以"林肯法庭智破伪证"的故事为例：〔1〕1837 年，林肯朋友的儿子阿姆斯特朗被人诬告谋财害命。控告人证人福尔逊一口咬定说，在 10 月 18 日深夜 11 点目睹阿姆斯特朗开枪行凶。林肯获悉此事后，主动为被告辩护。他以被告辩护律师的身份，查阅了法院的全部案卷。随后，他又来到现场进行实地勘查，掌握了一些重要事实。被告辩护律师林肯与原告证人福尔逊进行了当庭对质。林肯问："你发誓你看见的是阿姆斯特朗？"福尔逊答："是的。"林肯问："你在草堆后，阿姆斯特朗在大树下，相距二三十米，你能看清吗？"福尔逊答："很清楚，因为月光很亮。"林肯问："你肯定不是从衣着方面辨认的？"福尔逊答："不是，我看清了他的脸，因为月光正照在他脸上。"林肯问："你能肯定时间在晚上 11 点吗？"福尔逊答："完全肯定。因为我回屋看了时钟，那时正是 11 点 1 刻。"福尔逊的答辩完全在林肯的预料中，案卷中都写着。林肯明知故问是要让证人把证词敲死，免得到时不认账。证人一讲完，林肯就转过身，开始了他的辩护："我不能不告诉大家，这个证人是个彻头彻尾的骗子。证人发誓说他 11 月 18 日晚 11 点钟在月光下看清了被告阿姆斯特朗的脸，但那天晚上是上弦，11 点钟月亮已经下山了，哪来的月光？退一步说，就算证人记不清时间，假定稍有提前，月亮还在西边，月光从西边照过来，被告如果脸朝大树，即向西，月光可以照到脸上，可是由于证人的位置在树的东面的草堆后，那他就根本看不到被告的脸；如果被告脸朝草堆，即向东，那么即使有月光，也只能照着他的后脑勺，证人怎么能看到月光照在被告脸上，而且能从二三十米的草堆处看清被告的脸呢？"林肯连珠炮般的发言，驳得证人哑口无言，只得承认被人收买提供假证的事实。阿姆斯特朗也被当庭释放。在本案庭审过程中，林肯的辩护成功使用了假言选言简单构成式的二难推理：（在假设当时有月光的情况下），如果被告的脸背向草堆，证人在大树东边的草堆后面，那么证人看不清被告的脸；如果被告的脸面向草堆，他的脸上照不到月光，那么证人也看不清被告的脸；无论被告的脸是面向草堆，还是背向草堆；总之，证人看不清被告阿姆斯特朗的脸。

（二）简单破坏式

简单破坏式是两个充分条件假言前提的前件相同而后件不同，选言前提的两个选言肢分别断定两个不同的后件为假，根据充分条件假言推理"已知

---

〔1〕 史诚："林肯法庭智破伪证"，载《环球时报》2004 年 12 月 13 日。

后件为假，就能推出前件为假"的规则，既然两个后件必有一假，结论就能断定那个共同的前件为假。

如果 p，那么 q

如果 p，那么 r

或者非 q，或者非 r

------

总之，非 p。

上述推理过程也可简化为：［（（p→q）∧（p→r））∧（¬q∨¬r）］→¬p。例：你就是凶手。为什么呢？有人作出了这样的法律推理：倘若人命不是你谋害的，你家就不会拿出几千两银子出来打点；倘若人命不是你谋害的，你家就不会答应按五百两一条人命的规定算账；你家已拿出几千两银子出来打点；也答应按五百两一条人命的规定算账；所以，人命是你谋害的。

（三）复杂构成式

复杂构成式是两个充分条件假言前提的前后件均不相同，选言前提的两个选言肢分别肯定两个不同的前件为真，根据充分条件假言推理"已知前件为真，就能推出后件为真"的规则，既然两个前件至少有一为真，结论就能断定两个不同的后件也至少有一为真。

如果 p，那么 r

如果 q，那么 s

或者 p，或者 q

------

总之，或者 r 或者 s。

上述推理过程可简化为：［（（p→r）∧（q→s））∧（p∨q）］→（r∨s）。《韩非子》所载自相矛盾的故事就体现了二难推理的破坏式结构："楚人有鬻盾与矛者，誉之曰：'吾盾之坚，物莫能陷也。'又誉其矛曰：'吾矛之利，於物无不陷也。'或曰：'以子之矛，陷子之盾，何如？'其人弗能应也。夫不可陷之盾与无不陷之矛，不可同世而立。"该寓言的推理过程具体为：如果你的矛能够刺破你的盾，则你的盾不坚；如果你的矛不能刺破你的盾，则你的矛不利；你的矛或者能够刺破你的盾，或者不能刺破你的盾。总之，或者你的盾不坚或者你的矛不利。

（四）复杂破坏式

复杂破坏式是两个充分条件假言前提的前后件均不相同，选言前提的两个选言肢分别断定两个不同的后件为假，根据充分条件假言推理"已知后件为假，就能推出前件为假"的规则，既然两个后件有一为假，结论就能断定两个不同的前件至少有一为假。

如果 p，那么 r；

如果 q，那么 s；

或者非 r，或者非 s

————————————————————————

总之，非 p 或者非 q。

上述推理过程可简化为：$[((p{\rightarrow}r) \wedge (q{\rightarrow}s)) \wedge (\neg r \vee \neg s)] \rightarrow (\neg p \vee \neg q)$。刘向所著《说苑·辨物》记载了孔子和他的学生子贡的一段对话，就蕴涵了二难推理的复杂破坏式结构。子贡："死人有知，无知也？"孔子曰："吾欲言死者有知也，恐孝子顺孙妨生以送死也；欲言无知，恐不孝子孙弃不葬也。赐欲知人死有知无知也，死徐自知之。犹未晚也。"在这里，孔子并没有正面回答子贡的问题，而是以二难推理的复杂破坏式来间接回答他。如果我想说死人有知觉，那么我担心孝子顺孙不让长辈死而使永生；如果我想说死人无知觉，那么我担心不孝子孙让长辈死无葬身之地；或者我担心孝子顺孙却让长辈死，或者我担心不孝子孙让长辈不死；总之，我想说死人无知觉或者有知觉（都不令人满意）。

其实，假言选言推理（二难推理）既是一种非常有效的论辩工具，也是一种富有欺骗性的诡辩技术。为此，我们必须学会破解作为诡辩形式的二难推理。大致说来，主要存在三种破解二难推理的方法：一是考察二难推理的形式是否正确，推理过程是否符合相关推理规则（即必须同时满足充分条件假言推理和选言推理的规则，否则无效）。二是考察二难推理的前提是否真实，而虚假的前提同样不能得出正确的结论。三是构筑一个与错误二难推理相反的二难推理，进而得出与错误二难推理相反的结论，以达到破斥的目的。为此要求：新构筑的二难推理的假言前提的前件与原二难推理的假言前提的前件同一；新构筑的二难推理的假言前提的后件与原二难推理的假言前提后件相反；新构筑的二难推理的假言前提的前件与后件具有蕴涵关系，不得随意编造。我们来看看著名的"半费之诉"故事。古希腊智者普罗泰戈拉收了一名学生欧提勒士，双方签订了一份付费合同：前者向后者传授辩论技巧，教他帮人打官司；后者入学时交一半学费，另一半学费则在他毕业后帮人打官司赢了之后再交。欧提勒士毕业了，但他却总不帮人打官司，普罗泰戈自然得不到另一半学费。为了得到那另一半学费，普罗泰戈拉就与欧提勒士打起了官司。作为老师的普罗泰戈拉有着他的如意算盘：不管官司的结局如何，学生欧提勒士都应该付老师的另一半学费。老师的推理如下：如果欧提勒士打赢了这场官司，按照合同的规定，他应该给我另一半学费。如果欧提勒士打输了这场官司，按照法庭的裁决，他应该给我另一半学费。欧提勒士或者打赢这场官司，或者打输这场官司。总之，他应该付给我另一半学费。但是，学生欧提勒士可谓"青出于蓝而胜于蓝"，他也有着自己的如意算盘：不对，不管官司的结局如何，我都不应该付老师的另一半学费。这是因为：如果这场官司我打赢了，按照法庭裁决，我不应该给老师另一半学费。如果这场官司我打输了，按照合同约定，我不应该给老师另一半学费。我或者打赢这场官司，或者打输这场官司。总之，我不应付老师另一半学费。

## 第四节　法律规范的类比推理

有句广为人知的法谚："法官不能拒绝裁判。"换言之，在司法审判活动中，法官不能以法无明文规定为由拒绝裁判案件。而从法律逻辑的角度来看，一旦遇到"法无明文规定"的情形，法律人则可尝试运用演绎推理或类比推理的方法，从业已存在的法律"明确规则"或"明示规则"推导出该法律的"隐含规则"或"类推规则"，从而发掘其隐含意思与深层含义，消除法律"缺乏"状态，进而达到填补法律漏洞或空白的司法目的。在寻找和发现法律规范的过程中，不管是采用直接的演绎推理方法（规范对当关系推理），还是间接的演绎推理方法（如规范三段论、选言三段论和假言三段论），其共同目的都是探究并利用推理前提与结论之间的必然性逻辑蕴涵关系，即作为结论的法律规范内在地蕴涵于作为前提的一个或几个规范命题形式存在的法律规范之中。而法律规范的类比推理，则是根据某个明确的法律规定或规则以及该法律规定或规则的法律意图或价值取向，推导出一个类似的法律规定或规则或者将一条法律规则扩大适用于一种并不为该规则的措辞所涉及的，但却被认为属于该规则基础的立法意图或法律价值取向之类的真实情况，其推理结论只具有盖然性，所以它不同于演绎的法律规范推理。但是，法律规范的类比推理与演绎推理都存在某些共通的法治功能，即不仅强调其推理前提与推理形式的有效性，也强调其推理活动与结果的正当性与合法性，强调制定法优先的法源地位与司法裁判者的克制立场。其实，类比推理本身也存在合法性问题，而一些国家或地区正是通过正式立法或司法惯例形式推动了类比推理适用的合法化，即类推入法实践。

## 一、类推入法

类推入法即类比推理的合法化，一般采取立法确认和司法认可的方式予以实现。类比推理简称类推、类比、类比法，它首先在一些成文法中得到立法确认，通常采用"参照"、"比照"。如 2015 年 3 月 18 日通过的《立法法》第 46 条修正案规定："广东省东莞市和中山市、甘肃省嘉峪关市、海南省三沙市，比照适用本决定有关赋予设区的市地方立法权的规定。" 又如我国现行《合同法》第 124 条关于无名合同类推原则的规定："本法分则或者其他法律没有明文规定的合同，适用本法总则的规定，并可以参照本法分则或者其他法律最相类似的规定。" 而在刑事立法中，有罪推定曾被列为刑事法制的基本原则，如我国 1979 年《刑法》第 79 条存在类似规定："本法分则没有明确规定的犯罪，可以比照本法最相类似的条文定罪量刑，但应当提请最高人民法院核准。" 我国新修改的《刑法》1997 年 10 月 1 日生效后，无罪推定取代有罪推定成为当代中国刑事法制的基本原则，其基本含义就是"法无明文规定不为罪、法无明文规定不处罚"。最高人民法院 1997 年 9 月 22 日还专门发布《关于依法不再核准类推案件的通知》指出："1997 年 10 月 1 日以后，各级人民法院一律不再适用修订前的《刑法》第 79 条的规定向我院报送类推案件。二、1997 年 9 月 30 日以前已经报送但在 10 月 1 日前尚未核准的类推案件，应当根据修订后的《刑法》第 3 条的规定，分别不同情况作出处理：对于按照修订前的刑法需要类推定罪，修订后的刑法没有规定为犯罪的行为，一律不得定罪判刑；对于按照修订前的刑法需要类推定罪，修订后的刑法也规定为犯罪的行为，如需追究刑事责任的，应适用修订后《刑法》第 12 条的规定处罚。三、1997 年 10 月 1 日以后，各级人民法院审理发生在 1997 年 9 月 30 日以前，按照修订前的刑法需要类推定罪的案件，应当按照本通知第 2 条的规定办理。"无罪推定（即疑罪从无）原则在 2012 年《刑事诉讼法》修改中得到全面体现，如总则第 12 条规定："未经人民法院依法判决，对任何人都不得确定有罪。"同时第 50 条又作出不得强迫任何人自证有罪的规定："严禁刑讯逼供和以威胁、引诱、欺骗以及其他非法方法收集证据，不得强迫任何人证实自己有罪。"在实行判例法制度的国家或地区，类比推理的合法化主要以"遵循先例"的司法判例形式存在，但不排除其最终的立法认可。如我国《香港特别行政区基本法》第 8 条，以承认普通法与衡平法法源地位形式间接认可了香港地区类比推理的合法性："香港原有法律，即普通法、衡平法、条例、附属立法和习惯法，除同本法相抵触或经香港特别行政区的立法机关作出修改者外，予以保留。"此外，我国大陆地区虽然尚未明确承认判例法的法源地位，但是最高人民法院［2010］51 号《关于案例指导工作的规定》第 7 条却明确规定了指导性案例的法律效力："最高人民法院发布的指导性案例，各级人民法院审判类似案例时应当参照。"因此，类比推理的司法认可正借助指导性案例的制度化及其司法实践逐步得到全面认可。而在我国的制定法司法裁判实践中，除了指导性案例的参照适用外，类比推理的合法化途径主要体现为制定法的类推与法的类推两大方面。

**二、制定法类推**

制定法类推，就是指从某一条文出发，并从这个规范中抽取出一个可适用到相似案件上的基本思想。[1]类比推理被广泛地运用到民法与行政法领域。刑法领域一般禁止类推，这主要是基于不能创立法律规范事实构成中不包括的新犯罪类型的法治考虑，即不能通过类比创制现行刑法所没有规定的罪名。但是在已经规定的若干犯罪类型中，刑事司法并不禁止从某一具体的已知犯罪种类类比推导出另一个具体的未知犯罪种类，以弥补存在的立法疏漏与滞后。在"张某贞操权纠纷案"中，法院正是通过制定法类推发现了司法判决的法律规则大前提。

---

〔1〕　郑永流：《法律方法阶梯》，北京大学出版社 2008 年版，第 194～195 页。

"张某贞操权纠纷案"大致情况如下[1]：2006 年 3 月，女大学生张萌（化名）应聘到东莞常平镇一家公司担任业务员工作。入职后，该公司的业务经理许涛（化名）经常以各种借口接近张某，要求与张萌建立恋爱关系，并用甜言蜜语许诺愿意与张某结婚。张萌在许涛糖衣炮弹的攻击下，终于败下阵来。深信许某会与之结婚的张某在两人确定恋爱关系后，便以身相许。此后，两人更以恋人身份租房开始了同居生活。同年 5 月，张萌发现自己怀有身孕，于是便催促男友结婚。但男友以各种各样的借口推脱，更对女友软硬兼施，劝女友去做人流手术。6 月初，许涛将张萌带到了医院，经诊断张萌为宫内早孕，事后做了人流手术。事后，张萌越来越觉得许涛的行为古怪并怀疑许涛身世。同年 7 月，在女友一再追问下，许涛坦白其认识张萌前已经结婚，并有两个小孩。张萌听后，感觉到自己受到了前所未有的耻辱，痛不欲生，随即两人中断恋爱关系。2006 年 9 月 19 日，张萌以自己的贞操权受到侵害为由，将许涛告上法庭，要求法庭判令许涛向其赔礼道歉，并赔偿精神损失费 3 万元。2006 年 10 月 31 日，东莞市人民法院依法开庭审理了此案。许涛辩称，贞操权不是独立的权利，法律上没有明确规定。即使有所侵犯，没有发生严重后果，也不应赔偿，请求法院驳回原告的诉讼请求。东莞市人民法院经审理认为，贞操权是男女均享有的以性行为为特定内容的一项独立人格权，应受法律保护。许涛明知自己已有配偶且生有孩子，却向张萌谎称未婚，使张萌信以为真与其恋爱、同居。这种故意违背善良风俗的做法，通过允诺结婚而骗取张萌的信任并发生性关系，最终导致张萌怀孕及中止妊娠行为，给张萌造成了身体和心理损害，侵害了张萌的贞操权，依法应该承担精神损害赔偿责任。原告要求被告予以精神赔偿，证据充分，理由正当，法院予以支持。法院最终确认许涛赔偿张萌 1 万元。法院初审判决后，许涛没有上诉，表示服判。

在本案中，法官对原告张萌主张的"贞操权"，参照《民法通则》中的人格权条款实施司法救济。主审法官杨慧明认为："贞操权是一项独立的人格权，是人们对性的纯洁性的一种追求，应该受到法律保护。"他认为，法院对

---

[1] 王剑平："《"贞操权"诉讼案》专题报道之——审理思路对话主审法官杨慧明"，"《"贞操权"诉讼案》专题报道之——案件回放'贞操权'首获民事赔偿"，载《民主与法制》2007 年第 11 期。

贞操权的确认和保护，应该有三个前提：一是受到侵害的一方是未婚。二是在不知情的情况下被欺诈。如果一方明知道对方有配偶和孩子，还与其恋爱、同居，法院不能认定她（他）的贞操权受到侵犯。当然，对于卖淫嫖娼者，他们对贞操权的主张也不会得到法院的支持。三是被暴力胁迫。就本案来说，张萌在不知情的情况下与男方恋爱同居，并准备与男方结婚，感情很投入，而男方明明自己有老婆孩子，却怀着一种极其不健康的心理，采取欺诈的手段骗取了女方的情感和珍贵的贞操，主观恶意在先，违背了社会的善良风俗和自己的良心，给女方带来了很大伤害。而且事实清楚，证据确凿充分，应该认定他侵犯了女方的贞操权。

### 三、法的类推

法的类推即法律推定，它是指从一系列具体法律规定出发，通过归纳推理建立一般原则，并将之适用到制定法未规定的案件上。法的类推的第一种表现形式为法律拟制。所谓法律拟制，是指法律中用"视为"二字，将甲事实看作乙事实，使甲事实产生与乙事实相同的法律效果。[1]我国现行法律有不少关于法律拟制的具体规定，如现行《民法通则》的第 66 条规定："没有代理权、超越代理权或者代理权终止后的行为，只有经过被代理人的追认，被代理人才承担民事责任。未经追认的行为，由行为人承担民事责任。本人知道他人以本人名义实施民事行为而不作否认表示的，视为同意。"又如现行《继承法》第 25 条的规定："继承开始后，继承人放弃继承的，应当在遗产处理前，作出放弃继承的表示。没有表示的，视为接受继承。受遗赠人应当在知道受遗赠后两个月内，作出接受或者放弃受遗赠的表示。到期没有表示的，视为放弃受遗赠。"但是，法的类推与前文中所指"制定法的类比"不同，因为法的类推没有现成的制定法规则可以直接抽取和比对。

此外，法的类推与准用性规范适用也存在有机的逻辑关联。所谓准用性规范，就是指没有直接规定某一行为的规则，但指明这一行为规则准许引用某项规定的法律规范。关于准用性规范适用是否就是类推，不能一概而论。如果准用性规范所指向的被准用规范是明确而具体的，则不存在法的类推问题，因为这只是一种避免重复的立法技术。如 1999 年《合同法》第 89 条规

---

〔1〕 江伟：《民事诉讼法》（第 2 版），高等教育出版社 2004 年版，第 184 页。

定："权利和义务一并转让的，适用本法第七十九条、第八十一条至第八十三条、第八十五条至第八十七条的规定。"该法律规定非常明确具体地指出了相关案件应适用的法律条款规定。反之，如果准用性规范只是规定一个大致的适用范围，则可认为属于"授权性类比"，存在法的类推适用问题。如《合同法》第 174 条规定："法律对其他有偿合同有规定的，依照其规定；没有规定的，参照买卖合同的有关规定。"而合同法买卖合同的有关规定见于现行《合同法》分则第九章第 130 条至第 175 条诸多条款，因此《合同法》第 174 条的法律适用实际上需要针对个案具体问题具体分析。又如 1997 年《刑法》第 267 条第 2 款："携带凶器抢夺的，依照本法第二百六十三条的规定定罪处罚。"但是第 263 条是这样规定的："以暴力、胁迫或者其他方法抢劫公私财物的，处三年以上十年以下有期徒刑，并处罚金；有下列情形之一的，处十年以上有期徒刑、无期徒刑或者死刑，并处罚金或者没收财产。"再如最高人民法院 1998 年《关于审理盗窃案件具体运用法律若干问题的解释》第 12 条第 4 项规定："为练习开车、游乐等目的，多次偷开机动车辆，并将机动车辆丢失的，以盗窃罪定罪处罚；在偷开机动车辆过程中发生交通肇事构成犯罪，又构成其他罪的，应当以交通肇事罪和其他罪实行数罪并罚；偷开机动车辆造成车辆损坏的，按照刑法第二百七十五条的规定定罪处罚。"而现行《刑法》第 275 条是这样规定的："故意毁坏公私财物，数额较大或者有其他严重情节的，处三年以下有期徒刑、拘役或者罚金；数额巨大或者有其他特别严重情节的，处三年以上七年以下有期徒刑。"

最后，我们可以借首例"非婚胎儿预留权纠纷案"[1]来分析法的类推适用问题。2009 年 2 月 25 日 13 时，南阳市南召县赵清运驾驶丰田轿车与黄建外出发生交通事故，二人死亡。2010 年 4 月 12 日，赵清运亲属及怀孕女友将该案诉至法院，要求保险公司赔偿人身损害赔偿金、赡养费、死亡赔偿金、精神损失费、胎儿生活费等共计 26 万元，车辆损失 138 400 元。被告保险公司辩称：原告要求胎儿赔偿费用，应待胎儿出生后，经亲子鉴定确实是亡者之子才能确定赔偿。南阳市南召县人民法院经审理查明，赵清运与女友未办理结婚证；2009 年 11 月 16 日，两人按当地习俗结为夫妻；2010 年 1 月 12

---

〔1〕 曾庆朝、王小慧："首例非婚胎儿提前赋予'预留权'案审结"，载《工人日报》2011 年 3 月 21 日。

日，经医院诊断女友怀孕。法庭认为，根据我国《婚姻法》和《继承法》的规定，胎儿（子女）不论是婚生还是非婚生，均受法律保护。对胎儿抚养权利的保护，属于人身权延伸保护的范畴。胎儿在未出生前虽不具有权利能力，但基于胎儿必定出生的既定事实和有损害即有救济的裁判原则，胎儿抚养费可由保险公司先行赔付，赔款暂由法院保管，待胎儿出生后若为活体，且由女方提供亲子鉴定，证明系死者子女时，由胎儿母亲领回赔款。反之，则由法院将赔款退回保险公司。法院最后判决被告保险公司赔偿原告丧葬费、精神损害抚慰金等计 11 万元；赔偿原告被抚养人生活费、死亡赔偿金等 12 万元；赔偿原告怀孕胎儿抚养人生活费 34 441.16 元。一审判决后，保险公司对一审涉及胎儿赔偿部分不服，提出上诉。2011 年 3 月 6 日，南阳市中级人民法院作出驳回上诉，维持原判的终审判决。南阳市中级人民法院的终审判决就运用了法的类推，其间接适用的制定法规则主要是现行《婚姻法》和《继承法》的相关规定。如《婚姻法》第 25 条 1 款规定："非婚生子女享有与婚生子女同等的权利，任何人不得加以侵害和歧视。"而《继承法》第 28 条又规定："遗产分割时，应当保留胎儿的继承份额。"

第四章

# 法律裁判的推理

一般来说，法律推理是法律人在其职业活动中认定案件事实、发现法律规范并作出法律裁判的逻辑过程或方法，大致可分解为法律事实的推理、法律规范的推理和法律裁判的推理三个不同环节的法律推理活动。就法律裁判推理而言，它是以法律事实的推理结果作为小前提、以法律规范的推理结果作为大前提并根据大小前提之间的逻辑关系作出法律决定（如立法决议、行政决定、司法裁决等）的推理活动。我们应明确的是，法律裁判的推理关键在于探究事实小前提和规范大前提之间的逻辑关系。而从法律方法的角度来说，个案裁决中寻找这个逻辑关系的过程可称之为"涵摄"（subsumere），即将经分解的个案事实置于法律事实构成之下，因此我们必须在个案事实与法律的事实构成之间建立联系。[1]建立这种联系（涵摄关系）的任务正是法律逻辑的基本任务，演绎推理、类比推理以及法律论证等逻辑方法的有效运用可以保证这个任务的完成。在整个法律推理系统中，法律裁判的推理可以说是很重要的一步甚至是关键性的一步。有中国学者将法律推理三环节所涉及的核心要素即法条、事实和结论比喻为"三张皮"，他批评司法实践中"三张皮"相互脱节与抵牾，这种做法造成了严重后果甚至为司法腐败埋下了"祸根"[2]。而日本法学家棚濑孝雄则从司法审判的内在本质强调了法律裁判推理的重要地位："审判的本质要素在于，一方面，当事者必须有公平的机会来举出根据和说明为什么自己的主张才是应该得到承认的；另一方面，法官作

---

〔1〕 郑永流：《法律方法阶梯》，北京大学出版社2008年版，第58页。

〔2〕 解兴权：《通向正义之路——法律推理的方法论研究》，中国政法大学出版社2000年版，第2页。

出的判断必须建立在合理和客观的事实和规范基础上，而这两个方面结合在一起，就意味着当事者从事的辩论活动对于法官判断的形成具有决定意义。"[1] 众所周知，当事人法庭辩论与法官司法判断正是建立在严密的逻辑推理与论证基础之上的。

## 第一节　概述

　　法律裁判的推理实质是关于法律适用的系列逻辑推理与论证活动。一般认为，法律适用主要体现为立法、行政和司法三环节，因此法律裁判的推理也就主要体现为立法决定的推理、行政决定的推理与司法裁决的推理。本章主要关注作为司法裁决的法律推理，亦即雍琦教授所指的"个案适用推理"[2]。司法裁决推理还被学者称为"判决推理"[3]，但是笔者认为该术语可能没有涵盖法官裁定推理以及准司法（如调解和仲裁等）推理活动，因此"判决推理"的概念周延性不如"司法裁判推理"。由于存在不同的法系传统，不同国家和地区的法律裁判推理活动也表现出不同的特点和模式，因此本书主要选取当今世界最为典型和普遍存在的法律传统——大陆法系与普通法系存在的不同裁判推理模式，即制定法演绎推理模式与判例法类比推理模式，进行法理分析和个案比较研究。

### 一、大陆法系传统下的司法裁判推理

　　在大陆法系即成文法系国家或地区，法律面前人人平等的法治原则首先通过制定或适用统一的成文法或制定法来实现，而立法机关等所创制的法律规范性文件也就成为最主要的法律渊源，甚至成为司法官处理案件的唯一规范依据，待决案件的裁决必须依据一般的法律规则推导而来。因此，在大陆法系国家或地区，司法官的裁判推理是制定法推理，是在既定的制定法框架下所进行的裁判推理；司法官的主要任务是有关制定法规则的解释，将待决

[1]　[日]棚濑孝雄：《纠纷的解决与审判制度》，王亚新译，中国政法大学出版社2004年版，第256页。
[2]　雍琦、金承光、姚荣茂：《法律适用中的逻辑》，中国政法大学出版社2002年版，第68页。
[3]　王洪：《法律逻辑学》，中国政法大学出版社2008年版，第8~9页。

案件事实统摄于其所确认的制定法规则之下，并通过运用演绎推理方法（主要是三段论），作出符合逻辑的司法裁决。因此，从法律逻辑的角度来说，大陆法系国家或地区的司法裁判即制定法裁判，主要是借助演绎法推理亦即司法三段论作出司法裁判。正如意大利刑法学家贝卡里亚所言："法官对任何案件都应进行三段论式的逻辑推理。大前提是一般法律，小前提是行为是否符合法律，结论是自由或者刑罚。"[1]我国大陆及台湾、澳门地区大体可归属于大陆法系传统，法院的司法裁判推理也主要是制定法推理或者说司法三段论。我国学者刘星从法律文化的角度也曾指出演绎三段论仍然是我国司法裁判推理的基本模式："在法律文化中，三段论推理模式仍然是基本模式。换言之，法官一般而言仅仅运用演绎推理便可以解决实践问题，法官通常是在查找和发现法律。"[2]

实际上，以三段论为主要特色的演绎推理在制定法裁判实践中具有非常重要的法治功能。正如美国法学家伯顿所说的，演绎法律推理"是以规则而非案件为起点的推理"[3]形式，这明显不同于以案件为起点的判例法类比推理。事实上，任何可由法律规则所统摄的具体案件发生之前，法律规则已经由立法部门制定好，而不是由法官来创造规则。因此，关于制定法的解释至关重要，司法官的主要任务就是按照所设定的规则对一批批案件中的问题案件进行分类处理。具体说来，既定的法律规则在现行的法律制度中确立了基本的法律框架，从而也就建立了一种为法官所可能得出结论的详尽的分类方案。这些推理从既定的制定法规则出发，就使成文法具有了可操作性，使相应的法律规则可以比较容易地运用于那些证据充分、事实清楚的简单案件；即使面对复杂疑难的待决案件，成文法规则也能为当事人和法官确立法律论辩的主要规则基础。事实上，法官等法律适用者只有在规则授权并按照此授权才有责任为当事人提供法律救济，诉讼当事人也有义务援引相关法律规则来主张本方权利。在有法律规定的情况下，法律适用者特别是司法官必须遵循立法原意，并审慎地运用规则解释权将法律运用于当前待决案件，司法克制或司法消极主义是制定法演绎推理过程中法官品行的基本表现。立法优先、

〔1〕 ［意］贝卡里亚：《论犯罪与刑罚》，黄风译，中国大百科全书出版社 1993 年版，第 12 页。
〔2〕 刘星：《法律是什么——20 世纪英美法理学批判阅读》，广东旅游出版社 1997 年版，第 60 页。
〔3〕 ［美］史蒂文·J. 伯顿：《法律和法律推理导论》，张志铭、解兴权译，中国政法大学出版社 2000 年版。

议会至上的法治分权原则以及不告不理的被动的司法独立原则是演绎法律推理存在的宪政基础。

但是，我们也应注意到这种演绎推理也存在致命的缺陷与先天不足，因为它往往预设了一个理想的法治实现蓝图，即所有的法律纠纷都可以从现行的法律规则体系（主要指国家制定法）中找到合乎逻辑的最终司法解决方案。这是一种近乎机械的法律裁判推理模式，它因此而面临世人的诸多质疑和指责。如：它可能排除三段论的前提选择中对实质正义和合理社会需求的考虑；它也可能导致法律的僵化与法官的极端保守；它还可能导致法律论证本身的描述不充分，而案情的复杂性大多也需要借助非演绎的类比、归纳等非演绎推理形式的综合运用；等等。著名的德国比较法学家茨威格特和克茨就针对演绎的司法三段论缺陷提出过尖锐批评，他们讽刺那些法国最高法院的法官们，"他们一挥动逻辑上从大前提到小前提这根魔杖，判决就从制定法的条文中蹦了出来"。[1]他们之所以如此固守机械化的演绎三段论，是因为"根据这种思想，裁决案件不过是通过归类活动把特定法律规则'适用于'争议的事实；实际上，他们经常持有进一步的假定，即认为最理想的'可适用的'法律规则是制定法条文"。[2]而从逻辑上说，演绎三段论存在缺陷的主要原因就在于，按照演绎三段论的有效性规则，只要大小前提确定并按照三段论规则进行推演就可得出合乎逻辑的法律结论。所以，演绎推理自身不会考虑前提的真实与否以及前提与结论的逻辑关系真实与否。此外，演绎法律推理也存在大量的不确定性因素，因为作为前提的法律规则和法律事实都需要借助语言符号加以陈述和表达，而日常语言与法律语言的差异以及语言本身存在的含混不清和歧义丛生现象，必然带来甚至加剧演绎推理的不确定性。我们知道，演绎推理是以前提的真实确定为基础的，但如果作为前提的事实与规范都存在不确定性，那么由此推理的结论也必然具有不确定性。

而要弥补演绎法律推理的缺陷并加强其论证力量，我们大致可从以下几方面入手：一是通过语言具体化工作来解决法律语言理解的不确定性问题，特别是针对特定的法律概念和法律原则，需要法律适用者掌握精深的法律语

---

〔1〕［德］K. 茨威格特、H. 克茨：《比较法总论》，潘汉典等译，法律出版社2003年版，第384页。

〔2〕［德］K. 茨威格特、H. 克茨：《比较法总论》，潘汉典等译，法律出版社2003年版，第384页。

言技巧和相关专业知识基础。二是通过制定明确的制定法解释规则来解决法律规则适用的不确定性问题，如语义解释规则、明示列举规则、特别规定优于一般规定规则、黄金规则（即法条解释基于字面意义但也不排除必要的变通解释）。三是通过法理和政策判断来解决演绎推理形式的不确定性问题，法理和政策虽然通常不被视为主要法源，但法律规则的立法宗旨和目的往往蕴涵了特定的法理与政策导向价值。四是通过归纳推理和类比推理等非演绎推理来解决演绎推理本身存在的不确定性问题，如法院对判例和习俗的重视等。这些解决方案将在后文疑难案件论证部分予以详述，这里不再赘述。

**二、普通法系传统下的司法裁判推理**

在普通法系国家或地区，虽然判例法和制定法都是其法律渊源，但是基于程序优先的司法救济传统和"法的生命在于经验"的司法法治理念，判例法往往成为法律职业者的最现实选择，他们以遵循先例的形式尊重类似问题类似处理的司法裁决原则，主要借助类比推理，将既决案件（先例）的法律论点（法律原则）视为有约束力的规范依据，以此保证同类待决案件（问题案件）司法裁决中的法律统一。相对于制定法裁判推理体现出的司法保守与克制，判例法裁判推理体现的是司法能动主义，法官具有较大的司法裁量权。由于判例法推理关注的是事实问题而非规则问题，它实际上是一种以案件为起点的法律推理模式，因此法官对待规则问题的处理比大陆法系国家或地区的法官更为灵活多样。英国法学家密尔松曾这样描述普通法："普通法的生命力在于其基本思想的广泛适用性。如果根据财产法规则得出的结论似乎显失公平，你可以尝试适用债法的规则，而且衡平法已经证明你可以从与债有关的事实中发现与财产有关的现象。如果根据合同法规则得出的结论显失公平，你可以尝试适用侵权行为法的规则。对于一个接受了罗马法法律分类思想的人来说，你的做法看起来不符合常规，但它却能够解决问题。"[1]因此，我们对于美国大法官霍姆斯的"法律的生命不在逻辑、而在经验"的论断就不足为怪了，因为霍姆斯批判的是机械的演绎三段论逻辑，重视的是普通法面向案件事实的经验式裁判类比推理。

---

〔1〕 〔英〕S. F. C. 密尔松：《普通法的历史基础》，李显冬等译，中国大百科全书出版社1999年版，引言Ⅶ。

　　不可否认，与大陆法系国家制定法裁判推理遵循的立法至上原则不同，普通法系国家或地区的判例法裁判推理的核心法治原则是遵循先例。所谓遵循先例（stare decisis）是指"曾经在一个适当的案件中得到裁决的法律点或法律问题，不应在包含同样问题并属于同一管辖权的其他案件中重新加以考虑（除非情况有某种变更，证明改变法律为正当）"〔1〕。因此，既决的法律点或法律问题通常是有约束力或有权威的，并且可以在类似待决的问题案件中作为法律依据予以援引。判例法裁判推理使用的推理方法为类比法，这种类比法的推理基础就在于同类案件同类处理的司法法治原则，正是由它提供法律问题的分析框架、识别推理的起点并组织法律争点，从而最终有效地促进了法律思考的合理性。具体而言，判例法（普通法）类比推理的法治意义表现在三个方面：一是这种推理模式强调对过去的尊重和服从，因此这是一种经验型的司法裁判方法。正如庞德所说的："普通法的原则是一种致力于经验的理性原则。它体现出经验将为行为的标准和判决的原则提供最满意的基础，它认为法律不是由君主意志的诏令武断地创制，而是由法官和法学家对过去实现或没有实现正义的法律原理、法律原则的经验中发现的。"〔2〕其实，不管是制定法类推对既存法条的遵守，还是判例法类推对遵循先例原则的坚持，这种推理模式对法律职业者的职业操守和专业经验都提出了高标准要求。二是这种推理模式强调普遍性的平等对待和个案处理原则，它虽然面向过去和既定的规则体系，但是它要求同等情况同等处理，要求从个案到个案的具体法律问题解决，因此它是一种自下而上的平民化纠纷解决方式和新型规则生成工具。三是这种推理模式为法律发展和司法能动改革提供了不可替代的法律动力来源，作为一种或然性的个性思维，它不同于演绎推理的格式化思维，法律职业者的主观能动性在这种推理模式中更容易得到充分的展示和张扬。总的来说，判例法类比推理是一种经验主义的以司法为中心的法治观。

　　这种以司法为中心的经验主义类比推理模式有其特定的认识论基础。对此，庞德曾作出详细的描述："习惯于具体地而不是抽象地观察事物，相信的是经验而不是抽象概念；宁可在经验的基础上按照每个案件中似乎正义所要

　　〔1〕［美］史蒂文·J. 伯顿：《法律和法律推理导论》，张志铭、解兴权译，中国政法大学出版社2000年版，第31页。
　　〔2〕［美］罗斯科·庞德：《普通法的精神》，唐前宏、廖湘文、高雪原译，法律出版社2001年版，第129页。

求的从一个案件到下一个案件谨慎地行进，而不是事事回头求助假设的一般概念；不指望从被一般公式化了的命题中演绎出面前案件的判决……这种心态根源于那种根深蒂固的盎格鲁撒克逊的习惯，即当情况发生时才处理，而不是用抽象的具有普遍性的公式去预想情况。"[1] 其实，我们可以发现，庞德的见解已经窥探到了普通法推理模式这块硬币的两面，即它以其灵活性在促进法律发展的同时也存在致命缺陷，那就是给法律规则发现工作所带来的不确定性。具体说来，这种不确定性在形式上主要是由于类比推理自身存在的或然性逻辑属性以及所使用法律语言的模糊性所致；在内容上，这种不确定性来自问题案件与判例之间相似性判断以及案件事实重要性判断的主观标准。要弥补和解决判例法类比推理的缺陷与不确定性，我们大致可以从以下三方面入手：一是法律适用者对类比推理的或然性保持足够警醒，可借助归纳推理和演绎推理来降低类推的不确定性。二是通过法律语言的具体化工作，借助解释规则的规范化和普通法判例规则的成文化来提高类推前提的确定性。三是借助民主化公共决策以及法理和价值共识等衡平手段的客观化来减缓或抵销类比推理结论存在的不确定性问题。这些解决方案将在后文疑难案件论证部分予以详述，这里也不再赘述。

## 第二节　制定法裁判推理

制定法裁判的演绎推理以三段论为典型，而三段论根据其前提的不同组成要素，一般分为直言三段论、关系三段论、联言三段论、选言三段论、假言三段论、规范三段论和模态三段论等，但它们大体存在共同的逻辑推理规则。在逻辑史上，三段论又称为"亚式三段论"，因为三段论最早由古希腊哲学家亚里士多德系统研究而得名。他在《前分析篇》有关于三段论的经典定义："三段论是一种论证，其中只要确定某些论断，某些异于它们的事物便可以必然地从如此确定的论断中推出。所谓'如此确定的论断'，我的意思是指结论通过它们而得出的东西，就是说，不需要其他任何词项就可以得出必然

---

〔1〕 〔美〕罗斯科·庞德："什么是普通法"，转载于〔德〕K. 茨威格特、H. 克茨：《比较法总论》，潘汉典等译，法律出版社 2003 年版，第 376 页。

的结论。"[1]可见，亚里士多德将三段论视为一种必然性推理，而这正是演绎推理的共同逻辑特征。在制定法裁判推理实践中，三段论通常以规范三段论、选言三段论和假言三段论等的复合形式出现，其中以假言三段论最为典型。实际上，在任何的司法个案审判实践中，制定法裁判推理都往往是对各种直接的演绎推理和间接的演绎推理（三段论）的综合运用。

### 一、三段论的推理规则

三段论的典型类型为直言三段论，即定言三段论，它是由包含一个共同项的两个直言命题作为大小前提，推导出一个新的直言命题作为结论的推理形式。一个完整的三段论存在固定的形式结构要素，即任何一个三段论有且只有三个直言命题；任何一个三段论有且只有三个不同的变项。我们通常将作为结论主项的词项叫作小项（小词），可用 S（subject）表示；作为结论谓项的词项叫作大项（中词），可用 P（predicate）表示；在结论中不出现但在两个前提中重复出现的那个词项叫作中项（中词），一般用 M（middle）表示。这里以广为人知的亚里士多德式三段论示例说明之："凡人都会死，苏格拉底是人，所以苏格拉底会死。"我们可以将这个三段论的推导公式表示如下：

（大前提）：凡人（M）都会死（P）。
（小前提）：苏格拉底（S）是人（M）。

（结　论）：所以，苏格拉底（S）会死（P）。

这个三段论还可进一步简化为：$MAP \wedge SIM \rightarrow SIP$。其实，此类三段论明确体现了演绎推理的逻辑特征，即从前提到结论的思维过程是从一般必然导向特殊的逻辑过程，其中表示三个不同词项的概念所反映出的客观对象之间的关系实际为包含与被包含的逻辑关系。三段论属于必然性推理，是前提蕴涵结论的推理形式，因此只要前提真且推理形式正确，结论就必然为真。三段论蕴涵的逻辑关系，后来被英国逻辑学家文恩（John Venn）制成图表，后

---

[1]　［古希腊］亚里士多德：《工具论·前分析篇》（上册），余纪元等译，中国人民大学出版社2003年版，第85页。

人称此类逻辑图表为文恩图:

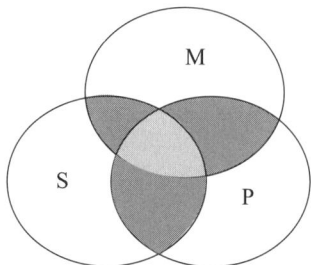

图4-1 三段论文恩图

大致说来,三段论存在五条基本规则和两条导出规则,现分述如下:

基本规则一——"一个三段论有且只有三个不同的项"。违反此条规则,就会犯"四概念错误"。"四概念错误"通常表现为两个前提中没有共同的中项。如1982年《宪法》第2条规定,中华人民共和国的一切权力属于人民(换言之,人民享有中华人民共和国的一切权力);而我是中华人民共和国公民;所以,我享有中华人民共和国的一切权力。这个推理就犯了"四概念错误",因为"人民"与"公民"并不属于同一个概念,因此这个推理的前提中缺少必要的中项。

基本规则二——"中项在两前提中至少周延一次"。违反这条规则,就会犯"中项不周延"的错误。而判断一个词项是否周延,必须将其置入命题中。所谓词项的周延性就是指对直言命题的主项或谓项的外延(即作为词项的概念反映的事物对象的范围)的断定情况。在一个直言命题中,如果断定了主项或谓项的全部外延,我们就说主项或谓项是周延的;如果没有断定主项或谓项的全部外延,我们就说主项或谓项是不周延的。

基本规则三——"前提中不周延的项在结论中也不得周延"。违反这条规则,就会犯"大项扩大"或"小项扩大"的错误。"大项扩大"是指大项在前提中不周延而在结论中周延。"小项扩大"是指小项在前提中不周延而在结论中周延。如有人做这样的推理:法学专业的学生是要学法律的;会计专业的学生不是法律专业的学生;所以,会计专业的学生不是要学法律的。这个推理就存在大项扩大的逻辑错误。而另一则对话则存在小项扩大的逻辑错误:甲问:"吃鱼有什么好处?"乙说:"可以预防近视。"甲问:"为什么?"乙反问："你见过猫有近视的吗？"这个对话中的三段论推理可简述如下：所有的猫不是近视的；因为所有的猫是吃鱼的；所以吃鱼的都不是近视。结论显然荒谬。

基本规则四——"从两个否定的前提得不出必然的结论"。如能否根据"所有的法官不是诉讼当事人"和"所有的检察官不是法官"这两句话必然地推导出"所有的检察官不是诉讼当事人"呢？显然不能。

基本规则五——"如果一个前提是否定的，那么结论也是否定的；如果结论是否定的，那么必有一个前提是否定的"。本刑事案件被告不是当地人；参与本刑事案件旁听的人都是当地人；所以，参与本刑事案件旁听的人不是案件被告。

导出规则一——"两个特称前提得不出必然的结论"。该规则的推导过程：假定两个特称前提能得出必然的结论，那么存在三种情况：情况一，两个特称前提都是否定命题，则根据基本规则四，不能必然得出结论。情况二，两个特称前提都是肯定命题，那么两个前提任何一项（包括中项）都是不周延的，这违反基本规则二。情况三，一个为特称肯定命题，一个为特称否定命题，则只有特称否定命题的谓项为周延的。若该周延项为小项或大项，则中项不周延，这违反基本规则二；若该周延项为中项，前提中不周延的大项在结论中则周延，因为根据基本规则五，结论必为否定命题，而作为否定命题的结论的大项又周延了，这又违反基本规则三"大项不当周延"。

导出规则二——"如果两个前提中有一特称命题，则结论必为特称命题"。该规则的推导过程：除了排除两个前提都为否定命题的情况，则还存在三种情况：情况一，前提一为全称肯定命题，前提二为特称肯定命题，那么只有前提一的主项周延，且必定为中项；根据基本规则三，作为结论的小项必定不周延，因此，结论为特称命题。情况二，前提一为全称肯定命题，前提二为特称否定命题；那么前提一的主项与前提二的谓项必定周延，前提周延的项必定一个为中项，另一个必定为大项（因为根据基本规则五，结论为否定命题）；而根据基本规则三，作为结论的小项必定不周延，因此，结论为特称命题。情况三，前提一为全称否定命题，前提二为特称肯定命题，那么只有前提一的主项与谓项周延，其中一项必定为中项，一项为大项（因为根据基本规则五，结论为否定命题）；而小项在结论中不得周延（因为根据基本规则三，作为结论谓项的大项是周延的），因此，结论为特称命题。

## 二、三段论的基本格式

### （一）三段论的格

三段论的格是指由中项在前提中位置的不同所形成的不同的三段论形式。由于中项在大小前提中都既可能充当主项，也可能充当谓项，所以三段论的中项在前提中的位置就有四种情况。也就是说，三段论共有四个格。

第一格：审判格，即中项在大前提中是主项，在小前提中是谓项。它存在特别规则：大前提为全称命题，小前提为肯定命题。该格是最典型、最完善的三段论格式，又被称为审判格。如"所有法官（M）是法律职业者（P），所有审判人员（S）是法官（M）；所以，所有审判人员（S）是法律职业者（P）"。这个推理过程可简化为以下逻辑公式：

$$M——P$$
$$S——M$$
$$\overline{\phantom{MMMMMMMMMMMMMMMMMMMMMMM}}$$
$$\therefore S——P$$

第二格：区别格，即中项在大、小前提中都是谓项。三段论第二格常用来反驳肯定命题，又称为区别格。它常被二审法院或终审法院用来推翻初审判决，或被检察机关用来提出抗诉。它存在特别规则：大前提为全称命题，两个前提必有一个为否定命题。如"犯抢劫罪（P）以非法占有他人财物为目的并以暴力和胁迫等手段实施犯罪（M）；而张某行为（S）不是以暴力为手段非法占有他人财物（M），所以，张某（S）不构成抢劫罪（P）"。该推理过程可简化为以下逻辑公式：

$$P——M$$
$$S——M$$
$$\overline{\phantom{MMMMMMMMMMMMMMMMMMMMMMM}}$$
$$\therefore S——P$$

第三格：反驳格，即中项在大、小前提中都是主项。由于第三格的结论为特称命题，当人们列举特殊事例反驳与之矛盾的全称命题时常用此格，因此它又称为反驳格。其特别规则是：小前提必是肯定命题，结论必是特称命题，至少有一个前提为全称命题。如"所有律师（M）是法律职业者（P），所有律师（M）是社会工作者（S）；所以，有些社会工作者（S）是法律职业者（P）"。这个推理过程可简化为以下逻辑公式：

$$M\text{——}P$$
$$M\text{——}S$$
$$\therefore S\text{——}P$$

第四格：中项在大前提中是谓项，在小前提中是主项。第四格的特别规则是：如前提有一个为否定命题，则大前提为全称命题；如大前提为肯定命题，则小前提为全称命题；如小前提为肯定命题，则结论为特称命题；前提不能为特称命题；结论不能为全称肯定命题。第四格的特别规则非常繁杂：如前提有一个为否定命题，则大前提为全称命题；如大前提为肯定命题，则小前提为全称命题；如小前提为肯定命题，则结论为特称命题；前提不能为特称命题；结论不能为全称肯定命题。由于第四格不是很自然的三段论，所以很少用。如"有些高等院校（P）是政法类院校（M），凡政法类院校（M）是培养法律职业者的院校（S）；所以，有些培养法律职业者的院校（S）是高等院校（P）"。这个推理过程可简化为以下逻辑公式：

$$P\text{——}M$$
$$M\text{——}S$$
$$\therefore S\text{——}P$$

笔者以"周正龙虎照案"为例，来简要分析司法判决关于三段论格的运用状况。"周正龙虎照案"的案情大致如下[1]：周正龙在担任陕西省林业厅华南虎调查队向导期间，听调查队成员讲，如果拍到野生华南虎照片，可获

---

大笔奖励，又从镇坪林业局广泛宣传的《通知》中得知发现大型猫科动物踪迹上报并经核实后，可获奖励。遂以为人治疗"官煞"为名托人找来印有华南虎图案的虎画，将虎画沿华南虎图案向后折叠，制作成华南虎平面模型，于 2007 年 10 月 3 日将其放置于镇坪县城关镇文彩村神州湾马道子林区某处，用借来的两部相机交替拍摄 62 张假华南虎照。随后向他人谎称自己冒着生命危险拍到了野生华南虎照片，并将照片上报镇坪县林业局，又携所拍照片随县林业局工作人员前往陕西省林业厅，以假虎照和编造的拍照经过，骗得省林业厅信任，获取奖金 2 万元。2008 年 5 月 18 日，公安机关又从被告人周正龙住宅搜出军用步枪子弹 93 发。2008 年 9 月 27 日上午 8 时 30 分，陕西省旬阳县人民法院公开开庭审理周正龙诈骗罪和非法持有弹药罪案并当庭宣判。合议庭评议认为："被告人周正龙以非法占有为目的，以拍摄假华南虎照片的方法虚构发现华南虎的事实，骗取政府林业主管部门现金奖励，数额较大，其行为构成诈骗罪；被告人周正龙违法国家枪支管理规定，非法持有军用子弹，其行为构成非法持有弹药罪。检察机关指控被告人所犯两项罪名成立。对被告人周正龙应数罪并罚，其诈骗所得应返还，军用子弹应予没收。旬阳县人民法院最后根据被告人周正龙的犯罪事实、犯罪性质、情节和对社会的危害程度，根据《中华人民共和国刑法》的相关条款，判决周正龙犯诈骗罪，判处有期徒刑 2 年，并处罚金 2000 元；犯非法持有弹药罪，判处有期徒刑 1 年 6 个月，决定执行有期徒刑 2 年 6 个月，处罚金 2000 元。同时，周正龙诈骗所得 2 万元，返还陕西省林业厅；军用子弹 93 发，予以没收，交由公安机关处理。"

在本案中，针对被告人周正龙的行为，合议庭评议前后三次运用到不同格式的三段论推理。具体说来，第一次，合议庭评议运用了三段论第一格推论周正龙犯了诈骗罪：以非法占有为目的，以虚构事实、隐瞒真相的方法，骗取数额较大的公私财物的行为（M）构成诈骗罪（P）；周正龙（S）以非法占有为目的，以拍摄假华南虎照片的方法虚构发现华南虎的事实，骗取政府林业主管部门现金奖励，数额较大（M）；所以，周正龙的行为（S）构成诈骗罪（P）。第二次，合议庭评议运用三段论第二格推论周正龙犯了非法持有弹药罪：非法持有弹药罪（P）是指违反枪支管理规定，非法持有弹药的行为（M）；周正龙（S）违法国家枪支管理规定，非法持有军用子弹（M）；所以，周正龙的行为（S）构成非法持有弹药罪（P）。第三次，合议庭评议运用三段论第一格推论被告周正龙应数罪并罚：人民法院对同一行为人在法定时间界限内所犯数罪分别定罪量刑后，按照法定的并罚原则及刑期计算方法决定其应执行的刑罚（M）就是数罪并罚（P）；检察机关指控被告人周正龙（S）犯诈骗罪和非法持有弹药罪成立（M）；所以，对被告人周正龙（S）应数罪并罚（P）。

（二）三段论的式

三段论的式就是由于前提和结论的质、量的不同而形成的不同形式的三段论，换言之，就是 A、E、I、O 四种命题在两前提、一结论中的各种不同组合的形式。在三段论中，大、小前提和结论都可能是 A、E、I、O 四种命题，因此，按照前提和结论的质、量不同排列，可有 4 × 4 × 4 = 64 式；同时，又由于三段论存在四类格，因此，三段论总共存在 64 × 4 = 256 式，但它们并不都是有效式。如根据三段论规则过滤后，三段论的有效式则仅为 24 个（包括 5 个有效的弱式，即能得出全称结论而却得出特称结论的式）。三段论各格的 24 个有效式（括号中的 5 个式为弱式）：

第一格：AAA AIIEAEEIO（AAI）（EAO）

第二格：AEE AOOEAEEIO（AEO）（EAO）

第三格：AAI AIIEAOEIOIAI OAO

第四格：AAI AEEEAOEIOIAI（AEO）

### 三、司法裁判中的假言三段论

一般来说，作为演绎法律推理的基本类型，制定法的三段论推理涉及的关键性问题有三：一是识别一个权威性的大前提（规则），二是明确表述一个真实的小前提（事实），三是推出一个可靠的结论（判断重要程度）。[1]但是，作为制定法裁判推理形式的司法三段论，真正的问题恐怕可能在于在作为大前提的规则与作为小前提的事实之间寻找和发现二者之间的蕴涵统摄关系。司法三段论不同于普通三段论的特征就在于涉法性，而制定法裁判推理作为以规则为中心的演绎推理，除了要符合三段论的形式逻辑规则外，还需要其裁判过程和结果具有正当性和合法性。因此围绕相关的法律规则，将待决案件中的个案事实统摄于法律规则中的事实构成之下，又是一个非常重要

---

〔1〕［美］史蒂文·J. 伯顿：《法律和法律推理导论》，张志铭、解兴权译，中国政法大学出版社 2000 年版，第 54 页。

的法律逻辑问题，这个问题构成司法裁决三段论推论的必要前提性工作。德国法学家拉伦茨非常详细地描述过他所指的案件事实与法条之间的"眼光之往返流转"问题："对法律判断是否具有意义，取决于可能适用于案件事实的法条。以其描述的案件事实为起点，判断者进一步审查，可以适用在案件事实的法条有哪些，根据这些法条的构成要件再进一步补完案件事实，假使法条本身不适宜作立即的涵摄，便须针对案件情景作进一步的具体化。只有在考虑可能是判断依据的法条之下，成为陈述的案件事实才能获得最终的形式；而法条的选择乃至必要的具体化，又必须考量被判断的案件事实。"〔1〕但这不是一个逻辑上的循环论证过程，而是一个关于案件事实与法律规则之关联性逻辑的不断检测确认活动，这个工作完成后紧接着就是一系列特殊的司法三段论即假言三段论的推导活动，以作出符合逻辑的司法裁决。

由于制定法裁判推理是以法律规则为中心的逻辑推演活动，而一条完整的法律规则的逻辑结构一般可分解为事实构成与法律结果两部分，即"法律规则＝事实构成＋法律结果"〔2〕。其中，事实构成中的事实（即法律事实）包括事件和行为，它的意义在于分配权利义务；法律结果即法律后果是对人们的法律行为的合法性评价，表现为肯定和否定两种形式，它的意义最终在于认定行为人的法律责任。事实构成与法律后果的逻辑关系首先表现为物理时间上的前后关系，其次表现为法律定性上的因果关系。王洪教授认为："如果把能够引起特定法律后果的法律事实看作前件，把随之而来的法律后果看作是后件，把法律规则分析为前件与后件具有蕴涵关系的（充分条件）假言命题，那么我们就可以运用实质蕴涵理论来分析制定法裁判推理的模式特征：如果把能够引起特定法律后果的事件和行为看作是一系列条件 P、Q、R 等，把引起的法律后果看作是一系列结果 U、V、W 等，那么制定法裁判推理就可以分析为实质蕴涵推理模式的特例，即如果任何一个事件或行为 S 满足了条件 T，则 S 有法律后果 R（大前提）；某个事件或行为 S 满足条件 T（小前提）；所以，S 有法律后果 R（结论），该推理过程可简化为 $T{\rightarrow}R$，$T \vdash R$。"〔3〕实际上，王洪教授所指的这个实质蕴涵推理模式可进一步简化为假言三段论模式，

---

〔1〕 ［德］卡尔·拉伦茨：《法学方法论》，陈爱娥译，商务印书馆 2003 年版，第 162 页。
〔2〕 郑永流：《法律方法阶梯》，北京大学出版社 2008 年版，第 52 页。
〔3〕 王洪：《法律逻辑学》，中国政法大学出版社 2008 年版，第 182 页。

即如果行为人的行为符合某法律规则的事实构成，事实条款 P；则会产生相应的法律后果，即法律责任条款 Q，既可以为肯定性后果——保障性条款，也可以为否定性后果——罚则条款。某当事人行为符合该法律规则的事实构成（P），那么该当事人必须承受该法律规则规定的法律后果（Q）。我们也可将这个假言三段论简化为：（（P→Q）∧P）→Q。在这个假言三段论中，大前提是一个包含规范模态词的充分条件假言命题，小前提是一个表达借助证据链证立案件事实的直言命题，结论则是一个包含规范词的模态命题（而非单纯的直言命题）。由于法律规则中还包括有必要条件的法律条款，因此制定法裁判推理还存在必要条件的假言三段论模式，可简单地表示为（（P←Q）∧¬P）→¬Q。当然，司法实践还存在当事人法庭辩论、起诉、上诉、抗诉、申诉等司法程序，同时司法裁判中的假言三段论推理也还存在两个有效的逻辑推导模式，如（（P→Q）∧¬Q）→¬P，又如（（P←Q）∧Q）→P，这里不再赘述，可参见第三章关于法律规范的推理部分。下面仅举一例说明之。

如刘某与周某离婚纠纷民事裁定书[1]：2015 年月 15 日，湖南省南县人民法院的法官是这样作出司法裁定的："本院在审理原告刘某与被告周某离婚纠纷一案中，因原告经传票传唤，无正当理由拒不到庭。为此，依照最高人民法院《中华人民共和国民事诉讼法》第 143 条之规定，裁定如下：本案按撤诉处理。"查找摘录《中华人民共和国民事诉讼法》第 143 条法律规定后，我们发现，法官先对该法律条款列举的"事实构成"进行选言推理，因为根据该法律规定因原告的两种行为，即"原告经传票传唤，无正当理由拒不到庭"和"原告经传唤到庭，未经法庭许可中途退庭"。法官采用否定肯定式的选言推理，确认了原告行为属于"原告经传票传唤，无正当理由拒不到庭"这一事实性行为。然后，法官才运用假言三段论作出民事裁定，这个推导过程可简化如下：《中华人民共和国民事诉讼法》第 143 条规定，如果原告经传票传唤无正当理由拒不到庭，那么法院可以按撤诉处理作出民事裁定；经法院确认，本案中的原告刘某经传票传唤无正当理由拒不到庭；所以，法院对本案作出按撤诉处理的民事裁定。

---

〔1〕"湖南省南县人民法院［2014］南法民一初字第 1006 号"，载 http://www.court.gov.cn/zgcpwsw/hun/hnsyyszjrmfy_ 4100/nxrmfy/ms/201503/t20150303_ 6782370. htm，访问日期：2015 年 3 月 9 日。

## 第三节　判例法裁判推理

类比法的法律应用，除了第二章介绍的事实类比法和第三章介绍的法条类比法外，还包括判例法裁判使用到的类比推理。判例类比推理是将待决案件（即问题案件）与既决案件（先例）进行比较，根据这两类案件的基本性质和事实特征的相同或相似，进而推知它们所适用的法律规则和处理结果也相同的司法推理方法。为了抽取出先例判决理由中的法律规则，判例类比推理遵循"遵循先例"原则，并采用"区别技术"（distinguishing technique）来实现类比法的司法个案适用。具体说来，由于普通法国家法院判决书的判决理由一般由"决定的理由"（ratio deciendi）和"附带意见"（obitor dictum）两部分组成，后来的法官必须区分先例中的这两个部分，在对先例与待决案件案情相同点与不同点的细致比较后，最终作出关于待决案件是否援引先例的司法判断。这一般存在三种可能性结果：一是因两类案件案情相同点重要，先例存在待决案件可供援引的法律规则（决定的理由），遵循先例；二是因两类案件案情不同点重要，先例没有待决案件可供援引的法律规则（决定的理由），拒绝遵循先例或者推翻先例；三是两类案件案情相同点与不同点的重要性都存在，不完全适用先例（缩小其决定的理由适用范围扩大附带意见适用范围）。[1] 大致说来，一个完整的判例类推过程主要包括以下几方面内容：查找一个基点的合理性（先例）；甄别"先例（既决案件）"与"待决案件"的案件事实相同点与不同点；比较某种场合下这些相同点和不同点的相对重要性；提取作为源案件（先例）的既决案件的裁决原则或理由。不可否认，判例法是英美法系国家或地区的主要法律渊源，而类比推理则是判例法主要使用的逻辑方法。但是另一方面，判例法在大陆法系国家也越来越受到重视，在有些国家或地区的某些法律领域（如联邦德国的宪法领域与法国的行政法领域）甚至也成为主要的法律渊源，类比推理与演绎三段论一样被普遍推广使用。即使如此，类比法（类比推理）在大陆法系与英美法系的司法适用还是存在细微的差别，我们应给予足够的学术关注。

---

[1]　朱景文：《比较法总论》（第2版），中国人民大学出版社2008年版，第171页。

### 一、两大法系中的类比推理

不管是在大陆法系国家或地区，还是在英美法系国家或地区，类比推理（类比法）的法律适用都是很普遍的，它在这两类国家或地区的法律实践既存在共同点，也存在若干不相同的方面[1]。

两大法系国家或地区中的类比法适用至少存在三方面的相同点：第一，适用基础都强调类似性，这也是类比推理适用的基本条件。其中，英美法中的类比法适用强调先例案件与待决案件相类似，侧重点在于两类案件案情（即个案事实）方面的类似性；而大陆法系中的类比法适用也强调类似性，侧重点在于法律规则假定部分（规则适用条件亦即事实构成）方面的类似性。第二，适用条件都强调制定法无明文规定的法律漏洞或空白状况，它们都不是单纯的逻辑推理，都是法官能动性的表现，都涉及法律适用者的价值判断与利益权衡考量。第三，适用目的都是为待决案件寻找可供援引的法律规则。英美法系从案件出发，在待决案件援引的规则对象为体现在先例判决理由中的法律规则；而大陆法系从规则出发，被类比对象为抽象的法律规则，待决案件的援引对象为扩展后的法律规则。因此，两大法系的类比法适用所援引的都是一种相类似的法律规则。

两大法系国家或地区中的类推法适用也存在若干不同点，主要表现为：第一，法律地位不同。大陆法系中的类比法是一种法律漏洞或空白的填补方法，而在法律逻辑层面是对演绎法推理缺陷的弥补，但仍然是以规则为中心，坚持立法优先和制定法的主要法源地位；而英美法系中的类比法则主要体现为判例法传统特有的先例区别技术，是司法能动主义的重要表现，它为确立判例法的基本法源地位提供了必要的裁判推理工具。第二，适用范围与依据不同。大陆法系中的类比法适用是由于存在法律漏洞或空白，即现有的制定法对待决案件的法律援引没有明确规定；英美法系中的类比法虽然也以制定法缺漏为适用前提，但可供援引的法律规则存在于先例中，而不是存在于现行制定法条款中。第三，推理结构与逻辑属性不尽相同。作为类比法适用的逻辑基础，在英美法中主要表现为从个案到个案的推理模式：即 A 案件（先

---

[1]　关于两大法系中的类推法适用比较的系统研究，可参见屈茂辉、张彪："论类推适用的概念——以两大法系类推适用之比较为基础"，载《河北法学》2007 年第 11 期。

例）适用 X 规则，B 案件（待决案件）与 A 案件具有实质的相似性；所以，B 案件也适用 X 规则。而大陆法系中的类比法则是从法律规则到法律规则、从一般到一般的推理模式：假设出现 A 情形，则适用法律规则 X（包括制定法和习惯法等法律渊源），而 B 情形与 A 情形具有类似性；所以，法律规则 X 也可适用 B 情形。

### 二、判例法裁判的三个步骤

按照美国法学家伯顿的观点，在普通法国家或地区，判例法裁判中的类比推理大致可分解为三个不同的基本过程和操作步骤：识别权威性的基点；甄别事实上的相同点和不同点；判断重要程度，同时他还以若干虚拟的案件裁决为例进行了详细分析说明。[1]

第一步，关于识别权威性的基点：在普通法国家或地区，较高级法院过去的判决一般被视为裁决当下问题案件（待决案件）的权威性依据，从而被赋予特殊的基点地位。如果其他案件较有影响，也可能在类比推理中充当具有说服力的基本点。为此，司法裁判者和律师等首先必须找到与当下问题案件相类似的判例，初步区分该判例中的裁决（holding）和法官意见（dicta 包括法官附带性意见）部分，并力求发现其中存在的案件关键事实与法律争点。

第二步，甄别事实上的相同点和不同点：在确定的基点情况和一个问题情况之间识别事实上的相同点和不同点。具体而言：第一，必须收集整理和细致分析问题案件的各种事实，特别是把握在法律上可以证明的事实。第二，应该确定表面上相似的判例并分析它们的事实。第三，明确列举每个判例与问题案件之间在事实上的相同点和不同点，但切忌机械地描述和比对。

第三步，判断重要程度：类比推理的第三步是决定在某种情形下两种情况在事实上的相同点重要，还是在事实上的不同点重要。由此，法官或律师对每一个相关的权威判例会作出三种不同的判断：依照、区别还是否决它。类比推理的第三步是最为关键和富有争议的一步。此外应注意的是，普通法法官有权决定法院受理的案件，但也是只能决定法院受理的案件，而不是以创立普遍性的一般规则为己任。

---

〔1〕 参见［美］史蒂文·J. 伯顿：《法律和法律推理导论》，张志铭、解兴权译，中国政法大学出版社 2000 年版，第 34～43 页。

案例分析：科斯特洛是 5 匹马的原主人和阿博特的朋友，有些天真、容易轻信人。每匹马都由于盗窃或欺诈而落入阿博特手中，他随后又把一些马转卖给他人所有。科斯特洛希望借助法院帮助从阿博特等人那里收回对每匹马的所有权。五个虚拟案件涉及的事实关系可图示如下：

案件 1：科斯特洛→阿博特盗窃→霍利迪善意购买

案件 2：科斯特洛→阿博特欺诈

案件 3：科斯特洛→阿博特欺诈→霍利迪善意购买

案件 4：科斯特洛→阿博特欺诈→霍利迪购买；霍利迪参与欺诈

案件 5：科斯特洛→阿博特欺诈→霍利迪善意购买→鲍尔购买；鲍尔曾听说此欺诈

案件 1："阿博特偷了科斯特洛的马并把它卖给了霍利迪，霍利迪不知道也没有理由知道马是从科斯特洛那偷的。科斯特洛起诉霍利迪以便要回马。科斯特洛胜诉。"在本案中，法院判决书可能着重阐明了一项一般规则：如果卖主不具有某财产的所有权，那么从手里购买该财产者并不取得所有权，而且必须把该财产归还合法所有者。因此法院适用该规则于当前的案件事实，霍利迪没有从阿博特处取得马的所有权，她必须将马还给科斯特洛。

案例 2："阿博特用一张伪造的他人账户上的支票买了科斯特洛的马，他知道该支票是伪造的。科斯特洛把马交付给阿博特后，他发现了其中的欺诈行为，于是起诉阿博特，要求返还马。科斯特洛胜诉。"在本案中，法院在案件 2 中可能陈述了另一项一般规则：如果一个人通过欺诈的购买行为取得某财产，则不能获得财产所有权，必须把财产返还给合法的所有者。该规则适用的事实：阿博特通过伪造支票的购买行为取得对马的占有。结论是：阿博特不能取得该马的所有权，他必须把马归还给科斯特洛。

案例 3："除去阿博特把马卖给霍利迪外，其他事实与案件 2 相同。虽然霍利迪知道阿博特从科斯特洛买了马，但是她不知道或者没有任何理由知道阿博特支付的是一张伪造的支票。科斯特洛起诉霍利迪，要求返还马。霍利迪胜诉。"如果案件 1 和案件 2 的判例中所陈述的规则是决定以后案件结果的"法律"，那么案件 3 将不得不以其他方式解决。法院在案件 3 中可能创造并阐明一项新的规则，该规则要求所有三个案件的结果。但是，如果遵照判例 2 确定的规则，那么法官对案件 3 的判决结果将不正当，这是因为法官对案件 3 的重要事实——霍利迪善意取得的判断不同于判例 2 中的事实，所以这必然要求一种与判例 2 不同的裁判结果。

案件 4："除了霍利迪帮助阿博特对科斯特洛进行欺诈外，其他事实与案件 3 相同。科斯特洛起诉霍利迪，要求归还马。"

案件 5："除了霍利迪从阿博特处买了马又把它卖给鲍尔手中，其他事实与案件 3 相同。鲍尔曾听到关于阿博特对科斯特洛进行欺诈的传闻。科斯特洛起诉鲍尔，要求返还马。"

如前述，法院在案例 3 中修改了决定案件 3 的案件 1 规则，同样，法院在案件 4 中也可以修改决定案件 4 的案件 4 规则，在案件 5 中也同样如此，这是因为法院处理的当下问题案件中的重要事实判断表明了存在的不同案件情况。因此，普通法程序并非单纯探寻先前在判例中阐明的既存规则的逻辑结果，除非法院对问题案件与判例的重要事实判断基本相同。

### 三、我国指导性案例制度的评价

我国指导性案例制度实践主要存在于"公检法"三大司法领域：

（1）人民法院系统的指导性案例制度：2010 年 12 月 9 日，最高人民法院发布法发〔2010〕51 号《关于案例指导工作的规定》，将案例指导规范化、制度化。该文件规定了选取指导性案例的标准必须是已经发生法律效力并符合下列条件的案例：社会广泛关注的；法律规定比较原则的；具有典型性的；疑难复杂或者新类型的；其他具有指导作用的案例。第 7 条还明确规定："最高人民法院发布的指导性案例，各级人民法院审判类似案例时应当参照。"最高人民法院至今已发布九批指导性案例，具体情况列举如下：2011 年 12 月 20 日发布第一批指导性案例，民事案例和刑事案例各 2 个；2012 年 4 月 13 日发布第二批指导性案例，民事案例和刑事案例各 2 个；2012 年 9 月 18 日发布第三批指导性案例，民事案例和刑事案例各 2 个；2013 年 1 月 31 日发布第四批指导性案例，民事案例和刑事案例各 2 个；2013 年 11 月 8 日发布第五批指导性案例，包括 4 个民事案例和 2 个行政案例；2014 年 1 月 26 日发布第六批指导性案例，包括 3 个民事案例和 1 个行政案例；2014 年 6 月 26 日发布第七批指导性案例，包括 3 个民事案例和 2 个刑事案例；2014 年 12 月 18 日发布第八批指导性案例，包括 5 个民事案例和 1 个刑事案例；2014 年 12 月 24 日发布第九批指导性案例，包括 4 个行政案例和 3 个国家赔偿案例。

（2）人民检察院系统的指导性案例制度：2010 年 7 月 30 日，最高人民检察院发布高检发研字〔2010〕3 号《关于案例指导工作的规定》，同样将案例指导规范化、制度化。该文件规定指导性案例是指检察机关在履行法律监督职责过程中办理的具有普遍指导意义的案例，主要包括职务犯罪立案与不立案案件；批准（决定）逮捕与不批准（决定）逮捕、起诉与不起诉案件；刑事、民事、行政抗诉案件；国家赔偿案件；涉检申诉案件；其他新型、疑难和具有典型意义的案件。第 16 条同时规定："指导性案例发布后，各级人民检察院在办理同类案件、处理同类问题时，可以参照执行。"最高人民检察院迄今已发布五批指导性案例，具体情况如下：2010 年 12 月 31 日发布第一批指导性案例，包括"施某某等 17 人聚众斗殴案"、"忻元龙绑架案"和"林志斌徇私舞弊暂予监外执行案"等三个案例；2012 年 11 月 15 日发布第二批指导性案例，包括"崔某环境监管失职案"、"陈某等滥用职权案"、"罗甲等滥用职权案"、"胡某等徇私舞弊不移交刑事案件案和杨某玩忽职守、徇私枉法、受贿案"等五个案例；2013 年 5 月 27 日发布第三批指导性案例，包括"李泽强编造、故意传播虚假恐怖信息案"、"卫学臣编造虚假恐怖信息案"、"袁才彦编造虚假恐怖信息案"三个案例；2014 年 2 月 20 日发布第四批指导性案例，"包括柳立国等人生产、销售有毒、有害食品，生产、销售伪劣产品案"、"徐孝伦等人生产、销售有害食品案"、"孙建亮等人生产、销售有毒、有害食品案"、（胡林贵等人生产、销售有毒、有害食品，行贿；骆梅等人销售伪劣产品；朱伟全等人生产、销售伪劣产品；黎达文等人受贿，食品监管渎职案）"赛跃、韩成武受贿，食品监管渎职案"等五个案例；2014 年 9 月 15 日发布第五批指导性案例，包括"陈邓昌抢劫、盗窃案"、"付志强盗窃案"、"郭明先参加黑社会性质组织、故意杀人、故意伤害案"、"张某、沈某某等七人抢劫案"等三个案例。

（3）人民公安系统的指导性案例制度：2010 年 9 月 10 日，公安部发布公法〔2010〕661 号《关于建立案例指导制度有关问题的通知》，指出针对公安机关执法工作中容易发生偏差、群众反映强烈的案件类型和执法问题，重点选编以下案例：公安机关在执法办案过程中，充分体现"理性、平和、文明、规范"执法要求，依法公正处理，实现法律效果和社会效果相统一的案例；执法不作为、拖延作为、玩忽职守，造成严重后果的案例；滥用职权、乱作为，插手经济纠纷、滥用强制措施和扣押措施、滥用自由裁量权的案例；因执法问题引起新闻舆论炒作或者引发群体性事件的案例；经行政复议、行政诉讼被撤销、变更、确认违法或限期履行法定职责的案例；因违法行使职权承担国家赔偿责任的案例；因事实不清、证据不足或者不构成犯罪被检察机关作出不起诉决定或者人民法院作出无罪判决的案例；其他具有普遍指导、参考作用的典型案例。选编的指导性案例应当是已经作出最终处理决定的案件。还指出："指导性案例在下发机关的管辖范围内，对本级和下级公安机关执法具有指导和参考作用。"但是，迄今为止，公安部尚未发布正式的指导性案例。

关于指导性案例制度实施的评价问题，在不存在判例法作为正式法律渊源的当代中国，指导性案例的存在及其司法适用不但对制定法存在的漏洞和空白具有非常重要的补充和辅助作用，有利于发挥司法裁判者的主观能动性；而且是我国社会转型时期司法改革中的"能动司法"的具体化与个案化，为我国正式认可判例法创新功能走出了决定性一步，实现了从司法批复、典型案例到指导性案例的质的飞跃，这是一方面。不过另一方面，现行的指导性案例制度也存在值得斟酌和细化讨论的诸多问题，需要我们予以正视并解决之：①关于指导性案例的性质定位。学术界对人民法院有关制度大体存在公共政策说[1]、司法解释说[2]、有限判例说[3]、准法源说[4]等五类观点，但笔者认为指导性案例只是一种介于司法解释与司法政策之间并具有判例功能的特殊司法先例。这是因为：第一，指导性案例本身不属于司法解释。最高人民法院虽然存在司法解释形式文件《关于案例指导工作的规定》，认定指导性案例在法院处理类似案件时应当参照，但是最高人民法院随后却以"通知"形式分批公布指导性案例，这有点类似司法政策的表现形式。我们不能因为《关于案例指导工作的规定》此类"司法解释"大罩子的存在，就由此认定它所罩住的所有指导性案例也就是司法解释。这个"规定"与"指导性案例"本身不是同一回事。第二，指导性案例不是西方国家认同的司法判例，它并不能像法律一样为法院裁判直接适用，最多被视为具有判例功能的

[1] 李超："指导性案例：公共政策的一种表法方式"，载《法律适用》2014年第6期。
[2] 张榕："通过有限判例制度实现正义——兼评我国案例制度的局限性"，载《厦门大学学报（哲学社会科学版）》2009年第5期。
[3] 张骐："再论指导性案例的效力与保证"，载《法制与社会发展》2013年第1期。张骐教授认为，中国指导性案例具有与民法法系国家司法先例类似的制度支撑的说服力，但并没有其拘束力。
[4] 雷磊："指导性案例法源地位再反思"，载《中国法学》2015年第1期。

司法案例，最高人民法院采用指导性"案例"之词语正是基于如此考虑。第三，指导性案例不属于我国的正式法源，而是应定位为非正式法源。最高人民法院并没有明确指导性案例的法律地位，《关于案例指导工作的规定》只是以"应当参照"的笼统语言规定，它究竟属于司法解释还是低于司法解释的地位呢？不明确。但是有一点是明确的，指导性案例应当出现于各级法院类似案件裁判的判决书。②关于指导性案例的筛选标准：不管是最高人民法院的指导性案例，还是最高人民检察院的指导性案例，其筛选标准带有很大的主观色彩，比如何为最高人民法院所指"疑难复杂或者新类型的"案例？疑难复杂案件与新型案件二者之间又有何区别？有关规定都缺乏可操作的实体衡量标准，语言表达逻辑上也不够严谨；最高人民检察院的相关判断标准虽然略微细化与具体化，但是仍然将"疑难案件"与"新型案件"和"具有典型意义的案件"混在一起而缺乏明确的甄别标准。③关于指导性案例的法律效力：指导性案例（应当/可以）"参照"适用，是否就意味着它具有参照的法律效力呢？不一定。1981年全国人大常委会《关于加强法律解释工作的决议》赋予了最高人民法院与最高人民检察院的司法解释权，却没有明确这些司法解释的法律效力地位。最高人民法院2007年公布的《关于司法解释工作的规定》却宣告"生效的司法解释应当在司法文书中援引。人民法院同时引用法律和司法解释作为裁判依据的，应当先援引法律，后援引司法解释"。该"规定"形式的司法解释意味着自己宣布司法解释具有低于法律法规和规章的法律效力，这存在超越全国人大及其常委会立法专属权的嫌疑。从一定程度上可以说，"指导性案例"借壳《关于案例指导工作的规定》取得不明确的法律效力同样存在超越全国人大及其常委会立法专属权的嫌疑，因此我们有理由相信指导性案例制度可能再度成为最高司法机关扩张司法权的工具。因此，全国人大2015年3月15日通过的《立法法（修正案）》第46条补充规定："最高人民法院、最高人民检察院作出的属于审判、检察工作中具体应用法律的解释，应当主要针对具体的法律条文，并符合立法的目的、原则和原意。"该条款旨在制约最高司法机关的司法解释权扩张冲动。为此，为实现指导性案例合法化及维护全国人大法律权威的实际需要，笔者建议全国人大修改《人民法院组织法》和《人民检察院组织法》，明确确认司法解释与指导性案例的法律效力。此外，这些指导性案例是否对公布机关和产生机关本身都有规范的约束力呢？相关规定同样不明确。总之，我国的司法改革应立足现行法律框架与宪政体制依法进行，而不是超越现有的法律体系不断地试错，这不利于我们建立健全中国特色社会主义法治国家治理体系。最后，笔者由衷地希望有关部门以《最高人民法院关于全面深化改革的意见》颁布实施为契机，在完善法律统一适用机制方面，不但在微观和中观层面切实"改革和完善指导性案例的筛选、评估和发布机制"，而且在宏观层面有力推动指导性案例制度在常态化与法治化方面取得实质性进步。

第五章

# 法律推理的困惑：疑难案件

法律推理能够解决非逻辑性的问题吗？换言之，法律推理能够采用非逻辑性的方法处理法律纠纷吗？进言之，在解决法律纠纷的问题上，形式推理的方法总是有效吗？众所周知，在形式逻辑的推理层面上，法律推理的有效性源于前提的真实性（如存在多个前提，则还存在前提之间的关联性问题）和推理方式的合规则性。一旦出现关于推理前提真实性和结果公正性的质疑，这样的法律推理就显露出逻辑有效性的信用危机。实际上，疑难案件的出现使得人们对形式的法律推理是否能够彻底解决法律纠纷一直心存疑惑，于是便努力寻求非形式逻辑层面的法律解决方案。以下三例典型性的疑难案件处理，应该说某种程度上反映了人们对司法机关能否仅通过形式推理解决疑难案件的法理担忧与情感纠结。

案例一，"浙江温岭虐童案"[1]：2012 年 10 月 24 日，浙江省温岭市蓝孔雀幼儿园老师颜艳红双手拎着一名小男孩的双耳并将他双脚提离地面的照片被网友曝光。小男孩疼得张大了嘴巴，与之形成强烈对比的是，背后拽着他的颜艳红老师却面带笑容。此后，颜艳红相册里的更多虐童照片通过"人肉搜索"被曝光，一句"出于好玩"的回应让她和她所在幼儿园更成为众矢之的，社会公众普遍反映应予严惩并追究当事人的刑事责任。然而，执法机关却遇到了法律援引难题，即法律推理大前提不明确的问题。随后发生的事应在意料之中：2012 年 10 月 24 日事发当天，温岭教育局就决定辞退当事女老师颜艳红；事后第二天，颜艳红因涉嫌寻衅滋事犯罪被温岭市公安局决定

---

〔1〕　祝优优："家长不满'温岭虐童案'判决"，载 http://www.legalweekly.cn/index.php/Index/article/id/3451，访问日期：2015 年 1 月 15 日。

刑事拘留；10 月 29 日，公安局提请温岭市人民检察院批准逮捕颜艳红；11 月 5 日，温岭市人民检察院决定由公安局补充侦查该案；11 月 16 日，公安局补充侦查后认为颜艳红不构成犯罪，依法撤销刑事案件，对其作出行政拘留 15 日的处罚，羁押期限折抵行政拘留，随后颜艳红被释放；2013 年 8 月 23 日，温岭市人民法院作出民事赔偿判决，判处陈某作为蓝孔雀幼儿园业主赔偿 5 名受害幼儿的精神损害抚慰金各 1 万元，并返还保育费各 1000 元，颜艳红对精神抚慰金承担连带赔偿责任。从法理上分析，我们会发现，按照现行《刑法》规定，颜艳红的虐童行为根本就不符合故意伤人罪、虐待罪、侮辱罪和寻衅滋事罪等刑事罪名的构成要件。这是因为，虐待罪专指虐待家庭成员，适用于家庭、父母，不适用学校、教师；侮辱罪主要适用成年人，对于婴幼儿和儿童很少见；故意伤害罪，只有受害人伤势达到轻伤以上结果才符合；而寻衅滋事罪，随意殴打他人，情节严重，造成受害人恐慌、害怕等后果的，才符合立案标准。因此，受害儿童的监护人最终只有通过寻求民事赔偿才获得必要的司法救济。有关法律推理的大前提问题最终被推到了立法部门面前。全国人大代表、重庆市律师协会会长韩德云就认为，"温岭虐童案"最初以寻衅滋事罪对当事人刑事拘留，凸显了虐待儿童问题的法律制度缺失。他建议，应尽快在《刑法》中增加"虐待儿童罪"，犯罪主体既包括家庭成员，也包括家庭成员之外的人员和机构；虐待行为上要区分虐待、忽视、性虐待和心理情感虐待等不同情况；量刑处罚上要与虐待罪、侮辱罪、故意伤害罪和寻衅滋事罪有明显区别。而全国人大代表、全国妇联副主席赵东花也建议，在全国人大法工委、民政部正在起草的反对家庭暴力法、儿童福利法中就虐待儿童的定义、类型、预防制裁措施专设章节加以规范。

案例二，"1 岁半宝宝补半票案"[1]：过年过节期间，不少在外地工作的年轻父母都会带着自己的孩子坐大巴探亲访友。按照规定，1.2 米以下的儿童坐客运汽车是可以免票的，但家在安徽阜宁的李女士带着 18 月大的宝宝通过检票口时却被拦了下来，检票员坚持要李女士给宝宝补个半票才能上车。事情是这样的：家住阜宁县城的李女士带着儿子到盐城汽车客运站乘坐汽车，准备去苏州探望父母。几天前，她预购车票时，本没有打算带着孩子，无奈

---

〔1〕 立文、力金、朱昕磊："春运大巴上一岁半宝宝竟要补半票"，载《扬子晚报》2013 年 2 月 18 日。

孩子就是不肯和她分开跟着爸爸。可是当李女士出示车票后，却被车站检票员给拦了下来："请给您的孩子补张半票吧。""1米2以下的儿童不论是乘火车还是汽车，都应该免票啊，现在要求购半票，是不是车站作出的'霸王条款'？"愤愤不平的李女士在与检票员理论无果后拨打了盐城市政府公共服务平台热线12345进行投诉。乘客在为宝宝的票价烦，而开大巴的司机们则为宝宝的座位烦。"现在一般的长途客车都是43座或45座，按照规定，购买半票才能安排座位，免票宝宝得坐在家长的身上，但是根据交通法实施条例要求，每趟长途车上的免票宝宝数不得超核载人数的10%，这样一算，一车只能带4个免票儿童，哪怕是核载49人，那0.9的零头也只能去掉，怕遇到交警说不清。"盐城汽车客运站司机林加说："现在只要超载被查到，12分全扣了，驾驶证还要降级，等于砸了我们的饭碗，所以多一个免票儿童也不会带。"在本案中，很显然，李女士遵照有关规定给18月大的宝宝买半票对李女士不公平，而李女士不给18月大的宝宝买半票又对司机不公平，其实双方都没有错，错的是双方推理所依据的大前提（法律规则）发生了"掐架"现象。具体而言，一方面，交通运输部会同国家发展和改革委员会制定并于2009年9月1日施行的《道路运输价格管理规定》第25条规定："道路运输经营者和汽车客运站应当对身高1.2米以下、不单独占用座位的儿童乘车实行免票，对身高1.2米至1.5米的儿童按照具体执行票价的50%售票。对享受优待票、免票、儿童票的旅客，道路客运经营者无正当理由不得拒载。"另一方面，2004年5月1日起施行的国务院《道路交通安全法实施条例》第55条第1款则规定："公路载客汽车不得超过核定的载客人数，但按照规定免票的儿童除外，在载客人数已满的情况下，按照规定免票的儿童不得超过核定载客人数的10%。"至此，我们并不能简单地依据上位法优于下位法原则，认定本案应适用国务院制定的行政法规《道路交通安全法实施条例》，而不适用交通运输部会同国家发展和改革委员会制定的部门规章《道路运输价格管理规定》。

案例三，"黄静裸死案"[1]：2003年2月24日冬日的清晨，年仅21岁的黄静被发现死于自己在湖南湘潭临丰小学校内的职工宿舍里，浑身赤裸。黄静是临丰小学音乐教师，姜俊武是黄静的男友，那年25岁。2月23日晚，

---

〔1〕 载 http://www.hn.xinhuanet.com/zhuanti/hjing，访问日期：2015年1月15日。

姜俊武带黄静回到她的宿舍，要求发生性关系被她婉言拒绝（坚持婚后才能发生性关系），便改用较特殊方式骑跨在她的胸部进行体外性活动，其后两人入睡。熟睡中黄静吐气、喷唾沫、四肢抽搐，姜俊武唤她不应，以为没事继续入睡。24日早上6时许，姜俊武回到父母家。黄静裸死事件曝光后的6月2日，姜俊武被刑事拘留。同年7月8日，姜俊武被逮捕，罪名是强奸（中止）。8月1日，由湘潭市雨湖区人民检察院审查起诉。2004年3月5日，姜俊武被取保候审。2006年6月30日，湘潭市雨湖区人民法院一审判决姜俊武无罪，但要负一半民事责任，赔偿原告黄静的父母经济损失59 399元。宣判后双方均不服，分别向湘潭市中级人民法院提起了上诉。湘潭市中级人民法院2007年12月作出终审裁定：驳回原审原告黄静的父母及原审被告姜俊武关于民事责任方面的上诉请求，维持原判。该案最终引起了巨大的社会反响，新华网还开辟了网络悼念黄静女士专栏。其实，该案的法律争议并不在于对法律规则的争议，而在于案件事实与相关证据之间的因果关系争议，即黄静死亡与姜俊武特殊性行为之间是否存在因果关系。事实上，黄静父母和相关公检法机关前后对黄静尸体共进行了五次法医鉴定：第一次为2003年2月25日由湘潭市公安局提供的《司法医学鉴定书》，认定黄静系患心脏疾病急性发作导致急性心、肺功能衰竭而猝死。第二次为2003年3月19日湘潭市公安局委托湖南省公安厅刑侦局进行的第二次死因法医鉴定，认定黄静系肺梗死引起的急性心力衰竭与呼吸衰竭死亡。第三次是2003年6月8日由公安部组织相关专家作出的法医鉴定，结论仍为"因肺梗死致急性呼吸循环衰竭而死亡"，但同时认为"其体表外伤在这一过程中可能成为一个间接诱发因素"。第四次为2003年7月3日由黄静妈妈委托南京医科大学法医学专家作出的与湘潭市公安局和湖南省公安厅截然不同的鉴定结论，认定黄静属非正常死亡，因风湿性心脏病、冠心病或肺梗死证据不足。第五次为2004年7月2日由最高人民法院司法鉴定中心组织5位专家就黄静死亡原因、死亡方式进行的医学鉴定，作出"被鉴定人黄静在潜在病理改变的基础上，因姜俊武采用较特殊方式进行性活动促发死亡"的鉴定结论。归纳起来，五次关于黄静死因的法医鉴定大致存在三类结论：一是主要由于黄静心脏性疾病所致，她的死亡与姜俊武无关；二是主要由于黄静心脏性疾病导致，但存在外在的间接诱发因素，姜俊武负次要责任；三是黄静属非正常死亡，姜俊武负主要责任。终审法院最终采纳了最高人民法院司法鉴定中心的鉴定意见，即黄静死亡与姜俊武特殊性行为之间存在一定的因果关系。由此可见，作为法律推理的小前提——法律事实如果出现了不同的结论，那么相关司法机关仅仅根据形式法律推理，来平衡受害人家属利益与被告权益及社会公众的不同价值考量，是远远不够的。

<h2 style="text-align:center">第一节　概述</h2>

### 一、疑难案件界定

所谓"疑难"，一般是指有疑问而难以判断或处理的（问题）[1]。"疑难"一词在中国古代文献中存在较早的记载。如《汉书·孔光传》："自为尚书，止不教授，后为卿，时会门下大生讲问疑难，举大义云。"又如《北史·宇文恺传》："今录其疑难，为之通释，皆出证据，以相发明。"法律意义上的"疑难"一词，则可以追溯到汉代王充《论衡·内应》关于古字"法"与神明裁判的记载："鹿者，一角之羊也，情知有罪，皋陶治狱，其罪疑者，令羊触之。有罪则触，无罪则不触，斯盖天生一角圣兽，助狱为验。"这就是说，远古时代受舜委派的司法官皋陶遇到疑难案件就来请教神兽獬豸，因为这个独角兽有分别罪与非罪的本能，有罪则触，无罪则不触，所谓是非曲直，立见分晓。至于"疑难案件"（hard cases）概念，当代中国的规范性文件屡屡提及它，存在较为广泛的法律界定与学术争议。

（一）法律意义上的"疑难案件"

我们首先来看看涉及法院的规范性文件关于"疑难案件"的规定，这主要存在于《人民法院组织法》和最高人民法院的司法政策文件。现行《人民法院组织法》第 10 条规定了各级法院审委会对疑难案件的专属司法处置权：各级人民法院设立审判委员会，实行民主集中制。审判委员会的任务是总结审判经验，讨论重大或疑难案件和其他有关审判工作的问题。各级法院的审判委员会工作规则（议事规则）则重申了本级审判委员会关于疑难案件的管辖权。而最高人民法院法发［2010］61 号文件《关于规范上下级人民法院审

---

〔1〕　中国社会科学院语言研究所词典编辑室编：《现代汉语词典》，商务印书馆 1996 年版，第 1486 页。

判业务关系的若干意见》第 3 条规定了上级法院对下级法院一审特定疑难案件的审判管辖权，疑难案件与重大复杂案件被视为同一案件类型：基层人民法院和中级人民法院对于已经受理的下列第一审案件，必要时可以根据相关法律规定，书面报请上一级人民法院审理：①重大、疑难、复杂案件；②新类型案件；③具有普遍法律适用意义的案件；④有管辖权的人民法院不宜行使审判权的案件。其中，最高人民法院法发〔2010〕3 号文件《关于改革和完善人民法院审判委员会制度的实施意见》[1]第 3、7、8、9、10、11 条则详细列举了各级法院审委会所管辖审判疑难案件的具体类别，包括"三、审判委员会是人民法院的最高审判组织，在总结审判经验，审理疑难、复杂、重大案件中具有重要的作用"。"七、人民法院审判工作中的重大问题和疑难、复杂、重大案件以及合议庭难以作出裁决的案件，应当由审判委员会讨论或者审理后作出决定。""八、最高人民法院审理的下列案件应当提交审判委员会讨论决定：（一）本院已经发生法律效力的判决、裁定确有错误需要再审的案件；（二）最高人民检察院依照审判监督程序提出抗诉的刑事案件。""九、高级人民法院和中级人民法院审理的下列案件应当提交审判委员会讨论决定：（一）本院已经发生法律效力的判决、裁定确有错误需要再审的案件；（二）同级人民检察院依照审判监督程序提出抗诉的刑事案件；（三）拟判处死刑立即执行的案件；（四）拟在法定刑以下判处刑罚或者免于刑事处罚的案件；（五）拟宣告被告人无罪的案件；（六）拟就法律适用问题向上级人民法院请示的案件；（七）认为案情重大、复杂，需要报请移送上级人民法院审理的案件。""十、基层人民法院审理的下列案件应当提交审判委员会讨论决定：（一）本院已经发生法律效力的判决、裁定确有错误需要再审的案件；（二）拟在法定刑以下判处刑罚或者免于刑事处罚的案件；（三）拟宣告被告人无罪的案件；（四）拟就法律适用问题向上级人民法院请示的案件；（五）认为应当判处无期徒刑、死刑，需要报请移送中级人民法院审理的刑事案件；（六）认为案情重大、复杂，需要报请移送上级人民法院审理的案件。""十一、人民法院审理下列案件时，合议庭可以提请院长决定提交审判委员会讨论：（一）合议庭意见有重大分歧、难以作出决定的案件；（二）法律规定不明确，存在法

---

〔1〕 载 http://www.court.gov.cn/qwfb/sfwj/yj/201003/t20100331_ 3604.htm，访问日期：2014 年 11 月 18 日。

律适用疑难问题的案件；（三）案件处理结果可能产生重大社会影响的案件；（四）对审判工作具有指导意义的新类型案件；（五）其他需要提交审判委员会讨论的疑难、复杂、重大案件。"

　　然后，我们再来看看地方律协关于"疑难案件"的认定。根据可以获取的公开资料，笔者选取了江苏和上海等地律协文件：一是《江苏省律师简单、重大、疑难、复杂案件判定规则（三）》〔1〕："下列刑事案件为疑难复杂案件：涉及刑法分则规定的妨害对公司、企业管理秩序的犯罪、破坏金融管理秩序犯罪、金融诈骗犯罪的案件；重大案件兼有事实不清、证据不足的案件；被告人被指控触犯2个以上罪名的案件；被告人为5人以上的共同犯罪案件；经审查，需要改变检察院指控罪名的案件；经省或省辖市律师协会确认的疑难复杂案件。下列民事、经济、行政、仲裁案件为疑难复杂案件：涉及2个以上法律关系、争议较大的复杂案件；主要事实不清、证据不足，需要用5个（不含5个）以上工作日时间的案件；属于重大案件且事实不清，证据不足的案件；需要3个以上律师共同办理的案件；涉及专门专业知识，需要聘请具有非法律专业人士担任顾问方能办理的案件；新类型案件；直接体现经济价值，但无诉讼标的的知识产权纠纷案、不正当竞争纠纷案、商誉权、名誉权纠纷案件；经省或省辖市律师协会确认的疑难复杂案件。"二是上海市律师协会《关于律师服务收费中重大、疑难、复杂诉讼案件的认定标准及实施办法》第1条规定〔2〕："以下诉讼案件可在委托代理（收费）协议中约定为重大、疑难、复杂案件：（一）由中级以上（含中级）人民法院管辖的一审诉讼案件；（二）符合法院、检察、公安、司法行政等机关重大、疑难、复杂案件标准的诉讼案件；（三）引起社会普遍关注、具有较大社会影响的案件；（四）新类型案件；（五）具有较大社会影响的涉港澳台或涉外案件；（六）办案机关决定需要其他专业人士参与的案件；（七）案情复杂、涉及三个以上（含三个）法律关系的案件；（八）异地办理或者工作量明显较大的案件；（九）其他由律师事务所与委托人协商一致，作为重大、疑难、复杂的案件。"

　　综上所述，我们可以发现，这些体现在系列规范性文件中的"疑难案件"

────────────

〔1〕　载 http://www.haian.gov.cn/zgha/zwgkinfo/showinfo.aspx？infoid＝b1878f72－3103－4e31－a853－ba026a6796f0&categoryNum＝047002002004003，访问日期：2015年1月15日。

〔2〕　载 http://www.lawyers.org.cn/info/12f43bcbbdb238558cfbed7466985b0f，访问日期：2015年3月5日。

并不是一个有着严格法律界定的法律概念，它与"重大"、"复杂案件"、"新型案件"、"典型案件"等都存在着外延上的相容关系。其中法院关于"疑难案件"的界定在形式上，由本级法院审判委员会讨论决定的案件，由下级法院移送上级法院审理或向上级法院请示的案件，以及本级法院处理的再审案件与检察院抗诉案件都属于疑难案件范畴。在内容上，凡法律规定不明确或法律适用错误的案件以及审判结果可能产生重大社会影响的案件可归属于疑难案件，这明显侧重于法律适用的区分标准。而律协关于"疑难案件"的界定在形式上，参考省级律师协会与公检法的认定标准；在内容上，以案件涉及的复杂法律关系程度，或"事实不清，证据不足"的事实认定难度，作为疑难案件的界定标准。

（二）"疑难案件"概念的学术解读

关于"疑难案件"的学术解读，大体存在法哲学和法律方法两种不同的研究视角。我们首先梳理法哲学视野中的"疑难案件"争议。立足法哲学，学术界曾形成以英国法学家哈特为代表的法律实证主义与以美国法学家德沃金为代表的新自然法学两派[1]，前者以法律的空缺结构（open texture）来界定疑难案件的基本特征；后者则通过引入法律原则说明法律的确定性，认为作为整体的法律（law as integrity）保证了疑难案件存在唯一正确的答案。

按照哈特的观点，法律的空缺结构本质就是法律的不确定性（indeterminate）。他反对那种机械的形式主义规则观，认为我们不应抱有这样的观念：一个规则应详尽无遗，以使它是否适用于特定案件总是预先已经确定，在实际运用中从不发生在自由选项中作出新选择的问题[2]。由于法律语言的空缺结构和人类认识能力的局限性，除了"常见的案件"适用存在较确定的对应规则，大多数案件所面对的规则都是不确定的，从而为法律适用者提供了自由裁量的空间，借助正义、道德和价值进行利益平衡。他说："法律的空缺结构意味着的确存在这样的行动领域，在那里，很多东西需留待法院或官员去发展，他们根据具体情况在互相竞争的、从一个案件到另一个案件分量不等的利益之间作出平衡。"[3]哈特的法律空缺结构概念包含了两层具有因果

〔1〕 关于疑难案件基本特征的两派法理争议分析参见季涛："论疑难案件的界定标准"，载《浙江社会科学》2004 年第 5 期。

〔2〕 ［英］哈特：《法律的概念》，张文显等译，中国大百科全书出版社 1996 年版，第 128 页。

〔3〕 ［英］哈特：《法律的概念》，张文显等译，中国大百科全书出版社 1996 年版，第 134 页。

联系的含义：作为原因的一层含义是指规则总是不完整的，作为结果的一层含义是指在适用规则时，法官面临复项选择时有权作自由选择并导致适用结果的不确定性。哈特关于疑难案件的规则空缺结构论受到德沃金的严厉批评。德沃金认为，虽然疑难案件是指在既成的规则体系中，没有明确的规则可以用来处理的案件，但是规则并不是不确定的，疑难案件即使不被明确的规则所涵盖，也可以为抽象的概括性的法律原则（legal principles）所规范。他认为，作为整体的法律（law as integrity）提供给我们这样的观念："它向裁决疑难案件的法官们提出的程序是基本的阐释而非偶然的阐释；作为整体的法律要求法官对它本身已有完美阐释的同一材料继续予以阐释。"〔1〕也就是说，法律的整体性特征保证了法律的确定性，也限制了法官的自由裁量权。在他看来，作为法律的整体概念保证了法律疑难案件找到唯一正确的答案，而且相对区分了疑难案件与简易案件（即哈特所言的"常见案件"）。

关于"疑难案件"的法哲学解读，虽然形成了以英国法学家哈特为代表的法律实证主义与以美国法学家德沃金为代表的新自然法学两派（实际上他们的思想也为后来一些学者所继承和发挥，本章无意作进一步思想梳理），但是他们也确实存在某些共同的观念，即疑难案件是相对于简单案件而言的，为现有的法律规则（立法和判例）所不能直接统摄和规范的复杂性案件，是法律适用者必须面对和解决的法律难题。一般而言，之所以被界定为简单案件是因为裁判者之间或裁判者与社会公众之间对案件处理结论与依据存在法律事实和法律规则上的共识。正如美国法学家孙斯坦所言："简单的案件所以简单，是因为大家对句法原则或实质性原则有着共同认识。当法官依赖于词汇在语境中的通常意义时，当然存在各种各样的解释原则，只是解释者们没有意识到它们罢了。"〔2〕从这个意义上说，疑难案件是没有形成法律共识而存在争议的非简单案件。

但是在方法论层次上，关于疑难案件的学术解读并不相同，这是因为法哲学立足法律问题的应然分析与价值判断，而法律方法（特别是司法方法论）则立足法律问题的实然分析与事实判断。关于"疑难案件"概念，中国学术

---

〔1〕 ［美］德沃金：《法律帝国》，李常青译，中国大百科全书出版社1996年版，第202页。

〔2〕 ［美］凯斯·R.孙斯坦：《法律推理与政治冲突》，金朝武、胡爱平、高建勋译，法律出版社2004年版，第156页。

界从法律实务即法律裁判的构成要素角度展开过热烈的讨论。按照沈宗灵教授的观点，学术界存在法律规则上的疑难案件与案件事实上的疑难案件之区分的共识：前者指因法律规则存有缺陷而使案件的处理存有争议的案件；后者则是指案件事实扑朔迷离，真相难以查清的案件。他认为，这一区分相当重要，不能将两者相混淆。[1]也就是说，在他看来，疑难案件形成的法律因素有二：一是规则发现的困难，二是事实认定的困难。而按照葛洪义教授的观点："疑难案件，简单地说，就是没有充分的法律依据进行处理的案件。"[2]具体地说，就是基于法律或者事实或者两者兼有的原因而导致缺乏公认的处理结论的案件。这类案件，通常依据形式推理无法解决。葛洪义教授看到了疑难案件处理与形式法律推理的不相容关系，这与沈宗灵教授有着类似的看法。沈宗灵教授从实质推理的角度强调了疑难案件解决的法律逻辑路径："在有些情况下，特别是在所谓疑难案件中，必须进行一种高层次的实质推理，即这种推理并不是所指思维形式是否正确，而是关系到这种思维实质内容如何确定的问题。"[3]刘星教授从另一角度对疑难案件概念进行了界定："在法律适用的过程中，对法律规定而言，某一案件的性质及其解决办法在一定时期一定范围内并不分明，难以确定，那么该案件即可称为疑难案件。"[4]他进一步认为，相对于事实认定清楚、法律依据明确、裁判结论肯定的简单案件和常规案件而言，疑难案件则是人们在法律适用过程中没有取得普遍一致意见的复杂案件。[5]

本书主要立足法律方法的角度，我们不妨将"疑难案件"概念界定如下：所谓"疑难案件"，是相对于"简单案件"、"常规案件"而言的案件，它是指法律实务中具有重大意义且存在广泛争议的复杂类案件，它具体体现在法律规则、法律事实和法律裁判三个层面：一是法律事实层面的疑难案件，即事实难以确定，存在"事实不清、证据不足"之问题的法律案件，如"黄静裸死案"；二是法律规则层面的疑难案件，即存在规则模糊、法律漏洞或空白、法律之间发生竞合或冲突之类问题的法律案件，如"一岁半宝宝补票

---

[1] 沈宗灵：《法律学研究》，上海人民出版社1990年版，第345页。
[2] 葛洪义：《法律方法讲义》，中国人民大学出版社2009年版，第169~170页。
[3] 沈宗灵："法律推理与法律适用"，载《法学》1988年第5期。
[4] 刘星："略论法律适用中的疑难案件"，载《中山大学学报（社会科学版）》1993年第3期。
[5] 刘星："疑难案件中法律适用的理论与实践"，载《比较法研究》1994年第3、4期。

案"；三是法律裁判层面的疑难案件，即存在不良规则（恶法）、事实与规则关联性不够、规则的合法性与合理性之间存在冲突之类问题的法律案件，如"温州虐童案"。

## 二、疑难案件成因

法律是一种社会现象，是现代社会最基本的调整性规范，但它不是社会关系调整的唯一规范。疑难案件的产生，既有来自社会结构的原因，即法律存在不周延性；也有来自法律自身的原因，即法律推理可能存在的结构性缺漏。此外，疑难案件是相对于简单案件而言的，是相对的。

（一）疑难案件具有时空存在的相对性

疑难案件具有时空存在的相对性，它总是与简单案件相比较而存在。正如美国法学家德沃金所言："对于作为整体的法律而言，简易案件不过是疑难案件中的特殊案件而已。"[1]疑难案件与简单案件甚至在一定条件下可以相互转化。具体说来，疑难案件与简单案件的相对性表现在两个方面：一方面，历史上的疑难案件现在可能不再是疑难案件，而现在的简单案件在历史上可能就是疑难案件。如关于非法占有他人遗忘财物行为，民法通则界定为不当得利，刑法上依照非法占有他人财物罪处罚，而在以前则被定为疑难案件。疑难案件的时间相对性还存在一种特殊情形，即法可溯及既往案件。法不溯及既往是现代社会基本的法治原则，但法律又一定程度上认可法可溯及既往，如刑法规定的从旧兼从新原则，只要涉及相关法律原则适用的案件则一般被视为疑难案件。另一方面，某一地方也许属于疑难案件，在另一地方则可能视为简单案件；一个地方被视为简单案件，在另一地方又可能被认为是疑难案件。如在我国，涉及安乐死、同性恋等复杂法律问题的案件一般被视为疑难案件，但在安乐死、同性恋合法化的国家和地区则可能只是简单的常规案件。在广州，"三鸟"（鸡、鸭、鹅）一词出现在合同条款中意味着按当地交易习惯进行，但在北方可能成为疑难案件。在我国沿海经济发达地区如珠三角出现过大量的出嫁女权益纠纷案件，即妇女出嫁后其户口仍留在娘家，但其户口衍生的农村分红却大打折扣甚至被取消而引起的法律纠纷，而此类案件在经济略为落后的内地很少存在甚至没有。为了解决此类法律纠纷，广东

---

〔1〕［美］德沃金：《法律帝国》，李常青译，中国大百科全书出版社1996年版，第237页。

人大常委会 2007 年修订的《广东省实施〈中华人民共和国妇女权益保障法〉办法》第 24 条明确规定："农村集体经济组织成员中的妇女，结婚后户口仍在原农村集体经济组织所在地，或者离婚、丧偶后户口仍在男方家所在地，并履行集体经济组织章程义务的，在土地承包经营、集体经济组织收益分配、股权分配、土地征收或者征用补偿费使用以及宅基地使用等方面，享有与本村集体经济组织其他成员平等的权益。"不过，疑难案件的产生也有语言地域性与法律管辖权的因素在内。

（二）疑难案件源于社会结构中的法律不周延性

人类社会是一个整体性结构，它的真实存在和有序运转离不开各种社会规范的相互作用和协调，但作为社会结构规范性要素之一的法律是不周延性的，法律的不周延性意味着法律与其他社会规范要素保持有机关联和协调是必要的。因此，美国法学家庞德坦言："在我们生活的地上世界里，如果法律在今天是社会控制的主要手段，那么它就需要宗教、道德和教育的支持；而如果它不能再得到有组织的宗教和家庭的支持的话，那么它就更加需要这些方面的支持了。"[1] 事实上，作为现代社会的最基本规范，法律仅仅是一种社会规范，它与人类语言、科学技术、道德伦理、社会习俗、政策取向、宗教信仰、经济利益、文化传统等诸多因素之间，既存在持续良性的互动关系，也存在紧张对抗的博弈关系。其他社会规范性因素发展的超前或滞后，可能会与保持相对稳定的法律规范之间产生某些矛盾或冲突，进而导致疑难案件的发生。首先，疑难案件的出现是由于人类语言的局限性所致，而疑难案件涉及的事实描述和规则援引必然采用法律语言的载体形式。人类语言通常以概念、命题等逻辑形式予以表现，存在"内核"（core 含义明确稳定）与"边缘地带"（margin 含义宽泛模糊）的语言结构，它们与其所反映的对象及其状况并不存在完全的对应关系。况且，语言规范与法律规范毕竟不是一码事。因此，法律语言的模糊不清、含混歧义或笼统抽象可能导致法律适用者解释和运用法律的困难，进而导致疑难案件的发生。博登海默借用沃泽尔关于概念是"一张轮廓模糊且愈到边上愈加模糊的照片"的比喻指出："一个概念的中心含义也许是清楚的和明确的，但当我们离开该中心时它就趋于变得模糊

---

〔1〕〔美〕罗斯科·庞德：《通过法律的社会控制》，沈宗灵译，商务印书馆 2010 年版，第 37 页。

不清了。"〔1〕因为焦点集中区的相对范围以及画面模糊不清的区域，在很大程度上是随着不同的概念而发生不同变化的。而当人们形构和界定法律概念时，通常考虑的是那些能够说明某个特定概念最为典型的情形，而不会考虑那些难以确定的两可性情形。然而，"在法律的各个领域，我们都发现了棘手的难以确定的两可性情形，亦即边缘情况，如一个专门概念的界限范围尚未确定，或者从纯粹的逻辑观点来看，两个或两个以上的相混不清的不同概念却可以同样适用于有关事实……正如努斯鲍姆（Nussbaum）所指出的，虽然两可性的判决不确定性往往可以通过因袭下来的法律态度和技术而得以减少，概念的边缘含义所提出的种种问题却仍是屡见不鲜的和非常棘手的"。〔2〕其次，科学发展的超前性规范要求与疑难案件的发生存在很大的关联性。不可否认，体现科学发展客观规律的科学规范与法律规范具有某些共通性，它们都强调规范对象的真实性和客观性，讲究证据材料与反映事实之间的有机关联，但是二者的发展并不完全同步，科学发展总是超前的。一方面，科学发展可以催生新的法律规范或者促使现有的法律规范解释或修改以实现同步发展，如基因检测与痕迹检验技术推动了证据规则的发展完善、知识产权保护；另一方面，科学的超常发展也可能对现有法律制度提出新的挑战，进而产生新的社会规范需求与疑难案件。人工辅助生育、转基因、克隆、原子能、网络与生物信息等科学技术衍生出大量的法律难题。好的法律规范虽然可以促进和保障科学发展的成果并引导科学的规范化、制度化建设，但是它也可能成为新型科学技术发展的拦路虎与制度瓶颈，引发疑难案件。一则意大利上诉法院宣判预测地震失败科学家无罪的新闻〔3〕，引起我们关于法律（司法）在多大程度上能够规范科学的思考。事情是这样的：2009 年 4 月 6 日，意大利小镇拉奎拉遭遇里氏 6.3 级地震，309 人在地震中遇难。7 名科学家因为没有准确地预报地震，2012 年 10 月 22 日被当地法院宣判有罪判决，判处入狱 6 年且终身不得担任公职。7 名被告上诉，2014 年 11 月 10 日被拉奎拉上诉法院

---

〔1〕［美］E. 博登海默：《法理学——法哲学与法律方法》，邓正来译，中国政法大学出版社 1999 年版，第 487 页。

〔2〕［美］E. 博登海默：《法理学——法哲学与法律方法》，邓正来译，中国政法大学出版社 1999 年版，第 488 页。

〔3〕 载 http://news. sina. com. cn/w/2014 - 11 - 11/084831125904. shtml，访问日期：2015 年 1 月 15 日。

宣判无罪。但是，大量因地震失去亲人的拉奎拉居民却在上诉法院门前集会抗议，宣称继续上诉到最高法院。在本案中，社会公众对科学家的地震预测能力提出了苛刻的法律诉求，各级法院在处理该案中始终面临个案正义与社会正义的二难选择：判科学家有罪，意味着法律判定科学万能而对科学家不公平；判科学家无罪，法院却面临地震受害者和社会公众的舆论审判。最后，在法理上，法律适用者援引法律规则面临正式法源与非正式法源的不同抉择，制定法和判例法历来是各国司法适用的重要正式法源，但是政策（公共决策）、习俗、伦理、法理、宗教等往往被视为非正式法源，这些不同法律渊源之间在现实生活的存在有可能是相互抵触、相互矛盾或相互冲突的，由此也会形成各类疑难案件。法律制度与社会发展之间总存在不同步、不协调和不和谐的方面。这是因为，法律自身具有稳定性的要求，以满足社会对有序和谐状态的需求，因此法律规范不能朝令夕改。不可否认，法律也具有灵活性，随着各种社会关系的变化而不断地进行自我调整和修改。但是相对于其他社会规范而言，法律还存在滞后性、不周延性和不确定性等特点。法律的不确定性首先源于法律语言的模糊性，正如上文已分析的法律语言内核结构之外还存在很大部分的边缘地带，给法律适用者带来两可性的模糊理解困境。而法律的滞后性主要反映法律发展与社会发展之间永远存在的不同步方面。正如梅因指出的："社会的需要和社会的意见常常是或多或少地走在'法律'的前面的。我们可能非常接近地达到它们之间的缺口的结合处，但永远存在的趋向是要把这缺口重新打开来。因为法律是稳定的；而我们谈到的社会是进步的。"[1] 立足逻辑（辩证逻辑）的角度，法律发展的滞后性、法律语言的不确定性还包括它与其他社会规范之间的现实冲突最终根源于法律规范（特别是制定法）的不周延性特点，即作为社会结构要素之一的法律具有自身的局限性，它不可能涵盖和规范所有的社会关系领域，也不能为人们的社会生活提供详尽无遗的规范性指引。简言之，作为现代社会最基本的规范性调整机制，法律是有用的，但不是万能的。

（三）疑难案件还因为法律推理的结构性缺漏所致

从法律推理的形式结构来看，疑难案件的产生不外乎法律事实、法律规则和法律裁决三个逻辑层面存在的某些缺漏所致。一般而言，法律推理的有

---

〔1〕〔英〕梅因：《古代法》，沈景一译，商务印书馆1959年版，第15页。

效性不但取决于其推理前提的真实确定，即事实和规则的确信无疑，而且取决于事实与规则的逻辑关联，即其推理过程遵守基本的逻辑推导规则。如果作为推导前提的真实性不确定，或推导前提之间的关联性不够，或合乎逻辑的推导结论受到质疑，那么这样的法律推理便会发生适用困难或产生谬误。具体说来：其一，在法律事实层面，案件事实需要法律规范来统摄，更需要可采信的证据链来予以证实或证伪。一旦证据无法证实或证伪案件事实，存在证据瑕疵，存在伪证或证据不足，而当事人、司法机关和社会公众诉诸程序正义，疑难案件就会出现。在法律事实层面，除了强调真实客观性与合法性外，证据还必须与待证事实之间具有关联性，即具有一定的因果逻辑关系，不管是必然的，还是或然的。关于证据与待证事实的关联性标准，有学者指出应当是："由于证据的存在，使得待证事实的真实或虚假变为清晰，从而有助于证明待证事实的真伪。"〔1〕反之，由于待证事实无法得到有效的证实或证伪，即证据与待证事实的关联性不够（理由不充分）甚至不存在任何关系（理由不相干），那么就可能产生疑难案件，因此关于疑难案件存在"证据不足、事实不清"之类认同标准。疑难案件出现的频率与科学和证据规则的发达程度息息相关。其二，在法律规则层面，法律规则的漏洞或空白，以及法律规则之间存在的相互竞合或相互矛盾和冲突，也是导致疑难案件的重要规则因素。德国法学家阿列克西从法律论证的角度分析过疑难案件形成的法律规则因素：他认为："在许多情形（案件）中，那种对某个法律纠纷作出裁决且可以用某个单称的规范性语句来表达的法律判断，并不是在逻辑上从预设有效的法律规范连同被认为是真实或证明是真实的经验语句之表达中推导出来的。"而"说明这一点至少有4个方面的理由：（1）法律语言的模糊性；（2）规范之间有可能发生冲突；（3）可能存在这样的事实，即有些案件需要在法律上的调整，但却没有任何事先有效的规范适合来用于调整；（4）在特定的案件中，所作出的裁判有可能背离规范的条文原义"。〔2〕刘星教授也认为，疑难案件产生的规则原因是多方面的，既可能源于法律语言的局限性而造成法律规则的模糊性，也可能源于立法者思维的非至上性而造成立法预见

〔1〕　江伟：《民事诉讼法》（第2版），高等教育出版社2004年版，第131页。
〔2〕　［德］罗伯特·阿列克西：《法律论证理论——作为法律证立理论的一种理性论辩理论》，舒国滢译，中国法制出版社2002年版，第2~3页。

上的局限性，还可能源于法律规则的稳定性、概括性与社会现实复杂多变之间的矛盾和冲突。[1]其三，在法律裁判层面，法律裁判的逻辑结论可能是有效的，但却是不可接受的，如恶法的存在，或者单一裁判方法的适用，或者作为法律事实与法律规则的推理前提之间的关联性不够甚至存在多样性的选择，那么疑难案件的出现就是必然的，有关推理活动不单单是形式的更会是辩证的思维过程。因此，博登海默告诫我们："当在两个或两个以上可能存在的前提或基本原则间进行选择成为必要时，那种认为解决一个问题只有一个正确答案的观点一定会室人产生疑问……如果那种情况发生，那么就必须通过对话、辩论、批判性探究以及为维护一种观点而反对另一种观点的方法来发现最佳的答案。由于不存在使结论具有确定性的无可辩驳的'首要原则'，所以我们通常所能做的就只是通过提出有道理的、有说服力的和合理论辩去探索真理。"[2]关于法律不周延性与自身结构性缺漏的分析，为我们进行疑难案件的分类提供了逻辑和法理依据。

### 三、疑难案件类型

疑难案件的类型化与疑难案件的形成原因存在直接关系。大致来说，学术界关于疑难案件的类型化存在二分法、三分法、四分法和五分法。

首先，疑难案件与简单案件（又名简易案件、常规案件）是相对而言的。有些学者将疑难案件置身于所有案件类型大框架中进行区分考虑。如美国大法官卡多佐根据法律规范的确定性程度，将法官日常处理案件大致分为三大类型：一是"法律规定非常明了、非常确定的案件"[3]，这些案件堆积如山，令人乏味，法官没有自由裁量余地，通常只有一条路、一种司法选择，它们占据了法官处理案件的大头；二是那些适用法律规则确定，却面临不同司法路径选择的案件，这些案件为法官"提供了真正的选择余地——不是一个非此即彼的选择：一个选择被人们认为几乎理所当然的正确，另一个则理所当然的错误；而是一个经过周密权衡的选择，其一经宣告，一种新的正确

〔1〕 刘星：《法律是什么——20世纪英美法理学的批判阅读》，广东旅游出版社1997年版，第62页。
〔2〕 ［美］E. 博登海默：《法理学——法哲学与法律方法》，邓正来译，中国政法大学出版社1999年版，第497页。
〔3〕 ［美］本杰明·N. 卡多佐：《法律的成长，法律科学的悖论》，董炯、彭冰译，中国法制出版社2002年版，第34页。

和一种新的错误（标准）即由此产生"[1]；三是法律规则含混不清、深藏不露或存在空白而需要法官予以澄清、填补空白或淡化难点与错误的案件，事实上这些案件数量并不多，然而也并非少得可以忽略不计，它们"就是司法过程中创造性因素发现自己的机遇和力量的案件。……在某种意义上，它们当中的许多都确实是见可以这样决定也可以那样决定的……在这里，开始起作用的就是对判决的平衡，是对类比、效用和公道等考虑因素的检验和分类整理"。[2] 在这里，法官承担起了立法者的职能。卡多佐关于法官处理案件的第一种分类即简易案件，第二种和第三种分类即疑难案件。梁慧星教授继承了卡多佐大法官的案件分类法，但从法律解释的角度更加明确地提出了司法案件三分法："其一，有法律条文，则需要确定其适用范围，明确其内容意义，区分其构成要件与法律效果……其二，没有法律规定，这种情况叫作法律漏洞，需要法官自己创设一个规则，创设规则当然要依据一些方法和理论，这一套工作叫作法律漏洞填补；其三，虽有法律规定，但属于不确定性概念，需要结合本案事实将不确定性概念具体化，这一套工作叫不确定性概念的价值补充。"[3]

而综合法学家博登海默第一次从辩证的法律推理角度，根据疑难案件出现的三种情形正式将疑难案件归纳为法律"未规定案件"、法律规则"抵触"案件和法律规则"正当性缺失"案件三种类型。在他看来："在法律领域中，法官在解决争议时有必要运用辩证推理的情形主要有三种。这三种情形是：（1）法律未曾规定简洁的判决原则的新情形；（2）一个问题的解决可以适用两个或两个以上互相抵触的前提但却必须在它们之间作出真正选择的情形；（3）尽管存在着可以调整所受理的案件的规则或先例，但是法院在行使其所被授予的权力时考虑到该规则或先例在出争议事实背景下尚缺乏充分根据而拒绝适用它的情形。"[4] 受德国法学家阿列克西法律论证理论的启发，刘星教授将疑难案件进一步扩展为语言解释困难案件、处理结果有争议案件、法

---

〔1〕 ［美］本杰明·N. 卡多佐：《法律的成长，法律科学的悖论》，董炯、彭冰译，中国法制出版社 2002 年版，第 35 页。

〔2〕 ［美］本杰明·卡多佐：《司法过程的性质》，苏力译，商务印书馆 1998 年版，第 104 页。

〔3〕 梁慧星：《裁判的方法》，法律出版社 2003 年版，第 49 页。

〔4〕 ［美］E. 博登海默：《法理学——法哲学与法律方法》，邓正来译，中国政法大学出版社 1999 年版，第 498 页。

律未规定案件和法律规定相互冲突案件共四种类型。[1] 具体说来，他认为，从法律规范的语言来看，有些案件因法律术语或概念显得模糊不清而难以处理，这些案件属于法律解释的疑难案件；从法律适用的结果来看，某些案件如果直接严格适用法律则会导致某些似乎不公正不合理的结果，这类案件属于处理结果有争议的疑难案件；从法律规定的范围来看，有些案件由于法律规定具有某些漏洞，致使法律适用者无法从明确的法律前提中得出具体的处理结论，同时，这些案件又迫切地需要加以解决，这类案件属于法律未规定的疑难案件；从法律规定的相互关系来看，有些案件既可以适用这种规定，也可以适用另一种规定，这类案件属于法律规定相互冲突的疑难案件。

在当代中国，沈宗灵教授比较早地提出疑难案件五分法，即将疑难案件分为法律含义模糊案件、法律空隙案件、法律抵触案件、法律竞合案件以及合理与合法矛盾案件。[2] 在他看来，有以下几种情况产生的疑难案件可能需要实质推理：第一，法律规定本身意义含糊不明，而且这种含糊不明并不是文字上的含糊，文字上的含糊可以通过文字解释来解决。而法律规定本身意义含糊是指实质内容的含糊，如果要进行法律解释，这种解释已不是文字解释而是实质内容或价值观的解释，已属于实质推理的范围。第二，法律中对有关主题本身并无明文规定，也就是出现了法学著作中通常所讲的"法律空隙"。第三，法律规定本身可能有抵触；第四，法律中可能规定两种或两种以上可供司法者选择适用的条款；第五，出现通常所说的合法与合理之间的矛盾即某一行为或关系，在法律上讲是"合法"的，但从经济政治伦理等角度讲，却是不合理的，或反过来，从法律上讲是"违法"的，但从其他角度讲，却是合理的。王洪教授则将疑难案件进一步简化为法律疑义案件、法律反差案件、法律漏洞案件、法律冲突案件和"恶法"案件等五类疑难案件。[3] 他认为，法律疑义案件就是指法律规定模糊不清、含混歧义或笼统抽象的案件。而法律反差案件即法律文字所表达的和法律要表达的真实内容或意思不一致的案件。关于法律漏洞案件，即法律未规定的案件或者法律无明文规定的案件，也就是我们所言的法律空白案件。他认为，法律冲突案件具体表现为两种情

---

〔1〕 刘星："略论法律适用中的疑难案件"，载《中山大学学报（社会科学版）》1993 年第 3 期。
〔2〕 沈宗灵："法律推理与法律适用"，载《法学》1988 年第 5 期。
〔3〕 王洪：《制定法推理与判例法推理》，中国政法大学出版社 2013 年版，第 171～178 页。

形，即一是法律虽然有规定，但法律规定或规则自相矛盾；二是存在两个或两个以上的法律规定或规则，每个法律规定或规则都有足够的理由适用于同一具体案件，但这些不同的法律规定或规则不可能被同时履行，履行其中一个就无法同时履行另一个法律规定或规则。所谓"恶法"案件，就是对于当前的具体案件而言，存在明确的法律规定或规则，但一旦直接适用该法律规定或规则，就会导致明显有悖情理或显失社会公平正义的结果，因此在此案件事实背景下，该规定或规则有些不合理或不妥当而难以适用它，需要正当背离该规定或该规则。

由此可见，王洪教授所指的"法律疑义案件"和"法律反差案件"都是因法律语言问题产生的疑难案件，与刘星教授所指的"语言解释困难案件"以及沈宗灵教授所指的"法律含义模糊案件"本质上属于同一类型；王洪教授所指的"恶法"案件，与刘星教授所指的"处理结果有争议案件"和沈宗灵教授所指的"合理与合法矛盾案件"本质上属于同一类型；王洪教授所指的"法律漏洞案件"，其实就是博登海默和刘星教授所指的"法律未规定案件"、沈宗灵教授所指的"法律空隙案件"；而沈宗灵教授所指的"法律抵触案件"与"法律竞合案件"，在其他学者那里统称为"法律冲突案件"。因此，不管疑难案件如何分类，立足法律规则的角度分析，四种类型说是比较全面而准确的选择。如果加上因法律事实前提产生的疑难案件，那么我们就可以根据以下五种情形来分析疑难案件处理的适用条件：法律证据不足，事实不清；法律规定模糊，含混笼统；法条竞合与法律冲突；法律漏洞或法律空白；法律正当性缺失或背离。

## 第二节　疑难案件的裁决逻辑

### 一、疑难案件法律推理

#### （一）法律推理的二重属性：分析性与非分析性

法律推理是法律人在解决法律纠纷过程中的职业性逻辑活动，那么它的性质究竟是分析性的还是非分析性的呢？换言之，它仅仅是形式的法律推理活动，抑或是实质的法律推理活动呢？在法律思想史上，关于法律推理的性质，一直存在分析论与非分析论的对立学术观点。关于这两种观点的梳理非常有意义，诚如信春鹰教授所言：关于法律推理是分析的还是非分析的问题，"这个问题表面上是技术性的，实际上是法官的作用问题"，因此与"法治问题有密切的联系"。[1]

按照传统的法治理论，在实行权力分立的社会，法官的主要任务是适用法律。相对于立法机关的法律创造活动而言，他们显得有些被动、甚至呆板。孟德斯鸠说过，法院判决应该是法律的翻版。"国家的法官不过是法律的代言人，不过是一些呆板的人物，既不能缓和法律的威力，也不能缓和法律的严峻。"[2]分析性的演绎推理就成为法院判案的主要逻辑选择，法官无自由裁量的权力。这种观点后来发展成为形式主义的概念法学观，认为司法判决过程不过是法官机械地把当事人讼争事实归摄到法律条文中的逻辑操作过程，如同操作自动售货机一样简单。20世纪以来，各种分析法学派沿袭了法律推理分析观，他们认为虽然在案件事实的发现中法官还会运用归纳法和类比法等非演绎推理，但是演绎三段论还是成为法官最主要的司法裁判逻辑模式，因为作为大前提的法律规则是确定的，法官必须把确定的前提作为司法正义程序的起点，而这一起点将约束他的职业行为的始终。面对各方面的批评意见，法律推理的分析论者也发展了自身理论，如比利时法学家卡姆·佩雷曼就认为，为了使法律推理的分析性质理论更具有说服力，最重要的是扩大法律推理中的"理性"含义，而这种"理性"并不与三段论逻辑的范围相同，它可以延伸到任何可以使人接受和相信的规范解释。[3]持类似观点的还有德国法学家特多·韦格、墨西哥法学家路易斯·希思等。

出于对形式主义概念法学的不满和对夸大形式逻辑功能的尖锐批评，法学界出现了法律推理非分析论派，他们以法律现实主义和批判法学为代表，认为作为大前提的法律规则并不总是确定的，司法裁判充满着法官的个人情感和政治主张，判决书并不是与价值无涉的纯粹三段论，而是充满着司法能动主义。按照法律现实主义者卢埃林的观点："社会总是不断变化的，而且通常比法律变化更快，因此法律需要重新检讨的可能总是存在的，这种检讨是

---

[1] 信春鹰："二十世纪西方方法哲学基本问题"，载《法学研究》1993年第4期。
[2] ［法］孟德斯鸠：《论法的精神》（上册），张雁深译，商务印书馆1961年版，第163页。
[3] 信春鹰："二十世纪西方方法哲学基本问题"，载《法学研究》1993年第4期。

为了确定法律规则在多大程度上适应了它声称所要服务的这个社会。"〔1〕因此，"法律总是流动的、变动的"，存在司法造法的可能性。而另一名法律现实主义者弗兰克则认为我们必须破除"法官永不制定法"的司法神话与法律迷思，司法判决的形成并不是根据分析和推理，而是感觉，法官的特性、习惯、喜好、偏见等都会影响判决的结果。"规则似乎可以提供统一性和稳定性，这通常只是一种幻觉和空想。没有规则能够防止事实认定过程中的内在主观性。通过诉诸法律规定，一般不能避免审判中的人性因素。"〔2〕因此，弗兰克认为初审法院司法判决的公式在逻辑上虽然存在三类公式，即"R（rule）＊F（fact）＝D（decision）"、"S（stimulus）＊P（personality）＝D"和"R＊SF（subject fact）＝D"，但是只有第三个公式才真实地反映法官的判决，即根据法官和陪审员认定的事实适用规则的过程。也就是说，法院判决的事实是由法官和陪审员认定的主观事实，而不是发生在初审以前特定时间、地点实际发生的客观事实。批判法学派的观点更为激进，他们猛烈抨击了那种认为法律推理不掺杂任何政治或伦理价值判断的自由主义法治观，认为那是一个"谎言"，是他们在"胡说"。因为"恰是这样一类的法律推理根本就不可能在道德和政治多元主义的环境中存在。法律－政治的区分界限塌陷了，于是，法律推理变得等于裁决哪一方拥有最佳道德或者政治观点了"。〔3〕总之，法律推理不是分析性的，是法官根据政治需要和伦理判断所进行的创造活动。

其实，立足法律实务的方法论视角，我们就会发现法律推理的性质既是分析的也是非分析的，法律推理毕竟不同于其他逻辑推理（如数学推理和科学推理），它更具有实践理性的鲜明特点。按照学者解兴权的观点，有关分析性与非分析性之争，来源于争论各方突出强调了法律推理的某个方面，即人之理性分析与智识判断，但是我们没有必要将二者对立起来，这是因为"法律是实践理性的一种，法律推理的首要特征在于它是一种实践理性，因而它

---

〔1〕　Llewellyn, "Some Realism about Realism – Responding to Dean Pound", 44 Harv. L. Rev. , pp. 1236 ~ 1238.

〔2〕　［美］弗兰克：《初审法院——美国司法中的神话与现实》，赵承寿译，中国政法大学出版社 2007 年版，第 361 页。

〔3〕　［美］安德鲁·奥尔特曼：《批判法学——一个自由主义的批评》，信春鹰、杨晓锋译，中国政法大学出版社 2009 年版，第 10 ~ 11 页。

具有实践性"。[1]具体说来，一方面，法律推理源于人的理性判断，法治社会总是存在关于法律一致性和可重复性适用等富有形式逻辑特征的推理需求，而人类关于自然界、社会和思维本身的规律性认知或适用活动自然离不开分析性的法律推理活动；另一方面，法律推理又是合目的性的和面向社会现实的活动，特别是当面对复杂疑难案件时，政策、伦理、习俗等非法律因素的实质考量也就成为人们作出法律决定的重要参考指标和法律渊源，法官等法律人的自由裁量权最终在实践中得以确认、发挥和施展。

（二）疑难案件裁决逻辑选项：实质的法律推理

一般而言，借助形式的演绎推理，简单案件处理即可得到满意的答案，但一旦面对疑难案件，法律适用者则需要运用实质推理才能达到解决问题的目的。实质的法律推理即辩证的法律推理、实践的法律推理，它不是从固定的范畴出发，而是一种对各种价值、利益、政策进行的综合平衡和选择的推理推导过程。在法律实践中，法律人往往会碰到这样的一些情形，即作为推理的前提不确定或不存在，或者作为推理前提的是两个或两个以上相互矛盾关系（反对关系）的法律命题。如果运用形式的逻辑推理，有关法律推理活动根本就没办法进行，即使启动了有关法律推理活动，我们根据矛盾律和排中律等形式逻辑规律也无法作出合乎逻辑的法律判断。因此，唯有运用对立统一的辩证思维规律，并参照利用各种价值、利益和习俗、政策等非法律因素在内的综合平衡考虑之后，我们方有可能得出合乎逻辑的法律结论。虽然哲学意义上的辩证法存在对立统一、否定之否定和质量互变三大规律，但唯有对立统一律为辩证思维逻辑的根本规律。就实质推理而言，它的实质和特征就是"通过分析对象的固有矛盾而达到对对象具体真理的把握"。[2]因此，实质推理坚持演绎推理与归纳推理和类比推理等非演绎推理的辩证统一以揭示对象矛盾关系的事实真相。实质推理的主要作用在于处理因为法律问题的复杂性所产生的疑难案件，这就要求法律人在面对两个或两个以上相互矛盾的法律命题时，仅仅靠形式推理是无法彻底解决问题的，而是必须建立在对事物多重属性之间辩证关系的客观认识基础之上，根据或参考法律规定以外

---

〔1〕 解兴权：《通向正义之路——法律推理的方法论研究》，中国政法大学出版社2000年版，第31页。

〔2〕 彭漪涟：《辩证逻辑基本原理》，华东师范大学出版社2000年版，第227页。

的因素和一定的价值观与利益衡平手段进行辩证统一的实质推理才能彻底解决待决的疑难案件。

　　相对于分析性的形式法律推理，实质的法律推理更具有非分析性的性质。建立在形式逻辑基础上的形式法律推理，被美国法学家博登海默称之为"分析推理"（analytical reasoning），"意指解决法律问题时所运用的演绎方法（有时用对某个模棱两可的术语所作的解释来补充）、归纳方法和类推方法"。[1]他认为，分析推理的特征乃是法院可以获得表现为某一规则或原则的前提，即法律推理的大前提相对确定的、清楚的、众所周知的或不证自明的。至于实质的法律推理，博登海默称之为"辩证推理"（dialectical rensoning）。他说，按照亚里士多德的观点，辩证推理"乃是要寻求'一种答案'，以对在两种相互矛盾的陈述中应当接受何者的问题作出回答"。"当在两个或两个峄上可能存在的前提或基本原则间间进行选择成为必要时……那么就有必须通过对话、辩论、批判性探究以及为维护一种观点而反对另一种观点的方法来发现最佳的答案。"[2]可见，博登海默所指的辩证推理存在多个答案，其特点是借助对话和辩论等手段寻求最佳答案，这明显不同于只存在一个答案的分析推理。后来，美国法学家阿蒂亚等人明确地提出了"形式的"（formal）法律推理和"实质的"（substancial）法律推理之区分规则，用以分别指称英国的法律推理模式和美国的法律推理模式。按照他们的说法，两种推理的依据不同：其中，"一个实质性依据可被解释为一种道德的、经济的、政治的、制度的或其他的社会因素。实质性依据的两个基本类型，是'目的性'依据和'正当性'依据"。而"实质性依据构成了大多数宪法、宪令、先例和其他为法律所承认之事实（包括合同、判决等等）的主要部分，而后者是形式推理的起点"。[3]实质的法律推理还被称为目的性或政策导向的法律推理（美国批判法学代表人物昂格尔）、后果论推理（或称为结果论，制度法学创始人麦考密克）、实践推理（经济法学代表人物波斯纳）等，这些不同名称所指向的

---

〔1〕［美］E. 博登海默：《法理学——法律哲学与法律方法》，邓正来译，中国政法大学出版社1999 年版，第491 页。

〔2〕［美］E. 博登海默：《法理学——法律哲学与法律方法》，邓正来译，中国政法大学出版社1999 年版，第497 页。

〔3〕［美］P. S. 阿蒂亚、R. S. 萨默斯：《英美法中的形式与实质：法律推理、法律理论和法律制度的比较研究》，金敏、陈林林、王笑红译，中国政法大学出版社2005 年版，导言第5 页。

实质法律推理说都强调此类推理的非分析性特征，即推理条件是在正式法源（制定法与判例法）不明确、存在矛盾或正当背离甚至存在漏洞和空白时（即出现了疑难案件），推理依据主要为非正式法源（包括政策、伦理、习俗、常理、宗教、经济等社会规范），推理目的重在合理性与合情性而不仅仅在与正当性与合法性，推理方法强调辩证性，即重视形式逻辑方法的综合运用及形式逻辑方法与非形式逻辑方法的结合适用。笔者主张采用"实质的法律推理"一词统称所有的非分析性的法律推理模式，涵盖了法律的"辩证推理"、"目的论推理"、"结果论推理"、"实践推理"等词语，而不作学术研究上的微观区分。[1]

### 二、形式法律推理与实质法律推理

形式法律推理是在法律适用过程中，根据确认的案件事实，直接援用相关的法律条款，并严格按照确定的法律条款的判断结构形式所进行的必然性证明推理；实质法律推理则是以法律规范的内容、立法的目的和以立法基本价值取向为依据的或然性辩证推理。一方面，形式法律推理与实质法律推理存在若干共同特点：一是存在共同的推理目的和客体，都是为了正确适用法律并解决实际存在的法律问题（即法律纠纷）；二是即存在共同的法律推理结构和过程，都存在明确的法律事实认定、法律规范的发现与解释以及正确作出法律决定三个必要的法律推理环节与过程；三是存在共同外延的法律推理主体，普通公民和法律人都可以成为不同类型法律推理的可能主体；四是都具有涉法性特征而区别于其他非法律推理活动，都存在一定程度的法律价值判断，其规范性与程式性并存。

另一方面，形式法律推理与实质法律推理之间也存在诸多方面的差异性：一是各自的法律价值追求不同，形式法律推理是法律与形式逻辑的有机结合，它追求的是合法性价值，强调事实与规范的一致；实质法律推理是辩证逻辑在法律思维中的体现，其所追求的价值观念是合理，要求推理活动符合社会

---

〔1〕 有学者严格区分了"实质推理"与"辩证推理"，认为辩证推理在法律推理中的使用可能使人把其与黑格尔－马克思主义意义上的辩证法相混淆或造成误解，因此应区别二者。参见余继田：《实质法律推理研究》，中国政法大学出版社 2013 年版，第 44～50 页。但笔者认为，实质推理实际上涵盖了辩证推理，从方法论的角度来看，实质推理的方法主要采用的就是辩证推理的方法，二者不必作过度的区分。

进步与社会发展、发展民主、保障人权和公序良俗的价值理念。因此可以说，形式法律推理的逻辑基础是形式逻辑，而实质法律推理则以辩证逻辑（非形式逻辑）为其逻辑基础。二是处理案件的适用范围不同，形式法律推理适用范围远远大于实质法律推理，它主要适用于简单案件（常规案件）的逻辑处理，其中的演绎推理和类比推理分别在制定法国家和判例法国家各有其重要性。实质法律推理则主要适用于复杂疑难案件的逻辑处理。三是法律适用的推理方法不同：形式法律推理主要采用形式逻辑的推理方法，如演绎推理、归纳推理和类比推理。而实质法律推理采用辩证推理的方法，如二难推理、归谬法、反推法等。四是法律适用的价值判断不同，实质法律推理不像形式法律推理那样从确认的案件事实和明确的法律规定出发就可合乎逻辑地导出结论，而是根据"法律内"或"法律外"的因素综合案件事实进行实质内容上的价值判断，因此实质法律推理主要涉及对法律规定和案件事实本身实质内容的评价和价值判断。如果说形式法律推理主要是价值无涉的逻辑推演活动，其中涉及的诉讼证据充分、法律事实相对确定、法律规则相对明确规范统一，那么实质法律推理则更多涉及价值判断与利益衡平的社会因素考量。五是法律推理的侧重点不同，形式的法律推理侧重于广义意义上逻辑的推理模式，即从前提到结论，着重推理规则的有效性与推理结果的真值性要求，合规则性是其主要的追求；而实质的法律推理侧重于广义意义上逻辑的论证模式，即从结论反推前提的真实有效性与推理形式的合规则性，即使逻辑谬误也被视为特殊的论证模式，可接受性、结论的合情理性也是推理的重要目标考量。

## 第三节　实质推理的适用条件

我们之所以需要进行法律实质推理，是由于作为推理前提的法律术语或概念存在不确定性或者存在两个或两个以上相互矛盾的法律命题，或者按照形式推理所得出的法律结论并不令人满意而存在法律效果与社会效果的不统一，由此法律人的辩证思维逻辑训练是十分必要的。然而，法律的实质推理并不排除各种形式的法律推理方法的综合运用，如将演绎推理与归纳推理和类比推理相结合，或者将模态推理与非模态推理相结合，或者说将逻辑推理方法与历史学方法、社会学方法、价值分析方法等非逻辑方法相结合。事实上，某些形式逻辑方法也透露出某些辩证属性，如假言选言推理（二难推理）就是假言推理与选言推理有机结合，而求因果法与溯因法的推理方法相反正好形成方法上的补充，逻辑论证过程中的归谬与证明方法同样体现出辩证推理方法的某些运用等。从法律的事实或规范角度考察，我们发现实质推理的适用条件存在五种不同的情形。凡是出现了其中的任何一种情形，我们都应借助实质推理作出合乎辩证逻辑的法律决定。

### 一、法律证据不足、事实不清

我们知道，法律推理有效性的条件之一是推理前提的真实确定，包括法律事实的真实确定和法律规范的真实确定。"法律事实的真实确定"意味着"证据确实充分、案件事实清楚"。而在法律实务中，法律事实的真实确定需要借助证据的确实充分来实现，因此证据的证明力问题就成为关键，而围绕证据的证明力问题又会涉及举证、质证和认证等程序性问题。如果法律适用者在不同的程序环节不能有效地运用确实充分的证据，来证实或证伪当前案件的案件事实并使之清楚明白，那么就有可能出现"证据不足、事实不清"的问题，疑难案件也就可能随之产生。"事实不清"源于"证据不足"，也就是证据证明力的欠缺或不充分。一般而言，证据的证明力意味着证据的真实性、证据的关联性及合法性的统一。但是在学术界，关于诉讼证明标准存在主观真实说、相对真实说和法律真实说三种学说：①所谓主观真实，是指法官或者事实认定者发现的事实，并不是诉讼之前在特定时间、地点发生的"客观事实"，而是法官或事实认定者对案件事实的认知结果。②所谓相对真实是指诉讼证明因其自身的特殊性，即证明主体、证明客体、证明时空和资源的局限性以及证明程序和证据规则的制约，在大多数情况下达不到证明结果与案件客观事实完全一致的程度，只可能达到近似真实，即盖然真实。③法律真实即是司法活动中人们对案件事实的认识符合法律所规定或认可的真实，是法律意义上的真实，是在具体案件中达到法律标准的真实。但是从最高人民法院的有关规范性文件来看，我国的司法实务倾向于法律真实说。如2015年2月4日施行的《最高人民法院关于适用〈中华人民共和国民事诉讼法〉的解释》第104条规定："人民法院应当组织当事人围绕证据的真实性、合法性以及与待证事实的关联性进行质证，并针对证据有无证明力和证明力大小进行说明和辩论。能够反映案件真实情况、与待证事实相关联、来源和形式符合法律规定的证据，应当作为认定案件事实的根据。"民事诉讼证据必须具有真实性、关联性和合法性，排除非法证据。而2013年1月1日施行的《最高人民法院关于适用〈中华人民共和国刑事诉讼法〉的解释》第104条规定，人民法院对当事人和其他人提供证据的综合审查应坚持真实性、关联性与合法性的标准。即"对证据的真实性，应当综合全案证据进行审查。对证据的证明力，应当根据具体情况，从证据与待证事实的关联程度、证据之间的联系等方面进行审查判断。证据之间具有内在联系，共同指向同一待证事实，不存在无法排除的矛盾和无法解释的疑问的，才能作为定案的根据"。该司法解释也进一步确认了新修订《刑事诉讼法》所规定的"不得强迫作证"与犯罪嫌疑人疑罪从无的非法证据排除规则。立足法律方法的角度，笔者赞同证据的法律真实说。如果涉案证据无法证实案件事实的真实存在，或者当事人（及其代理人）之间，或刑事被告（及其代理人）与公诉人之间就关键性证据存疑，法官作为证据质疑、辩论环节的组织者和认定者必须有所作为，即可能面临疑难案件的司法裁判。争议证据的存在意味着待证案件事实的不确定，这必然影响到司法裁判者的法律规则选择与司法决定的正当性，因此受理法院必须慎之又慎地依法裁判。对于证据不足、事实不清的案件，在微观的个案审理阶段，法官必须按照证据规则（法定证据规则或自由心证原则）作出相应处理，如对有关证据的效力有疑问，法庭可以宣布休庭，限期当事人进一步举证。如当事人充分举证后，对于影响查明案件主要事实的证据经过庭审质证仍无法认定其效力的，可依当事人的申请或职权调查收集证据，也可以借助自认程序、逻辑推理和经验法则补强证据，澄清事实。而在宏观的诉讼制度层面，当事人则可以启动上诉程序（如下文的案例一），公诉机关可以启动抗诉程序，法院则可以启动再审程序对有关证据和事实问题予以澄清纠正（直接改判或决定重审，如下文的案例二）。

　　案例一，"呼格吉勒图犯故意杀人罪、流氓罪再审案"[1]：1996年4月9日晚19时45分左右，被害人杨某某称要去厕所，从呼和浩特市锡林南路千里香饭店离开，当晚21时15分被发现因被扼颈窒息死于内蒙古第一毛纺织

---

〔1〕 "内蒙古自治区高级人民法院〔2014〕内刑再终字第00005号"，载 http://www.court.gov.cn/zgcpwsw/nmg/xs/201412/t20141218_ 5152309.htm，访问日期：2015年2月7日。

厂宿舍 57 栋平房西侧的公共厕所女厕所内。呼格吉勒图于当晚与其同事闫峰吃完晚饭分手后，路过该女厕所，此后返回工作单位叫上闫峰到案发女厕所内，看到杨某某担在隔墙上的状态后，呼格吉勒图与闫峰跑到附近治安岗亭报案。呼和浩特市人民检察院指控被告呼格吉勒图犯故意杀人罪、流氓罪，呼和浩特市中级人民法院于 1996 年 5 月 17 日作出（1996）呼刑初字第 37 号刑事判决，认定呼格吉勒图犯故意杀人罪，判处死刑，剥夺政治权利终身；犯流氓罪，判处有期徒刑 5 年，决定执行死刑，剥夺政治权利终身。一审宣判后，呼格吉勒图以没有杀人动机，请求从轻处理等为由，提出上诉。内蒙古自治区高级人民法院于 1996 年 6 月 5 日作出（1996）内刑终字第 199 号刑事裁定，驳回上诉，维持原判，并根据当时有关死刑案件核准程序的规定，核准以故意杀人罪判处呼格吉勒图死刑，剥夺政治权利终身。1996 年 6 月 10 日呼格吉勒图被执行死刑。呼格吉勒图的父亲李三仁、母亲尚爱云提出申诉。

内蒙古自治区高级人民法院于 2014 年 11 月 19 日作出［2014］内刑监字第 00094 号再审决定，对本案进行再审。2014 年 12 月 13 日，内蒙古自治区高级人民法院签发［2014］内刑再终字第 00005 号刑事判决书，作出如下判决："一、撤销本院［1996］内刑终字第 199 号刑事裁定和呼和浩特市中级人民法院［1996］呼刑初字第 37 号刑事判决；二、原审被告呼格吉勒图无罪。"内蒙古自治区高级人民法院的再审判决指出："原审认定呼格吉勒图犯故意杀人罪、流氓罪的事实不清，证据不足，对申诉人的请求予以支持，对辩护人的辩护意见和检察机关的意见予以采纳，判决呼格吉勒图无罪。"法院对呼格吉勒图最终作出无罪判决的事实根据主要有三：一是原审被告呼格吉勒图供述的犯罪手段与尸体检验报告不符。呼格吉勒图供称从杨某某身后用右手捂杨某某嘴，左手卡其脖子同时向后拖动杨某某两三分钟到隔墙，与"死者后纵隔大面积出血"的尸体检验报告所述伤情不符；呼格吉勒图供称杨某某担在隔墙上，头部悬空的情况下，用左手卡住杨某某脖子十几秒钟，与"杨某某系被扼颈致窒息死亡"的尸体检验报告结论不符；呼格吉勒图供称杨某某担在隔墙上，对杨某某捂嘴时杨某某还有呼吸，也与"杨某某系被扼颈致窒息死亡"的尸体检验报告结论不符。二是血型鉴定结论不具有排他性。刑事科学技术鉴定证实呼格吉勒图左手拇指指甲缝内附着物检出 O 型人血，与杨某某的血型相同；物证检验报告证实呼格吉勒图本人血型为 A 型。但血型鉴定为种类物鉴定，不具有排他性、唯一性，不能证实呼格吉勒图实施了犯罪行为。三是呼格吉勒图的有罪供述不稳定，且与其他证据存在诸多不吻合之处。呼格吉勒图在公安机关侦查阶段、检察机关审查起诉阶段、法院审理阶段均供认采取了卡脖子、捂嘴等暴力方式强行猥亵杨某某，但又有翻供的情形，其有罪供述并不稳定。呼格吉勒图关于杨某某身高、发型、衣着、口音等内容的供述与其他证据不符，其供称杨某某身高 1.60 米到 1.65 米，尸体检验报告证实杨某某身高 1.55 米；其供称杨某某发型是长发、直发，尸体检验报告证实杨某某系短发、烫发；其供称杨某某未穿外套，尸体检验报告证实杨某某穿着外套；其供称杨某某讲普通话与杨某某讲方言的证人证言不吻合。原判认定的呼格吉勒图犯流氓罪除其供述外，没有其他证据予以证明。

案例二，甘肃徽县"盛源机砖厂与白新兵提供劳务者致害责任纠纷二审案"[1]：2009 年 3 月，白新兵经甘肃徽县盛源机砖厂联系人陈爱红介绍到徽县盛源机砖厂开始打工，此时双方已建立劳动关系。白新兵的工作是驾驶电瓶车运输砖坯，按件计酬。2009 年 7 月 11 日下午，白新兵在用老虎钳剪切砖机使用的钢丝时，钢丝反弹中原告右眼致伤，当时只发现右眼有红点，陈爱红带白新兵去附近买了点眼药水滴上后，伤情未见好转。白新兵被徽县盛源机砖厂派陈爱红于 2009 年 7 月 20 日送徽县人民医院，被诊断为：（1）右眼外伤性白内障；（2）右眼钝挫伤，上级医院进一步治疗。2009 年 7 月 21 日，徽县盛源机砖厂派陈爱红带白新兵在天水市第二人民医院住院治疗到 2009 年 8 月 10 日出院。出院诊断：右眼球穿孔伤，外伤性白内障、右眼肉炎、玻璃体积血右虹睫炎；治疗结果：治愈；出院医嘱：患者要求出院，继续治疗，随诊。2009 年 12 月 10 日白新兵被家人陪同再次住天水市第二人民医院，13 日白新兵右眼进行人工晶体植入手术，2009 年 12 月 19 日治愈出院。白新兵第一次住院的医疗费 8644 元被告方陈爱红支付，第二次住院医疗费用 6394.82 元原告支付。白新兵出院后在被告砖厂工作了三个月时间，后被家人叫回礼县生活。2010 年 7 月 10 日陇南市人力资源和社会保障局以陇人社工认字［2010］33 号职工工伤认定白新兵系工伤；同年 12 月 29 日，陇南市劳动能力鉴定委员会作出陇劳鉴［2010］40 号职工因工伤残劳动能力鉴定，认定白新兵为七级伤残。白新兵与徽县盛源机砖厂协商赔偿事宜不能成功，白新

---

［1］　"甘肃省陇南市中级人民法院［2012］陇民二终字第 20 号"，载 http://www.chinagscourt.gov.cn/zyDetail.htm？id=295628，访问日期：2015 年 2 月 7 日。

兵向徽县人力资源和社会保障局申请劳动仲裁未果，遂向徽县人民法院起诉要求赔偿。徽县人民法院审理后签发［2011］徽民一初字第73号民事判决书，判决：由被告徽县盛源机砖厂一次性赔偿原告白新兵工伤医疗费、一次性伤残补助金、工资等共计49 527.82元。

被告徽县盛源机砖厂不服判决，向陇南市中级人民法院提起上诉称："依照法律规定，工伤事故赔偿案件不属于人民法院直接受理。《劳动法》以及《劳动争议调解仲裁法》中规定，劳动争议发生后，应先经过劳动仲裁程序裁决，方可进入诉讼程序，即'一裁两审'制。而本案由法院直接受理，并径直判决的做法，明显违反了法律程序，故本案应当依法撤销。……本案不仅在程序上缺乏应当受理的关键证据，更为重要的是原告提交的工伤认定书、职工伤残等级鉴定书是复印件，其病历、医疗费结算单等均是复印件，原告应是上述证据的持有人，在其不能提供原件情况下，应当确认上述证据无效。一审以上述不具证据效力的复印件作为定案依据，已违反了民事诉讼法关于证据的相关规定，致使案件事实不清，证据不足。一审以上述无效证据认定原告为工伤事故，并判决由上诉人赔偿其事故之后的各项损失，当然不能成立。一审认定上诉人拖欠原告三个月工资计6003元，毫无根据，因陈爱红已付清了原告的全部工资后，原告还欠陈爱红1000元债务，陈爱红有欠条为据。上诉人与原告之间并未建立劳动合同关系，不存在拖欠工资问题。综上所述，上诉人认为，一审违反了劳动争议案件'一裁两审'法律规定，在本案缺乏有效证据情况下，认定双方当事人劳动关系成立，并根据本案无效证据确认了工伤事故赔偿，导致认定事实不清，证据不足。为维护上诉人合法权益，请求撤销徽县人民法院［2011］徽民一初字第73号民事判决书并中止本案诉讼，本案诉讼费由被上诉人承担。"2012年4月18日，陇南市中级人民法院作出终审判决：上诉人上诉理由不能成立，本院不予支持。被上诉人抗辩理由成立。原审判决认定事实清楚，适用法律正确，程序合法，判处适当。因此，驳回上诉，维持原判。

**二、法律规定模糊、含混、笼统**

实质推理适用的第二种情形是由于法律规定模糊、含混、笼统。如果法律规定本身模糊不清，存在一般性条款或不确定概念如"公平责任"、"公共利益"等法律规定，那么必然会给不同的法律适用者带来巨大的论理解释空间，进而导致有争议的疑难案件产生。所谓一般性条款，就是指那些内涵不确定、外延具有开放性的法律条款，它是一种基础性条款，内容高度抽象概括，但并不空洞，因此不能归属于法律漏洞或空白的范畴。一般性条款通常指称法律原则条款，如民法中的公序良俗、诚实信用、私法自治、公平责任等条款，刑法中的不可抗力、正当防卫、自首坦白等条款，行政法中的比例原则条款等。一般性条款具有重要的法律规范指引价值，这是因为"一方面可以约束法官自由裁量的立场，使个案决定具有公正性，另一方面，也可以授予法官创造性解释法律的权力，法官于法律适用时有很大的自由裁量甚至修法、创法的余地"。〔1〕应注意的是，这里所指的一般性条款是法理学意义上的一般性条款，是针对明确的法律规则条款而言的，而非制定法中作为特别条款相对应的一般性条款。而在制定法中，特别条款与一般条款一旦发生冲突，则坚持特别条款优先原则。所谓不确定概念，是相对于确定性概念而言的，它也是针对其内涵模糊、外延开放的法律概念，如民法中的"显失公平"、"乘人之危"。我国《刑法》分则中指称犯罪情节程度的"情节严重"、"情节特别严重"和指称经济犯罪额度的"数额巨大"、"数额特别巨大"等，都是不确定性概念。不确定性概念有别于一般性条款，因为一般性条款均采用命题形式，但也不排除它有可能表示某一概念形式的法律原则。前文提到，关于概念的不确定性问题，美国法学家博登海默认为任何概念可能存在确定的中心含义与模糊的边缘地带之语言结构。中国学者对不确定法律概念的来源进行过语义学和认识论的详细分析〔2〕：一方面，从语义学来看，一是因为语义的自我规定性，即概念具有形构性，法院所发现的案件事实并不能完全统摄于现行有效法律规则的语义框架中；二是因为语义的模糊性，即概念边缘地带的不确定，也即法律的不完全属性，任何法律语言所表达的概念没有明确的边界，与其对立的概念之间不存在截然分开的界限；三是语义的评价性，不同的价值观必然导致概念理解上的差异和争议；四是语义的流变性，即概念的内涵会随着社会变迁而发生变化，必然背离其原来的立法原意。另一方面，从认识论来看，一是法律所调整的社会生活常常有过渡、混合的形态，往往难以符合概念所要求的僵硬界限，因此法律概念无法完整地将所调

---

〔1〕　龙卫球：《民法总论》，中国法制出版社 2001 年版，第 34 页。
〔2〕　郭新梅："法律概念不确定性的来源及其弥合"，载《宜宾学院学报》2006 年第 5 期。

整的社会关系调整过来；二是法律概念以规范为目的为基础这一特征，使法律概念的意义是历史上一直处于开放状态，而社会生活的纷繁复杂也使得立法者需借助不确定概念进行法律规定，将此类概念的解释任务留给适用者；三是如果把语言当作一种存在，那么它的指示能力有限，无法准确地将所要反映的事物再现出来，它所表达的意义与其所指是不一致的、有裂缝的，二者很难达到同一关系；四是过度依赖语义学分析容易落入语言自身的俗套，我们还应将语言纳入诠释学范围，观察并反思语言本身所代表的意象、社会背景。总而言之，制定法中的一般性条款和不确定概念均会带来法的模糊性问题，带来法律适用中的不确定性，即"法律所具备的归属不完全的属性，包括法律概念之间界限的非明确性、事实和法律规则之间的非完全匹配性、法律推理结果的非唯一性"。[1] 我们必须借助论理解释、法理补充等诸多的司法技术与方法，最大程度地破解或消除法律不确定所带来的适用困境。

如在"广西司机醉驾撞死人案"[2] 中，被害人家属和社会公众质疑对肇事司机的刑事处罚过轻。2001 年 1 月 2 日凌晨，广西北流市人何龙醉酒后超速驾驶"雪佛兰"牌轿车，在经过人行横道时撞到行人陈某、梁某、陈某，造成 3 人当场死亡。2011 年 7 月，法院以"交通肇事罪"判处何龙有期徒刑 4 年 6 个月，被公众质疑法院量刑过轻。网帖指出，"北京陈家酒驾 2 死 1 伤案"中，法院以"以危险方法危害公共安全罪"判处陈家无期徒刑，赔偿被害人家属 368 万元，而北流何龙案既是醉驾，又超速行驶，还是在人行道上撞人，并导致 3 人死亡，性质非常恶劣，虽然有"自首情节"并主动赔偿部分经济损失，但只判 4 年 6 个月显得过轻。网友"民工"说，"何龙醉驾案"与北京"陈家酒驾肇事案"在事发原因、过程、情节、造成的危害后果方面都有惊人相似之处，而且何龙案比陈家案还多死一人，同在中国，同是适用同一法律、同一种犯罪构成，为什么陈家案构成以"以危险方法危害公共安全罪"，而何龙得以"交通肇事罪"判处？法院认为，该案于 2011 年 3 月立案，而"酒驾入刑"条款则是同年 5 月才施行生效，所以本案中未考虑"醉驾"的量刑因素。至于判定何龙"交通肇事罪"而非"危害公共安全罪"，

---

〔1〕 陈云良："法律的模糊问题研究"，载《法学家》2006 年第 6 期。

〔2〕 向志强、吴小康："司机醉驾撞死 3 人仅判 4 年半，法院称量刑恰当"，载 http://news. xinhuanet. com/legal/2011 - 07/29/c_ 121742150. htm，访问日期：2015 年 1 月 16 日。

是由于何龙在事故发生后主动打电话报警并保护现场，如实供述事故发生经过，何龙及其家属还赔偿被害人家属9万多元。这说明肇事司机并没有主观故意，因此法院从重判定何龙的基本刑期为4年10个月，而由于自首情节可减刑40%以下、赔偿部分经济损失可减刑20%以下，法院又给予何龙7%的减刑，因此最后判定的刑期是4年6个月。至于北京市第二中级人民法院判罚的"英菲尼迪撞人案"[1]确实量刑更重。2010年5月，肇事者陈家酒后超速驾车造成两死一伤，最后被北京市第二中级人民法院以以危险方法危害公共安全罪判处无期徒刑、剥夺政治权利终身，赔偿被害人及家属366万元。陈家不服原审判决，以交通肇事罪为由上诉到北京市高级人民法院，但最终被北京市高级人民法院驳回上诉、维持原判。

笔者以为，此案确实存在法律规则适用的模糊性情形，交通肇事罪与以危险方法危害公共安全罪定罪适用规则方面存在相似性，两种罪名都可针对交通事故导致人员伤亡的关键性案件事实，而"以危险方法危害公共安全罪"则为不确定性概念，使得法官在规则认定方面具有较大的自由裁量权。如我国《刑法》第115条规定了以危险方法危害公共安全罪：放火、决水、爆炸、投毒或者以其他危险方法致人重伤、死亡或者使公私财产遭受重大损失的，处10年以上有期徒刑、无期徒刑或者死刑。过失犯前款罪的，处3年以上7年以下有期徒刑；情节较轻的，处3年以下有期徒刑或者拘役。而现行《刑法》第133条则是关于交通肇事罪的规定：违反交通运输管理法规，因而发生重大事故，致人重伤、死亡或者使公私财产遭受重大损失的，处3年以下有期徒刑或者拘役；交通运输肇事后逃逸或者有其他特别恶劣情节的，处3年以上7年以下有期徒刑；因逃逸致人死亡的，处7年以上有期徒刑。

又如在"吴联大合同诈骗案"[2]中，检察机关与人民法院关于被告吴联大的合同诈骗行为的刑事定罪问题产生了分歧。2000年7月24日，被告人吴联大合同诈骗案，由浙江省温州市人民检察院向浙江省温州市中级人民法院提起公诉。公诉书指控：1998年10月28日，被告人吴联大从上海樱花电气设备有限公司（以下简称"樱花公司"）得知西门子（中国）有限公司（以

〔1〕 "长安街英菲尼迪撞人案终审宣判，陈家判无期赔366万"，载http://www.caijing.com.cn/2011－07－13/110773700.html，访问日期：2015年2月8日。
〔2〕 最高人民法院："吴联大合同诈骗案"，载《中华人民共和国最高人民法院公报》2003年第1期。

下简称"西门子分公司")正在寻求 8BK80 开关柜技术合作的信息后，即与樱花公司约定：由樱花公司就 8BK80 技术合作和西门子分公司签约，再由吴联大等人就该技术合作和中国长城电器集团公司（以下简称长城公司）签约。为了骗取长城公司的信任，1999 年 1 月 9 日，吴联大与他人冒用西门子分公司的名义和长城公司签署了 8BK80 技术合作协议，约定长城公司支付保证金 80 万元人民币。吴联大在收受保证金的同时，又将协议中冒用的"西门子分公司"变更为"樱花公司"，并将保证金中的 22 万元支付给樱花公司，作为与西门子分公司合作的签约费用，其余部分占为己有。由于樱花公司和西门子分公司签署的 8BK80 技术合作协议中限定只能由樱花公司在上海使用该技术，导致无法将该技术提供给长城公司使用。长城公司提出异议后，吴联大为拒返保证金，又在长城公司和樱花公司的"低压设备合作协议"中私自加入"原 8BK80 技术合作有效，长城公司不得退回保证金"的条款。吴联大以非法占有为目的，冒用他人名义签订合同，骗取财物，数额特别巨大，其行为已构成合同诈骗罪，应予严惩。

2001 年 1 月 16 日，温州市中级人民法院作出一审判决：被告人吴联大无罪。一审宣判后，浙江省温州市人民检察院提出抗诉。理由是：被告人吴联大和长城公司签订协议内容不真实，没有履约的可行性。吴联大冒用西门子分公司的名义与长城公司签约，发修正函修改协议主体，变更协议规定内容，拒绝退还剩余的 25 万元人民币保证金，说明其主观上有非法占有 25 万元保证金的故意，客观上实施了冒用西门子分公司骗取长城公司财物的行为，已经构成了合同诈骗罪。原判认定事实错误，适用法律不当，要求按合同诈骗罪对吴联大定罪处罚。2002 年 3 月 12 日，浙江省高级人民法院作出终审裁定：驳回抗诉，维持原判。浙江省高级人民法院指出："被告人吴联大虽系根据与樱花公司的约定与长城公司洽谈签订协议，但其在中介过程中，违背诚实信用原则，为抬高身价，在协议的封面和内容上多处以西门子公司作为主体，给人以代表西门子分公司的印象，待签订协议之后，再予修正；并且在长城公司和樱花公司签订的低压成套项目协议上又私自加进其他内容。上述欺诈行为有相应的证据证实，原判也在事实部分作了相应的认定，检察机关抗诉对此部分提出的异议成立。但纵观全案，吴联大在代表樱花公司与长城公司签订和履行技术合作中，一些行为虽然具有一定的欺骗性，但其主观上尚不具有以欺骗的手段非法占有长城公司财产的目的。吴联大与长城公司签约的直接动机，是希望西门子分公司的有关技术合作项目能够转让成功，使其本人能够从中获取高额技术转让费。在客观上，吴联大作为樱花公司的商务代理，具备一定的履约能力，也有积极履行合同的诚意和行动，拒退保证金是事出有因，并不是企图骗取长城公司的财产，不属于最高人民法院《关于审理诈骗案件具体应用法律若干问题的解释》中规定的'明知自己没有履行合同的能力而采取欺骗手段骗取他人财物的'或者'隐匿合同保证金等担保合同履行的财产，拒不返还'的情形。长城公司虽在与吴联大接洽初期，受吴联大某些不当行为的误导，但终究是在经过考察了解后，确认有获得西门子分公司技术合作的可能，同意与吴联大等人签约并支付有关款项，亦不属被骗；且长城公司通过樱花公司及吴联大等人的中间介绍，最终达到了与西门子分公司技术合作的目的，已经成为受益者。有鉴于此，吴联大的行为不构成合同诈骗罪，检察机关要求按合同诈骗罪对其定罪处罚的抗诉理由不足，不予采纳。"

### 三、法律漏洞或法律空白

法律漏洞或法律空白的存在是进行实质法律推理的第三种情形。当司法适用缺乏相应明确的制定法依据或者没有先例可供遵循时，法官就可能根据现实的司法需要创造新的判例，进行法官立法，即卡多佐所说的在法律的"空白"和"间隙"处立法。卡多佐引用大法官霍姆斯在"南太平洋公司诉詹森案"的司法意见："我毫不犹豫地承认，法官必须而且确实立法，但他们只是在间隙中这样做；他们被限制在克分子之间运动。"[1]也就是说，法官被授权在法律的空隙中造法，在旧有的先例无法满足现实中的司法需求时，法官就充当立法者的角色，创造先例，填补法律的空白，解决新问题。这时，法官必须采取现实主义的立场。根据现实的社会需要寻求法律规则真实含义："当需要填补法律的空白之际，我们应当向它寻求解决办法的对象并不是逻辑演绎，而更多是社会需求。"[2]德国法学家拉伦茨认为："无论如何审慎从事的法律，其仍然不能对所有——属于该法律规整范围，并且需要规整的——

---

〔1〕 ［美］卡多佐：《司法过程的性质》，苏力译，商务印书馆1998年版，第42页。

〔2〕 ［美］卡多佐：《司法过程的性质》，苏力译，商务印书馆1998年版，第76页。

事件提供答案，换言之，法律必然'有漏洞'。"[1]漏洞是一个整体内部不令人满意的不完整性。法律漏洞指法律整体内部一个令人不满意的不完整性。具体来看，法律条文的字义不包括事实，即存在法律应规定却未规定的情况[2]。法律漏洞所指"法律"的范围专指制定法，而不应指广义上的"法"（法律）。关于法律漏洞产生的原因，存在三种法理学说：一是客观不能说：起因于人的有限理性与社会发展之间的矛盾；二是立法疏忽说：起因于立法技术的不成熟与考虑不周；三是主观故意说：起因于立法者不作规范而遗留给司法实务界。法律漏洞或空白其实就是制定法无明文规定或法律未规定的情形。[3]不管出于什么原因，法律漏洞或法律空白的存在是真实确凿的，法官等司法适用者必须面对处理。也就是说，即使没有明确的制定法规范可以援引，法官也必须针对当前案件进行裁判，而通过实质的法律推理进行漏洞填补和法律续造就成为十分必要的司法技术选择。按照卡尔·拉伦茨的说法，法律漏洞是法律续造的必要条件。其大致存在两种具体情形："一般说来，如果法律将社会生活中的某一领域纳入法律规整的'法内空间'，总会提供一定的规范与之对应。但事实上，'法内空间'确实存在两种无规范与之对应的特殊情形：第一种是，根据某一法律总体的规整计划和目的，一定的社会生活内容应当被纳入其中却没有纳入，从而形成法律的漏洞，法官为填补这种漏洞而为的法律续造就是'法律内的法的续造'。第二种是，从某一法律总体的规整计划和目的来看，某种类型的社会生活并未被纳入该法律，但从国家法秩序的整体意义来看却应当受法律的规整，在此种情形下，法官鉴于社会生活的强烈需要，或者在一些新兴的法律原则的冲击下，有可能在司法过程中构造出一些新的规则来裁决案件，这些新的规则有时甚至与既有法律的某些要求相悖，这就是'超越法律的法的续造'。"[4]

如在"里格斯诉帕尔墨案"[5]中，因相关制定法空白，致使受理法院的大法官们出现了不同的司法意见。案情大致为：纽约州的帕尔墨用毒药杀害

---

〔1〕 ［德］卡尔·拉伦茨：《法学方法论》，陈爱娥译，商务印书馆2003年版，第246页。

〔2〕 郑永流：《法律方法阶梯》，中国政法大学出版社2008年版，第186页。

〔3〕 参见郑永流：《法律方法阶梯》，中国政法大学出版社2008年版。

〔4〕 ［德］卡尔·拉伦茨：《法学方法论》，陈爱娥译，商务印书馆2003年版，第246页。

〔5〕 Riggs v. Palmer, 115 N. Y. 506, 22 N. E. 188, 1889, available at http:// - oldfyb. chinacourt. org/public/detail. php? id＝88002, 2012－4－19.

了自己的祖父，原因是祖父曾立下一份在财产继承上有利于帕尔墨的遗嘱，但是后来他再次结婚了。帕尔墨担心祖父会改变遗嘱导致自己失去大笔遗产，因此先下手为强——下毒将祖父毒死。帕尔墨最后因谋杀罪被判处 10 年监禁，但他能否凭着祖父生前立下的遗嘱继承财产呢？本案的原告即受害人的两个女儿认为，帕尔墨作为杀死被继承人的凶手，法律当然不能让他继承财产。但审理该案的纽约州最高法院却感到很棘手，因为对于遗嘱继承人杀死立遗嘱人后能否继承财产这一问题，当时纽约州的法律并未作相应规定。而帕尔墨的律师宣称，按照州遗嘱法对遗嘱有效性的规定，帕尔墨是合法的遗嘱继承人。帕尔墨的辩解得到了格雷法官的支持。格雷法官基于严格遵循法律规则的立场认为：其一，在本案中，并不能绝对排除立遗嘱人即便知道继承人要加害他，却仍视其为最佳遗产继承人的情况，因此明智之举是尊重遗嘱和相关法规的字面意思；其二，对于帕尔墨的犯罪行为和遗嘱继承权，宜分开处理，他可以继承财产，但要接受监禁。如果因为被告的谋杀行为而判处其丧失继承权，那么等于在监禁之外，又追加了一种新的惩罚；其三，追加惩罚违背了一条重要的司法原则，即对某一具体罪行的惩罚，必须由立法机构事先予以规定，而法官不能在判决之际对该罪行另加处罚。格雷法官的意见后来也得到了不少学者的支持，例如庞德教授就认为，该案的法律存在缺憾，但法院必须按规范的实际意义来解释、适用法律，至于有问题的法律最好留待立法机关解决。但是帕尔墨最终失去了遗产继承权。以厄尔为首的多数法官认为：虽然遗嘱法并未就本案的情况作出明确的规定，但是设想纽约州的立法者在制定遗嘱法时会允许谋杀者继承遗产，是十分荒谬的。因此在本案中，法官不必过分拘泥于法律的字面规定，而是应当考虑那些基本的法律原则与公共政策。最后，多数派法官直接援引普通法上"任何人都不得从自己的错误行为中获利"这一原则，并以此判决帕尔墨丧失继承其祖父遗产的权利。可见，本案的最终判决是通过判例创造的司法手段，并援引普通法原则的形式，解决了本案所涉及遗嘱法对有过错继承人有无继承权的成文规范援引欠缺问题。

又如在"公司员工因违反计划生育被解雇纠纷案"[1]中，因相关法律漏

---

[1] "北京市第二中级人民法院〔2014〕二中民申字第 03781 号"，载 http://－www.court.gov.cn/zgcp-wsw/bj/bjsdezjrmfy/ms/201405/t20140530_ 1299098.htm，访问日期：2015 年 2 月 9 日。

洞导致当事人不满原审法院裁决而引发再审事件：再审申请人岳妍因与被申请人中国联合网络通信有限公司北京市分公司劳动争议一案，不服北京市西城区人民法院［2013］西民初字第1028号民事判决，向北京市第二中级人民法院申请再审。岳妍申请再审称："（一）一审适用法律错误。我本身对于计划生育法律的违反，不能构成对于公司规章制度的违反，且中国联合网络通信有限公司北京分公司的规章制度本身不合法。（二）一审认定事实不清。我不知道《中国联合网络通信集团有限公司员工违纪违规处分规定（试行）》这个规章的存在，因为中国联合网络通信集团有限公司北京分公司的内网系统具有可随时修改的特性，系统显示我于2010年1月14日接受并阅读了上述处分规定不是客观实际发生的情况。请求撤销一审民事判决。"2014年4月18日，北京市第二中级人民法院审理终结后认为："当事人对自己提出的诉讼请求所依据的事实有责任提供证据加以证明。没有证据或者证据不足以证明当事人的事实主张的，由负有举证责任的当事人承担不利后果。中国联合网络通信集团有限公司北京分公司上级公司中国联合网络通信集团有限公司的编号为［2009］728号的《中国联合网络通信集团有限公司员工违纪违规处分规定（试行）》第42条规定：'对违反国家人口与计划生育法律法规超计划生育的员工，一律解除劳动合同。'同时，中国联合网络通信集团有限公司北京分公司的内网系统显示岳妍于2010年1月14日接受并阅读了上述处分规定。岳妍主张系统显示其接受并阅读了处分规定不是客观实际发生的情况，但未提供证据予以证明，本院不予采信。中国联合网络通信集团有限公司北京分公司作为用人单位，根据上述处分规定，在岳妍违反国家人口与计划生育法律法规、超计划生育的情况下作出与其解除劳动合同的决定并无不妥。岳妍申请再审理由不能成立，本院不予支持。综上，岳妍的再审申请不符合《中华人民共和国民事诉讼法》第200条规定的情形。依照《中华人民共和国民事诉讼法》第204条第1款之规定，裁定如下：驳回岳妍的再审申请。"在本案中，两级法院通过援引员工所在单位内部规章和国家计划生育政策，解决了公民就业权与国家政策发生冲突时相关法律缺失的规范适用问题。在我国，通过援引公司规章等民间规范和国家政策等非正式法源来解决法律漏洞填补，是一种比较普遍的司法现象，值得关注和研究。

#### 四、法条竞合或法律冲突

（一）法条竞合

实质推理的第四种情形是法律适用中可能存在的法条竞合与法律冲突问题。所谓法条竞合，就是指针对同一种行为的法律调整可能涉及多个具有从属关系或交叉关系的法律规范，而这些法律规范指向同一行为却可能蕴涵不同的法律后果，由于这些法律规范之间的界限模糊容易混淆而有可能导致法律援引方面的适用困难。如现行《刑法》第133条"交通肇事罪"与第233条"过失杀人罪"的规定就存在法律竞合问题，因为交通肇事罪所指向的犯罪行为是一种过失犯罪，也可能导致人员伤亡的严重后果，这与过失杀人罪规定的适用条件与行为模式存在某些重合之处。又如现行《刑法》127条规定的盗窃枪支、弹药、爆炸物罪在逻辑上从属于第264条"盗窃罪"。但是在法律实践中，我们只能选择适用其中的一个法律规范，而排斥其他处于竞合关系的法律规范。此外，还包括侵占罪与盗窃罪，盗窃罪与诈骗罪，抢劫罪与盗窃罪、抢夺罪、敲诈勒索罪、聚众哄抢罪，诈骗罪与敲诈勒索罪，职务侵占罪与挪用资金罪等等财产类犯罪之间都可能存在法律竞合关系。一般而言，处理法条竞合问题存在两种常见的司法适用原则：一是特殊法优于一般法原则，即特殊法与一般法竞合，一般应实行特殊法优于一般法的原则，行为人的具体行为符合特殊法的要件的，适用特殊法；二是重法优于轻法原则，特殊法与一般法竞合的，前者法定刑轻于后者，一般仍应实行特殊法优于一般法的原则，但是在法律有特别规定时，可以实行重法优于轻法的原则即适用一般法。例如，现行《刑法》第140条规定的是生产、销售伪劣产品罪，第141条至第148条规定的是生产、销售各种特殊的伪劣产品的犯罪，第140条是一般法，其法定最高刑为无期徒刑，其他各条是特殊法，其法定最高刑有的是死刑或无期徒刑，有的则很轻，例如第148条的生产、销售伪劣化妆品罪，最高刑是三年有期徒刑。针对上述法条竞合关系，现行《刑法》第149条规定，实施特殊法上的行为，在下述两种情况下，可以实行重法优于轻法的原则，即可以适用第140条这一一般法条款：①生产、销售第141条至第148条所列产品，不构成各该条规定的犯罪，但销售金额在5万元以上的，依照第140条的规定定罪处罚。例如，生产、销售伪劣化妆品，未造成严重后果，尚不具备《刑法》第148条的全部要件，但其销售金额在5万元以上，就可按第 140 条定罪处罚。②生产、销售上述第 141 条至第 148 条的伪劣产品，构成各该条规定的犯罪，同时又构成第 140 条规定之罪的，依照处罚较重的规定定罪处罚，即实行重法优于轻法的原则，适用重法。具体说就是，特殊法重的，适用特殊法；一般法重的，适用一般法。

如"刘光福犯职务侵占罪案"〔1〕，就是因为援引法律发生竞合而出现的疑难案件：重庆市江北区人民检察院指控，被告人刘光福于 2007 年 1 月 12 日被重庆正一实业有限公司（以下简称正一公司）聘为总经理，主要职责是主持正一公司各项日常行政、后勤、开发和前期筹备工作。2007 年 1 月，刘光福建议正一公司购买重庆市沙坪坝区凤鸣山西物市场 4 - 3 - 1 号（以下简称西物市场 4 - 3 - 1 号）房产，经公司董事长潘荣峰、总裁陈明亮同意后，刘光福遂于 2007 年 1 月 25 日从正一公司领出购房款 4 673 897 元，并于 2007 年 2 月 1 日为正一公司办理了相关房屋产权过户手续。2007 年 1 月，刘光福利用正一公司总经理的职务便利，采用先盖章后打印的方式出具虚假证明，内容为刘森为西物市场 4 - 3 - 1 号房产的所有人。2007 年 2 月至 9 月，刘光福将该房产所收取的、属于正一公司所有的 78 894 元租金全部据为己有，并用于刘光福任法定代表人的重庆光福房地产开发有限公司的日常开支。公诉机关举示了相应证据证明其指控，并据此认为刘光福的行为触犯了《中华人民共和国刑法》第 271 条，构成职务侵占罪，提请对刘光福依法判处。被告人刘光福对公诉机关指控的事实及定性均予以否认，辩称向正一公司领取的 400 余万元为借款；西物市场 4 - 3 - 1 号房屋的租金是从 2003 年起就一直由重庆光福物业有限公司在收取，认为自己的行为不构成犯罪。2008 年 10 月 28 日，重庆市江北区人民法院审理终结后下达 [2008] 江法刑初字第 336 号刑事判决书，判处被告人刘光福犯挪用资金罪，判处有期徒刑 1 年 6 个月。该判决书明确指出："被告人刘光福作为正一公司总经理明知从 2007 年 2 月 1 日起西物市场 4 - 3 - 1 号房产的权利人是正一公司，仍然利用作为正一公司总经理和重庆光福房地产开发有限公司法定代表人双重身份的便利，将应由正一公司收取的房租 78 894 元由重庆光福房地产开发有限公司收取，并用于重庆光福房地产开发有限公司的日常开支，数额较大，超过三个月未还，其行为

---

〔1〕 "重庆市江北区人民法院 [2008] 江法刑初字第 336 号"，载 http://www.law - lib. com/cp-ws/cpws_ view. asp? id = 200401345243，访问日期：2015 年 2 月 9 日。

已构成挪用资金罪。依法应予以处罚。被告人刘光福将应由正一公司收取的房租 78 894 元用于重庆光福房地产开发有限公司的日常开支，并没有据为己有，其行为不符合职务侵占罪的构成要件，故公诉机关指控被告人刘光福犯职务侵占罪的罪名不当，应予纠正。对被告人刘光福及辩护人提出刘光福不构成犯罪的辩解、辩护意见因与庭审查明的事实和法律的规定不符而不予采纳。"

　　我们应该注意的是，重庆市江北区人民法院在本案中并没有采纳重庆市江北区人民检察院对被告人刘光福犯职务侵占罪的指控意见，而是以挪用公款罪定罪量刑。那么围绕本案，为什么会出现检察院指控与法院认定截然不同的司法意见呢？一个很重要的原因就是，我国现行《刑法》分则中的职务侵占罪与挪用公款罪之间存在法条竞合的关系。现行《刑法》第 271 条是关于职务侵占罪的规定："公司、企业或者其他单位的人员，利用职务上的便利，将本单位财物非法占为己有，数额较大的，处五年以下有期徒刑或者拘役；数额巨大的，处五年以上有期徒刑，可以并处没收财产。"而现行《刑法》第 272 条是关于挪用公款罪的规定："公司、企业或者其他单位的工作人员，利用职务上的便利，挪用本单位资金归个人使用或者借贷给他人，数额较大、超过三个月未还的，或者虽未超过三个月，但数额较大、进行营利活动的，或者进行非法活动的，处三年以下有期徒刑或者拘役；挪用本单位资金数额巨大的，或者数额较大不退还的，处三年以上十年以下有期徒刑。"不可否认，职务侵占罪与挪用资金罪存在诸多不同：一是侵犯的客体和对象不同，挪用资金罪侵犯的客体是公司、企业或者其他单位的资金的使用权，对象是公司、企业或者其他单位的资金；职务侵占罪侵犯的客体是公司、企业或者其他单位的所有权，对象是公司、企业或者其他单位的财物。二是客观行为表现不同，挪用资金罪的行为方式是挪用，即未经合法批准或许可而擅自挪用归自己使用或者借贷给他人；职务侵占罪的行为方式是侵占，即行为人利用职务上的便利，侵吞、窃取、骗取或者以其他手段非法占有本单位财物。挪用本单位资金进行非法活动的，并不要求"数额较大"即可构成犯罪；职务侵占罪只有侵占本单位财物数额较大的，才能构成。本案中，王某利用职务便利，采取虚设假账的手段骗取公司资金，并占为己有，数额较大，符合职务侵占罪的客观表现。三是主观目的不同。挪用资金罪的行为人的目的在于非法取得本单位资金的使用权，但并不企图永久占有，而是准备用后归还；职务侵占罪的行为人的目的在于非法取得本单位财物的所有权，而非暂时使用。但是，职务侵占罪与挪用资金罪又存在竞合关系，因为二者的犯罪主体都是单位员工，并且都是利用职务之便，不法占有单位财物的行为，并非完全的对立关系。所以在法律实践中，职务侵占罪与挪用资金罪是一组容易发生法律适用混同的法律概念。

（二）法律冲突

所谓法律冲突，就是指针对同一种行为的不同法律规范之间，存在相互矛盾或相互冲突的逻辑关系，进而导致司法裁判的法律援引困难。处于法律冲突的法律规范之间的界限要比法律竞合的法律规范之间的界限相对明了清楚，但是却容易导致当事人的法律主张不能形成共识性辩论焦点，为法官的自由裁判留下法律空间。此类法律纠纷的上诉率比较高。而根据形式逻辑的矛盾律或排中律，这些处于相互矛盾或反对关系的法律规范不能同时为真或同时为假，否则就是自相矛盾或模棱两可。但是这些法律规范又是真实存在的，在实际的法律实践中我们必须根据法律效力协调原则进行处理，如相互冲突或相互矛盾的法律规定属于同一位阶，可按照新法优先于旧法或者特别法优先于一般法的原则处理；如相互冲突或相互矛盾的法律规定属于不同位阶，则可按照上位法优先于下位法的原则处理。例如"河南种子案"〔1〕，就是因为当事人法律援引冲突而引发的疑难案件。

2001年5月，河南省汝阳县种子公司与伊川县种子公司签订了代为繁殖玉米种子合同，合同规定伊川种子公司为汝阳种子公司培养10万公斤108号玉米种子，培养种子的原材料由汝阳种子公司提供。等到第二年秋季收获时，汝阳种子公司按市场价全部收购种子，并且每公斤还给伊川种子公司0.4元的培养费。伊川县种子公司最终没有履行合同，汝阳县种子公司遭受重大经济损失。2002年12月，汝阳县种子公司向洛阳市中级人民法院起诉伊川县种子公司，要求赔偿经济损失100万元，对于赔偿数额双方有不同的说法。汝阳县种子公司提出，按照《中华人民共和国种子法》的规定，种子的价格是由市场来决定的，当年玉米种子的市场价格是每公斤10元。伊川县种子公司把10万公斤玉米种子卖掉，从中获利60多万元，伊川县种子公司应赔偿他们60万元的损失和相

---

〔1〕 屈鑫、秦玉祁："种子风波"，载 http:// – www. cctv. com/news/society/20040118/100638. shtml，访问日期：2015年1月16日。

关费用。而伊川县种子公司却提出，1997年修订的《河南省农作物种子管理条例》第3款明显规定种子价格、种子的收购和销售必须严格执行省制定的统一价，因此应按照《河南省农作物种子管理条例》的相关规定来赔偿。因为河南省的这个地方性法规的第36条对于种子的价格作了最高限价，2002年玉米种子的政府限价是每公斤2元，按照这个价格，伊川种子公司只需赔偿20万元。本案经洛阳市中级人民法院审理终结后作出［2003］洛民初字第26号民事判决书，认定伊川县种子公司违约，依照《中华人民共和国种子法》判决伊川县种子公司赔偿汝阳县种子公司60万元。法院指出："《种子法》实施后，玉米种子的价格已由市场调节，《河南省农作物种子管理条例》作为法律位阶较低的地方性法规，其与《种子法》相抵触的条（款）自然无效。"一审法院判决后，原被告双方不服，双双上诉到河南省高级人民法院。然而，洛阳中院判决的这起小案件在社会上也引起了轩然大波。河南省人大认为洛阳中院作为审判机关无权废除地方法规的条款，他们的这份判决超越了法院的权限，违反了人民代表大会制度。在省人大和省高院的关注下，洛阳中院党委后做出初步处理意见，撤销赵广云副庭长职务，并免去李慧娟助理审判员职务，撤销其审判长职务。

### 五、法律正当性缺失或背离

法律正当性的缺失或背离是法律人进行实质推理的第五种情形。在疑难案件的处理过程中，法律裁决常常出现"合理"与"合法"的矛盾或冲突，要么案件裁决结果本身合法性不足，存在正当性缺失或背离；要么案件裁决结果具有合法性，却不具有合理性、合情性，即出现所谓法律效果与社会效果的分离而不是有机统一。法律正当性的缺失或背离意味着作为大前提的制定法规范存在，却存在正当性问题，也就是人们常说的"恶法"规范，存在法理上的"拉德布鲁赫公式"，即当法律的不公平达到不可忍受的程度时，法官可以正当地违背法律，以防止立法恣意。"拉德布鲁赫公式"是德国法学家古斯塔夫·拉德布鲁赫（Gustav Radbruch，1878年~1949年）在1946年发表的《法律的不法与超法律的法》为解决法的正义与安定性之间的价值冲突提供的解决方案："正义与法的安定性之间的冲突可能可以这样妥善解决：通过法令和国家权力来保障的实在法是具有优先地位的，即便其在内容上是不正义的、不合目的性的；除非当实在法与正义之矛盾达到如此不能容忍的程度，以至于法律已经成为'非正当法'（false law, unrichtiges Recht）时，法律才必须向正义屈服。在法律的不法与虽内容不正当但仍属有效的法律这两种情况之间划出一条截然分明的界限，是不可能的，但最大限度明晰地做出另外一种划界还是有可能的：凡正义根本不被追求的地方，凡构成正义之核心的平等在实在法制定过程中有意地不被承认的地方，法律不仅仅是'非正当法'，它甚至根本上就缺乏法的性质。"[1] "拉德布鲁赫公式"实质上提出了法律的道德性问题，与哈特强调规则的实证主义法学主张截然相反。

"犹太律师德国国籍案"就是一起关于法律正当性背离的典型疑难案件[2]：一位犹太籍律师在二战爆发前夕流亡到荷兰阿姆斯特丹，1942 年他又从荷兰被驱逐。这名犹太律师可能已经在集中营丧生，但是案情牵涉到他的遗产继承问题，只有恢复他的德国国籍，继承人才能顺利继承他的财产。但是 1941 年《帝国国籍法》第 11 号法令第 2 章规定："犹太人于下列情形下丧失德国国籍：（a）在本法生效之日时已在国外有正常居所的犹太人，自本法生效之日起（丧失德国国籍）；（b）本法生效之后在国外获得正常居所的犹太人，自其变动正常居所至国外之日起（丧失德国国籍）。"1968 年德国联邦宪法法院裁决恢复该犹太律师国籍，主要理由在于 1941 年《帝国国籍法》第 11 号法令自始至终无效。德国联邦宪法法院认为："当国家社会主义党统治时期的法律规定同正义的基本准则是如此明显地相冲突，以至于一个准备适用它们或认清其法律后果的法官将会发布一个非法的裁决，而不是一个合法的裁决，这时就可以否认它们的效力。"涉案的第三帝国法律"违背了这些基本准则"，"在这部法律中，同正义的冲突达到了这样一种不能容忍的程度，以至于该法必须被认定为无效"。"一部违反法律构成性准则的非法律无论如何都不能因其已被适用和遵守而成为法律。"该案被视为二战后"拉德布鲁赫公式"在联邦德国的第一个典型司法案例，一个运用权威法理学说解决疑难案件的经典案例，自然为以后类似案件的处理创造了先例。

---

[1] 转引自柯岚："拉德布鲁赫公式与告密者困境——重思拉德布鲁赫与哈特之争"，载《政法论坛》2009 年第 5 期。

[2] 参见柯岚："拉德布鲁赫公式的意义及其在二战后德国司法中的运用"，载《华东政法大学学报》2009 年第 4 期。

而在"四川泸州遗赠案"[1]中，当事人遗赠协议的正当性因法院援引公序良俗原则而受到强烈质疑：被告蒋伦芳与丈夫黄永彬于 1963 年结婚。1996年，黄永彬认识了原告张学英，并与张学英同居。2001 年 4 月 22 日，黄永彬患肝癌去世，在办丧事时，张学英当众拿出黄永彬生前的遗嘱，称她与黄永彬是朋友，黄永彬对其财产作出了明确的处理，其中一部分指定由蒋伦芳继承，另一部分总值约 6 万元的遗产遗赠给她，此遗嘱经公证机关于 4 月 20 日公证。遗嘱生效后，蒋伦芳却控制全部遗产。张学英认为，蒋伦芳的行为侵害了她的合法权益，按《继承法》等有关法律规定，请求法院判令蒋伦芳给付遗产。泸州市纳溪区人民法院〔2001〕纳溪民初字第 561 号民事判决书认为："遗赠人黄永彬的遗赠行为违反了法律规定和公序良俗，损害了社会公德，破坏了公共秩序，应属无效行为，原告张学英要求被告蒋伦芳给付受遗赠财产的主张本院不予支持。被告蒋伦芳要求确认该遗嘱无效的理由成立，本院予以支持。"这是因为："遗赠属一种民事法律行为，民事行为是当事人实现自己权利，处分自己的权益的意思自治行为。当事人的意思表示一旦作出就成立，但遗赠人行使遗赠权不得违背法律的规定。且根据《中华人民共和国民法通则》第 7 条的规定，民事行为不得违反公共秩序和社会公德，违反者其行为无效。本案中遗赠人黄永彬与被告蒋伦芳系结婚多年的夫妻，无论从社会道德角度，还是从《中华人民共和国婚姻法》的规定来讲，均应相互扶助、互相忠实、互相尊重。但在本案中遗赠人自 1996 年认识原告张学英以后，长期与其非法同居，其行为违反了《中华人民共和国婚姻法》第 2 条规定的一夫一妻的婚姻制度和第 3 条禁止有配偶者与他人同居以及第 4 条夫妻应当互相忠实、互相尊重的法律规定，是一种违法行为。遗赠人黄永彬基于与原告张学英有非法同居关系而立下遗嘱，将其遗产和属被告所有的财产赠予原告张学英，是一种违反公共秩序、社会公德和违反法律的行为。"

泸州市中级人民法院〔2001〕泸民一终字第 621 号民事判决书维持了原审判决，进一步明确指出："本案属遗赠纠纷，首先应当确定遗赠人黄永彬临终前立下书面遗嘱将其财产赠予上诉人张学英这一遗赠行为本身是否具有合

---

〔1〕 "四川省泸州市纳溪区人民法院〔2001〕纳溪民初字第 561 号"，载 http:// - www. law - lib. com/cpws/cpws_ view. asp？id = 200401148935，访问日期：2015 年 2 月 1 日；"张学英诉蒋伦芳遗赠纠纷案二审判决书"，载《判例与研究》2002 年第 2 期。

法性和有效性。遗赠是公民以遗嘱的方式将个人合法的财产的一部分或全部赠给国家、集体或法定继承人以外的其他人，并于死后发生效力的法律行为。遗赠行为成立的前提是遗嘱，而遗嘱是立遗嘱人生前在法律允许的范围内，按照法律规定的方式处分自己的财产及其他财物，并于死后生效的法律行为。一个合法的遗嘱成立必须具备其构成要件。本案中遗赠人黄永彬立遗嘱时虽具完全行为能力，遗嘱也系其真实意思表示，且形式上合法，但遗嘱的内容却违反法律和社会公共利益。遗赠人黄永彬对售房款的处理违背客观事实。泸州市江阳区新马路6-2-8-2号住房一套，系遗赠人黄永彬与被上诉人蒋伦芳婚姻关系存续期间蒋伦芳继承父母遗产所得。……并且，遗赠人黄永彬的遗赠行为，违反法律规定，剥夺了蒋伦芳依法享有的合法财产继承权。黄永彬与蒋伦芳系合法夫妻，他们的婚姻关系受法律保护。我国《婚姻法》第26条规定：'夫妻有相互继承遗产的权利'。夫妻间的继承权，是婚姻效力的一种具体表现，蒋伦芳本应享有继承黄永彬遗产的权利，但因黄永彬与上诉人张学英长期非法同居，黄永彬在病重住院期间，所立的遗嘱违反法律规定，将财产赠与与其非法同居的上诉人张学英，实质上剥夺了其妻蒋伦芳依法享有的合法财产继承权。因此，遗赠人黄永彬所立书面遗嘱，因其内容和目的违反法律和社会公共利益，不符合遗嘱成立要件，该遗嘱应属无效遗嘱。遗嘱无效，其遗赠行为自然无效。"不可否认，在本案诉讼历程中，两级法院形式上实现了合法性与合理性、合情性的统一，因为案中所涉的"第三者"为当时社会主流价值所深恶痛绝的"二奶"现象，而法院否定"二奶"张学英对黄永彬财产享有的受遗赠权，正是基于《民法通则》的"公序良俗"和《婚姻法》所认可的夫妻忠实义务。然而，此案的判决也带来了巨大的争议，因为法院的判决却将"公序良俗"原则凌驾于作为私法形式的《民法通则》、《继承法》和《婚姻法》本应坚持的私法之基本原则——私法自治之上。另一起发生在广东四会的莫兆军事件却反映出法院裁决合法性与合理性、合情性发生背离后产生的严重后果。

广东四会莫兆军事件原委如下[1]：2001年9月3日，原告李兆兴持借

---

[1] "无罪法官回家养猪"，载 http://-news.sohu.com/20040803/n221341649.shtml，访问日期：2015年2月9日。同时参见"广东高院刑事终审裁定书［2004］粤高法刑二终字第24号"，http://jp-kc.fudan.edu.cn/s/92/t/186/23/df/info9183.htm，访问日期：2015年2月9日。

款借据、国有土地使用证、购房合同等证据向广东省四会市人民法院提起诉讼。李兆兴诉称张妙金等四人未能按期还款，请求法院判令他们归还借款和利息并承担诉讼费用。2001 年 9 月 27 日上午，四会市人民法院法官莫兆军独任审理此案，原、被告双方均到庭参加诉讼。经调查，原、被告双方确认借条上"张坤石、陆群芳、张小娇"的签名均为其三人本人所签，而签订借据时张妙金不在现场，其签名为张小娇代签。庭审后，莫兆军根据法庭上被告张小娇的辩解和提供的冯志雄的联系电话，通知冯志雄到四会市人民法院接受调查，冯志雄对张小娇提出的借条由来予以否认。2001 年 9 月 28 日，被告张妙金、张小娇到四会市人民法院找到该院的副院长徐权谦反映情况，并提交了答辩状，徐向莫兆军询问情况，并将其签批有"转莫庭长审阅"的答辩状交给了莫兆军。2001 年 9 月 29 日，由于原告证据充分，而被告无法证明借据乃被迫签订，又没有报案记录，于是莫兆军依据"谁主张谁举证"原则判令被告张坤石、陆群芳、张小娇于判决生效后 10 日内清还原告李兆兴的借款一万元及利息，并互负连带清还欠款责任；被告张妙金不负还款责任。2001 年 11 月 8 日，李兆兴向四会市人民法院申请执行。该院依程序于同月 13 日向被告张坤石等人送达了执行通知书，责令其在同月 20 日前履行判决。同月 14 日中午，被告张坤石、陆群芳夫妇在四会市人民法院围墙外服毒自杀。2001 年 11 月 15 日，公安机关传唤冯志雄、李兆兴两人，两人承认借条系他们持刀威逼张氏等人所写。2001 年 12 月 5 日下午，中共四会市委政法委书记吴瑞芳与张坤石、陆群芳的家属张水荣、张继荣、张妙金、张小娇四人签订《协议书》，由中共四会市委政法委补偿张水荣、张继荣、张妙金、张小娇等家属人民币 23 万元，协议书由吴瑞芳（无加盖任何单位公章）、张水荣、张继荣、张妙金、张小娇分别签名确认。该款由四会市人民法院先行垫付。被告张坤石、陆群芳夫妇死后，社会舆论反映强烈，大多将张坤石、陆群芳夫妇的死亡责任指向法院和主审法官。2002 年 11 月 4 日，莫兆军被四会市人民检察院逮捕，并以玩忽职守罪被起诉到肇庆市中级人民法院。2003 年 12 月 4 日，肇庆市中级人民法院一审判决莫兆军无罪，肇庆市检察院不服判决，提出抗诉。2004 年 4 月 28 日，广东省高级人民法院作出终审裁定，驳回抗诉，维持原判，即宣告莫兆军无罪。广东省高级人民法院［2004］粤高法刑二终字第 24 号指出："被告人莫兆军作为司法工作人员，在民事诉讼中依照法定程序履行独任法官的职责，按照民事诉讼证据规则认定案件事实并作出判决，没有出现不负责任或不正确履行职责的玩忽职守行为，客观上出现的当事人自杀结果与其职务行为之间没有刑法上的必然因果关系，其行为不构成玩忽职守罪。原审法院根据已经查明的事实、证据和法律规定，作出被告人莫兆军无罪的判决，事实清楚，证据确实、充分，适用法律准确，审判程序合法。检察机关抗诉指控被告人莫兆军犯玩忽职守罪的理由不成立。"

## 第四节  实质推理的司法方法

在疑难案件的法律裁判中，我们通常采用实质的法律推理，这与形式的法律推理对形式逻辑方法的推崇不同，它会更注重综合运用形式的法律推理方法并借助论理解释对抽象的法律规范进行具体化适用转换外，还会关注制定法外的非正式法律渊源功能，根据裁判实践的实际需要有条件地选择适用原则、判例、伦理、习惯、法理、政策、常理等法律渊源形式，实现待决案件审理的最终顺利解决。

### 一、论理解释

凡疑难案件裁判存在明确的制定法规范但含义不确定或存在适用争议时，最常用的实质推理方法就是论理解释。这里的论理解释宜作狭义的理解，它是指法律适用主体（特别是司法机关）根据法的精神对制定法（法律条文）所作的、具有法律效力的理解和说明，这是发现大前提法律规范的最常见方法。无法律效力的解释是广义的法律解释，不是这里所指的论理解释。从解释的主体来说，可以是立法机关，也可以是行政机关和司法机关，因此，论理解释可分为立法解释、司法解释和行政解释。我们所要讨论的主要是司法的论理解释。司法的论理解释围绕立法者的原意，又可分为字义解释、体系解释、历史解释和目的解释，其中字义解释包括对字义的扩大、限制和字面解释，扩大与否是看字义是小于还是大于立法者的原意；在字义解释不能释疑时，便寻求体系解释，即将被解释的法律条文放在整部法律中乃至这个法律体系进行解释；而历史解释则是指通过研究立法的历史背景资料、立法机关审议情况、草案说明报告及档案资料等，来探究立法者原意的解释方法；目的解释是通过发现制定某一法律的立法目的来解释法律，该解释方法赋予解释主体更大的自由解释空间而不必拘泥于条文的字面含义，因此该方法比历史解释具有更强的司法能动主义色彩，是填补法律漏洞的重要司法技术手段。

立足法律规范的层面，疑难案件处理所涉及的论理解释一般超出法律规范（条文）的字面含义之外，可以采用字义解释、体系解释、历史解释和目的解释方法中的一种或几种。但是，学术界也认为，论理解释存在黄金规则：一般来说，法律条例应按其字面的、文字的最惯用的意义来解释；但如果按字面意义的应用会在某宗案件中产生极为不合理的、令人难以接受和信服的结果，而且我们不能想象这个结果的出现会是立法机关订立这法律条文时的初衷时，法院应采用变通的解释，无须死板地依从字面上的意义，借以避免这种与公义不符的结果。〔1〕黄金规则实际上是对文义解释的修正，具体涉及对法律规范条文的反面解释、补充解释和类推解释等。在司法实务界，最高人民法院就曾提出过类似的指导意见："在裁判案件中解释法律规范，是人民法院适用法律的重要组成部分。人民法院对于所适用的法律规范，一般按照其通常语义进行解释；有专业上的特殊涵义的，该涵义优先；语义不清楚或者有歧义的，可以根据上下文和立法宗旨、目的和原则等确定其涵义。"〔2〕其实，不管采用哪一种或几种论理解释方法，从最终的意义上讲，它们都必须遵循以秩序和公正为依托的法的精神，即在制定法中所体现的法典精神和法条精神，以此为大前提统摄待决案件，将抽象模糊的法律规定予以具体化、个案化。如美国帕尔墨作为遗嘱继承人以杀害被继承人方式意图提前继承财产，法院根据遗嘱法精神确立了当事人不能从自己的过错中获益的规则。又如"福建宁德荒诞广告案"〔3〕中，法院关于大众影院《寡妇村》影片广告的审理根据广告法精神再次确认了广告真实性规则。

福建宁德市大众影院原定 1989 年 4 月 5 日至 6 日上映《寡妇村》影片。上映之前，在影院前厅设立了一个活动宣传牌，售票处的宣传橱窗也对该片

---

〔1〕　参见郑永流：《法律方法阶梯》，中国政法大学出版社 2008 年版。

〔2〕　最高人民法院《关于审理行政案件适用法律规范问题的座谈会纪要》（法〔2004〕96 号），第 4 条"关于法律规范具体应用解释问题"，载《中华人民共和国最高人民法院公报》2004 年第 6 期。

〔3〕　"宁德市大众影院不服宁德地区工商行政管理局以其电影广告内容荒诞予以行政处罚决定案"，载 http://www.legalinfo.gov.cn/zt/2004-06/10/content_106205.htm，访问日期：2015 年 1 月 31 日。

进行宣传。宣传牌载有八幅《寡妇村》电影剧照并加以文字说明："郑重声明，儿童不宜"；"本片通过三位女主人公的夫妻生活，正面触及在文艺领域长期被视为禁区的性生活问题，反映落后的风俗与传统观念给予妇女的精神重负。该片被一些报刊宣传为我国第一部性电影，第一部儿童不宜的电影，在京上映场场爆满，黑市票价一张卖 10 元，广州卖到 27 元，是目前电影市场上一部看好的片子"。在宣传橱窗上标明的内容为："《寡妇村》，国内首部性电影，儿童不宜"、"5 日上映，票价 6 角"。1989 年 4 月 7 日，宁德市工商局以大众影院未经工商行政管理部门同意，擅自设立广告，恣意夸张内容，欺骗消费者为理由，根据国家工商行政管理局发布的《广告管理条例施行细则》第 22 条、第 23 条的规定，对大众影院作出如下行政处罚："（一）责成大众影院写出深刻的书面检查；（二）处以 2000 元罚款；（三）通报有关单位。"大众影院不服，向宁德地区工商行政管理局申请复议。同年 5 月 5 日，宁德地区工商局在请示福建省工商局和国家工商局之后作出复议决定，认定大众影院为了招揽观众，进行营业性的电影宣传，是属于广告的一种形式。有关部门根本没有确认《寡妇村》影片为我国首部性电影和儿童不宜的影片，而大众影院却利用报刊对该片的评论，把各抒己见、有争议的看法作为广告宣传的依据，内容荒诞；同时公然宣传黑市票价，其行为违反了国务院发布的《广告管理条例》第 3 条和第 8 条第 4、5 项的规定，并根据《广告管理条例施行细则》第 23 条之规定，维持市工商局对大众影院的处理决定。大众影院不服，向宁德地区中级人民法院提起诉讼。宁德地区中级人民法院审理认为：大众影院为了宣传《寡妇村》影片特定的需要，通过活动宣传牌、橱窗等形式，公开而又广泛地向社会传递影片信息，其宣传方式应当认定是广告；以营利为目的的广告将《寡妇村》影片认定为"我国首部性电影"，言过其实，内容确属荒诞，其行为直接违反了广告内容必须真实的原则要求，应当承担法律责任。但是，被告对大众影院之处罚也有错误之处，被告"责成该影院写出深刻的书面检查"，于法无据，应当予以撤销；"通报有关单位"，没有依法使用规范的法律用语，易发生歧义，应当予以变更。依照《广告管理条例》及其施行细则的有关规定，该院于 1989 年 8 月 25 日作出判决："（一）撤销复议决定第一项即责成原告写出深刻的书面检查；（二）维持复议决定的第二项即罚款 2000 元；（三）变更复议决定的第三项即通报有关单位变更为通报批评。"大众影院不服一审判决，于 1989 年 9 月 4 日向福建省人民法院提出上诉。

　　福建省高级人民法院审理后认为：大众影院对《寡妇村》影片的宣传形式属于文化广告。影片《寡妇村》主要揭示在封建意识影响下的性风俗、性意识、性压抑。在此之前，我国未曾拍过这一类影片。因此，大众影院宣传《寡妇村》影片为"我国首部性电影"、"儿童不宜"的电影广告，不能认为是违法的。它不属于《广告管理条例》第 8 条第 4 项"有反动、淫秽、迷信、荒诞内容"之规定的调整范畴。一审法院维持宁德地区工商局认定大众影院对《寡妇村》影片的广告宣传内容荒诞，并适用《广告管理条例施行细则》的有关规定进行处罚的判决不当。但是，大众影院在广告中宣传黑市票价，违反了《广告管理条例》第 3 条关于广告内容必须健康的规定，应当予以处罚。鉴于大众影院违法情节较轻，可免予罚款。因此，二审法院于 1990 年 5 月 17 日作出终审判决："（一）维持一审判决中的第一项、第三项；（二）撤销其第二项即罚款 2000 元，变更为免予罚款。"在本案中，大众影院对《寡妇村》影片的广告内容是否荒诞，是本案行政处罚争议的焦点，它关系到工商行政处罚决定是否合法、正确的问题。荒诞是指"毫无根据"、"毫无事实"、"凭空捏造"。《寡妇村》影片反映三个女主人公夫妻性生活的压抑，揭示了旧社会落后风俗与传统观念给予妇女的精神重负，在此之前未曾拍过这一类电影。所以，认为它是性电影或者是国内首部性电影，不能认为是错误的或违法的。为了保护少儿的身心健康，摄制该片的珠影公司在发行影片中标明"儿童不宜"，也是适当的。因此，大众影院对该影片的宣传内容不能认为是荒诞的。工商行政管理机关在电影主管部门未对该影片定性为"荒诞"的情况下，认定大众影院宣传《寡妇村》影片为"性电影"的广告内容荒诞，是不当的。根据《行政诉讼法》关于行政机关负举证责任的原则，工商行政管理机关作出上述的司法认定，显然缺乏事实根据和法律依据，故其行政处罚决定不正确。

　　而在"胡光花贪污、挪用公款案"[1]中，刑事被告人胡光花行为是否构成挪用公款罪，检控方与被告人出现了争议：河南省郏县人民检察院以郏检刑诉［2009］54 号起诉书指控被告人胡光花犯贪污罪、挪用公款罪一案，于

────────────

　　［1］ "河南省郏县人民法院［2009］郏刑初字第 75 号"，载 http://sifaku. com/falvanjian/49/zdc090app5z9. html，访问日期：2015 年 2 月 5 日。

2009 年 5 月 12 日向郏县人民法院提起公诉。受理法院依法组成合议庭，公开开庭审理此案。关于胡光花犯挪用公款罪部分，郏县人民检察院指控：2008 年 4 月 14 日，郏县城关镇东中心街居委会在郏县国土资源局土地收购储备中心领取征用郏县城关镇东中心街居委会被征用的土地补偿款 2 253 825 元。2008 年 4 月 21 日，被告人胡光花利用职务之便，同郏县东中心街居委会秘书李英明（另案处理）将郏县城关镇东中心街居委会管理的土地补偿款中的 50 万元借给郏县中原红饮料有限公司总经理程某某做生意使用。案发后赃款已追退。公诉机关认为，被告人胡光花在管理居委会土地补偿款的过程中，利用职务便利伙同他人私分补偿款 4 万元；还利用职务便利伙同他人将数额巨大的公共财物挪作他用，其行为触犯了《中华人民共和国刑法》第 382 条第 1 款、第 383 条第（三）项、第 384 条第 1 款之规定，应对被告人胡光花以贪污罪、挪用公款罪追究刑事责任，并提供相应的证据。但是被告人胡光花对检察院指控的挪用公款罪则提出不同辩护意见：第一，胡光花的行为不属于"挪用公款归个人使用"。首先，胡光花同意将 50 万元借给中原红公司进行生产经营使用，中原红公司的法定代表人程某某以个人名义出具借条，借款供公司生产经营，其行为属职务行为，而非程某某个人使用；其次，胡光花同意将 50 万元借给中原红公司进行生产经营使用是以东中心街的名义借出，而非个人名义；最后，胡光花虽然个人决定以单位名义将公款供中原红公司使用，但胡光花没有借此谋取个人利益。因此，胡光花的行为不符合挪用公款"归个人使用"的情况，当然不能构成挪用公款罪。第二，胡光花同意将 50 万元借给中原红公司使用推定经过上级领导同意，因为拨付给东中心街的款存折上有密码，该密码由土地局长与镇长掌管。

郏县人民法院经审理后认为：关于公诉机关指控被告人胡光花利用职务便利伙同他人将数额巨大的公共财产挪作他用，其行为构成挪用公款罪的意见，经查，挪用公款罪是指国家工作人员利用职务上的便利，挪用公款归个人使用，进行非法活动的，或者挪用公款数额较大、进行营利活动的，或者挪用公款数额较大、超过 3 个月未还的行为。而 2002 年 4 月 28 日《全国人民代表大会常务委员会关于第三百八十四条第一款的解释》（以下简称《解释》）规定，有下列情形之一的，属于挪用公款"归个人使用"：①将公款供本人、亲友或者其他自然人使用的；②以个人名义将公款供其他单位使用的；③个人决定以单位名义将公款供其他单位使用，谋取个人利益的。首先，中原红公司法定代表人程某某因其公司生产处于旺季，缺乏周转资金而通过邵某某并由邵某某多次向胡光花提出借款，同时也说明了借款人及借款的真正目的，这一事实有胡光花的供述及证人程某某、邵某某、李英明相互一致的证言予以证实。故本案中，真正的借款人应是中原红公司，而非程某某本人，不属出借人的亲友或者其他自然人。所以，该事实不符合《解释》中第一种情形。其次，胡光花决定将征地补偿款中的 50 万元出借，是以东中心街的名义出借的，而不是以个人名义出借的。这一事实有程某某借款时借条的内容，胡光花的供述，证人邵某某、程某某、李英明的证言相印证，所以，该事实也不符合《解释》中第二种情形。最后，本案中没有任何证据证明胡光花因个人决定以单位名义将公款借给其他单位使用而谋取了个人利益。故该事实也不符合《解释》中的第三种情形。因此，胡光花的行为不属于挪用公款"归个人使用"，也就不构成挪用公款罪。公诉机关指控胡光花的行为构成挪用公款罪，证据不足，罪名不能成立，本院不予支持。被告人及其辩护人提出胡光花的行为不构成挪用公款罪的辩护意见成立，本院予以采信。

在本案中，被控诉人胡光花的行为是否构成挪用公款罪，我们再看看相关的法律规定。关于挪用公款罪的法律规定可见于《刑法》第 384 条："国家工作人员利用职务上的便利，挪用公款归个人使用，进行非法活动的，或者挪用公款数额较大、进行营利活动的，或者挪用公款数额较大、超过三个月未还的，是挪用公款罪……"而此法律条款中的"挪用公款归个人使用"究竟如何理解？最高人民法院 2001 年公布的法释〔2001〕29 号文《关于如何认定挪用公款归个人使用有关问题的解释》明确了"挪用公款归个人使用"的两种情形："第一条，国家工作人员利用职务上的便利，以个人名义将公款借给其他自然人或者不具有法人资格的私营独资企业、私营合伙企业等使用的，属于挪用公款归个人使用。第二条，国家工作人员利用职务上的便利，为谋取个人利益，以个人名义将公款借给其他单位使用的，属于挪用公款归个人使用。"这里的"个人"显然包括自然人和单位，符合《刑法》第 384条的立法目的。全国人大常委会 2002 年 4 月 28 日关于第 384 条第 1 款的立法解释最终确认并明晰了最高人民法院的扩张解释内容，具体列举了"挪用公款归个人使用"的三种情形：①将公款供本人、亲友或者其他自然人使用的；②以个人名义将公款供其他单位使用的；③个人决定以单位名义将公款供其他单位使用，谋取个人利益的。从本案的司法处理结果来看，可以说，最高人民法院的司法解释与全国人大常委会的立法解释，一定程度上填补了刑法法典关于挪用公款罪规定的法律漏洞，而受理法院郏县人民法院正是运用论理解释方法——反驳了郏县人民检察院对被告人胡光花关于挪用公款罪的犯罪指控，最终宣告被告人胡光花挪用公款罪不成立。

### 二、法律原则

法律原则在疑难案件裁判中是填补制定法漏洞或空白的重要法律渊源选择。按照学术通论，法律原则是构成法（律）的三大内容要素之一，它有别于法律概念与法律规则。所谓法律原则，是指可以作为规则的法律的基础或本源的综合性、稳定性原理和准则。[1] 它一般采用概念或命题的逻辑形式，也是一种法的行为规范，但是没有法律规则具有的行为模式。从法律方法的角度来看，法律原则可以分为制定法外原则和制定法内原则：前者与法律原理或一般法律原则或一般法律条款相当，它是对法律所作的具有说服力的权威性阐述，虽然没有被明确地规定在法律条款中，但可以见之于有关立法背景材料；后者则是指被制定法所接受的法律原理，多由制定法外原则转化而来。在中国，它通常体现于制定法的前言和总则部分，如民法通则的诚信原则与公序良俗原则、现行刑法的罪刑法定原则与无罪推定原则等。而在法律适用领域，法律原则既是法律规则的根据和基础，又是法律规则漏洞填补的重要法律渊源选择和法律规则错误修正的必要规范依据。一般而言，法律原则不可以直接适用，特别是存在明确的法律规则且适用正当的情形。在某些特殊情况下，法律原则也可以直接适用，这主要针对存在法律漏洞或法律规则适用错误的疑难案件中。法律漏洞意味着无明确的法律规则可以援引，法律原则作为漏洞填补的替代角色起作用。法律规则适用错误即存在相应的法律规则，但这些法律规则的适用可能导致个案处理结果的不公正，那么相应的法律原则援引就成为修正法律规则错误的补强角色。那么，在法律实践中，特别是疑难案件的诉讼过程中，究竟该如何适用法律原则呢？具体说来，存在两种适用情形：一是当法律存在漏洞或者直接适用法律规则会明显导致个案的不公正，从而需要依据法律原则裁判案件时，法律原则必须被具体化（借助法律解释和推理）并存在充分说理的基础上方可被适用；二是当法律原

---

〔1〕 张文显：《法哲学范畴研究》（修订版），中国政法大学出版社2001年版，第53~54页。

则之间发生冲突时，必须运用优先性标准予以确认和平衡。也就是说，针对同一案件，需要衡量各个法律原则的重要性程度，然后进行价值取舍和重要性排序。

在"李建海侵权损害赔偿案"[1]中，人民法院运用民法公序良俗原则对有关民间习俗进行司法认可：1999 年 4 月 16 日，李建海以人民币 185 000 元购得本市沪太路 1051 弄 40 号 304 室使用权房一套。购房后李建海委托上海百姓家庭装潢有限公司对该房装修装潢，为此双方签订了《上海市家庭居室装饰装修施工合同》，约定由上海百姓家庭装潢有限公司部分承包施工。在合同履行期间的同年 12 月 5 日，李建海、上海百姓家庭装潢有限公司人员共同前往装修施工现场，发现上海百姓家庭装潢有限公司方为李建海住房进行油漆施工的员工崔晓林，已自缢身亡于李建海的住房客厅。经警方勘验确认，死者身旁放有一本迷信书刊，自缢身亡已有一周左右。事件发生后，李建海以该房已无法用于婚房及目睹现场惨状造成精神上恐惧、焦虑等刺激为由，要求上海百姓家庭装潢有限公司给予赔偿。双方虽为解决该事件善后事宜多次协商，因赔偿数额等问题差距过大，未能达成协议，为此李建海诉诸法院，请求判令上海百姓家庭装潢有限公司承担侵权损害赔偿责任，赔偿购房、装潢等经济损失人民币 251 206.99 元；赔偿精神损害赔偿金人民币 50 000 元。原审法院黄埔区人民法院审理后认为：李建海的房屋作为不动产，其价值取决于房屋本身的位置、面积、朝向、环境等综合因素，房屋内是否曾经发生过人员死亡事件，与房屋的使用和房屋的价值并无必然联系。由于侵权损害赔偿以实际损害为前提，在李建海未能证实财产已受损害的情况下，要求上海百姓家庭装潢有限公司给予赔偿，不应予以支持。但是，由于崔某的自缢身亡事件发生在李建海的住房内，李建海作为该房的使用人，其目睹该事件现场后所产生的恐惧、焦虑、忧郁等生理反应与精神痛苦，显然会对保持自身人格尊严带来不利后果。因此，李建海要求精神抚慰金来弥补自己的精神创伤，于法有据，应予支持。本案中，上海百姓家庭装潢有限公司承包装潢李建海住所，在房屋装潢竣工交付前，上海百姓家庭装潢有限公司负有妥善管理装潢施工人员与施工现场的义务。由于上海百姓家庭装潢有限公司没有

---

〔1〕 "上海市第二中级人民法院［2000］沪二中民终字第 2195 号"，载 http://www.shezfy.com/view.html? id=2931，访问日期：2015 年 1 月 31 日。

尽到管理责任，致使员工崔某得以在施工现场自缢并给李建海造成一定的精神损害，对此，上海百姓家庭装潢有限公司显有过错，应依法承担相应的民事责任。据此判决："一、李建海要求上海百姓家庭装潢有限公司赔偿经济损失人民币 251 206.99 元的诉讼请求，不予支持。二、上海百姓家庭装潢有限公司应赔偿李建海精神损害抚慰金人民币 5000 元。三、准许上海百姓家庭装潢有限公司自愿补偿李建海经济损失人民币 2 万元。"李建海不服一审判决，上诉于上海市第二中级人民法院，请求撤销原判。上海市第二中级人民院经审理后认为："公民的生命健康权依法应予保护，而公民的生命健康包括肌体健康和精神健康。由于上海百姓家庭装潢有限公司未能完全尽到管理之责，导致其施工人员崔某在涉案房屋内死亡一周左右才被发现，并使李建海本人亦目睹了事发现场，由此产生精神上的恐惧与不安，给李建海造成了一定的精神损害，原审法院据此认定上海百姓家庭装潢有限公司应依法承担相应的民事责任，并判决上海百姓家庭装潢有限公司赔偿李建海精神损害抚慰金是正确的。现鉴于上海百姓家庭装潢有限公司自愿再追加精神补偿人民币20 000元，于法无悖，本院予以准许。原审法院认定上海百姓家庭装潢有限公司员工崔某在涉案房屋内的自缢事件与该房屋的使用及价值间并无必然联系之客观事实，判决不支持李建海要求上海百姓家庭装潢有限公司赔偿经济损失之诉请并无不当。故对李建海的上诉请求，本院不予支持。"关于此案，中央电视台《今日说法》栏目以"吓走新娘的新房"为题，特邀中国人民大学法学院范愉教授进行了点评。[1]针对主持人的提问："一个房子还没住人，就出现过死人，那么您觉得它的价值到底有没有贬损？"范愉教授认为："对这个问题的看法，肯定有两个不同的标准。一个就是法律的标准，它要求有没有实际的损失是需要证明的；另外一个就是我们情理中觉得它当然受到损失了。应该说后一种标准也并不是我们平常说的封建迷信，它实际上也是大家公认的一种，我们有时候称之为公序良俗，就是公共秩序、良好的风俗，实际上它也是符合人们一般的价值观念的。"也就是说，本案的判决中，两级法院实际上是运用民法通则的"公序良俗"来补强解决此案的法律适用难题。

---

〔1〕 载 http://www.cctv.com/life/lawtoday/13/bqnr/bqnr.html，访问日期：2015 年 1 月 31 日。

而在"王丽萍诉中牟县交通局行政赔偿案"〔1〕中，受理法院则运用行政比例原则指出交管部门因滥用职权行为所应承担的行政法律责任：2001年9月27日上午，开封贸易实业公司到中牟县仓寨乡党庄村马书杰养猪场收购生猪，原告王丽萍借用东漳乡小店村村民张军明、王老虎、王书田的小四轮拖拉机拉生猪31头到马书杰养猪场销售，当车行至中牟县仓狼路西吴村村南时，被中牟县交通局执法人员以三辆小四轮拖拉机没有交纳养路费为由，将原告借用的三辆小四轮拖拉机扣留。当被告的执法人员将三辆小四轮拖拉机开到仓寨乡黑寨村村南时，将三辆小四轮车拖斗卸下，向张军明、王老虎、王书田三人送达了暂扣车辆凭证。原告借用的小四轮拖拉机车头被开走后，卸掉的拖斗（两端拖斗）倾斜，造成生猪受热挤压，死亡两头。后原告在马书杰的帮助下，借用一辆福田农用车，将生猪装到开封实业公司收购车上，运至开封实业贸易公司时，原告的生猪受热、受挤压，又死亡13头。2001年11月22日原告向被告申请赔偿，被告拒不赔偿。原告诉至中牟县人民法院，要求被告赔偿损失10 500元及交通费1700元。中牟县人民法院经审理后认为，原告借用的小四轮拖拉机虽未交纳养路费，但小四轮拖拉机运输的是"鲜活"物品，被告在行使职权时未考虑按照常理应当考虑的因素，作出了不合理的行政行为，属违反行政比例原则的滥用职权行为。"准备暂扣的小四轮拖拉机，正处在为原告王丽萍运送生猪的途中。无论暂扣车辆的决定是否合法，被告县交通局的工作人员准备执行这个决定时，都应该知道：在炎热的天气下，运输途中的生猪不宜受到挤压，更不宜在路上久留。不管这生猪归谁所有，只有及时妥善处置后再行扣车，才能保证不因扣车而使该财产遭受损失。然而，县交通局工作人员不考虑该财产的安全，甚至在王丽萍请求将生猪运抵目的地后再扣车时也置之不理，把两轮拖斗卸下后就驾车离去。县交通局工作人员在执行暂扣车辆决定时的这种行政行为，不符合合理、适当的要求，是滥用职权。依照《行政诉讼法》第54条第1款第（二）项第5目和最高人民法院《关于执行〈中华人民共和国行政诉讼法〉若干问题的解释》第57条第2款第（二）项的规定，应当确认县交通局工作人员在行使行政职权时的行为违法。"案件宣判后，双方当事人均未上诉，判决书发生法律效力。

---

〔1〕"王丽萍诉中牟县交通局行政赔偿案"，载《中华人民共和国最高人民法院公报》2003年第3期。

### 三、判例创造

如果疑难案件不存在明确的制定法规范，在承认判例法地位或功能的国家或地区，最有可能使用的实质推理方法就是判例创造法与衡平裁判法。这里所指的判例创造法实质上就是法官造法，即法官通过创设新判例来推翻或修改以前的判例，其目的是填补法律漏洞、确立新的法律规则。判例能够弥补制定法的不足，法院运用区别技术可以避免法律的僵硬并发展出新的规则。一般而言，在适用先例时，法官会碰到先例与待决案件案情的三种不同情况：一是完全适用先例，即先例提供了一种相当明确而合理的准则，法院将适用该准则，这是严格意义上的"遵循先例"；二是不完全适用先例，即一旦出现先例不完全适用于该法院所审理的案件情况时，法官将运用区别技术，缩小先例中"决定的理由"的适用范围，把某些"决定的理由"视为法官的"附带意见"，而把某些"附带意见"又看作具有普遍约束力的"决定的理由"；三是推翻先例，即由于先例当时是错误的，或者现在看来该先例已经过时，或者先例的适用会造成明显的不公正，在上述情况下，法院可以拒绝遵循先例，并否定以前的判决，即采用取消判决的手段（over - ruling），此为区别技术的极端情形。其中，"不完全适用先例"是最为常见的判例法适用情形。在英美法系国家，判例作为一种必须遵守的法律规则独立存在，故称之为判例法，即高级法院的判决，对下级法院（甚至包括本院）后来的类似案件审判，具有先例的约束力或说服力。当然，判例法并不意味着先前某个案件的整个判决都是法，而是指该判决中包含的某种法律原则或法律规则。美国最高法院 1896 年"普莱西诉弗格索尼案"确立的"只要设施是平等的，种族隔离就是合法的"原则。在大陆法系国家，判例法逐渐得到承认。在我国大陆，判例法未成为正式渊源，但是批复形式的司法解释以及典型案例、指导性案例的出现意味着判例的作用也在我国得到一定程度的认可。根据最高人民法院法发［2010］51 号《关于案例指导工作的规定》第 7 条规定："最高人民法院发布的指导性案例，各级人民法院审判类似案例时应当参照。" 2010 年以来，各级地方法院裁判案件确实出现了对最高人民法院确认的指导性案例参照适用的若干情形，这既包括当事人对指导性案例的援引，也包括法院判决对指导性案例的援引，作为待决案件法律适用漏洞的补充性规范使用。

　　如在"杨雅文诉王心水等道路交通事故损害赔偿纠纷案"[1]中，法院判决书中参照援引了最高人民法院发布的一例指导性案例。本案的案情如下：2010 年 7 月 30 日 5 时 57 分，原告雇佣司机张伟驾驶原告的苏 H×××××/HG655 挂重型半挂车行驶至济青高速公路济南方向 192KM＋300M 处，与停驶在应急车道内的鲁 C×××××/CB813 挂重型半挂车尾部及站在该车左后侧检修车辆的鲁 C×××××/CB813 挂车驾驶员李玉勤刮擦相撞，后苏 H××××× /HG655 挂车撞路中央护栏，该事故造成张伟、李玉勤死亡，苏 H××××× ×/HG655 挂车乘车人许兆民受伤，二机动车及路产损坏。经山东省公安厅交警总队高速公路交警支队潍坊大队认定，张伟承担事故主要责任，李玉勤承担事故次要责任，许兆民不承担事故责任。2011 年 1 月 25 日，淮安仲裁委员会对申请人杨雅文与被申请人中国人寿财产保险股份有限公司淮阴区支公司（下简称"人寿保险公司"）之间的保险合同纠纷案做出［2010］淮仲裁字第 135 号裁决书，裁决人寿保险公司赔偿杨雅文损失 361 075.00 元（赔偿的损失中包括事故施救费 7955 元、路产赔偿费 11 950 元、高速公路全程监控、太阳能、蓄电池、摄像机修复费 47 410 元、车损认定费 4600 元、事故车辆技术鉴定费和特殊项目检查费 2200 元）。人寿保险公司对该仲裁裁决不服，于 2011 年 3 月 28 日向江苏省淮安市中级人民法院申请撤销该仲裁裁决。在该院审理过程中，杨雅文与人寿保险公司达成和解协议：路产赔偿款和全程监控、太阳能、蓄电池、摄像机修复费由人寿保险公司代杨雅文向第三方主张权利，等该款履行到位后支付杨雅文，数额以法律文书确认为准。2011 年 4 月 18 日，人寿保险公司以其与杨雅文已达成和解协议为由提出撤回撤销仲裁裁决申请，该院已裁定准许人寿保险公司撤回撤销仲裁裁决申请。杨雅文于 2011 年 4 月 20 日向潍坊市寒亭区人民法院提起诉讼，要求王心水与安邦保险公司赔偿其因本案所涉交通事故所造成的交通费、住宿费等费用损失，潍坊市寒亭区人民法院已作出［2011］寒民三初字第 75 号民事判决。事后，原告杨雅文向潍坊市寒亭区人民法院再次提出诉讼。2012 年 1 月 5 日，潍坊市寒亭区人民法院审理终结后认为："本案中原告杨雅文基于仲裁裁决所认定的同一事实再次提起诉讼主张同一损失，违反了民事诉讼'一事不再理'原则，本院

――――――――――

〔1〕 "山东省潍坊市寒亭区人民法院［2011］寒民三初字第 199 号"，载 http://www. court. gov. cn/zgcpwsw/sd/sdswfszjrmfy/wfshtqrmfy/ms/201401/t20140107_ 203511. htm，访问日期：2015 年 2 月 5 日。

予以驳回。参照最高人民法院发布的指导性案例，当事人在裁决做出后，达成和解协议，若一方当事人不完全履行和解协议，另一方当事人可以申请人民法院执行仲裁裁决。对于第二部分损失，本院已在另一案件中对原告主张的交通费、住宿费损失赔偿问题做出了处理，原告又提起本案诉讼，本院予以驳回。"最后，法院裁定驳回原告杨雅文的诉讼请求。在本案裁定过程中，受理法院的判决书所提到的指导性案例为最高人民法院〔2011〕指导性案例2号"吴梅诉四川省眉山西城纸业有限公司买卖合同纠纷案"，由最高人民法院审判委员会 2011 年 12 月 20 日讨论通过并发布。该案的裁判要点为："民事案件二审期间，双方当事人达成和解协议，人民法院准许撤回上诉的，该和解协议未经人民法院依法制作调解书，属于诉讼外达成的协议。一方当事人不履行和解协议，另一方当事人申请执行一审判决的，人民法院应予支持。"该判决是对《中华人民共和国民事诉讼法》第 207 条第 2 款关于当事人一方撤回上诉不履行和解协议的规则补充。

而在东莞市世纪辉煌物业代理有限公司与吴炽堂居间合同纠纷上诉案[1]，上诉人运用最高人民法院发布的指导性案例强化其上诉主张的法律理由。2009 年 5 月 7 日，辉煌公司、吴炽堂签订一份《中介服务合同》，吴炽堂委托辉煌公司介绍购买东莞市东城区峰景高尔夫别墅山水轩 216 号别墅。在合同中约定"乙方（即吴炽堂）或乙方亲属、授权人、代理人等通过甲方成功购买甲方介绍的物业，乙方愿意支付该物业成交价的 3% 中介服务费给甲方"。同时，吴炽堂还承诺"若乙方或乙方亲属、授权人、代理人等如未经甲方同意而私底下直接或间接通过其他途径买卖或者租赁该物业，乙方仍须向甲方支付中介服务费，并自乙方与该物业的卖方或出租方达成买卖或租赁意向之日起，按照每日万分之一的标准支付逾期付款滞纳金"。合同签订后，辉煌公司多次带吴炽堂、吴志辉（吴炽堂之子）及吴炽堂聘请的风水师对该物业进行实地查看，并与房东张衬华多次见面商谈物业成交价格。后来吴炽堂以风水师称该物业对居住人心脏不利为由，没有签订该物业的买卖合同。辉煌公司还介绍了其他房屋给吴炽堂看供其选择，但吴炽堂一直没成交。2011年 6 月，辉煌公司员工带其他客户到东城区峰景高尔夫别墅区看房时，发现

---

〔1〕 "东莞市中级人民法院〔2013〕东中法民二终字第 249 号"，载 http://www.pkulaw.cn/full-text_ form. aspx? Gid = 119225627&EncodingName = ，访问日期：2015 年 2 月 5 日。

吴炽堂、吴志辉居住在该物业内。后经了解，才知道吴炽堂以吴志辉（吴炽堂之子）的名义于 2009 年 9 月正式登记购买了该物业，成交价为 4 528 350 元。辉煌公司多次找吴炽堂、吴志辉，要求吴炽堂支付中介服务费，均遭拒绝。吴炽堂拒付中介服务费的行为，违反了法律规定和双方合同约定，侵犯辉煌公司的合法权益。辉煌公司据此起诉至东莞市第一人民法院。一审判决后，世纪辉煌物业代理有限公司和吴炽堂均不服广东省东莞市第一人民法院〔2011〕东一法民二初字第 9106 号民事判决，分别向东莞市中级人民法院提起上诉。上诉人吴炽堂上诉辩称："……2. 根据法〔2011〕354 号《最高人民法院关于发布第一批指导性案例的通知》相关指导案件'当卖方将同一房屋通过多个中介公司挂牌出售时，买方通过其他公众可以获知的正当途径获得相同房源信息的，买方有权选择报价低、服务好的中介公司促成房屋买卖合同成立，其行为并没有利用先前与之签约中介公司的房源信息，故不构成违约'，原审判令吴某支付服务费用违反上述指导精神。"上诉人吴炽堂援引的指导性案例即最高人民法院审判委员会 2011 年 12 月 20 日讨论通过并发布的第 1 号指导性案例"海中原物业顾问有限公司诉陶德华居间合同纠纷案"。该案的裁判要点是："房屋买卖居间合同中关于禁止买方利用中介公司提供的房源信息却绕开该中介公司与卖方签订房屋买卖合同的约定合法有效。但是，当卖方将同一房屋通过多个中介公司挂牌出售时，买方通过其他公众可以获知的正当途径获得相同房源信息的，买方有权选择报价低、服务好的中介公司促成房屋买卖合同成立，其行为并没有利用先前与之签约中介公司的房源信息，故不构成违约。"该案例是对《中华人民共和国合同法》第 424 条居间合同条款的补充性判决。但是，东莞市中级人民法院于 2013 年 4 月 18 日审理终结后宣告维持原审判决。

在"李建忠与佛山市南海区丹灶铝材制造厂等金融借款合同纠纷案"[1]中，人民法院经过司法审查否决了上诉人上诉主张中所援引的某一法院判决，并指出凡未经最高人民法院确认的司法裁判书不能作为指导性案例援引：上诉人李建忠、佛山市南海区丹灶铝材制造厂、佛山市南海区丹灶镇经济发展总公司均因与原审第三人罗龙健金融借款合同纠纷一案，不服广东省佛山市

---

〔1〕"佛山市中级人民法院〔2013〕佛中法民二终字第 1006 号"，载 http:// – www. court. gov. cn/zgcpwsw/gd/gdsfsszjrmfy/ms/201404/t20140402_ 694204. htm，访问日期：2015 年 2 月 5 日。

南海区人民法院［2012］佛南法民二初字第 2136 号民事判决，向佛山市中级人民法院提起上诉。原审法院南海区人民法院判决：丹灶铝厂向李建忠偿还借款本金 4 118 000 元及利息 3 485 844.17 元，丹灶发展总公司对此承担连带清偿责任，驳回原告其他诉求。上诉人李建忠提出上诉，要求法院：增判丹灶铝厂按照中国人民银行 2000 年 5 月 20 日至实际清偿借款时的利息，丹灶发展总公司承担连带清偿责任；本案一、二审诉讼费用由丹灶铝厂和丹灶发展总公司承担。李建忠还提出了有关证据，包括［2007］佛中法初字第 93 号民事判决书 1 份，［2008］佛中法执字第 329 – 2 号民事裁定书、佛中法执字第 329 – 4 号执行裁定书和佛中法执字第 329 – 7 号执行裁定书各 1 份及《债权转移确认通知书》1 份，以证明上述诉求的事实存在。2013 年 12 月 23 日，佛山市中级人民法院审理终结后认为："对于前述证据材料……本院认为，前述证据材料与本案系争债权缺乏必然关联，且非最高人民法院确定并统一发布的指导性案例，故本院不予采纳。"佛山市中级人民法院最终认定原审认定事实不清，实体部分处理欠当，予以纠正：维持佛山市南海区人民法院［2012］佛南法民二初字第 2136 号民事判决主文第二、三项；变更佛山市南海区人民法院［2012］佛南法民二初字第 2136 号民事判决主文第一项为，佛山市南海区丹灶铝材制造厂应于判决之日起 10 日内向李建忠支付本金 4 118 000 元及相应利息，一、二审诉讼费用双方分担。

### 四、衡平裁判

通过衡平法来补充制定法与先例规则，通过发展新的具体规则来填补法律漏洞。衡平即公平正义原则，是法官发现法律规定过于严格或不适当时所使用的司法救济方法。"衡平法"一词首次出现于 13 世纪至 14 世纪的英国，是指通过大法官的司法实践发展起来的旨在对普通法的不足之处进行补救的一整套原则、规范和法院系统。在当今英国，已不存在独立的衡平法院系统，但是在法院内部仍存在大法官法庭，专门审理如信托案件、不动产争讼和遗嘱检验争讼案件等。衡平法，广而言之，是"公平"、"正义"、"良知"之旨意，可以用"自然法"加以涵盖；狭而言之，它是用来指称一种与"严格法"相对应的适用"社会公平原则"的司法现象，是自然法的具体化或"自然正义"原则和规则，或法律由自发演进进入自觉发展进程中，人类有意识地以"自然正义"匡正、补充、影响或改进和完善"法律正义"的主要手段。〔1〕美国《宪法》第 3 条规定了司法权所及的范围涉及关于普通法与衡平法的案件；《宪法第五修正案》规定非经大陪审团提起公诉，人民不得被判死刑或其他不名誉罪。1942 年意大利《民法典》第 1371 条和第 1372 条规定法庭应根据衡平来解释契约义务。美国蒙大拿州还将衡平法准则编为法典，成为 1989 年《蒙大拿修正法典》的组成部分。衡平裁判本质上也是采用广义上的法律原则作为弥补制定法缺陷的法律渊源选项，但与前文所指的第二种司法方法——法律原则有所不同，这是因为前文中所指法律原则是制定法中明确予以认可的立法原则，即实定法意义上的合法化原则。而这里所指衡平原则更多指称自然法原则或道德原则，它们不一定在制定法中被明确规定或认可。在普通法国家或地区，衡平法作为判例法的特殊表现形式，是普通法的补充，二者是本书（普通法）与注释的关系，但是一旦发生衡平法与普通法的矛盾和冲突，则坚持衡平法优先。如按照普通法，财产所有人原则上有权任意处理自己的财产。如甲作为所有权人与乙缔约将一块土地出售给乙以后，又将该土地转让给丙，而乙仅能向甲要求因违约而支付损害赔偿。但根据衡平法，甲的这种行为显然是对所有权的滥用，因而它要求甲将财产转让给第一个购买人乙，或者允许乙作为衡平法上的所有权人可以向除不知情的第三者以外的任何人提出所有权的主张。同样地，根据普通法，丈夫是其妻子的财产的所有权人，但衡平法对由妻子分开使用的那一部分财产予以保护就制止了丈夫对它的干预。〔2〕但是，衡平法原则并不是普通法国家独有的现象，它在大陆法系传统的国家也不同程度地发生作用。在我国法律体系中，民法通则和侵权责任法都没有明确规定民事侵权行为的公平归责原则，但是以无过错责任或特殊侵权责任的形式间接认可了公平担责原则。然而，笔者这里所指的疑难案件处理采用的衡平方法，并不是指制定法层面所规定的公平原则，而是指伦理价值层面的公平正义与良知权衡裁判标准，在我国也存在不少这样的司法裁判书，这里仅举二例。

案例一，"黄志华与蓝福生、龙海鑫达盛石业有限公司交通事故责任纠纷

---

〔1〕 钱弘道：《英美法讲座》，清华大学出版社 2004 年版，第 44 页。
〔2〕 英国衡平法二案例，参见钱弘道：《英美法讲座》，清华大学出版社 2004 年版，第 53～54 页。

案"〔1〕：2013 年 7 月 30 日 20 时 15 分许，蓝福生驾驶闽 E×××××号轿车由龙海市角美镇石厝村方向沿角美镇仁和西路往东山村方向行驶至角美镇仁和西路下仕小区路段，车辆越过中心双实线，车头左侧部位于路左机动车道内与对向由黄其和驾驶的无牌号二轮电动车（后载黄志华）车头部位发生碰撞，造成黄其和、黄志华二人不同程度受伤及两车局部损坏的交通事故。经漳州市公安局台商投资区分局交通管理大队认定，蓝福生应承担本事故全部责任，黄其和、黄志华二人不承担本事故责任。事故当天，黄志华被送往中国人民解放军第一七五医院住院治疗。事后，黄志华向福建龙海县人民法院（现龙海市人民法院）提起诉讼，请求法院判令被告蓝福生、龙海鑫达盛石业有限公司、阳光财产保险公司共同赔偿其损失 724 779.42 元等。2014 年5 月 16 日，龙海县人民法院（现龙海市人民法院）审理终结，认定蓝福生对本次交通事故负全部责任，由于蓝福生所驾驶车辆已投保阳光财产保险股份有限公司，故最终宣判被告阳光财产保险股份有限公司漳州中心支公司支付原告黄志华保险金 331 610 元；被告蓝福生支付原告黄志华赔偿款 207 627.74元；驳回原告黄志华的其他诉讼请求。两被告不服原审判决，向漳州市中级人民法院提起上诉称：原审认定原告黄志华残疾赔偿金适用城镇标准有误，因黄志华所在学校莆田仙游县枫亭镇不是县政府所在地，根据漳州市中级人民法院判例法理，也不能适用城镇标准；而黄志华提供的劳动合同和职工花名册其工作时间尚不足一个月，且黄志华为农村户口，因此应适用农村标准计算残疾赔偿金等。2014 年 9 月 9 日，漳州市中级人民法院审理终结后认为："被上诉人黄志华虽属农村户口，但作为一名大学生已连续在城镇居住、消费已将近两年时间，依据最高人民法院〔2005〕民他字第 25 号《关于经常居住地在城镇的农村居民因交通事故伤亡如何计算赔偿费用的复函》虽然是针对进城务工人员遭遇交通事故伤亡赔偿问题，但无疑对在城镇有稳定住所和消费行为的在校大学生遭遇类似案件具有参照意义。因此，从这一司法解释的精神和公平正义价值理念出发，被上诉人黄志华的残疾赔偿金可适用城镇居民赔偿标准。因此，上诉人提出被上诉人黄志华应适用农村居民赔偿标准与

---

〔1〕 "福建省龙海市人民法院〔2014〕龙民初字第 7 号"，载 http://－www.zzlhcourt.gov.cn/a/minshianjian/20141224/422.html，访问日期：2015 年 2 月 6 日；"福建漳州市中级人民法院〔2014〕漳民终字第 821 号"，载 http://－www.court.gov.cn/zgcpwsw/fj/fjszzszjrmfy/ms/201501/t20150102_6022129.htm，访问日期：2015 年 2 月 6 日。

法不符，不予采纳。"法院最终驳回上诉，维持原判。

案例二，"娄腊初与胡晓忠、胡德顺房屋租赁合同纠纷案"[1]：2009 年 8 月 20 日，娄腊初与胡晓忠、胡德顺签订了一份《房屋承租合同》，合同约定：甲方（胡晓忠、胡德顺）将位于常德市南坪岗乡沙港村 6 组的两栋楼房、两层平房、另加停车坪 1 亩，租给乙方（娄腊初）经营餐饮。合同第 2 条约定"承租期限从 2008 年 10 月 15 日起至政府征迁此地为止"。合同第 3 条约定了年租金标准。合同第 7 条约定："关于征地拆迁约定：两年之内，乙方享有政府关于房屋以外补偿 60% 的权利，两年之外，享有政府关于房屋装修方面和房屋以外补偿 40% 的权利。"合同签订后，双方按约从 2008 年 10 月 15 日履行到 2012 年 7 月 30 日。2012 年 9 月底，胡晓忠、胡德顺分别收到当地政府拨发的房屋拆迁补偿费用 939 802 元和 468 722 元。2012 年 8 月 17 日，胡晓忠向娄腊初支付补偿款 212 000 元。2012 年 9 月 25 日，胡德顺向娄腊初支付补偿款 312 000 元，娄腊初都出具了相应收据。娄腊初认为按约，向常德市武陵区人民法院诉请对方还应向他支付补偿款 193 793.8 元。2013 年 1 月 13 日，常德市武陵区人民法院后下达［2012］武民初字第 1965 号民事判决书，判决驳回原告诉讼请求；2014 年 7 月 8 日，经常德市武陵区人民法院审判委员会研究决定作出［2014］武民申字第 01 号民事裁定书，决定重审此案；2014 年 10 月 10 日，武陵区人民法院作出［2014］武民再字第 02 号民事判决，维持［2012］武民初字第 1965 号民事判决；娄腊初不服判决，向常德市中级人民法院提起上诉。常德市中级人民法院审理后认为：本案的焦点之一是娄腊初享有的装修补偿份额是否包含房屋出租前原始装修补偿的问题。娄腊初主张除了新增加的设施和装修补偿外，胡晓忠、胡德顺另需支付房屋原始装修补偿款的 40%。双方当事人在合同中并未明确约定娄腊初享有的房屋装修补偿款的具体范围。如何确定该范围是本案处理的关键。首先，从合同履行来看，双方合同所约定的房屋装修范围应指新投入的设备、装修。其次，从合同内容来看，双方根据经营长短约定补偿比例，且娄腊初所得的补偿比例呈现下降趋势，双方约定的房屋装修范围也应指新投入的设备、装修。最后，从利益公平的角度考量，房屋租赁合同双方签订合同时均确定地预见

<hr/>

[1]　"常德市中级人民法院［2014］常民再终字第 12 号"，载 http:// – www. court. gov. cn/zgcp-wsw/hun/hnscdszjrmfy/ms/201502/t20150204_ 6538631. htm，访问日期：2015 年 2 月 6 日。

到租赁房屋将被拆迁，并将合同终止的时间约定为政府实施房屋拆迁时止，且娄腊初在合同签订后并未对房屋进行实质性的装修。据此可以判断，娄腊初对其承租的餐馆将因政府拆迁行为而终止经营的后果是明确预知的，并未因政府拆迁行为而产生新的超出其预期的损害后果。而征地拆迁补偿的实质是对失去宅基地和居住房屋的村民的经济补偿，以期最大限度地保障被拆迁户的生活、生存的权利。根据本案所涉房屋属地的拆迁补偿政策，扣除胡晓忠为保证必要的居住条件而购买政府安置房款，胡晓忠、胡德顺两户居民实际所得现金拆迁补偿款合计 140 万元有余，两户主已按房屋租赁合同约定支付给娄腊初补偿款 243 200 元；根据娄腊初的诉讼请求，胡晓忠、胡德顺需另行支付补偿款 193 793.8 元，两项合计将达到 436 993.8 元，占胡晓忠、胡德顺两户居民所得补偿总和的 30% 以上，这不仅有悖拆迁安置补偿的政策初衷，亦有违合同利益公平的价值选择。因此，娄腊初关于胡晓忠、胡德顺另需支付房屋原始装修补偿款的 40% 的诉讼主张不能成立。2015 年 1 月 23 日，常德市中级人民法院作出终审判决，驳回上诉，维持原判。

### 五、习惯入法

如果疑难案件裁判存在制定法不充分或法律漏洞，习惯入法也是重要的法源选项。习惯包括习俗（如民族风俗习惯、宗教习俗、部族习俗等）、惯例（包括商业惯例、宪法惯例）等，属于民间社会规范的范畴，它是某一社会组织或特定群体日常工作或生活过程中长期形成的相对固定的行为模式，唯有国家公共权力的立法确认或司法认可方能上升为习惯法，因此存在习惯入法的两条基本途径：

一是习惯借助法典或单行法得以原则性确认，一般作为制定法与判例法的法源补充形式存在。如我国《民法通则》第 142 条关于国际商事惯例的认可规定："涉外民事关系的法律适用，依照本章的规定确定。中华人民共和国缔结或者参加的国际条约同中华人民共和国的民事法律有不同规定的，适用国际条约的规定，但中华人民共和国声明保留的条款除外。中华人民共和国法律和中华人民共和国缔结或者参加的国际条约没有规定的，可以适用国际惯例。"又如我国现行《合同法》第 60 条关于交易习惯的认可规定："当事人应当遵循诚实信用原则，根据合同的性质、目的和交易习惯履行通知、协助、保密等义务。"再如《香港特别行政区基本法》第 8 条关于香港本地原有习惯法（主要为房契、婚姻家庭习俗）的认可规定："香港原有法律，即普通法、衡平法、条例、附属立法和习惯法，除同本法相抵触或经香港特别行政区的立法机关作出修改者外，予以保留。"而根据我国香港地区《新界条例》（第97章）第13条，法庭可以认可并执行与新界土地有关的中国习俗或传统权益。同时在《婚生地位条例》（第184章）第14条中，中国法律和习俗也得到承认。我国台湾地区现行"民法典"第1条规定：民事，法律所未规定者，依习惯；无习惯者，依法理。该"民法典"还存在若干相关具体适用条款，如第439条规定，收受租金，依习惯为先收后住，否则应先住后收；第483条规定，报酬按价目表，未定，按习惯；第838条规定，土地所有人得禁止他人侵入其地内，但依地方习惯，未设围篱者，得进出、放牧、割草等。我国少数民族自治机关（人大或政府）的民族习俗认可表现得也很明显，如西藏自治区人民政府2005年2月5日发布《天葬管理暂行规定》，并由西藏自治区十届人大三次会议2015年1月22日审议通过关于制定《西藏自治区天葬管理条例》的议案，便是对藏族天葬习俗的多次立法认可[1]。又如1983年10月1日施行的《凉山彝族自治州施行〈中华人民共和国婚姻法〉的规定》第9条关于彝族等少数民族特色婚俗的立法认可规定："对各少数民族传统的婚嫁仪式，在不违反《中华人民共和国婚姻法》基本原则的前提下，应予尊重。"

二是习惯在司法过程中的适用，即司法认可。在有些国家，习惯可以取得与制定法同等的法律地位，如在西班牙和讲西班牙语的国家和地区，而在德国的商法与劳动法领域甚至高于制定法（如民法典）的地位。在英国，一般存在关于地方习惯的严格司法审查标准，即它们必须同时满足如下条件才可以被司法援引：一是被证明自远古时代就存在，这主要是指1189年理查德一世加冕时就存在，英国1275年《威斯敏斯特条例》规定，只有1189年就已存在的习惯才能被引用；二是不违背常理；三是为普通法的一些例外，且不得与普通法的原则相抵触；四是确定无疑的。在我国的司法实践中，习惯既可以作为裁判案件的规范性依据，也可以作为认定案件事实的经验性证据。但从习惯适用的司法实践来看，我国法院直接参照习惯裁判案件的情形很少，

---

〔1〕　黎华玲、曹凯："西藏人大审议通过关于制定天葬管理条例的议案"，载http://news. xinh‐uanet. com/2015 ‐01/23/c_ 1114100956. htm，访问日期：2015年2月1日。

大多数情况下是根据现有的法律原则和精神对习惯进行解释性转换，并存在较为严格的习惯司法适用规则。如江苏省高级人民法院 2009 年 1 月 12 日发布苏高法审委〔2009〕1 号《关于在审判工作中运用善良民俗习惯有效化解社会矛盾纠纷的指导意见》以指导本地法院涉及习俗问题的疑难案件审判工作。该文件在肯定民俗习惯的司法价值的基础上，强调了民俗习惯司法运用的合法性原则、合理性原则、正当性原则和普遍性原则等四大原则，规定了民俗习惯司法运用的主张程序、审查程序、认定程序和适用程序四大司法认可程序，还列举了"运用经验法则认定案件事实、规范权益表达形成裁判理由、补充法律漏洞形成司法论证、强化诉讼调解实现案结事了和寓法理于情理增强司法亲和力"等关于民俗习惯司法运用的具体方法。[1]该文件对我国地方法院进行习惯的司法认可工作具有重要的示范和普及意义。

在我国，习惯的司法认可还存在最高人民法院的司法批复或政策形式，用来指导各级法院处理涉及习俗的特定疑难案件的若干规范性指引文件。如 1986 年 6 月 22 日最高人民法院针对湖南凤凰县人民法院的请示所作的《关于地主家庭出身的能否回赎土改前典当给劳动人民的房屋的请示的复函》明确指出："关于地主在农村的土改前出当给劳动人民的房屋，我们同意你院意见：房权应属承典者所有，不能回赎；已经赎了的，应责令退回。至于地主在城镇的土改前出当给劳动人民的房屋，其情况比较复杂。你院可会同有关单位将种种具体情况叙述清楚，提出处理意见，按逐级请示的规定，向上级请示。"以弥补当时涉及佃权交易惯例的民事法律制度空白。最高人民法院 1984 年 8 月 30 日《关于贯彻执行民事政策法律若干问题的意见》又指出："（58）对法律、政策允许范围内的房屋典当关系，应予承认。但土改中已解决的房屋典当关系，不再变动。典期届满逾期 10 年或典契未载明期限经过 30 年未赎的，原则上应视为绝卖。"而最高人民法院《关于适用〈关于贯彻执行民事政策法律若干问题的意见〉第五十八条的批复》（〔1984〕法民字第 16 号）（致山西高院）还指出："关于'典期届满逾期 10 年或典契未载明期限经过 30 年未赎的，原则上应视为绝卖'问题，经研究认为：处理这类案件，须以典契上未注明绝卖字样，承典人也未办理产权登记，产权尚未转移为前提条件，具备这个条件的，我们基本上同意你院意见。……1984 年 9 月 8 日

---

〔1〕　公丕祥：《民俗习惯司法运用的理论与实践》，法律出版社 2011 年版，第 201～205 页。

《意见》下达后，典期届满已逾 10 年或未定典期经过 30 年，才提出回赎的，应按《意见》规定，原则上视为绝卖，如果出典人确实无房居住，而承典人又不缺房，同意出典人回赎的，经双方达成协议后，可以调解解决。"

　　根据习惯做出判断，可以平衡规则之间的冲突，解决疑难案件处理中存在的法律规范漏洞或规则不全问题，笔者首先列举发生在江苏的两起案例。一是"陈某收取彩礼案"[1]。本案涉及男方民间彩礼是否可退还的习俗问题。陈某（女）与柳某于 2000 年 3 月 30 日登记结婚，后于 2003 年提起离婚诉讼。柳某同意离婚，但坚持要求陈某返还订婚礼金 5000 元及白金钻戒指和项链等物。陈某否认收取彩礼事实。柳某请证婚人曹某就彩金作证，后又请蒋某、朱某和周某出庭作证。陈某则以四人均系柳某好友提出抗辩，仍然否认收取彩礼事实。法院认为：被告主张彩金事实虽然只有曹某佐证，但当地习俗是男方要给女方彩礼，彩金存在讨价还价，曹某出面商谈礼金符合常理。而蒋某和朱某可以就被告的三金主张相互印证，原告收受白金钻戒与项链事实属实。因此作出判决：原告归还被告全部彩礼。判决后，原告与被告均未上诉。该案执行过程中，陈某承认收取彩礼，并履行了返还义务。二是"苗猪病死赔偿案"[2]。本案涉及江苏姜堰市农村存在的苗猪三天不吃食应由卖方承担责任的习俗适用问题。2004 年 4 月 8 日，原告周某经被告孙某介绍向被告吴某等购买苗猪 34 头，贷款 10 900 元。双方履行合同的次日，苗猪出现病症，原告将病情告知被告，被告表示猪病不会传染，并愿意承担由此产生的医疗费用。苗猪后来受病情传染陆续死亡。原告与被告对苗猪出现不吃食病死事实都没有异议，由于原告在苗猪病死后未及时保全证据，卖方被告对口头承诺的当地习俗，即苗猪三天不吃食应由卖方承担责任的习俗不予承认。于是，原告通过证人到庭证实该习俗为当地农村普遍认同。法院对双方当事人调解未果后判决认为，应充分尊重地方习俗的存在，但原告也有过错，因此卖方承担适当的赔偿责任，应向原告赔偿 4000 元经济损失，并驳回原告其他诉讼请求。

　　在我国青岛郊区农村，至今盛行顶盆过继习俗，该习俗是说老人去世之

---

[1] "姜堰市人民法院［2003］姜法民初字第 0482 号"，载汤建国、高其才主编：《习惯在民事审判中的运用——江苏省姜堰市人民法庭的实践》，人民法院出版社 2008 年版，第 47~48 页。

[2] "姜堰市人民法院［2006］姜法民初字第 0424 号"，载汤建国、高其才主编：《习惯在民事审判中的运用——江苏省姜堰市人民法庭的实践》，人民法院出版社 2008 年版，第 69 页。

后，在出殡的时候要有一个人把烧纸钱的火盆顶在头上然后摔碎，俗称摔盆儿，摔盆儿的这个人一般都是家里的长子。有时候，如果去世的老人没有子女的话，往往要在叔伯兄弟的孩子中找出一个人作为嗣子，由他来摔盆儿，所以这种过继风俗也就叫顶盆过继。青岛市郊大量的民事纠纷涉及该风俗，这里仅列举一起顶盆继承纠纷案〔1〕。本案涉及青岛市郊顶盆继承习俗能否作为继承法的补充予以援引问题。2005 年 9 月，原告石坊昌以非法侵占房屋为由提起诉讼，请求依法确认自己和石君昌之间的赠予合同有效，并判令被告石忠雪立即腾出房屋。被告辩称房屋是自己继受所得，且房产证、土地证等手续一应俱全，房屋应为自己所有。青岛市李沧区人民法院 2005 年 12 月 6 日的一审判决认为，赠予合同的权利义务相对人仅为石坊昌及石君昌，原告以赠予合同是否有效起诉石忠雪于法无据，本院不予支持。另外，被告石忠雪是因农村习俗，为死者石君昌戴孝发丧而得以入住石君昌留下的房屋，从戴孝发丧当晚入住至今长达 8 年之久，被告并非非法侵占上述房屋。原告对一审判决不服提起上诉，青岛市中级人民法院于 2006 年 3 月作出维持原判的终审判决。法官首先认同地方习俗"顶盆继承"蕴涵的权利义务关系，然后通过解释认定被告通过"顶盆继承"习俗占有被继承人房屋不违法，原告多年来也无异议，被告取得房屋产权合情合法。承办法官韩雪梅认为，原告虽然手中持有房产公证书，但是从来没有向被告主张过这项权利，说明他是知道顶盆发丧的事实的。她觉得顶盆发丧虽然是一种民间的风俗，但是它并不违反法律的强制性规定，所以法律不应该强制地去干涉它。

## 六、法理补充

在疑难案件裁判中，弥补制定法不足或填补法律漏洞的法律渊源选项还包括法理、政策和常理（经验法则）等。这里所说的法理即法律学说、学理，是有关法律的学说、原则或精神。在大陆法系国家德国，法理的重要性被概

---

〔1〕 "八年前的公证书"，载 http:// – www. cctv. com/program/jjyf/20060417/101904. shtml，访问日期：2015 年 1 月 16 日。同类案件可参见下列案件：（1）"青岛李沧区徐广善顶盆继承案"，载 http://qd-fy. chinacourt. org/public/detail. php? id = 11402，访问日期：2014 年 4 月 15 日。（2）"青岛李沧区张宗顶盆继承案"，载 http://www. law – lib. com/cpws/cpws_ view. asp? id = 200401566769，访问日期：2015 年 3 月 7 日。（3）"青岛李沧区王小青顶盆继承案"，载 http://www. sd. xinhuanet. com/qd/2010 – 12/22/content_ 21693921. htm，访问日期：2015 年 3 月 7 日。

括为"占主导地位的学说"的原理，即被法院所依循的学说，往往是教授群里占据优势的学说。如德国弗莱堡大学的教授埃尔温·里泽莱尔提出的"与自己过去行为不一致的行为"原则被吸收为德国法的一部分。该原则是指：持有某项权利的人可以不行使那项权利，如果他过去从未行使过那项权利，并且如果他继续不行使那项权利，在此基础上另外一方曾经或能够受益的话。又如赫尔曼·施陶波在德国民法典发现仅规定契约不履行两种类型，即因迟延产生的损害和对应归责的给付不能的责任，而存在缺陷，他提出了作为契约不履行的第三种类型——"契约义务绝对不履行"观点，也被德国法所吸收。〔1〕1907年《瑞士民法典》和1942年《意大利民法典》更是明确了法理在司法审判中的必要法源地位。而在英美法系国家，法理被称为学说，它作为法源的地位要低于大陆法系国家，《联邦党人文集》中的法理观点就常为美国法院引证作为宪法解释的依据。《国际法院规约》第38条也规定："法院对于陈诉各项争端，应依国际法裁判之；而在第五十九条规定之下，司法判例及各国权威最高之公法学家学说，可作为确定法律原则之补助资料者。"在我国，法理学说的法源地位并未被明确地规定于国家机关规范性文件中，但在具体地方法院的部分判决书中已得到确认，这不仅包括学说通论，如"重庆烟灰缸伤人案"申诉裁定书；也包括部分学者的学术意见，如"安徽省华皖通讯有限公司诉安徽宏图三胞发展有限公司买卖合同纠纷案"初审判决书。

案例一，"重庆烟灰缸伤人案"〔2〕：2000年5月11日凌晨1时许，郝跃与他人在重庆市渝中区学田湾正街65号6号房与67号3号房楼下公路上交谈时，被楼上坠落的烟灰缸砸中头部受伤。郝跃将65号6号房与67号3号房所有业主告上法院，该案经过一审、二审程序判郝跃胜诉，65号6号房与67号3号房共22名业主（2户因无现场证据）共同承担烟灰缸侵权责任，22名业主后向重庆市高院申诉。重庆市高级人民法院〔2004〕渝高法民申字第309号《驳回通知书》：经审查认定："2000年5月11日晚郝跃在学田湾正街被楼上落下的烟灰缸砸伤，而根据同年5月11日上清寺派出所报案记录及同年8月15日上清寺派出所民警青亮出具的证明并结合目击证人李荣强的证词，

---

〔1〕 ［美］艾伦·沃森：《民法法系的演变及形成》，李静冰、姚新华译，中国法制出版社2005年版，第238~240页。

〔2〕 王英占："重庆烟灰缸案已过14年22名被告仅3人赔了不到2万"，载 http://e. chengdu. cn/html/2014 – 05/13/content_ 469047. htm，访问日期：2015年1月16日。

砸伤郝跃的烟灰缸从 65 号或 67 号楼抛出的可能性最大，但烟灰缸的所有人仍无法确定。该二栋房屋除事发当晚无人居住的学田湾正街 65 号 10 – 6 室、8 – 6 室外，其余房屋的居住人均不能排除扔烟灰缸的可能性。根据目前的法学理论，抛掷物所有人不能确定时应由建筑物的全体使用人承担连带责任。原判根据过错推定原则，判决你们 22 人分担该赔偿责任，并无不当，应予维持。综上，本院认为你们再审申请不符合《中华人民共和国民事诉讼法》第一百七十九条规定的再审条件，对你们的再审申请予以驳回。特此通知。"

案例二，"安徽省华皖通讯有限公司诉安徽宏图三胞发展有限公司买卖合同纠纷案"[1]：2013 年，被告（安徽宏图三胞发展有限公司、乙方）销售经理程正将加盖了被告合同专用章的《产品销售单次合同》发给原告，约定原告（安徽省华皖通讯有限公司、甲方）向被告（乙方）购买 580 台 ipad4，单价为 3410 元，价款总计 1 977 800 元。甲方于合同签订后 3 个工作日内将金额货款付至乙方指定的银行账户，乙方收到货款后 7 个工作日内交付货物。原告于同日将货款 1 977 800 元汇至被告账户。2013 年 3 月，原告诉至玄武法院，提出本案诉讼请求：第一，解除原、被告之间的购销合同；第二，被告返还货款 1 977 800 元，并按年利率 24% 支付至 2014 年 5 月 7 日止的利息 612 521.95 元。2013 年 12 月 27 日，玄武区检察院指控被告人程正犯职务侵占罪、合同诈骗罪，向玄武法院提起公诉。玄武法院查明的程正与本案（民事案件）相关的犯罪事实是，2013 年 1 月，程正利用担任被告苹果电子产品区域销售经理的职务便利，侵占被告销售给原告并已发货的价值 1 977 800 元的 iPad 平板电脑，后擅自卖出，货款用于赌博。玄武区人民法院于 2014 年 3 月 17 日判处程正犯职务侵占罪，判处有期徒刑 6 年；犯合同诈骗罪，判处有期徒刑 11 年，并处罚金 5 万元；决定执行有期徒刑 15 年，并处罚金 5 万元。责令程正退赔赃款 5 700 900 元，发还给被害单位及被害人。该刑事判决现已生效。围绕本案中的三个争议焦点：被告销售经理程正与原告之间是否存在"保底收益条款"的约定？原、被告之间的交易惯例是怎样的？被告对涉案货物的交付义务有无履行？承办法官在审理中通过调查掌握了生效刑事判决中未涵盖的新证据，致民事判决与生效刑事判决可能存在冲突，但对于两者之

---

〔1〕 "南京市玄武区人民法院 [2013] 玄商初字第 580 号"，载 http://www.njxwfy.gov.cn/www/xwfy/fydt2_ mb_ a39141219559.htm，访问日期：2015 年 2 月 1 日。

间如何协调，法律或司法解释缺乏相应的规定。本案判决书在论及刑事案件被害人认定以及刑民交叉案件的协调问题时，法官援引了2014年南京市中级人民法院召开的经济犯罪案件中刑民交叉问题案例研讨会上，南京大学刑法学专家孙国祥教授，民法学专家叶金强教授以及东南大学法学院院长、刑法学专家刘艳红教授的相关观点，没有简单地依据生效刑事判决作出裁判，最终依据优势证据规则判决驳回原告华皖公司的诉讼请求。正如南京市玄武区人民法院判决书所指出的："刑事被害人的认定理论也可以辅助判断本案被告交付义务有无履行。根据刑法理论，在经济犯罪案件审理中，被害人的确定应当遵循直接原则、过错原则。直接原则，是指通常情况下犯罪行为直接针对的对象就是被害人。过错原则，是指经济犯罪案件中存在多个民事合同关系和多个民事法律主体的情况下，应保护善意、无过错的民事主体，不认定其为被害人。与之相对应的，因追求高额回报、贸然从事高风险投资对自己的财产受到损失持有不谨慎甚至放任态度，主观上存在过错的，应认定为被害人。南京大学刑法学专家孙国祥教授在2014年5月13日南京市中级人民法院召开的经济犯罪案件中刑民交叉问题案例研讨会（以下简称"刑民交叉研讨会"）上认为，在刑民交叉案件被害人的确定问题上，过错原则的确立是非常重要的。在善意、过错两方同时存在的情况下，善意一方的利益更值得保护。本案中，程正作为被告的员工，本应为公司创造价值。程正将本属于被告的客户介绍给原告，使本属于被告的销售利润在原告与程正之间进行分配，原告应当知道其与程正之间的这种合作关系必然会损害被告的利益，原告也应当知道其允许程正转售货物并转交货款可能存在风险，但原告为追求高额回报，贸然从事高风险投资，对自己的资金安全持不谨慎甚至放任态度，主观上存在过错，应认定为被害人。在程正未及时将销售回款汇给原告后，原告转而要求被告承担被应由原告承担的交易风险，不符合诚信原则，本院不予支持。""关于民事诉讼中出现未涵盖在生效刑事判决中的新证据，致民事判决与生效刑事判决可能存在冲突如何协调的问题，法律或司法解释缺乏相应的规定。对此，南京大学民法学专家叶金强教授在刑民交叉问题案例研讨会上认为，刑民交叉案件的处理应当采取分别判断、个案判断。即在该类案件中，案件的事实是同一的，但刑事审判程序与民事审判程序关注的重点不同，需要的案件事实、证据材料不同，裁判的结果也应当按照刑法、民法分别判断。东南大学法学院院长刘艳红教授在刑民交叉问题案例研讨会上认为，刑民交叉案件没有一个简单的处理模式，无论是'先民后刑'还是'先刑后民'都是教条化、简单化的处理方法，最重要的原则还是取决于具体个案中民事关系与刑事关系的关联性和相互影响程度。本院认为，在刑民交叉案件中，刑事证据的认定标准远高于民事证据。就同一案件事实，刑事判决在先，民事判决在后，刑事证据中认定的事实应当作为民事裁决的依据。但在刑事判决生效后出现新的证据，民事案件不应仍依据生效的刑事判决书为依据作出裁判，而应根据优势证据规则作出独立的判断。因民事判决与刑事判决并非基于同一案件事实，故也不存在两判决认定事实冲突的问题。鉴于程正案的刑事判决已经生效，在判决中责令程正向被害人退赔赃款，因实际受害人为原告，故被告若收到程正退赔的赃款，应及时转交给原告。综上，被告的交易行为已经履行，原告要求解除合同、返还货款并赔偿损失的诉讼请求，缺乏事实与法律依据，本院不予支持。"

"安徽省华皖通讯有限公司诉安徽宏图三胞发展有限公司买卖合同纠纷案"初审判决书，第一次将不能归于学术通论的某些法律专家观点写入正式的法院判决书，这在全国尚属首次。可以说，该案开启了在判决书中援引专家观点之先河，在司法实践中也是一次大胆创新之举，是增强裁判公信力的有益之举。司法判决书最主要的功能是为矛盾纠纷的解决提供一个合理化的证明，在现有法律规定尚不明确的情况下，法官不能拒绝裁判，而法官突破成文法的局限性、大胆援引专家学者观点进行说理、加强论证说服力，既凸显了法学理论与法律实践的有机结合，也体现了司法实践对专家理论的最终检验和肯定性的实际评价。实际上，2015年2月4日，最高人民法院发布《最高人民法院关于全面深化改革的意见》第34条"推动裁判文书说理改革"就规定："完善裁判文书说理的刚性约束机制和激励机制，建立裁判文书说理的评价体系，将裁判文书的说理水平作为法官业绩评价和晋级、选升的重要因素。"[1]而提高法院裁判文书的说理水平，不外乎从改善裁判文书论证方式（逻辑推导水平）和充实裁判文书论证依据（学理、法理和常理）两方面入手，因此这为各级人民法院裁判文书援引法理学说进而普遍认可其重要法源地位，直接提供了更大的司法制度改革空间与国家政策依据。

〔1〕 周利航、杨青："最高法发布关于全面深化人民法院改革的意见"，载 http://www.chinacourt.org/article/detail/2015/02/id/1557989.shtml，访问日期：2015年3月7日。

### 七、政策依据

政策特别是国家政策是疑难案件裁判的重要规范补充来源。美国法学家博登海默指出："在实在法模棱两可或未作规定的情况下，公共政策构成了法官可以适当诉诸的法律的非正式渊源，但是法官对于实施与基本正义标准相冲突的公共政策应当具有否决权。"〔1〕本书所指的政策通常是一定的社会政治组织为调整特定的社会关系和实现特定的政治、经济、社会、文化等目标而规定的行动方向和准则。〔2〕在特定的国家或社会中，国家组织、政党、社会团体、宗教组织、经济文化组织等，都可以制定不同层次和方面的政策。其中，最有可能成为法律渊源的政策主要是国家和执政党的政策它们的政策又可以分为总政策、基本政策和具体政策三个层次。按照范愉教授的观点：在我国，党的总政策为最宏观的层次，是一个时期党和国家的大政方针，也是宪法和法律的灵魂和实质；第二层次为党和国家的基本政策，其中一部分根据实际需要可能定型化为正式的法律文件，转化为行政法规、部门规章、地方性法规或地方政府规章；第三层次为地方党委和国家权力机关为落实前两层次而制定的具体政策，而后两个层次的政策主要作为一种微观社会调整手段而发生作用。〔3〕执政党和国家的政策体现了执政党的意志、国家意志与人民意志的统一，这也是当代中国实现政策内化为法律的政治和法理基础。一般而言，党和国家的政策在司法实践中一般不可直接适用，其中的大部分必须经过立法确认或司法认可上升为具有法律意义的规范后才可付诸待决案件的审理裁决。

在我国大陆，中共中央1949年初发布的《关于废除国民党六法全书和确定解放区司法原则的指示》就明确规定："在人民的法律还不完备的情况下，司法机关的办事原则应该是：有纲领、法律、命令、条例、决议规定者，从纲领、法律、命令、条例、决议之规定；无纲领、法律、命令、条例、决议规定者，从新民主主义政策。"如今，党和国家的政策虽然并不被视为法的正式渊源，但在司法实践中却发挥着填补正式法源漏洞的重要功能。2014年10

〔1〕　[美] E. 博登海默：《法理学——法律哲学与法律方法》，邓正来译，中国政法大学出版社1999年版，第465页。
〔2〕　李步云：《法理学》，经济科学出版社2000年版，第237页。
〔3〕　范愉："论我国社会调整系统中的政策与法"，载《中国人民大学学报》2008年第6期。

月 23 日，中共中央十八届四中全会通过的《中共中央关于全面推进依法治国若干重要问题的决定》更是首次明确规定："把党的领导贯彻到依法治国全过程和各方面，是我国社会主义法治建设的一条基本经验。"如今我国也有立法文件明确地认可政策的法源地位。如我国《民法通则》第 6 条规定："民事主体必须遵守法律，法律没有规定的，应当遵守国家政策。"我国宪法法典也收录过众多涉及党和国家政策的原则性条款，如计划生育、环境保护、社会保障、尊重和保障人权等。至于政策的司法认可问题，最高人民法院曾就政策的法源地位发布过相关的指导性文件。如 2004 年 5 月 18 日发布的法〔2004〕第 96 号《关于审理行政案件适用法律规范问题的座谈会纪要》指出："人民法院在行政审判实践中经审查认为被诉具体行政行为依据的具体应用解释和其他规范性文件合法、有效并合理、适当的，在认定被诉具体行政行为合法性时应承认其效力；人民法院可以在裁判理由中对具体应用解释和其他规范性文件是否合法、有效、合理或适当进行评述。"又如 2006 年 10 月 28 日在《关于人民法院制作法律文书如何引用法律规范性文件的批复》中曾指出："国务院各部委发布的命令、指示和规章，各县、市人民代表大会通过和发布的决定、决议，地方各级人民政府发布的决定、命令和规章，凡与宪法、法律、行政法规不相抵触的，可在办案时参照执行，但不要引用。最高人民法院提出的贯彻执行各种法律的意见以及批复等，应当贯彻执行，但也不宜直接引用。"从法律实践来看，行政机关与司法部门关于具体法律适用政策确实常常被纳入到日常执法与个案审判中，作为法律的下位规范发挥重要辅助性的补充作用，可通过以下三案例予以说明之。

案例一，"蔡梅丽等诉四川省司法厅行政处理决定上诉案"〔1〕：在本案中，行政机关的有关政策被受理法院纳入到判决书中。四川省司法厅于 1994 年 9 月 29 日与 1994 年 11 月 26 日对原四川省经济律师事务所分别作出〔94〕68 号《四川省司法厅关于四川省经济律师事务所"转制"的决定》和《议事纪要》等行政处理决定。蔡梅丽、廖万荣、陈衍敏等（原四川省经济律师事务所律师）对上述行政处理决定不服，向四川省高级人民法院提起行政诉讼。四川省高级人民法院一审审理认为：四川省司法厅对原四川省经济律师事务所进行转制改革的决定事实清楚，适用法律、法规正确，程序并无不当。根

---

〔1〕 奚晓明：《最高人民法院最新行政裁判汇编》，人民法院出版社 2006 年版，第 80~87 页。

据《中华人民共和国行政诉讼法》第54条第（一）项的规定，作出［1994］川行初字第1号行政判决，判决维持四川省司法厅的行政处理决定。上诉人不服一审判决，向最高人民法院提出上诉，要求撤销该判决，维护上诉人合法权益。最高人民法院经审理查明：原四川省经济律师事务所是1985年1月经四川省司法厅申请组建的国有律师事务所。1994年9月29日，四川省司法厅经研究将原四川省经济律师事务所确定为律师事务所转制改革的试点单位，以川司发［94］68号文作出《关于四川省经济律师事务所"转制"的决定》。决定将原四川省经济律师事务所由占国家事业编制的律师事务所转变为"不占国家编制，不要国家经费，自愿组合，自收自支，自我约束，自我发展"的律师事务所，要求不愿留在转制后的四川省经济律师事务所的律师必须在1994年10月10日前选择其他律师事务所工作，原四川省经济律师事务所的国有资产界定后交四川省司法厅管理。1994年12月3日，四川省司法厅以川司函［94］63号批准将原四川省经济律师事务所正式转制为合伙制律师所，合伙人"由四川省司法厅规定的10月11日已申请辞去现职的律师组成"。1995年2月22日，原四川省经济律师事务所向四川省司法厅移交了有关固定资产，同年2月27日和3月30日，四川省司法厅又将有关财产租赁给转制后的四川省经济律师事务所使用。四川省司法厅先后向四川省编制委员会、四川省国有资产管理局进行报告，两部门均表示同意和支持。因此，最高人民法院认为："司法行政管理机关负有组织、领导、监督、管理律师工作的职责。原四川省经济律师事务所是四川省司法厅直属的全民所有制律师事务所，其资产全部属于国家所有。四川省司法厅作为原四川省经济律师事务所的主管机关，根据国务院批转的《司法部关于深化律师工作改革的方案》，为加快全省律师工作改革的步伐，建立适应社会主义市场经济需要的律师体制，选择该所作为转制的首批试点单位，进行整所转制，是履行司法行政管理职责的行为，有利于律师事业的发展，符合改革的方向。四川省司法厅在对原四川省经济律师事务所进行转制试点过程中，委托四川省审计事务所和四川大华审计事务所对原四川省经济律师事务所的财产状况进行了审计，并就财产和编制问题向四川省国有资产管理局和四川省编制委员会进行了报告，得到了两部门的认可。四川省司法厅对原四川省经济律师事务所人员的住房按当时的购买价出售给个人，符合国务院发布的房改政策。鉴于律师体制改革的深入发展，四川省司法厅应对原四川省经济律师事务所转制过程中的未尽事宜予以完善。综上所述，一审判决认定事实清楚，适用法律、法规正确，程序合法。上诉人的上诉理由不能成立。因此，驳回上诉，维持原判。"

案例二，"齐玉苓与陈晓琪等受教育权纠纷案"[1]：在本案中，地方高级法院制定的相关司法政策被上诉人和受理法院参照引用。齐玉苓与陈晓琪均是山东滕州第八中学的九〇届应届初中毕业生。齐玉苓在九〇届统考中取得成绩441分，虽未达到当年统一招生的录取分数线，但超过了委培生的录取分数线。当年录取工作结束后，济宁商业学校发出了录取齐玉苓为该校九〇级财会专业委培生的通知书，该通知书由滕州八中转交。陈晓琪在1990年中专预选考试中，因成绩不合格，失去了继续参加统考的资格。为能继续升学，陈晓琪从滕州八中将齐玉苓的录取通知书领走。陈晓琪之父陈克政为此联系了滕州市鲍沟镇政府作陈晓琪的委培单位。陈晓琪持齐玉苓的录取通知书到济宁商业学校报到时，没有携带准考证；报到后，以齐玉苓的名义在济宁商业学校就读。1993年，陈晓琪从济宁商业学校毕业，自带档案到委培单位中国银行滕州支行参加工作。陈克政利用陈晓琪毕业自带档案的机会，将原齐玉苓档案中的材料抽出，换上自己办理的上述两表。而在中国银行滕州支行的人事档案中，陈晓琪使用的姓名仍为"齐玉苓"，"陈晓琪"一名只在其户籍中使用。事发后，齐玉苓向枣庄市中级人民法院提起诉讼，状告陈晓琪、陈克政、山东省济宁商业学校、山东省滕州市第八中学、山东省滕州市教育委员会侵犯姓名权、受教育权。枣庄市中级人民法院经审理后判决：被告陈晓琪停止对原告齐玉苓姓名权的侵害；被告陈晓琪、陈克政、济宁商校、滕州八中、滕州教委向原告齐玉苓赔礼道歉；原告齐玉苓的精神损失费35 000元，由被告陈晓琪、陈克政各负担5000元，被告济宁商校负担15 000元，被告滕州八中负担6000元，被告滕州教委负担4000元等。齐玉苓不服一审判决，向山东省高级人民法院上诉。齐玉苓上诉称："理由是：一、陈晓琪实施的侵犯姓名权行为给本人造成的精神损害是严重的，应按照山东省高级人民法院《关于审理人身损害赔偿案件若干问题的意见（试行）》第75条规定的赔偿标准予以赔偿；二、根据当年国家和山东省对招生工作的规定，报考委培不需要什么介绍信，也不需要和学校签订委培合同。滕州市招生委员会办

---

〔1〕 "齐玉苓诉陈晓琪等以侵犯姓名权的手段侵犯宪法保护的公民受教育的基本权利纠纷案"，载《最高人民法院公报》2001年第5期。

公室的'滕招办字〔1990〕7号'文件中对招委培生工作的规定，违反了国家和山东省的规定，是错误的，不能采信。"因此请求山东省高级人民法院判令：第一，陈晓琪赔偿因其侵犯本人姓名权而给本人造成的精神损失5万元；第二，各被上诉人赔偿因共同侵犯本人受教育的权利（即上中专权益及相关权益），而给本人造成的经济损失16万元和精神损失35万元。

山东省高级人民法院受理此案后向最高人民法院请示批复，最高人民法院以法释〔2001〕25号司法解释批复了山东省高级人民法院的请示。随后，山东省高级人民法院作出终审判决：维持一审民事判决第一项、第二项、第三项；撤销一审民事判决第四项、第五项、第六项；被上诉人陈晓琪、陈克政赔偿上诉人齐玉苓因受教育的权利被侵犯造成的直接经济损失7000元，被上诉人济宁商校、滕州八中、滕州教委承担连带赔偿责任；被上诉人陈晓琪、陈克政于收到本判决书之日起10日内，赔偿上诉人齐玉苓因受教育的权利被侵犯造成的间接经济损失（按陈晓琪以齐玉苓名义领取的工资扣除最低生活保障费后计算，自1993年8月计算至陈晓琪停止使用齐玉苓姓名时止；其中1993年8月至2001年8月，共计41 045元），被上诉人济宁商校、滕州八中、滕州教委承担连带赔偿责任；被上诉人陈晓琪、陈克政、济宁商校、滕州八中、滕州教委赔偿上诉人齐玉苓精神损害费50 000元等。山东省高级人民法院特别指出："为了惩戒侵权违法行为，被上诉人陈晓琪在侵权期间的既得利益（即以上诉人齐玉苓的名义领取的工资，扣除陈晓琪的必要生活费）应判归齐玉苓所有，由陈晓琪、陈克政赔偿，其他被上诉人承担连带责任。各被上诉人侵犯齐玉苓的姓名权和受教育的权利，使其精神遭受严重的伤害，应当按照山东省高级人民法院规定的精神损害赔偿最高标准，给齐玉苓赔偿精神损害费。"

案例三，"陈忠进与杨立志宅基地共建房纠纷案"〔1〕：在本案中，有关房产的国家宏观调控政策被当事人援引加强本方权利主张诉求，受理法院予以认可。原告陈忠进与被告杨立志为连襟关系，陈忠进家庭为农业户口，杨立志家庭为城镇居民户口。1995年6月6日，陈忠进因其位于海安镇人民东路的住宅被列入拆迁，与海安县城镇房屋拆迁事务所签订了房屋拆迁补偿安

---

〔1〕　有关判决书见江苏省海安县人民法院〔2008〕安民一初字第0624号和江苏省南通市中级人民法院〔2009〕通中民一终字第0087号。同时参见周舜隆："农村宅基地上共建房屋的产权归属"，载 http://www.rurallandlaw.cn/R_ P_ Show2. aspx? News_ PI =4240，访问日期：2015年2月3日。

置协议。后陈忠进因家中经济较为拮据，拿出拆迁补偿款中的 3 万元给杨立志，请其购买建房材料。1995 年 7 月，陈忠进以妻子刘培兰名义在江苏省海安镇海园村六组申请建房。原被告经协商在批准地址共同建房，所建房屋分东、西两个独立使用单元。房屋建成后，陈忠进家居住东侧单元，杨立志家居住西侧单元。后陈忠进、杨立志的岳父因故从上海返回海安，参与帮助双方核对了建房账目，并确定双方各半分摊建房费用。杨立志于 1998 年 7 月将其家庭户口迁至该合建房处，为海安镇海园路 26 号。2001 年 8 月，陈忠进领取了所建房屋的土地使用权证，2006 年 8 月领取了海园路 26 号部分房屋的所有权证。2008 年 3 月 10 日，陈忠进以杨立志系借用，现儿子结婚需用房为由，向海安县人民法院诉请杨立志迁出。海安县人民法院经审理认为：原、被告双方基于亲戚关系共同建房，建成后双方已实际分别居住十多年，双方共同建房的行为并不为法律所禁止。虽然由于房屋产权的特有属性以及我国土地政策的规定，不能认定被告为讼争房屋的共同所有权人，但其因参与共同建房而居住讼争房屋的西侧单元，系合法占有、使用。原告认为被告系向其借住房屋，无证据佐证。原告在没有对被告占有使用房屋进行对价补偿的情况下，要求其腾让房屋显然是不恰当的。遂判决驳回原告诉讼请求。宣判后，陈忠进不服一审判决，向南通市中级人民法院提起上诉。南通市中级人民法院经审理认为："由于我国土地政策对农村宅基地使用权人有身份方面的特殊要求，致杨立志无法取得讼争之房的所有权证，但共同建房行为法律并未禁止，杨立志基于共建行为而占有、使用讼争之房的西侧单元亦不违反法律规定。因此，在双方未能协商一致的情况下，陈忠进要求杨立志腾让所居住的房屋，法院不予支持。"随后作出终审判决：驳回上诉，维持原判。

21 世纪以来，由于国家宏观调控政策而导致的类似房产纠纷非常多，受理法院除了依据有关法律法规外，还依据了相关国家政策进行裁判。依据浙江省高级人民法院公布的《10 年房地产审判白皮书》[1] 介绍，从 2003 年的"18 号文"，到随后出台的"国八条"、"国六条"、"国四条"、"国十条"、"新国八条"，再到最新出炉的"国五条"及其细则……10 年时间，国务院先

---

[1] 张兴平、王华卫、陈洋根："浙江省高院发布十年房地产审判白皮书"，载 http://zjnews. zjol. com. cn/system/2013/09/06/019579654. shtml，访问日期：2015 年 2 月 3 日。

后召开 9 次常务会议，专题研究房地产市场调控。而从 2003 年至 2012 年，浙江省各级人民法院共受理房地产纠纷案件 118 761 件，审结 117 248 件，诉讼标的总金额为 505.93 亿元。10 年间，浙江房地产纠纷收案数量总体呈波浪形上升：2003 年至 2007 年，每年度基本维持在 1 万件左右；2008 年后增长明显，每年约 1.3 万件；2012 年上升至 14 357 件。根据浙江省高院民一庭庭长蒋卫宇说，针对调控政策，一些交易者采取各种措施规避，但这些行为暗藏纠纷隐患，主要表现在以下几方面：一是在规避限购、禁购和限贷方面，当事人通过借用其他有购房资格的人的名义购买房屋并办理了房屋权属证书，但如果实际购房人之后向法院提起确认房产所有权的诉讼，往往难以获得法院的支持；有的则先采取签订虚假合同而后提起诉讼并达成调解协议，利用法院的生效裁判文书以房抵债、规避购房资格等限制；有的家庭甚至不惜采取假离婚、将原所有房产全部登记在夫或妻的一方，并由离婚后的另一方购买房屋的方法，使家庭关系处在不稳定的状态之中。二是在规避税费方面，买卖双方为少缴或不缴税费签订阴阳合同，产生纠纷后出卖方需要证明真实的合同是哪一份；有的开发商通过内部人员虚假认购，向银行套取贷款，同时规避税费，套现升值利润。三是面对节节攀升的房价，一些企业在非商品房用地上比照商品房、单身公寓样式建造房屋并进行分割销售。由于土地性质及相关政策限制，购买人无法取得房屋所有权，且无法获得常规的住宅用电、用水和义务制教育资源的配套保障，如出现房屋质量、公共设施维护问题也无法按照商品房的相关规范进行维权，极易引发纠纷。

**八、经验法则**

在疑难案件的处理过程中，我们还可以运用经验法则根据事物自身的性质对当前案件的事实状况作出直观判断，以发现有关实质法律推理的小前提。这是因为，法律本身是人类对外在对象属性科学认识的产物，源于事物本身的性质构成当今司法实践中运用经验法则的重要对象，一般包括：根源于某种固定的和必然的人的自然状况，即自然理性（如监护之于未成年人年龄）；根源于物质的自然世界的必然特性（如财产纠纷的先占确权原则）；根源于人类政治和社会制度的基本属性（如回避制度之于司法中立）；以及根源于对构成某个特定社会形态基础的基本必要条件或前提条件的认识（不同利益纠纷之社会本位）等。而经验法则既包括一般人日常生活所归纳的常识，也包括某些专门性的知识，如科学、技术、艺术、商贸等方面的知识等。经验法则是人们对事实状态的一种认识，而非事实本身，它只是人们对事物状态、性质存在、运动规则的经验性认识。"所谓经验法则，是指人们从生活经验中归纳获得的关于事物因果关系或属性状态的法则或知识。"[1]按照张卫平教授的观点，经验法则大体分为五大类：自然法则或自然规律；逻辑（推理）法则；道德法则、商业交易习惯；日常生活经验法则；专门科学领域中的法则。经验法则不同于其他法律渊源之处就在于，它在证据链的司法采信程序中不需要严密的逻辑论证和法律解释，而主要依据人们在经验认知层面上的直观共识。经验法则在我国的最高人民法院《关于民事诉讼证据的若干规定》第9条和最高人民法院《关于行政诉讼证据的若干规定》第68条都得到了制度化的系统确认。由于前文已论述过逻辑（推理）法则和习惯层面的道德法则与商业交易习惯等，这里的经验法则特指张卫平教授归纳的另三类：自然法则或自然规律；日常生活经验法则；专门科学领域中的法则。可以说，经验法则是解决疑难案件裁判中事实前提问题的最重要司法方法之一。其实，在有关经验法则适用的司法实务中，法官和律师最常用的口头禅可能就是"常理"（或常识）一词，笔者列举三个案例为证。

案例一，"吴XX与曾YY买卖合同纠纷案"[2]：吴XX经营江门市BB区CCDD粮食加工厂。多年来，吴XX一直向曾YY收购稻谷。交易方式为：双方将稻谷运到附近的第三方称重企业进行称量，经双方确认后由该称重单位提供一式三份的磅单，由曾YY、吴XX和称重单位各自持有一份。吴XX在收取了曾YY的稻谷后支付了部分货款。曾YY提交四张磅单分别为2012年7月8日净重1440kg的磅单，吴XX在客户名称上面加具"DD"、在货品名称上加具"138"，"138"表明该批稻谷的单价是138元/担；2012年7月12日净重1610kg的磅单，吴XX在客户名称上面加具"DD厂"、在货品名称上加具"未付"；2012年7月12日净重1840kg的磅单，吴XX在客户名称上面加具"DD华"、在货品名称上加具"143"，表明该批稻谷单价是143元/担；对于第四张2012年7月12日净重1870kg的磅单，在客户名称上面有

〔1〕　张卫平："认识经验法则"，载《清华法学》2008年第6期。
〔2〕　"江门市中级人民法院［2013］江中法民一终字第537号"，载 http://fy. jiangmen. gov. cn/sfgk/cpws/m1t/201401/t20140121_ 415370. html，访问日期：2015年2月3日。

"DD厂未付"字样。曾YY认为吴XX对上述四张磅单记载的稻谷货款共计19 189.60元没有付款，经多次向吴XX催讨无果，遂提起诉讼。江门市BB区人民法院初审判决：吴XX应于本判决发生法律效力之日起十日内支付货款19 189.60元及逾期付款利息给曾YY。吴XX不服原审判决，向江门市中级人民法院提起上诉，请求撤销原审判决，驳回曾YY的全部诉讼请求。

江门市中级人民法院审理后认为，本案为买卖合同纠纷。本案的争议焦点为吴XX应否支付货款19 189.6元及利息的问题。"首先，吴XX作为涉案买卖合同的买受人，对于履行支付价款义务的事实，应当承担相应的举证责任，现吴XX对于已经履行付款义务的事实并未提供任何证据加以证明，其主张已经向曾YY支付所有货款，缺乏事实依据，本院不予支持。其次，吴XX在原审阶段对于曾YY提供的2012年7月8日、7月12日的4张送货单的真实性并无异议，即吴XX承认交易事实的真实存在，现吴XX在二审阶段仅以没有签署'华'字为由否认其中两笔交易的真实性，且没有提供合理解释，本院对此不予采纳。再次，吴XX在二审阶段确认部分货款并未当面结清，而是由出卖人事后持称重单上门催收，由此可知，并非所有交易均为即时结清货款，且事后结清的速度也存在较大的不确定性，故不能仅凭催缴间隔时间较长而否认欠款的真实性。依照一般经验法则，付款人应当留存付款凭证或销毁债权凭证以示结清，但吴XX二审述称，其仅凭自身记忆确认未付款项，对已付款项没有要求对方签收、交付原始凭证或在对方所持原始凭证上做记号等任一方式进行记录，其陈述明显有违常理，本院不予采信。相较之下，曾YY关于吴XX有自制账本，在支付货款时要求对方在账本上签收并在对方所持称重单原件上打'×'以示付款的陈述更为符合常理，本院予以采信，现吴XX不能提供账本证明曾YY已经签收货款，应当自行承担相应的不利后果。最后，对于以农耕为生的出卖人，确实存在农忙和农闲的时节之分，曾YY解释因处于农忙时节急于收成和出货，故在连续进行交易过程中遗漏4笔货款未予追缴，可信性较高，本院予以采信。吴XX以双方此后发生交易的货款已经结清为由排除涉案货款尚未付清的可能性，欠缺理据，本院不予支持。据此，应当认为吴XX尚未支付曾YY涉案货款19 189.60元，吴XX应承担清偿责任并支付相应利息。"因此，本院判决：驳回上诉，维持原审。

案例二,"张经沛、李方金与成都川湘生化有限公司买卖合同纠纷案"[1]:2003年12月8日,王纪仲代表川湘生化与张经沛签订购销合同一份,合同约定:川湘生化向张经沛提供薯蓣种子,约定成活率为98%,并负责回收种植出的薯蓣,保底回收价为每公斤1.40元,薯蓣种植期为2年。同时川湘生化在向张经沛提供的宣传资料上载明薯蓣的最低产量为每亩5000斤至6000斤。合同签订后,张经沛按照合同的要求,租用土地15.24亩种植薯蓣。2005年12月,张经沛按照对所种植的薯蓣进行了挖掘,但川湘生化未对张经沛所种植薯蓣进行收购。初审法院金堂县人民法院判决川湘生化于判决生效之日起十日内赔偿张经沛经济损失56 540.4元。案件受理费2400元,其他诉讼费600元,两项合计3000元,由川湘生化承担。宣判后,原审被告川湘生化不服,向成都市中级人民法院提起上诉,其主要上诉理由为:"一、原判认定上诉人违约没有事实和法律依据。二、原审法院在被上诉人未举证据证明其损失的情况下,将宣传资料作为合同的构成要件,并作为损失计算的依据错误,其认定被上诉人的实际损失为56 540.4元更是错误。三、原审判决程序违法。"成都市中级人民法院审理后认为:"三、关于被上诉人张经沛的损失问题。虽然上诉人川湘生化的宣传资料没有直接成为双方约定的合同条款,但依常理,该宣传资料对于被上诉人张经沛选择种植黄姜(即薯蓣)、比较种植收益、并最终形成与上诉人签订合同的判断,存在并实际产生了极大的影响,故原审法院将该宣传资料认定为合同的组成部分正确。至于被上诉人张经沛兼种核桃树的问题,因双方所签的合同明确约定由上诉人提供技术,确保种植效果,所以即使张经沛兼种核桃树对黄姜的产量、种植面积存在一定影响,该部分损失也应由上诉人川湘生化承担,故原判将被上诉人张经沛的损失按亩产5300斤认定并无不当。综上所述,上诉人川湘生化的上诉理由不能成立,其上诉请求本院不予支持。"最后,成都市中级人民法院判决:驳回上诉,维持原判。

案例三,"北京科技报社与陈建明名誉权纠纷案"[2]:陈建民早年从事中医业务,1987年10月毕业于成都中医学院,自己开办个体诊所,长期从事

---

[1] "成都市中级人民法院[2006]成民终字第1834号",载http://cdfy.chinacourt.org/article/detail/2007/11/id/559221.shtml,访问日期:2015年2月3日。

[2] "泸州市中级人民法院[2005]泸民终字第420号",载http://www.zwmscp.com/a/caipan-wenshu/gedifayuancaipanwenshu/2010/0709/1167.html,访问日期:2015年2月3日。

中医执业活动，并获得国家卫生行政主管部门和工商行政主管部门颁发的执业许可证照。2004年3月19日，陈建民向四川省雅安市公证处申请，要求对其从2004年3月20日至5月7日，在雅安市雨城区碧峰峡开展"挑战人类饥饿极限"活动的全过程进行现场监督、公证。四川省雅安市公证处5月7日出具〔2004〕雅证字第506号公证书证明："陈建民于2004年3月20日起至5月7日止，在雅安市雨城区碧峰峡景区接待中心外草坪上搭建的离地10米高的玻璃房内进行的'挑战人类饥饿极限'活动，符合活动的细则规定，活动结果真实。"2005年1月4日，北京科技报社在其所属的"北京科技报网络版"第52期和2005年1月5日～2005年1月11日《北京科技报》周刊A4版上发表《2004年中国十大科技骗局》一文，将陈建民禁食49天的活动评定为科技骗局。该文评论：陈建民禁食49天的活动是绝食秀，陈建民禁食49天的活动不光在挑战人类生理极限，也在挑战人们的道德底线，是明显违反科学常识、混淆百姓理智的商业闹剧，有违公序良俗。并在该文中插配骗局之一——中医绝食49天的漫画。陈建民的邻居龙腾丽、同事蒲利华和王祖明看到北京科技报社的前述文章后，对陈建民禁食49天活动的真实性和合法性产生怀疑，并对陈建民的人品感到失望，也对陈建民的中医执业医疗服务不放心。陈建民看到北京科技报社的前述文章后，认为该评定其禁食49天的活动是2004年中国十大科技骗局之首，侵害了自己的名誉权，即向泸州市纳溪区人民法院提起诉讼。泸州市纳溪区人民法院审理后判决：被告北京科技报社停止对原告陈建民的名誉侵害，将存留于网络版上的《2004年中国十大科技骗局》一文及插图，于判决生效后10日内删除，以消除影响；被告北京科技报社公开向原告陈建民赔礼道歉；被告北京科技报社赔偿原告陈建民精神损害抚慰金1万元，限于判决生效后10日内付清。北京科技报社不服原审判决，向泸州市中级人民法院提起上诉。

泸州市中级人民法院经审理后认为："上诉人认为人类饥饿状态下的生存极限，是人们众所周知的科学常识。但该常识只是在一定时代人们根据现有科学知识的普遍认知，人们知晓，一般情况下，人不进食物7天～10天会死亡，但在特殊情况下或在一定条件下会是什么状态，科学对事物的探索是否穷尽一切，人们的认识是有限的。关于人只有水而无其他食物可生存40天以上，已有法医学研究的书籍记载，因而当以一般的常识难以解释特别的现象时，就不能以常识主观推定特别现象是虚假的。科学在人们探索中发展，并推动社会进步，许多特别现象需要科学的探索去解释。科学研究不是人民法院民事诉讼的审查范围，但当事人主张以常理、众所周知的事实来判断行为的真实性时，则需要考查运用常理、公众常识来推定某事实是否成立。当上诉人主张的常理、公众认知不能推定陈建民的禁食活动不真实时，上诉人仍应当承担证明陈建民禁食活动不真实的举证责任。因此，上诉人没有证据，仅以医学常理认定陈建民的禁食活动违反科学，是不真实的理由，不能成立。由于上诉人不能举证证明陈建民禁食活动不真实，其对该活动所下的'骗局'的定义缺乏事实根据。骗局是一个贬义词，是行为人以虚假的语言或虚构事实，诱使他人上当所设置的圈套，反映行为人主观上具有欺诈的故意，其道德品质低下，为人们所谴责，人们必然对行为人的人格持否定评价的态度。上诉人可以对陈建民的禁食活动，从科学的角度去分析并提出质疑，但在尚不能证明其虚假的情况下，则不能以'骗局'这一对他人人格的否定评价给陈建民的行为下定义。上诉人没有事实根据而采用媒体报道的方式，对陈建民人格进行贬低，侵犯了陈建民的人格权，有违新闻媒体的职业道德，违反法律禁止侵害他人人格尊严和名誉权的规定，对造成陈建民人身权利损害的后果，应当承担民事责任。"泸州市中级人民法院随后判决驳回上诉，维持原判。

第六章

# 法律推理的应用：法律论证

　　法律论证存在明希豪森困境[1]吗？18 世纪德国汉诺威有一乡绅名叫明希豪森（Baron Münchhausen，1720～1797 年），早年在俄罗斯、土耳其参加过战争，退役之后为家乡父老讲述当兵、狩猎和运动时的逸闻趣事，后来他出版故事集《明希豪森奇遇记》。其中有一则故事讲到：他有一次游行时不幸掉进一个泥潭，却发现泥潭的四周旁无所依，于是用力抓住自己头发，突然发力把自己从泥潭里拉了出来。这个故事被卡尔·波普的门徒、德国当代批判理性主义法哲学家汉斯·阿尔伯特（Hans Albert，1921～）借以用来批判启蒙时期的两个传统哲学，即理性主义和经验主义，因为这两种思潮都不能保证人类所获取知识百分之百的确定无疑，也就是说，人类的理性或感性都不十分的真实可靠。

　　在阿尔伯特看来，任何科学的命题都可能遇到"为什么"之无穷追问的挑战，如假如一个人支持自己结论的理由是另外一个或一套命题，那么这个命题或一套新的命题就会相应地接受人们不断地发问，如此下去，直到出现三种不同结果：第一，无穷地递归（无限倒退），以至于无法确立任何论证的根基，即 A 命题需要 B 命题支持和证明，B 命题又需要 C 命题支持，C 命题需要 D 命题支持，无限后退。第二，在相互支持的论点（论据）之间进行循环论证，即用 B 证明 A，用 C 证明 B，用 A 证明 C，命题之间互相证明。第三，在某个主观选择的点上断然终止论证过程，例如通过宗教信条、政治意

---

　　[1]　阿尔伯特关于明希豪森困境的追问，参见［德］罗伯特·阿列克西：《法律论证理论——作为法律证立理论的一种理性论辩理论》，舒国滢译，中国法制出版社 2002 年版，代译序第 1～2 页。明希豪森撰写的故事集也已出现中译本《明希豪森奇遇记》，陈蕴译，外语教学与研究出版社 2002 年版。

识形态或其他方式的"教义"来结束论证的链条。如果不能走出这个困境，论证的说服力就会大打折扣。这三种结果就被阿尔伯特称为"明希豪森三重困境"（Münchlausen – Trilemma）。

不管怎么说，人类关于知识的无穷追问最终必须得有个了结。根据逻辑的有效性标准，阿尔伯特提出的无限递归和循环论证两种解决方案，很显然由于存在逻辑谬误而不会为我们所采纳。现在只剩下第三种解决方案，即在人类认识的某个知识节点上达成共识终止论证。不可否认，由于受制于人类认识能力和立法水平的限制，法律总是不能为我们提供完美的纠纷解决方案。而在一个个的具体案件利益博弈剧场中，法律裁判者、当事人（包括其代理人律师）和社会公众也总是存在不同的法律价值考量标准，因此，具有实践理性特征的法律论证就有必要借助逻辑、修辞和对话等论辩机制最终实现利益攸关各方诉求的妥协和平衡。

## 第一节　概述

法律论证是法律推理的特殊应用。如前文所述，法律推理涉及法律事实的认定、法律规范的发现以及法律裁判的实现三部曲，其有效性有赖于前提的真实确定与正当以及推理方式的合规则性，是一种从前提到结论的涉法思维活动。法律论证则为我们提供了涉法思维的另一思路，即反过来，如何保证法律事实的真实确定、法律规范的正当合理以及法律裁判的合规则性与可接受性（可信度）。不可否认，法律推理正好为法律论证提供了保证实现其有效性与可信度的逻辑工具和方法。或者可以说，在逻辑的层面上，法律论证是法律推理的特殊表现形式，二者存在逻辑功能上的互补关系。

### 一、法律论证的界定

#### （一）论证的概念

论证就是举出理由以支持或推翻某种主张的一种思维过程和方法，即实现主张的正当化。它存在形式逻辑和非形式逻辑两种不同的研究思路：前者主要利用形式逻辑的推理方法来证明（证实）或反驳（证伪）某一主张的正当化，通常由论题、论据和论证方式三要素构成，仍可归结为线性的逻辑真值（非真必假）的追求；后者重视语言修辞和对话辩驳的非形式逻辑方法运用，其基本要素不再是命题而是陈述与对话，它以似真的非形式逻辑观念追求其论证结论的可接受性，只要读者或观众被说服或形成共识就算达到了论证目的。因此，论证一词存在广义说和狭义说两种含义〔1〕，具体说来，狭义上的论证仅仅是一个命题系列，其中一个命题是结论，其余的命题是前提，即仅仅指作为结果的论证，也就是传统形式逻辑所关注的对象；而广义上的论证则是一种多个人之间进行的对话交流，其中需要根据给定的对话规则和对话程序来提供支持结论的前提，即包括作为结果的论证和作为过程的论证，为此，人与人之间的争吵和论辩也可纳入论证范畴。

（二）法律论证的概念

我们可分别从形式上和内容上理解法律论证（legal argumentation）概念：作为论证的特殊形式，形式上的法律论证即从法律推理的形式有效性来界定法律论证概念，它强调法律论证形式的合规则性。可以说，法律论证就是指"证明某种法律解释或推理具有正当性，即要使法律解释或推理具备符合真正法律效力的诸项条件"〔2〕。内容上的法律论证即从法律论证涉及的论题与论据的正当性与合理性来界定法律论证概念。可以说，法律论证就是指"通过提出一定的根据和理由来证明某种立法意见、法律表述、法律学说和法律决定的正确性与正当性的活动"〔3〕。

按照德国法学家阿列克西的观点，法律论证涉及的是规范性命题的特殊情形即法律判断的证成（justification），它可分为内部证成和外部证成两个层面〔4〕：前者处理的问题是法律判断是否从为了证立而引述的前提中逻辑地推导出来；后者的对象是这个前提的正确性问题。在他看来，外部证成是所有法律论证的核心和主题，其解决的核心问题是：按照法律的标准，在内部证成中所运用的论述是否可以接受。他认为，内部证成可简化为以下逻辑

---

〔1〕〔美〕道格拉斯·沃尔顿：《法律论证与证据》，梁庆寅、熊明辉等译，中国政法大学出版社 2010 年版，译序Ⅲ。

〔2〕解兴权：《通向正义之路——法律推理的方法论研究》，中国政法大学出版社 2000 年版，第 258 页。

〔3〕葛洪义：《法律方法讲义》，中国人民大学出版社 2009 年版，第 201 页。

〔4〕〔德〕罗伯特·阿列克西：《法律论证理论——作为法律证立理论的一种理性论辩理论》，舒国滢译，中国法制出版社 2002 年版，第 274~286 页。

形式：

    （1）（x）（Tx→ORx）。

    （2）Ta。

    （3）ORa（1），（2）。

其中，x 是有关自然人和法人域的个体变项，a 代表个体常项（常量）；T 是任一复合的谓词，它将规范（1）的事实前提概述为人（格）的属性；R 也代表任一复合的谓词，它所表述的是（规范）所涉主体必须做什么。他认为，上述逻辑公式符合可普遍化原则所规定的一般规则之证成要求。可普遍化原则确立了形式正义原则的基础，而形式正义原则提出了遵守一定规则的义务要求和责任担当，它们构成内部证成的基本规则：一是欲证立法律判断，必须至少引入一个普遍性的规范；二是法律判断必须至少从一个普遍性的规范命题连同其他命题逻辑地推导出来。其实，这些就是规范三段论的规则要求，即大前提的真实性与推理方式的有效性。相比较而言，他更看重法律论证的外部证成。他认为，外部证成的对象是对在内部证成所使用的各个前提的证立。这些前提大致可分为三类：实在法规则、经验命题、既非经验命题也非实在法规则的前提。与这些不同的前提相对应的是其不同的证立方法：对实在法规则的证立即指出它符合该法秩序的有效标准；对经验命题的证立则可能引出一整套的程式，它们的范围涵盖从经验科学的方法到合理推测的公理直至诉讼的证明负担规则；而对既非经验命题也非实在法规则的前提的证立，则可以运用逻辑意义上的法律论证规则。阿列克西关于内部证成和外部证成之法律论证观，实际上是对法律论证概念作了形式逻辑与实质逻辑不同意义的区别化研究。

## 二、法律论证的特征

论证是一种借助语言的人类思维与社会交往活动，但是法律论证不同于普通论证，它至少还具有以下三个基本特征：

### （一）法律论证是法律人普遍采用的逻辑方法

与普通论证的重要区别之一，就是法律论证的主体为法律人，即以司法官和律师等作为职业主体的法律工作者，其活动范围遍及立法决策、司法适用、行政管制、法学研究等不同的法律实践领域。法律人是一种特殊的职业群体，它以其特有的法律思考问题能力而有别于其他职业群体。法律人既是法律推理的主体，也是法律论证的主体，都具有鲜明的、被美国法学家伯顿称之为"法律惯例"的法律共同体特征："我们把法律共同体成员间的普遍共识点称为法律惯例。这些惯例的当事人最主要的是法官和律师，在正常情况下还有立法者、执法或管理人员，有时还有一些其他人。惯例便是由他们的习惯和偏好（practices and dispositions）所组成的。习惯就是一堆人们过去形成的解决法律问题的方法。偏好则是在未来可能案件中他们所具有的同意该法律结论的倾向。"〔1〕

（二）法律论证是涉法思维型的社会实践活动

与法律推理一样，法律论证也是一种涉法型的人类思维活动，是人类活动实现合法化的制度化途径选择。法律论证也使得它所选择的法律必须是可证实的法律。即使案件事实的发现与证据验证也离不开相关法律规范的支撑。法律论证是一种实现法律可操作性（可诉性）的有效机制，它不但使法律规范有别于其他社会规范，也使得法律论证有别于普通论证。正如德国法学家阿列克西所言："法律论证的特性在于其受现行有效法的约束（尽管这种约束照旧有待确定）。这就是所说的法律论证与普遍实践论证之间一个最重要的区别。法律论证不讨论所有的问题。它们是在受限的条件下进行的。"〔2〕法律论证的有效性不仅在于逻辑推论方式的有效性，更在于作为论证结论的论题与作为论证前提的论据在法律意义上所共同具有的有效性，即援引规则的正当性与合法性。

（三）法律论证还是程式主义的证明或反驳方法

现代法律人的法律论证具有鲜明的程式主义特征，是实现正当法律程序的基本工作机制选择，它使得所有法律活动特别是司法审判活动更具有正当性和合理性，从而有别于神明裁判的神治社会，也有别于朕言即法或法官恣意的人治社会，因此，它有利于增强社会公众对法律裁判与公正司法的合理预期与法治信仰。正如日本法学家棚濑孝雄指出的："审判的本质要素在于，一方面，当事者必须有公平的机会来举出根据和说明为什么自己的主张才是应该得到承认的，另一方面，法官作出的判断必须建立在合理和客观的事实

---

〔1〕　［美］史蒂文·J. 伯顿：《法律和法律推理导论》，张志铭、解兴权译，中国政法大学出版社 2000 年版，第 113 页。

〔2〕　［德］罗伯特·阿列克西：《法律论证理论——作为法律证立理论的一种理性论辩理论》，舒国滢译，中国法制出版社 2002 年版，第 263 页。

和规范基础上，而两个方面结合在一起，就意味着当事者从事的辩论活动对于法官判断的形成具有决定意义。"[1]因此，德国联邦宪法法院一庭于1973年2月14日专门发布一项决议，要求所有法官的司法裁判必须"建立在理性论证的基础上"。而法律论证的主要任务就是论证作为法律推理大前提的合法性和合理性，即对法律解释、漏洞补充所确认的作为法律推理大前提的法律规范的正当性所做的说明，这是法律推理能否得出正确判断和结论的根本保障。法律论证正是借助其程式主义的工作方式实现对法律推理的逻辑补充功能。

### 三、法律论证与推理

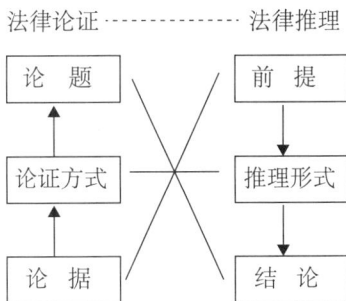

**图 6 - 1    法律论证与推理的关系图**

根据上图，我们可以发现：一方面，法律论证与法律推理存在有机的联系。法律论证必须运用推理，离开了推理，法律论证就无法进行。法律论证的论题相当于推理的结论，其论据相当于推理的前提，而法律论证中所使用的论证方式则相当于推理形式。可以说，法律论证就是法律推理的应用与延伸。另一方面，法律论证与法律推理也存在诸多的区别：一是思维过程不同，法律推理是从前提推出结论；而法律论证先有论题再围绕论题寻找相关论据，相当于从结论推出前提。二是逻辑结构有别，法律论证比法律推理复杂得多，一个法律论证可由一个或多个法律推理组成，因此法律论证可视为法律推理的综合运用。三是思维重点不同，法律推理侧重于寻找前提和结论之间的逻

---

〔1〕 〔日〕棚濑孝雄：《纠纷的解决与审判制度》（修订版），王亚新译，中国政法大学出版社2004年版，第256页。

辑关系，而法律论证侧重于对论题的真实性进行证实或证伪。

# 第二节　法律论证的构成规则

法律论据的逻辑构成包括论题、论据和论证方式三要素，相应地，法律论证也存在论题规则、论据规则和论证方式规则。当然，我们这里讨论的主要是法律论证的形式逻辑构成规则。

## 一、论题规则

（一）论题必须清楚明确

论题明确就是"立"和"破"的对象明确。论题不可含混不清，不应当有歧义，不能模棱两可，也不可自相矛盾。违反这一规则就叫"论题不清"。"论题不清"即"论旨不清"、"论题含混"、"论题模糊"等，它主要表现为论证某一问题时，没有提出明确的观点，东拉西扯、节外生枝，所谓"下笔千言、离题万里"。它也表现为提出了论题，但论题本身的涵义含混不清、歧义暗生，别人无从把握其论题的主旨。此外，它还可能表现为一种诡辩，即论者为掩饰其观点错误而故设迷局、模糊视野。

中国清代有一则"明天吃饭不要钱"的故事，讲的是混世奇才庞振坤利用"论题不清"的逻辑谬误惩治不良旅馆老板的故事。庞振坤和几个秀才进京赶考，路上遇到一家饭店，门牌上写着"明天吃饭不要钱"。大家觉着很奇怪，就一同住店歇息。谁知第二天，店老板照样来要饭钱。庞振坤问："牌子上不是写着'明天吃饭不要钱'吗？"老板说："是呀！写的是明天不要钱，今天怎么不要？"庞振坤和秀才们赶考回来，又住进这家饭店。第二天，店老板来结账，庞振坤说："急什么，我们还要住下去，明天再给吧！"过了一天又来结账，庞振坤还是那句话，老板也不敢逼着要。今天等明天，明天等后天，就这样过去了十多天。店老板终于沉不住气了。这天，他焦急地问庞振坤："你总说明天给钱，何时才有个尽头呢？"庞振坤不紧不慢地说："店家门口不是写着'明天吃饭不要钱'吗？我们就等着这一天哩！"

（二）论题必须保持同一

论题必须保持同一，就是要求在论证过程中，始终保持论题一致，不得随意变换。这条规则是同一律逻辑要求的具体体现。违反这一规则叫"转移论题"或"偷换论题"。"转移论题"在论证中常表现为"证明过少"或"证明过多"：前者是指实际证明的论题比需要证明的论题所断定的要少；后者是指实际证明的论题比需要证明的论题所断定的要多。有意识地"转移论题"就是"偷换论题"，这是一种诡辩。有一天，王大妈好心地给小张姑娘介绍了一位挺帅气的男朋友，但小张嫌对方个矮，只有一米六五，希望王大妈再介绍一个"一米七五到一米七六的"。王大妈就又介绍了一位男青年，小张见了更生气了："大妈，你怎么给我找了个瘸子？"王大妈不紧不慢地回答："我是按照你的标准找的，他左脚着地是一米七五，右脚着地是一米七六啊！"

## 二、论据规则

### （一）论据必须是被证实过的真实命题

论据是确定论题真实性的根据，论据真实是确定论题真实性的必要条件，论题的真实性不能从虚假的论据中得到确定。论据不能是假的命题，也不能是真实性尚未得到证实的命题，否则，就会犯"虚假论据"或"预期理由"的逻辑错误。"虚假论据"是指论证所依据的材料不真实，它的出现有三种情况：一是由于特定历史条件下的人类认识水平限制，如亚里士多德的地心说到哥白尼的日心说；二是表现"以相对为绝对"或论据间相互矛盾；三是有意识地捏造虚假证据来服务于己方的论证，这是一种诡辩。而"预期理由"是一种真实性未被证明的证据。在论证中，如果把未经调查核实的材料当作论证武器，不但不能驳倒对方，反而会遭到对方有力的反击。

取材于宋话本《错斩崔宁》以及《醒世恒言·卷三十三·十五贯戏言成巧祸》的昆曲《十五贯》过于执断案就犯了"预期理由"的逻辑错误。过于执断案的基本情节为：屠户尤葫芦到丈人家借了十五贯铜钱，路上醉酒回家后与女儿戏言这是她的卖身钱，女儿苏戌娟闻言连夜出逃投奔亲戚，偶遇男青年熊友兰，因同路两人结伴而行，真是无巧不成书，熊友兰的身上也携有十五贯铜钱。当晚村中赌棍娄阿鼠流窜到屠户家中，顺手牵羊将醋睡中的尤葫芦身上十五贯铜钱偷走，不料惊醒尤葫芦，在扭斗中用剔骨尖刀将尤葫芦刺死。第二天案发，衙门捕快追寻苏戌娟，将同行的熊友兰一并带回审问。因为"十五贯"的巧合，无锡知县过于执作了如下的推断："看她艳如桃李，岂能无人勾引！年正青春，怎么会冷若冰霜？她与奸夫情投意合，自然要生比翼双飞之意。父亲拦阻，因之杀其父而盗其财，此乃人之常情，这案情就是不问，也已明白十之八九了。"

(二) 论据的真实性不应依赖于论题

论据是论题真实性的根据，论题在论辩中是有待论据来证实的命题。如果论据真实性的判定又依赖于论题，那么论题就不可能得到证明。违反这一规则叫作"循环论证"，由于论证的前提就是论证的结论，因此它又被称为"先定结论"。如法国喜剧作家莫里哀创作的《无病呻吟》剧本，有一个关于医学博士们对医学学士阿尔冈申请参加全国医学会的口试剧情片断就存在循环论证问题。

博士："……学识渊博的学士，我十分崇敬的名人，请问你，什么原因和道理，鸦片可以引人入睡？"

阿尔冈（学士）："高明的博士，承问什么原因和道理，鸦片可以引人入睡；我的答案是：由于它本身有催眠的力量。自然它会使知觉麻痹。"

全体博士："好，好，好，回答得真好。够资格，够资格，踏进我医学团体的大门。"

本剧中的阿尔冈回答就是典型的循环论证：鸦片之所以能催眠，是因为它有催眠的力量；那鸦片为什么又有催眠的力量呢？是因为它能催眠。

又如"焦某诉医院案"[1]：原告焦某十月怀胎却生下一死胎，在他们为弄清死胎原因而奔走时，医院按相关规定将死胎处理。因失去最重要的证据而无法继续查找死胎原因，焦某将医院告上法庭。原告为证明他们一直在为弄清胎儿死亡原因而奔走，出具了在派出所得到的三份证明。一份是北京市公安局接收案件的回执单，一份是大兴区公安分局法医鉴定所鉴定委托书，以及一个叫李雪平的人写的证明材料。以下是原告与被告各自代理人的答辩纪录：

被告代理人："北京市公安局接收案件的回执单，只能证明他们到公安局对这个私人诊所给他们造成了死胎进行了报案，与本案无关，鉴定委托书，

---

〔1〕 中央电视台《庭审现场》栏目组：《走进〈庭审现场〉》，知识出版社 2007 年版，第 179～183 页。

原告要证明的是什么问题。"

原告代理人:"这个委托书就证明我报案了,证明派出所给我出具了这个证明,让我去做鉴定。从而可以证明,我曾经要求给我的胎儿尸体做保存了,如果我没有要求做保留胎儿尸体,不可能去报案,也不可能出具这个证明,我的话完毕。"

在本案中,原告代理人的辩护论题是"原告要求保存胎儿的尸体了",论据却是"原告报案了"。原告代理人的论证明显违反了"论据的真实性不应依赖于论题"这一论据规则,也属于循环论证。这是因为原告代理人的辩护论证用"原告报案了"作为论据,来论证"原告要求保留胎儿尸体了"成立,但论据的真实性又通过"要求保存胎儿尸体了"来论证。这是典型的论题与论据相互论证,犯了"循环论证"的逻辑错误。尽管从案例中我们看到论据真实性可以通过其他证据来论证其真实性,但是原告代理人在论辩过程中,把论题作为论证论据真实性的依据,这显然是违反了"论据的真实性不应该依赖于论题"的论据规则。

### 三、论证方式规则

(一) 论据与论题之间必须相干

论据和论题必须相干就是要求论据与论题相一致,并且是证明论题所必需的。违反这一规则就叫"论据与论题不相干",即我们常说的"牛头不对马嘴"。在法律实践中,"论据与论题不相干"突出地表现为诉诸无关的案件事实,也就是说主体所陈述的案件事实与相关的法律规定无关,即使这些案件事实为真,也不能借助无关的法律规定而得出正确的结论。"论据与论题不相干"的逻辑错误具体表现为诉诸无知、诉诸怜悯、诉诸同情、诉诸权威、诉诸人身攻击、因人纳言、因人废言、诉诸武断、诉诸暴力等。

如"金锋与江西贝嘉实业有限公司劳动争议纠纷案"[1]:2012年9月4日,原告金锋将被告江西贝嘉实业有限公司(以下简称贝嘉公司)起诉至江西省进贤县人民法院,要求法院判决确立原被告为劳动关系。金锋称,2002

---

〔1〕"江西省南昌市中级人民法院〔2013〕洪民一终字第439号",载 http://www.court.gov.cn/zgcpwsw/jx/jxsncszjrmfy/ms/201406/t20140627_ 1783163.htm,访问日期:2015年2月10日。

年9月他进入江西贝嘉实业有限公司工作，双方一直未签劳动合同；2011年12月25日，他在工作中受伤，经鉴定为脑外伤三级，生活无法自理；2012年5月28日，他向江西省进贤县劳动争议仲裁委员会申请仲裁，要求确定双方为劳动关系，仲裁委裁定驳回原告的申请。进贤县人民法院审理后作出初审判决，认定2009年8月至2011年1月，双方存在劳动关系，但是2011年1月7日后双方不存在劳动关系。原告金锋不服判决，上诉至江西省南昌市中级人民法院，要求二审法院撤销原审判决，并认定他与江西贝嘉实业有限公司一直存在劳动关系。

上诉人金锋上诉称："一审的证据认定与判决形成矛盾，判决属于主观臆断。一审采信的金锋提供的证据4、证据5、证据6以及一审法院调取的宜昌银行往来款项查询单、贝嘉公司承包武汉蔬菜大棚安装工程有关人员的证言、进贤县劳动争议仲裁委员会庭审记录形成的证据链证明的事实是：2011年1月份前金锋与贝嘉公司的劳动关系没有争议，2011年1月以后，金锋前后在武汉蔬菜大棚和萧氏茶叶大棚工程工作都是为贝嘉公司承包的工程工作。金锋在武汉工地担任项目经理，在宜昌萧氏茶叶工地，既有管理权，又和工人一起考勤，工地费用全部由贝嘉公司报销，证明金锋在武汉、宜昌两工程的身份、地位一样，都是项目经理，都受贝嘉公司制约，双方之间明显形成劳动关系。而一审法院不顾证据证明的事实，把两个不相干的人和事连在一起，毫无凭据地得出与论据相矛盾的观点来，判决结果属于主观臆断。"2014年1月24日，江西省南昌市中级人民法院审理终结，最终判决：撤销一审法院判决，改判上诉人金锋与被上诉人江西贝嘉实业有限公司2009年7月4日至2012年9月4日期间存在劳动关系。本案后又由江西省高级人民法院裁定南昌市中级人民法院重审此案。2014年9月24日，南昌市中级人民法院签发［2014］洪民再指字判决书，作出维持［2013］洪民一终字第439号判决的结论，即仍然宣告金锋与江西贝嘉实业有限公司2009年7月4日至2012年9月4日期间存在劳动关系。

（二）论据对论题的导出必须充分

论据对于论题的导出必须充分，这是充足理由律的具体要求。论据是否充分，表现为从论据能否必然推出论题，如果从论据不能必然推出论题，那么论据是不充分的。违反这一规则的逻辑错误叫"论据不足"、"草率论证"或"以偏概全"。

如"程向红与苏银平、王朝敏民间借贷纠纷案"[1]:2012 年 6 月 23
日,王朝敏(男)借苏银平(女)150 000 元,并于同日出具一份借条。因
王朝敏未偿还借款,苏银平于 2014 年 3 月 4 日向禹州市人民法院提起诉讼,
要求王朝敏、程向红共同偿还借款 150 000 元,并支付利息。其中,王朝敏、
程向红(女)系夫妻关系,其长子王京鳌 1994 年 4 月 2 日出生。禹州市人民
法院审理终结后签发 [2014] 禹民一初字第 650 号民事判决书,判处王朝敏、
程向红共同向苏银平偿还欠款 150 000 元,并按照银行同期贷款利率支付利
息。程向红不服原审判决,向许昌市中级人民法院提起上诉,称:"一、原审
判决仅以户籍显示推定上诉人和王朝敏系事实婚姻是认定事实错误。1. 上诉
人的户籍虽然在花北村 14 组,但上诉人根本不在此居住,更没有与王朝敏同
居的事实;2. 如果是事实婚姻,夫妻双方会相互认可,或者有举行过仪式、
以夫妻名义公开同居的事实,使人认同双方关系存在,原审没有走访、调查
就认定事实婚姻关系成立草率;3. 原审以王京鳌的年龄推定上诉人和王朝敏
系事实婚姻不严谨。即原审仅以户籍关系推定上诉人与王朝敏系事实婚姻论
据不足。二、本案债权真实性存疑。庭审时王朝敏没有到庭,没有对证据进
行质证,其对债务的发生回答与常理不符。"许昌市中级人民法院于 2014 年
11 月 26 日审理终结,认定公安机关签发的户籍关系具有法律效力,能够证明
王朝敏、程向红系夫妻关系,按照婚姻法对债务须共同承担清偿责任,故判
决驳回上诉,维持原判。

(三)论据导出论题符合推导规则

论证方式是由论证过程中所运用的推理形式构成的,因此论证也必须遵
守有关推理形式的逻辑规则,否则就是犯了"推理形式不正确"的论证逻辑
错误。而违反论证方式规则的逻辑错误还包括"以相对为绝对"和"以人为
据"。"以相对为绝对"是指在寻找论据时将一定条件下的真命题当作无条件
的真命题进行论证。"以人为据"则是在论证过程中,不是以客观事实和科学
原理为根据,而是以与这一命题(论题)有关的人(或支持者、提出者或反
对者)的权威、地位和品德作为论证论题真假的依据,即通常所说的"因人
纳言"、"因人废言"等。

---

[1] "河南省许昌市中级人民法院 [2014] 许民终字第 1472 号",载 http://www.court.gov.cn/
zgcpwsw/hen/hnsxcszjrmfy/ms/201412/t20141228_ 5632923.htm,访问日期:2015 年 2 月 11 日。

如清朝"孙得禄吸食鸦片烟案"：《续增刑事案汇览》（卷四）记载了某提督断案的一则判例："孙得禄吸食鸦片烟，不将贩卖之人供出，按例应杖一百，徒三年，系旗人，止则枷号四十日，较之食烟本罪应枷号两个月者转轻，应再酌加枷号一个月，以诏平允。道光二十年贵州司案。"也就是说，孙得禄吸食鸦片烟，而且拒不交代贩卖鸦片之人，查例应判处杖一百并徒三年的刑罚，但由于孙得禄是旗人，所以只需枷号四十日就可以了。但是按照规定，单单犯吸食鸦片烟罪就应处枷号两个月，明显所判太轻，所以为了公平起见，酌情再加处枷号一个月的刑罚。在本案中，清代某提督咨送的论辩明显违反了"论题与论据必须相干"这一论证方式规则。在本案中，提督对孙得禄的判决不是依据法律的规定和孙得禄本人的犯罪行为，而是把孙得禄本人的满族身份作为主要的判决依据，这是明显的把有关人员的身份地位这一与论题无直接关系的因素作为判决的主要依据，犯了"以人为据"的逻辑错误。

又如"陈甲与某甲县人力资源和社会保障局社会保障其他行政行为案"[1]：陈甲的妻子陈乙于1960年4月25日出生，其自2012年7月起在某乙公司的理瓶车间工作，于2012年10月30日17时43分许因发生交通事故死亡。2013年4月27日，陈甲向某甲县人力资源和社会保障局申请要求认定陈乙属于工伤。某甲县人力资源和社会保障局于2013年5月10日作出〔2013〕002号《工伤认定申请不予受理决定书》，决定不予受理。陈甲不服，向丽水市莲都区人民法院提起行政诉讼。丽水市莲都区人民法院经审理后签发〔2013〕丽莲行初字第28号行政判决书，判决驳回陈甲的诉讼请求。陈甲不服原审判决，向丽水市中级人民法院提起上诉。上诉人陈甲上诉称："现行法律只对劳动者年龄的下限作出了规定，对劳动者年龄的上限没有作规定，因此，不能因是离退休职工或超过退休年龄的农民工及其他人员就否定其劳动者身份。陈乙与用人单位之间存在事实的劳动关系，中办发〔2005〕9号文件没有明确将离退休人员排除在劳动关系之外，最高院行政审判庭对山东高院的答复中也已明确应当给予工伤认定。一审法院混淆工伤保险待遇与工伤待遇概念，以推理判案导出荒谬的结果，请求二审法院予以改判。"在本案中，上诉人认为原审法院存在推理不正确的逻辑问题。但二审法院丽水市中

---

〔1〕"浙江省丽水市中级人民法院〔2013〕浙丽行终字第36号"，载 http://www.zjlscourt.com/lishui/swgk/cpws2/xz/2013-11-29/37974.html，访问日期：2015年2月11日。

级人民法院则认定原审法院推理正确，论证充分，证据确凿，所以该院于2013 年 10 月 21 日作出终审判决：驳回上诉，维持原判。判决书特别指出："确认劳动关系是否构成是被上诉人某甲县人力资源和社会保障局受理工伤认定申请的前提条件。虽然现行法律没有明确规定超过法定退休年龄的劳动者就不能与用人单位之间形成劳动关系，但根据《劳动合同法实施条例》第 21条规定，'劳动者达到法定退休年龄的，劳动合同终止'，表明劳动者达到法定退休年龄属于劳动者与用人单位之间生效劳动合同的法定终止条件，故用人单位聘请超过退休年龄的劳动者，并非劳动法意义上的用工，而是民事法律关系上的劳务用工，属于劳务关系。上诉人的妻子陈乙在发生事故时已超过法定退休年龄，因此陈乙与被上诉人某乙公司之间不构成劳动关系，被上诉人某甲县人力资源和社会保障局作出不予受理工伤认定申请的决定并无不当。"

## 第三节　法律论证中的推理方法

法律论证中运用到的推理方法，根据论证的方向可以分为证明和反驳。其中，根据采用的推理方式不同，证明法可分为演绎证明法和归纳确证法；而根据论题与论据的关系程度不同，证明法又可分为直接证明法和间接证明法。反驳法则可分为直接反驳法、间接反驳法、归谬反驳法和二难推理反驳法。

### 一、演绎证明法与归纳确证法

（一）演绎证明法

演绎证明法就是引用一般性的原理、原则，并通过运用演绎推理证明论题真实性的方法，并存在如下特点：一是论据中通常有一个或几个较论题断定范围更为广泛的一般性命题，如法律论证中经常援引的法律条款；二是论题是较为特殊的命题，如具体案例的分析结论或律师辩护观点；三是由论据导出论题的推理是各种形式的演绎推理，如三段论、联言推理、选言推理、假言推理等，结论都是必然性的。由于当代中国大陆基本沿袭了大陆法系传统，司法机关的裁决书通常采用演绎证明法尤其是三段论证明法，来论证本院判决结论的正当性与合理性。

如"薄熙来案"一审判决书[1]：在本案中，薄熙来被一审法院山东省济南市中级人民法院于2013年9月21日数罪并罚，最终判处：无期徒刑，剥夺政治权利终身，并处没收个人全部财产。济南市中级人民法院首先是论证了薄熙来所作所为触犯的三种刑事犯罪，即受贿罪、贪污罪和滥用职权罪，并适用数罪并罚原则："本院认为，被告人薄熙来身为国家工作人员，接受唐肖林、徐明请托，利用职务便利，为相关单位和个人谋取利益，直接收受唐肖林给予的财物，明知并认可其家庭成员收受徐明给予的财物，其行为已构成受贿罪；薄熙来身为国家工作人员，利用职务便利，伙同他人侵吞公款，其行为已构成贪污罪；薄熙来身为国家机关工作人员，滥用职权，致使国家和人民利益遭受重大损失，其行为已构成滥用职权罪，情节特别严重。公诉机关指控薄熙来受贿人民币20 447 376.11元、贪污人民币500万元、滥用职权的事实清楚，证据确实、充分，指控罪名成立，但指控薄熙来认可其家庭成员收受徐明给予的财物中，计人民币1 343 211元因证据不足，不予认定。对薄熙来所犯受贿罪、贪污罪、滥用职权罪，均应依法惩处，并数罪并罚。"

然后，济南市中级人民法院援引现行《刑法》分则规定并运用联言推理和规范三段论进行演绎论证："根据薄熙来犯罪的事实、性质、情节和对于社会的危害程度，依照《中华人民共和国刑法》第三百八十五条第一款、第三百八十六条、第三百八十二条第一款、第三百八十三条第一款第（一）项及第二款、第三百九十七条第一款、第二十五条第一款、第六十一条、第五十七条第一款、第五十九条、第六十九条、第六十四条之规定，判决如下：一、被告人薄熙来犯受贿罪，判处无期徒刑，剥夺政治权利终身，并处没收个人全部财产；犯贪污罪，判处有期徒刑十五年，并处没收个人财产人民币一百万元；犯滥用职权罪，判处有期徒刑七年，决定执行无期徒刑，剥夺政治权利终身，并处没收个人全部财产。……"

## （二）归纳确证法

归纳确证法也称为例证法，它是指运用归纳、类比等或然性推理，通过引用一系列事实的或较为特殊性的判断，对论题的真实性给予一定程度支持的论证方法，并存在如下特点：一是论据通常为一系列反映具体事实的判断，

---

[1] "山东省济南市中级人民法院［2013］济刑二初字第8号"，载http://sdfy.chinacourt.org/article/detail/2013/10/id/1113317.shtml，访问日期：2015年2月11日。

如在犯罪现场搜集的事实证据，犯罪嫌疑人的作案时间、作案动机等方面的刑侦调查证据，其他相关命题和事实等；二是论据与论题联结而形成的推理，通常是归纳推理、类比推理等或然性推理，因此它不能为论题提供必然性证明，只能是对论题给予一定程度的支持。在司法诉讼中，法官常运用归纳确证法归纳采信证据、证立案件事实，该方法是发现司法裁决小前提常用的论证方法，而"综上"、"综上所述"等正是法院制定裁决书常用的惯用语之一。

如"吴雯雯与马胜羔、李宗杰、永安财产保险股份有限公司徐州中心支公司道路交通事故人身损害赔偿纠纷案"[1]："经审理查明：2010年8月16日20时20分，被告马胜羔驾驶苏CE7868号小型轿车，沿206国道由南向北行驶至贾汪区韩元站台时，与跨越道路中间隔离防护栏由西向东过公路的行人吴雯雯发生交通事故，致原告吴雯雯受伤。该事故经徐州市公安局贾汪分局交通巡逻警察大队责任认定为，马胜羔、吴雯雯负此事故的同等责任。事故发生当日，吴雯雯被送至徐州市贾汪区人民医院住院治疗。……2010年8月18日转至徐州矿务集团总医院继续治疗，……2010年9月13日出院。2011年9月16日吴雯雯进行二次手术治疗，2011年9月28日出院。吴雯雯因此次事故受伤共住院40天，住院期间，由其父、母两人护理，吴雯雯及其父母均系农业户口。

"另查明，2012年3月20日，吴雯雯委托南京金陵司法鉴定所对吴雯雯的伤残程度进行了评定，鉴定意见为：1. 被鉴定人吴雯雯左下肢功能部分丧失构成十级伤残；2. 被鉴定人吴雯雯右下肢功能部分丧失构成十级伤残；吴雯雯支出鉴定费用840元。2012年7月12日，永安财保徐州支公司申请对吴雯雯的伤残等级、护理期限、营养期限进行鉴定，本院依法委托徐州医学院司法鉴定所进行鉴定。2012年10月9日，徐州医学院司法鉴定所鉴定意见为：被鉴定人吴雯雯的损伤构成十级伤残，护理期限为16周左右，营养期限为10周左右。永安财保徐州支公司支付了鉴定费1300元。事故发生时，苏CE7868号轿车在永安财保徐州支公司投保了机动车第三者责任强制保险，事故发生在保险期内。事故发生后，马胜羔预付吴雯雯医疗费49 000元。上述

---

[1] "江苏省徐州市贾汪区人民法院[2012]贾少民初字第0019号"，载 http://jwfy. xzjw. gov. cn/Html/201311/20131104140736650439. html，访问日期：2015年2月11日。

事实，有交通事故责任认定书、保险单、驾驶证、行驶证、住院病案材料、门诊病历、徐州市矿务集团总医院及贾汪区人民医院的病情证明、出入院记录、医疗费发票、户口本、徐州医学院司法鉴定所司法鉴定意见书、鉴定费发票及当事人陈述等证据证实，本院予以确认。

"本院认为，交警部门的事故认定书，反映了事故发生的客观事实，本院予以确认。《中华人民共和国道路交通安全法》第七十六条规定：机动车发生交通事故造成人身伤亡、财产损失的，由保险公司在机动车第三者责任强制保险责任限额范围内予以赔偿。被告马胜羔驾驶的苏 CE7868 号轿车在永安财保徐州支公司投保了机动车第三者责任强制保险，保险公司应在机动车第三者责任强制保险责任限额范围内承担赔偿责任。对于超出机动车第三者责任强制保险责任限额的部分，由当事人按照责任比例分担。吴雯雯违反《中华人民共和国道路交通安全法》第六十三条的规定，跨越道路隔离设施，负此事故的同等责任，对于超出机动车第三者责任强制保险责任限额的部分，应当减轻机动车方30%的赔偿责任，马胜羔承担70%的赔偿责任。

…………

"综上，依照《中华人民共和国侵权责任法》第十六条、第四十八条、《中华人民共和国道路交通安全法》第七十六条、最高人民法院《关于审理人身损害赔偿案件适用法律若干问题的解释》第十七条、第十八条、第十九条、第二十一条、第二十二条、第二十三条、第二十四条、第二十五条之规定，判决如下：被告永安财产保险股份有限公司徐州支公司于本判决生效后二十日内赔偿原告吴雯雯医疗费、护理费、残疾赔偿金、精神抚慰金，合计46 370元。"

**二、直接证明法与间接证明法**

（一）直接证明法

直接证明法就是从论据的真实性直接推出论题真实性的一种证明方法。它的特点是：从论据出发，为论题的真实性提供正面的理由，论据蕴涵论题，论据真则论题真。它是利用两个命题之间的逻辑关系进行的直接推理。可以说在诉讼实务中，证据与事实之间的关系其实也是一种论据与论题的关系，哪些证据可以直接证立事实，哪些证据需要其他证据相结合才能证立事实，这些都存在于相关的证据规则中。根据学术通论，按照证据与待证事实的关联性程度，可以将证据分为直接证据和间接证据：所谓直接证据就是能够单

独、直接证明案件主要事实的证据；间接证据则是不能单独直接证明而需要
与其他证据结合才能证明案件事实的证据。其中，直接证据的证明力一般大
于间接证据。如原告与被告的买卖合同纠纷诉讼中，原告若以买卖合同来证
明其与被告存在的合同关系，那么该合同就是直接证据。而在庭审现场，原
告继续提出的证人证言、合同真伪司法鉴定书等，则是间接证据。又如家庭
暴力自诉案件中，受害人呈贡的施暴方保证与施暴录音以及受害就医证明即
是直接证据，而报警记录、邻居证人证言、受害人与施暴方的婚姻证明等则
是间接证据。这里所指的直接证明法主要针对直接证据的运用。

如"黄某玲与深圳市铭某物业管理有限公司劳动合同纠纷案"[1]：上诉
人黄某玲因与被上诉人深圳市铭某物业管理有限公司（以下简称铭某公司）
劳动合同纠纷一案，不服广东省深圳市南山区人民法院［2014］深南法沙民
初字第 115 号民事判决，向深圳市中级人民法院提起上诉。2014 年 9 月 19
日，深圳市中级人民法院审理终结，作出终审判决：驳回上诉，维持原判。
深圳市中级人民法院指出："本案争议的焦点问题是黄某玲与铭某公司之间是
否存在劳动关系。根据《中华人民共和国劳动合同法》第七条规定，用人单
位自用工之日起即与劳动者建立劳动关系。因此劳动者为用人单位提供劳动
是双方建立劳动关系的前提条件。黄某玲提交了《员工参加社会保险清单》，
以证明双方之间存在劳动关系。虽然铭某公司自 2011 年 1 月起至 2011 年 8 月
止为黄某玲购买了社会保险，但此证据不能直接证明其与黄某玲产生了劳动
合同关系。从本案的证据以及证人证言来看，铭某公司系为申报物业管理企
业三级资质而提供了黄某玲的技术证书，从而为了完成资质证书的申报帮黄
某玲购买了社会保险。双方之间并未形成管理与被管理的关系，也没有证据
证明黄某玲为铭某公司提供了劳动，黄某玲亦认可未为铭某公司提供劳动。
故黄某玲主张其与铭某公司之间存在劳动关系依据不足，黄某玲提出的关于
支付拖欠工资、支付年休假工资、支付代理费的主张，理由并不成立，本院
予以驳回。基于上述考虑，黄某玲要求二审法院到深圳市住房和建设局调取
劳动合同及工程师证书，本院不予批准。因此，综上所述，上诉人黄某玲的

---

[1] "深圳市中级人民法院［2014］深中法劳终字第 2891 号"，转引自李迎春："社保清单不能
证明劳动关系"，载 http://blog.sina.com.cn/s/blog_ 6dfbfc480102vb5f.html，访问日期：2015 年 2 月
11 日。

上诉理由不成立，本院不予支持。"

（二）间接证明法

间接证明法是通过确定其他命题的虚假来确定论题真实性的一种证明方法，一般包括三个步骤：第一步，设立与原论题相矛盾的反论题；第二步，证明反论题是虚假的；第三步，运用排中律，推出所要证明论题的真实性。间接证明法主要包括反证法和排除证法两种具体方法。

1. 反证法

反证法也叫归谬法、假言证法，它是通过说明与自己所主张的论点相矛盾的论题为假（即谬误），再根据排中律确定原论点正确的论证方法。而谬误的推断一般包括三种情况：一是推断本身与实际不符或与已知的真理相悖；二是推断本身自相矛盾；三是推断与其依据的假定相矛盾。反证法可简化为"三部曲"：

求证：论题 P 真。

①设：反论题非 P 真。

证明：②反论题非 P 假，即：

如果非 P 真，则 Q 真；

已知 Q 假，

所以，反论题非 P 假。

③根据排中律：非 P 假，所以，论题 P 真。

反证法的逻辑规则：第一，设立的反论题必须是原论题的矛盾命题，而不能是原论题的反对命题。否则，即使能够证明反论题为假也不能必然地推断出反论题为假。第二，由反论题推演论断时，前者必须是后者的充分条件，否则也不能必然地推出反论题为假。在刑事诉讼实践中，反证法常被当事人及其刑事辩护人用作证明其（犯罪嫌疑人、刑事被告）无罪或免除刑事责任的司法工具。

如英国有名的墓志铭"13！"故事："13"在西方一向被认为是不吉祥数字，然而作为英国皇家卫队队长哈特菲尔德的墓志铭，却只有赫赫醒目的一个数字：13！英国维多利亚女王时期的一个星期五晚上，白金汉宫卫兵哈特菲尔德被指控夜间值勤时睡着了。为振军纪和保护女王安全，哈特菲尔德被军事法庭判处死刑。临刑前，哈特菲尔德供述一个细节："我那天夜里没有睡觉，我听见议会大厦的钟声在午夜响了 13 下！"死刑得以暂缓执行。经调查，那天子夜确实有不少人听见议会大厦钟声响了 13 下。一位专家检查议会大厦钟后确信，那夜钟里一根发条出现过异常导致钟声响了 13 下。哈特最终被宣告无罪释放，并成为皇家卫队队长。他活了 100 岁，并立下遗嘱其墓志铭就是 13！在本案中，哈特菲尔德充分运用反证法来证明自己无罪：我是无罪的。假若我有罪，那晚我睡着了。假若我睡着了，就不会听到议会大厦的钟声在午夜响了 13 下；而我听到议会大厦的钟声在午夜响了 13 下，所以，我那晚没有睡着。所以，我是无罪的。

又如"王建平与鲍盛庆房屋租赁合同纠纷"[1]：在本案中，原告王建平诉称，义乌市正大养殖场工商登记为个体工商户，原告系养殖场业主。2010 年 4 月 4 日，原被告签订《房屋租赁合同》一份，约定：被告承租原告经营的正大养殖场的大门口右边三间半房屋、中间朝北的九间房屋，租期限为 10 年；前六年租金为每年 35 000 元，后四年租金为每年 37 500 元。租金一年一付，先付后使用。合同还约定了双方的其他权利义务。合同签订后被告支付了第一年租金。2011 年 4 月，原告向被告催讨，被告以资金周转困难为由要求暂缓，春节之前催讨，被告仍置之不理。为此原告向义乌市人民法院提起诉讼，要求："1. 请依法判令解除原被告在 2010 年 4 月 4 日签订的《房屋租赁合同》；2. 判令被告腾退所租用的原告房屋；3. 判令被告支付 2011 年租金 35 000 元及逾期付款利息损失 2219 元；4. 判令被告支付 2012 年租金 4375 元。"但是法院指出："原告对出警记录质证认为，对证据的真实性、合法性没有异议。但是该证据只能说明原、被告发生了锁门的纠纷，但是不能说明锁门的原因及被告已经支付了房租。……对证人证言，原告认为四个证人中，石某不具备证人资格，她既没有看到也没有听到付款的事实。傅某曾经看到钱，但存在以下问题：1. 4 月 30 日当天有四个人在场，老板（被告）、老人、女人、加上证人本人四个。2. 证人并不知道女人和老人是什么人。3. 上次开庭，被告说 35 000 元钱已经付了，但是现在证人说有 3000 多元是电费，和之前的陈述有矛盾，钱给予谁，是什么钱都无法证明。其他的两个证人可以证明原、被告双方有矛盾，但是和被告在上次开庭陈述有出入；被告说当时车子停在里面，证人说车子停在外面。同时证人不能证明被告已经支付房租。

---

[1] "浙江省义乌市人民法院 [2012] 金义上溪民初字第 111 号"，载 http://www.court.gov.cn/zgcpwsw/zj/zjsjhszjrmfy/ywsrmfy/ms/201406/t20140621_ 1657905. htm，访问日期：2015 年 2 月 12 日。

被告用的是反证法，发生矛盾时，没有提到房租没有付，但这个不能证明房租已经支付。警察到场时没有询问有无支付房租，原告自然也就没有说这个问题。"

"本院认为，原、被告于2010年4月4日签订了房屋租赁合同，系双方真实意思的表示，应为合法有效。现被告同意解除该合同，本院应予以准许。原告主张被告2011年租金35 000元未付的诉讼请求与事实不符，本院不予以支持。原告在庭审中放弃要求判令被告腾退所租用的原告房屋（孵化场的大门口右边三间半房屋、中间朝北的九间房屋）和判令被告支付2012年租金4375元（按合同约定的每月租金2917元已经计算到起诉日，并要求计算到实际履行日止）的两项诉讼请求，符合法律规定，应予以准许。……判决如下：一、解除原告王建平与被告鲍盛庆于2010年4月4日签订的租赁合同。二、驳回原告王建平的其他诉讼请求。"

2. 排除证法

排除证法也称选言证法、淘汰法、穷举法，它是把所论证的论点看成是诸多可能成立的命题中的一个，然后寻找论据把其他的命题一一否定，进而确定所欲论述的论点是正确的一种论证方法。排除证法实际上运用了选言推理的否定肯定有效式——"破中有立"。该证明法的运用要求包括：一是列出的与论题并列的其余选言肢，必须穷尽论题断定情况之外的其余各种可能情况，否则，即使引用证据证明其余选言肢为假，也不能必然地推出论题为真。二是对论题之外的其余选言肢的否定，必须理由充分、确定无疑，否则也不能必然地推出结论为真。三是排除其他选言肢之后，要对自己主张的论题提出正面的论据，否则，论题也可能不必然的成立。

排除证法的论证过程可简化为"三部曲"：

求证：论题P真。

证明：①设：或者论题P，或者论题Q，或者论题R。

②已知：论题Q假，论题R假（即非Q，非R）。

③根据选言推理规则，所以，论题P真。

如"李嘉廷受贿案"一审辩护词[1]：被告人李嘉廷，男，58岁，原云

---

[1] 参见"一米阳光"，载 http://blog.sina.com.cn/s/blog_ 4bff40be0100maio.html，访问日期：2015年1月20日。

南省委副书记、云南省人民政府省长。因涉嫌受贿犯罪，经最高人民检察院决定，于 2001 年 9 月被北京市公安局刑事拘留，同年 10 月被逮捕。2003 年 2 月，北京市人民检察院第二分院向北京市第二中级人民法院提起公诉，起诉书中指控：被告人李嘉廷在 1994 年至 2000 年担任中共云南省委常委、省委副书记、云南省人民政府副省长、省长期间，利用职务上的便利，为 10 人谋取利益，先后 30 次伙同其子李勃或单独收受他人财物共折合人民币共计 1800 余万元。案发后，被告人向检察机关揭发他人犯罪事实，部分查证属实，并提供重要线索，使检察机关得以侦破多起重大案件。据此，检察院以受贿罪对被告人提起公诉。北京市京都律师事务所指派田文昌、韩嘉毅作为被告人李嘉廷的辩护律师进行了法庭辩护，以下为一审辩护词"（三）收受杨荣、李俊贿赂部分"内容的摘选：

"辩护人认为，证据表明，被告人之子李勃向杨、李二人收钱的事实确实存在，但关于被告人在主观上对此事的认知程度如何，即关于被告是否明知李勃的行为完全属于代替其本人收取贿赂的性质？现有证据尚不能具备唯一性。庭审中已经查明的是被告人确曾要其子李勃与杨荣、李俊学做生意或合伙做生意，那么，李勃与二人究竟是一种合作关系？还是完全无此关系？我们对此应当予以客观分析，由此得出对被告人行为和主观认识的判断。从客观事实上分析：本案中，李勃与杨、李二人的关系可能表现为以下三种情况：（1）李勃借与杨、李合做生意为名，行代父受贿之实；（2）李勃借与杨、李合做生意之机，利用其父职权发财且代父收取贿赂（在此情况下合做生意与受贿行为两者兼有，亦存在被告利用职权帮其子挣钱的性质）；（3）李勃与杨、李二人合做生意确属事实，不具有代父受贿的性质。但是李勃与杨、李二人关系所反映的只是在他们三人之间存在的一种客观事实，而被告人的主观认识与该种事实是否具有一致性，则是判断其主观故意内容的重要条件。在做出这种分析之后，再具体判断被告人的行为性质，思路就会更加清晰。本案的证据情况已经表明，前述第三种情况已被排除，因被告本人及其子李勃和杨、李二人均承认，李勃与杨、李二人之间并非纯粹的生意伙伴关系，确实存在利用被告职权的问题。但是，对于前两种情况，却难以划分出明显的界线。更重要的是，由于被告本人并未直接参与其子李勃与杨、李二人的具体活动，其主观认识就可能与后者的实际情况存在差异。因此，在此问题上判断被告有无受贿的犯罪故意，就不能仅仅以某种客观事实的存在与否为标准，还必须在此基础上去分析被告人的主观心理态度，即对于该种事实的主观认知程度。本案卷中材料和庭审调查均表明，被告人虽然在案发后已经认识到李勃与杨、李二人合伙做生意并不完全真实，但当时却认为他们之间确有合伙做生意的关系，并且，还知道对方给李勃发工资和分成的情况；同时，也承认自己确实利用职权为杨、李二人做生意帮了忙。这种一贯的供述及其他相关证据表明，被告案发前在主观上确实认为李勃与杨、李二人有一种生意伙伴关系。且与此同时，被告也在利用职权帮助杨、李二人赚钱，以使其子李勃分得更多的利益。被告人的这种心态及相应的行为，则属于前述三种关系中的第二种情况，即借李勃与杨、李二人合作生意之机利用职权帮助李勃发财，同时也为杨、李二人谋取了利益。那么，对被告的行为性质应当如何认定？辩护人认为，这是一种比较复杂的权钱交易，但它毕竟与一般的贿赂关系有所不同。因为至少在被告人的认识中，会有帮助其子做生意赚钱的成分，他并不认为李勃所得的利益纯属于杨、李二人行贿的性质。在此情况下，如果将李勃的全部所得通通计入为被告受贿所得数额，可以说对被告有失公平。当然，据现有证据确实难以区分被告人本人与其子李勃之间各自所得利益的数额，但是，从罪刑法定原则和有利于被告的角度出发，对于被告的处罚应持慎重态度，至少也应将此视为一种从轻情节、在量刑时予以充分考虑。"2003 年 5 月 9 日，李嘉廷被北京市第二中级人民法院以受贿罪判处死缓，剥夺政治权利终身并处没收个人全部财产。同年 6 月 20 日，北京市高级人民法院终审判决，维持北京市第二中级人民法院一审判决结果。

在本案的律师辩护中，辩护律师为了反驳公诉人关于受贿罪的控诉主张，以被告人的主观故意内容为突破口，通过详细分析被告的犯意种类来界定其行为性质，因此，律师团提出了"被告并无受贿的犯罪故意"论证主张（论题）。为此，辩护律师通过成功运用排除证法的论辩方法以期达到辩护目的：第一步，律师列举了该行为关系可能存在的三种事实情况，提出了被告的主观犯意的三个可能命题。第二步，首先根据本案证据情况所认定的事实，证明第三个命题为假，然后根据卷宗材料和庭审调查所采信的情况证据，得出被告的主观认识与客观情况不一致的结论，进而排除了第一个可能命题的成立。第三步，在前两步的基础上，运用选言推理的否定肯定式，推导出第二个命题成立，即被告的受贿罪定性也存在从轻情节。

又如中国法官梅汝璈在东京大审判中巧言法官座次排序的故事[1]：1946 年 4 月，由庭长澳大利亚法官韦伯与来自二战同盟国的 10 名法官组成军事法院审判庭。在商讨法官座次时，中国法官梅汝璈建议，按接受日本投降签字国顺序排列最为合理，中国应是第二。庭长有意使美、英排在一、二位，英国法官也垂涎第二把交椅。双方各持己见，难以统一。梅汝璈决心为中国争到第二把交椅，多次与庭长激烈交锋："我同意庭长尽快排定的意见，但中国代表应排在第二位。中国受日本侵略最深，抗日时间最长，付出牺牲最大，审判的又是日本战犯，因此中国理应排在第二位。再者，没有日本的无条件投降，便没有今日的审判。故我提议，各位都不用争了，法官的座次，按受降国签字的顺序排列，实属顺理成章。"他接着报了受降典礼上各签字国的顺序：美国、中国、英国、苏联、澳大利亚……期间，他为缓和气氛，补充道："如果各位同仁不赞成这一办法，我们不妨……以体重之大小排座。这样亦可以此对我的国家有所交代。一旦他们以为我坐在边上不合适，可以调派另一名比我肥胖的来替换我呀。"这样的座次排列自然得不到西方国家代表赞同，他后来以退席抗议终于为中国争到第二把交椅。

### 三、反驳的方法

反驳是对某一证明的证伪，是由已知为真的论断来确定另一命题的虚假或某一论证不成立的论证方法。可见，与推断原论题为真的证明方法不同，反驳的目的是推断原论题为假。反驳可以基于对方的论题、论据和论证方式等要素展开反驳，大体包括直接反驳法、间接反驳法、归谬反驳法和二难推理反驳法等方法。

（一）直接反驳法与间接反驳法

1. 直接反驳法

直接反驳法是用论据从正面说明某一命题是不正确的或某个论证方式是无效的，是最为主要和常见的反驳方法。直接反驳常用的方法是举反例，即举出一个与对方论题或论据相矛盾的实例。直接反驳也可以采用证明对方的论点与某一个普遍接受的观点相矛盾的方法。直接反驳常用的论证方式是根据对当关系中的矛盾关系或反对关系而进行的推论。周恩来总理曾运用直接

---

[1] 赖浩然："在东京惩恶的大法官梅汝璈"，载《团结报》2014 年 9 月 4 日。

反驳法反驳美国记者关于"一国对外扩张是否因人口过多"的提问。事情是这样的：1961 年的一次记者招待会上，一位美国记者以挑衅口吻问周恩来："中国这么多人口，是否对别国有扩张领土的要求？"周恩来不假思索，当即答道："你似乎认为一个国家向外扩张，是由于人口过多。我们不同意这种看法。英国的人口在第一次世界大战以前是四千五百万人，不算太多，但是英国在很长的时间里是'日不落'的殖民帝国。美国的面积略小于中国，美国的人口还不到中国人口的三分之一，但是美国的军事基地遍于全球，美国的海外驻军达一百五十万人。中国人口虽多，但是没有一兵一卒在外国的领土上，更没有在外国建立一个军事基地。可见一个国家是否向外扩张，并不决定于他的人口多少。"

2. 间接反驳法

间接反驳法是先提出一个与所要反驳的论点具有矛盾或反对关系的命题，并独立地证明它的真实性，然后根据矛盾律关于两个相互矛盾或反对的思想必有一假的原理，从反面说明对方主张的论点是不成立的。间接反驳的基本步骤：首先，设定与被反驳的论题相矛盾或相对立的论题（反论题）；其次，通过推理证明反论题为真；最后，根据矛盾律推出被反驳的论题为假。间接反驳法可表示为：

反驳的论题：p。

反驳：①设非 p（与 p 有矛盾或反对关系）。

②证明"非 p"真。

③根据矛盾律，由"非 p"真，推出"p"假。

上海玉佛寺法师曾使用间接反驳法反驳日本客人有失偏颇的观点。有一次，日本京都大学佛学教授柳田圣山先生在参观上海玉佛寺时，向玉佛寺的法师问到洪钟使用的规矩。法师说，庙里做隆重佛事的时候，七七四十九天，日日夜夜都要敲击洪钟。柳田教授听后表示不赞同，他说："'七七'期间，白天敲钟，夜里是不敲的。因为佛教寺庙的规矩是'晨钟暮鼓'。夜里敲钟，佛教经典上无此记载。"法师听后，当时没有说什么。他们一道走出殿堂，来到小卖部，柳田教授对清人俞樾手书的唐诗《枫桥夜泊》甚为喜爱，这时，法师走过去，随手在"姑苏城外寒山寺，夜半钟声到客船"中的"寒山寺"和"夜半钟声"上划了几个圆圈，提醒教授注意。教授略有所思，继之恍然大悟，很快就立正、低头、合掌，连连向法师致敬。在本故事中，上海玉佛寺法师使用了间接反驳法，这是因为"佛教寺庙都是晨钟暮鼓（夜里不敲钟）"（柳田圣山的理解）是一个全称肯定命题，它与特称否定命题"有的寺庙是夜里敲钟（不是晨钟暮鼓）"（玉佛寺法师观点）形成一对矛盾关系，即其中一个真，另一个必假，其中一个假，另一个必真。因而，玉佛寺法师利用诗句所表明的"有的寺庙不是晨钟暮鼓"为真，即达到间接反驳柳田教授前面所说的"佛教寺庙都是晨钟暮鼓"的事实判断的目的，法师这样的反驳非常的委婉，比直接反驳法更显示出对客人的尊重和有智慧。

（二）归谬反驳法

归谬反驳法是为了反驳某一命题，先假定它是对的，然后由它推出一个或若干明显荒诞的结论，再运用充分条件假言推理的否定后件式确定被反驳的命题是不正确、不合法的。

1. 归谬反驳法的基本步骤

首先，假设被反驳的论题为真，并以其作为假言命题的前件，从而推出后件，构成一个充分条件的假言命题；其次，由这一假言命题的后件明显荒谬否定假言命题的后件，进而根据充分条件假言推理否定后件式否定前件，最终达到反驳的目的。正是因为这一特性，它又被称为"以退为进，引入荒谬"的反驳方法。

2. 归谬反驳法的两种表现形式

其一，由被反驳论题导出一个虚假命题，可表示为：

反驳论题：p。

反驳：①设 p 真。

②证明 p 假，

即如果 p，那么 q；

q 假，

③所以，p 假。

其二，由被反驳论题导出两个相互矛盾命题，可表示为：

反驳论题：p。

反驳：①设 p 真。

②证明 p 假，

即如果 p，那么 q 且非 q；

"q 且非 q"假，

③所以，p 假。

关于归谬法的运用，如章士钊为陈独秀的辩护状〔1〕：1935 年，苏州高等法院审理陈独秀"危害民国罪"一案，陈独秀进行自我辩护后，章士钊立马站起来为他辩护："本律师曩在英伦，曾问道于当代法学家戴塞，据谓国家与政府并非一物。国家者，土地、人民、主权之总称也；政府者政党执行政令之组合也。定义既殊，权责有分。是故危害国家土地、主权、人民者叛国罪也；而反对政府者，政见有异也，若视为叛国则大谬矣。今诚执途人而问之，反对政府是否有罪，其人必曰若非疯狂即为白痴，以其违反民主之原则也。英伦为君主立宪之国家，国王尚允许有王之反对党，我国为民主共和国，奈何不能容忍任何政党存在耶？本律师薄识寡闻，实不惑不解也。本法庭总理遗像高悬，国人奉为国父，所著三民主义，党人奉为宝典。总理有云：'三民主义即是社会主义，亦即共产主义。'为何总理宣传共产，奉为国父，而独秀宣传共产主义即为危害民国乎？若宣传共产有罪，本律师不得不曰龙头大有人在也。"在本案中，章士钊为陈独秀的辩护分为两步：首先，他以英国法学家戴塞的"国家与政府并非一物"的理论直接反驳当局的"反对政府"即"危害国家"的观点；其次，他又运用归谬法驳斥了当局的"陈独秀宣传共产主义即为危害民国"的观点，因为根据国父孙中山先生的三民主义学说，三民主义即社会主义、共产主义，它们之间具有同等的政治内涵、外延也存在重合关系。如果宣传社会主义、共产主义即是危害民国行为，那么孙总理也可位列其中，岂不荒谬之极？！

又如"贺健、金亮勇、宋海伟、徐斌等犯诈骗案"〔2〕：被告人贺健、金亮勇、宋海伟、徐斌、宋星伟、顾晓、周磊、金康、李秋生诈骗一案，上海市黄浦区人民法院于 1998 年 12 月 25 日作出［1998］黄刑初字第 331 号刑事判决。被告人金亮勇、宋海伟、徐斌、顾晓、周磊不服，向上海市第二中级人民法院提起上诉。

上海市第二中级人民法院经过审理后认为，本案被告人以非法牟利为目的，伪造"130 网"（即中国联合通信有限公司邮电网）的机会，伪造凭证出

---

〔1〕　参见尤小立："章士钊为陈独秀辩护"，载 http://paper. nandu. com/nis/201401/26/171947. html，访问日期：2015 年 1 月 20 日。

〔2〕　"上海市第二中级人民法院［1999］沪二中刑终字第 32 号"，载 http://www. hicourt. gov. cn/juanzong/cpwushow. asp? id＝338，访问日期：2015 年 2 月 23 日。

售给他人，或虚构内部优惠价的事实，骗取移动电话用户信任，用伪造的"130网"凭证为要求入"139网"（即上海市长途电信局邮电网）的移动电话用户办理转入"139网"的手续，向用户收取入网费，牟取非法利益，其行为具有诈骗性质。但是，被告人诈骗的对象究竟是移动电话用户还是"长信局"，被告人诈骗的数额应当按其非法所得计算还是按国家的损失计算，这两个问题是正确处理本案的关键。……"被告人的行为是从用户处骗得入网费，而不是直接从'长信局'（即上海市长途电信局）骗得入网费，更不是在取得'139网'的使用权后再转手卖给用户。被告人的非法所得来源于用户支付的费用，其非法所得数额也仅限于用户支付的费用，而与国家遭受的经济损失没有等量关系，国家的损失不等于被告人的非法所得。原审认定被告人骗取了应由国家收取的初装费和开户费并予以处分，以及以每台人民币2200元认定被告人骗取国家邮电部门少收的移动电话初装费和开户费均没有事实依据，本案应当以被告人参与从移动电话用户获取的非法所得作为认定诈骗数额的依据，并结合被告人的行为对国家造成的经济损失及各被告人的实际所得定罪量刑。原审判决按每台人民币2200元追缴犯罪所得，并发还'长信局'，使得本来应当由用户承担的向'长信局'缴费的义务因被告人向'长信局'全额退赔而被免除了，这种被告人犯罪受处罚，用户成为不当得利者的审判结果，显然违背了法律和逻辑，依法应予纠正。"

在本案中，终审法院上海市第二中级人民法院认定被告人的诈骗数额应以被告人从手机用户处获取的非法利润的数额为依据，从被告人为手机用户非法转网所导致的两个结果着手来分析用户与长信局的关系和用户与被告人的关系，揭示出"被告人通过虚构事实，使用户在受蒙骗的情况下委托被告人办理入网手续，导致长信局与用户建立使用'139网'的无效合同关系，并使用户把本来应当付给长信局的入网费付给了被告人，从而使长信局向用户交付了'139网'的使用权却没有收取应收的入网费，国家因此而遭受经济损失"，但"被告人的非法所得来源于用户支付的费用，其非法所得数额也仅限于用户支付的费用，与国家遭受的经济损失没有等量关系，国家的损失不等于被告人的非法所得"这个事实。因此，终审法院通过使用归谬法，指出"原审按每台人民币2200元追缴犯罪所得并发还长信局，使本来应当由用户承担的向长信局缴费的义务因被告人向长信局全额退赔而被免除，被告人犯罪受处罚，用户成为不当得利者"的逻辑错误。所以，最后，终审法院作出撤销原审法院上海市黄浦区人民法院〔1998〕黄刑初字第331号刑事判决第一至第十项，维持第十一项判决的决定。

3. 间接反驳法与归谬反驳法的区别

间接反驳法是运用一真另一必假的矛盾律，而归谬反驳法是运用假言推理否定后件式规则。如同为反驳论题"牛顿是汞中毒而死"，但论证过程存在差异：

间接反驳的反论题："牛顿并非汞中毒而死"为真。这是因为汞中毒的临床表现为四肢无力、手指颤抖、口腔发炎、牙齿脱落。据《科学的美国人》1981年第15期载：牛顿成年后到死的漫长岁月只脱落了一颗牙齿，而他生前书稿信件均无发现颤抖症状，也就是没有汞中毒反应。可见，牛顿并非汞中毒而死。

归谬反驳首先假设"牛顿汞中毒而死"论题为真，则牛顿生前会出现四肢无力、手指颤抖、口腔发炎、牙齿脱落等症状，但是据《科学的美国人》1981年第15期证明牛顿生前没有出现上述贡中毒症状。所以，"牛顿汞中毒而死"论题为假（牛顿并非汞中毒而死）。

（三）二难推理反驳法

二难推理反驳法就是在论辩时运用假言选言推理，提出两种相互对立的可能情况，从论敌的论题中引申出相互矛盾的结论，迫使论敌处于进退维谷、左右为难的困境，借以揭露谬误、驳倒论敌。

在司法史上，成功运用二难推理反驳法的最有名例子，当属林肯智破伪证的辩护经典案例[1]：1837年，林肯朋友的儿子阿姆斯特朗被人诬告谋财害命。控告人证人福尔逊一口咬定说在10月18日深夜11点目睹阿姆斯特朗开枪行凶。林肯获悉此事后，主动为被告辩护。在法庭上，证人福尔逊一讲完，林肯就指出："我不能不告诉大家，这个证人是个彻头彻尾的骗子。"林肯说："证人发誓说他于11月18日晚11点钟在月光下看清了被告阿姆斯特朗的脸，但那天晚上是上弦，11点钟月亮已经下山了，哪来的月光？退一步说，就算证人记不清时间，假定稍有提前，月亮还在西边，月光从西边照过来，被告如果脸朝大树，即向西，月光可以照到脸上，可是由于证人的位置在树的东面的草堆后，那他就根本看不到被告的脸；如果被告脸朝草堆，即

---

〔1〕　史诚："林肯法庭智破伪证"，载《环球时报》2004年12月13日。

向东，那么即使有月光，也只能照着他的后脑勺，证人怎么能看到月光照在被告脸上，而且能从二三十米的草堆处看清被告的脸呢？"在本案中，林肯两次运用了反驳法，以驳斥证人的伪证行为：第一次运用假言推理直接反驳证人：如果证人看清了被告的脸，那么当时应有月光；但天文学知识证明当晚10点57分月亮就已经落下，因此，证人看不清被告的脸。第二次运用二难推理反驳证人：（在假设当时有月光的情况下），如果被告的脸背向草堆，证人在大树东边的草堆后面，那么证人看不清被告的脸；如果被告的脸面向草堆，他的脸上照不到月光，那么证人也看不清被告的脸。无论被告的脸是面向草堆，还是背向草堆，总之，证人看不清被告阿姆斯特朗的脸。

还如"李芳与襄阳市中心医院无限期劳动合同案"[1]：2014年6月9日，湖北省襄阳市襄城区人民法院作出［2014］鄂襄城民一初字第00278号民事判决，驳回原告李芳关于其与襄阳市中心医院存在无限期劳动合同关系的诉讼请求。李芳不服，向襄阳市中级人民法院提起上诉。2014年12月4日，襄阳市中级人民法院作出终审判决，驳回上诉，维持原判。在本案中，终审法院襄阳市中级人民法院运用二难推理，有力地反驳了上诉人李芳在履行完于2010年9月1日订立的三年固定期限劳动合同后与被上诉人市中心医院存续劳动关系的诉讼请求的荒谬逻辑："本案争议焦点在于上诉人李芳在履行完于2010年9月1日订立的三年固定期限劳动合同后，被上诉人市中心医院能否终止劳动关系。由于上诉人李芳在其所在企业医院依照2005年当时企业医院的交归地方人民政府的改革措施，于2005年3月29日书面请求按政策给予'一次性安置费'，并于2005年8月4日签字领取53 334元经济补偿金，这一系列无争议的诉讼事实充分表明，上诉人李芳已经以明示方式终止了与用人单位襄樊铁路分局襄樊医院之间的劳动关系。双方对此无异议。故李芳上诉认为未终止劳动关系，一直持续与用人单位存在劳动关系的上诉理由缺乏事实依据和法律根据。2005年8月，上诉人李芳被襄樊市铁路中心医院聘为药工，建立事实劳动关系，并于2010年9月1日订立三年固定期限劳动合同……在被上诉人市中心医院承继襄樊市铁路中心医院的权利义务和法律责任后，根据医院的实际情况和医院的发展方向，在诉讼双方定期限劳动合同

---

[1] "湖北省襄阳市中级人民院［2014］鄂襄阳中民一终字第00243号"，载 http://www.court.gov.cn/zgcpwsw/hub/hbsxyszjrmfy/ms/201501/t20150109_6206471.htm，访问日期：2015年2月12日。

履行无争议的完全实际履行完毕后，于2013年9月24日书面通知上诉人李芳终止劳动关系，李芳于2013年10月15签收通知，并领取劳动合同终止经济补偿金及未续签劳动合同双倍工资15 383元，且终止劳动合同关系的通知已经于2013年10月22日在法定的劳动和社会保障机关襄阳市劳动人事和社会保障局备案存档，符合法定终止劳动关系的条件和程序，也体现了用人单位的用人自主权利，依法应认定诉讼双方协商一致终止劳动合同关系。且上诉人李芳在本案主张的与被上诉人市中心医院之间系无固定期限劳动合同关系的诉讼请求和理由，与其另案主张的与本案存在内在直接关联的判令被上诉人市中心医院支付自2009年1月1日至2013年8月31日止的双倍工资差额86 144.80元的诉讼请求和理由，由于被上诉人已经支付2009年1月1日至2013年8月31日止终止劳动关系的双倍工资差额，既与已经固定的诉讼事实和证据相矛盾，也与本案的诉讼请求理由相冲突。因为，上诉人李芳既主张诉讼双方劳动关系继续存续属于无固定期限劳动合同关系，又不请求确认定期劳动合同无效，诉讼请求程序上有法律瑕疵，又与诉讼双方协商一致终止劳动关系且实际领取了自2005年1月至2013年9月30日共计8年9个月的经济补偿金及未签劳动合同1个月工作差额15 383元的诉讼事实和民事行为明显不一致，导致上诉人李芳及其律师代理人既承认劳动关系仍然存续的事实，又同时否认诉讼双方已经协商一致书面终止劳动关系的事实，从而导致有关联的两案的诉求和诉因的二难推理的逻辑矛盾。综上，上诉人李芳的上诉请求及理由依法不能成立，本院不予采纳。"

## 第四节 法律论证的分类评价

### 一、法律论证的分类

前文已提到，德国法学家阿列克西曾将法律论证分为内部证成与外部证成，这是基于法律论证内容进行的一种分类。此外，他还存在另一种基于概念外延的法律论证分类："有完全不同的法律论辩。比如，我们可以区分为法学的（教义学）争论，法官的商谈，法庭的争议，立法机关（委员会和常委会）对法律问题的讨论，学生之间、律师之间，政府或企业的法律顾问之间的辩论，以及媒体有关法律问题所进行的带有法律论辩性质的争辩。"〔1〕也就是说，按照其行使主体和环节，法律论证可以分为法学论证、立法论证、司法论证和日常生活论证等。

实际上，按照法律运行的不同环节和过程，法律论证主要包括立法论证和司法论证等。近几年来，我国人大关于立法规划与年度立法计划的立项论证和关于法律草案的专家论证以及重大行政决策论证等都属于立法论证的范畴，如 2006 年 7 月 28 日，广州举行的《广东省食品安全条例（草案）》专家论证会〔2〕，又如 2013 年 8 月 14 日，广州举行的广东省人大常委会广东省第十二届人大常委会立法规划建议项目论证会〔3〕等。在司法领域，除了常规的诉讼程序中的法庭辩论和非诉讼活动中的法律咨询论证等之外，一些争议案件引入的专家论证意见书也属于司法论证的范畴。如 2004 年 7 月 29 日，中国政法大学疑难案件研究中心接受广东环球经纬律师事务所的委托，对黄培金等涉嫌妨害公务案进行专家法律论证，认为泉州市公路局的扣车行为缺乏法律依据、泉州市公路局的执法超越了泉州市交通局的委托权限范围；该专家意见最终没有被司法机关采纳，但产生了较大的社会影响〔4〕。不过，从法律实践来看，刑事审判中的专家论证意见书表现形式大致可以分为四种：一是受案件一方当事人或其家属委托出具的，这也是最为普遍、争议最大的；二是专家未受任何委托自发表达意见；三是受刑事案件控方即检察院委托出具的；四种是法院主动组织专家进行论证的。而真正具有法律效力的恐怕只有第四类由法院组织专家出具的专家法律论证意见书。

关于法律论证的分类，美国法学家沃尔顿还提出了基于形式逻辑和非形式逻辑（即辩证逻辑、实质逻辑）的三分法。在他看来，除了形式逻辑意义上的演绎论证与归纳论证两种类型之外，还存在第三种论证类型："即相对于案件中的证据来说，具有某种推定力或者似真性的论证类型。……在大多数

---

〔1〕 ［德］罗伯特·阿列克西：《法律论证理论——作为法律证立理论的一种理性论辩理论》，舒国滢译，中国法制出版社 2002 年版，第 262 页。

〔2〕 广东省食品药品监督管理局："《广东省食品安全条例（草案）》专家论证会在广州举行"，载 http://former. sfda. gov. cn/cmsweb/webportal/W354/A64012969. html，访问日期：2015 年 1 月 20 日。

〔3〕 "省人大常委会召开立法规划论证会 严把立法'入门关'"，载 http://www. rd. gd. cn/xwdt/201308/t20130814_ 135516. html，访问日期：2015 年 1 月 20 日。

〔4〕 该专家论证意见书参见 http://www. lawcase － center. com/caseView. asp? id ＝ 29，访问日期：2015 年 1 月 20 日。

情况下，它们都是可废止论证或非决定性论证。虽然在某些情况下它们被错误地使用，但是在法律语境下它们通常都是一个合理论证，作为证据承载了一定的证明力。"[1] 其实，正是沃尔顿发现了传统逻辑谬误所具有的辩证价值，这种建立在非形式谬误基础之上的新型法律论证类型又可称为"回溯论证"或者"假定论证"，这是"一种在暂定基础上支持结论的论证，但当新的相关证据进入案件时结论就应当被收回。有时它被叫作可废止的，意思是说在面临新的反对结论的证据时，它容易被击败"。[2] 他还详细列举分析了第三种法律论证类型的诸多表现形式，包括诉诸类比论证、诉诸既定规则论证、诉诸征兆论证和回溯论证、诉诸从位置到知道论证、诉诸言词分类论证、诉诸承诺论证、实践推理、诉诸人身攻击论证和滑坡论证等。

**二、法律论证与论辩**

论辩即辩论，是针对同一个确定的论题，持相反观点的各方进行证明和反驳的思维过程和方法。可以说，论辩是论证的特殊形式，是对证明（证实）与反驳（证伪）的综合运用，是立论者与驳论者围绕辩题通过选择合适论证方式来寻找与己有利的论据的特定思维过程和方法。论辩在法律实务中的运用主要涉及审讯辩论、法庭辩论和立法辩论等内容。

1. 立法辩论

立法辩论是实现开门立法、民主立法的重要机制。相对于立法机关征集公众意见、立法旁听与列席、立法听证、专家论证等，立法辩论程序的引进更能反映民意并达成共识。对于关乎公众重大利益而又存在激烈争议的社会问题的行政决策与公共立法，立法辩论功能优势明显。2008 年 9 月 10 日，深圳市人大常委会在《深圳经济特区无线电管理条例（草案）》听证会中率先引入辩论程序，律师和公司代表等就"能否率先为对讲机增设免费公共频率"和"手机信号放大器随便卖该不该管"等议题展开激烈辩论[3]。立法辩论

---

〔1〕 ［美］道格拉斯·沃尔顿：《法律论证与证据》，梁庆寅等译，中国政法大学出版社 2010 年版，第 35 页。

〔2〕 ［美］道格拉斯·沃尔顿：《法律论证与证据》，梁庆寅等译，中国政法大学出版社 2010 年版，第 68 页。

〔3〕 "深圳举行无线电管理立法听证会"，载 http://www.gdei.gov.cn/zwgk/dsdt/200912/t20091223_92466.html，访问日期：2015 年 1 月 20 日。

在欧美各国属于普遍的立法关键程序，它源于英国的议会辩论制度，是人民主权的价值体现，它有助于立法者充分听取和吸纳民意，并有效地防止立法恣意和部门利益与地方利益膨胀，是制约和管控我国某些地方和领域存在的"拍脑袋"立法决策的有效机制。

2. 审讯辩论

审讯辩论主要适用于刑事诉讼领域，既涉及公共安全人员（包括警察、国家安全人员等）和检察官等司法工作者依法追查和证实作案人的犯罪事实的活动，也涉及犯罪嫌疑人和刑事被告证明自己无罪或为己方罪轻进行自我辩解。一般而言，审讯者以问为主，多采用证实方法；而犯罪嫌疑人或刑事被告以答为主，多采用证伪方法。

3. 法庭辩论

法庭辩论是诉讼各方当事人就争议的某一个或几个问题提出自己主张、相互进行辩驳的论辩方法。其中，刑事辩论程序包括：公诉人（自诉人）发言；受害人补充发言；被告人陈述与辩解；被告的辩护人辩护；控辩双方辩论。民事辩论与行政辩论程序大体都涉及：原告及其代理人发言；被告及其代理人发言；诉讼双方当事人辩论，如果存在诉讼第三人则参与到原告或被告的相应环节；原告、被告和第三人最后陈述等。

### 三、法律论证的评价

在古希腊时期，亚里士多德就系统提出了论证评价的三种标准：分析标准，即逻辑标准，见《分析前篇》和《分析后篇》；论辩标准，见《辩谬篇》；修辞标准，见《修辞学》。后来的一些法学家提出了相应的法律论证评价理论，如荷兰普拉肯提出过逻辑的、对话的、程序的、策略的四层次观，德国诺伊曼（Neumann）区分了逻辑分析方法、论题学—修辞学方法以及涉及对话（协商）理论的方法，荷兰伊芙琳·T. 菲特丽丝关于逻辑学方法、修辞学方法和对话方法的区分等。

（一）论证评价的逻辑标准：一个法律论证是好的，当且仅当，它在逻辑上是有效的

逻辑标准是最为历史悠久的法律论证评价标准，它主要针对传统形式逻辑的有效性标准而言的。菲特丽丝认为："从逻辑的角度看，某一法律证立之可接受性的一个必要条件是：支持该证立的论述必须是逻辑有效的论述；另

一个条件是，支持某一证立的理由依据法律标准是可以接受的。只有当某一论述在逻辑上有效时，才能从法律规则和事实（前提）当中得出裁决（结论）。"[1] 按照此类评价标准，逻辑形式有效性的作用被当作法律论证的合理性标准，而逻辑语言被用来重构各种法律论述。关于法律论证的逻辑有效性验证，阿列克西提出了系列公理性命题规则：欲证立法律判断，必须至少引入一个普遍性的规范；法律判断必须至少从一个普遍性的规范命题连同其他命题逻辑地推导出来；需要尽可能多地开展逻辑推导步骤，以使某些表达达到无人再争论的程度，即它们完全切合有正义的案件；应尽最大可能陈述逻辑的展开步骤等。[2] 从传统形式逻辑的角度来看，法律论证的逻辑有效性意味着我们必须遵循同一律、矛盾律、排中律和充足理由律等逻辑规律的基本规则要求。

（1）同一律意味着在同一思维过程中，每一思想必须与其自身是同一的。它的基本规则要求包括：一是在同一思维过程中，每个思想都必须是确定的；二是在同一思维过程中，每个思想应当前后保持一致。在法律论证中，我们必须注意到：首先，法律规范本身必须具有确定性和同一性，即法律规范本身须有可明确的法律内涵和可界定的调整对象，立法工作者须准确把握立法意图，保持法律术语、法律概念和法律原则的确定性和同一性；在法律适用领域，适用者自觉维护法律的权威，解释和援引法律规范必须前后一致。其次，在司法诉讼领域，对案件事实的认定须清楚、确定而不含糊；在法庭调查和辩论环节，案件当事人及其代理人、公诉人之间应针对同一诉讼主题和内容进行，而不是你说你的、我说我的，偏离主题或肆意歪曲主题的做法都不可取。最后，就法律适用者特别是法官来说，对同一案件的事实认定、规范选择和作出裁判之间保持高度统一，裁判书、仲裁书、调解书、公证书、合同书、司法鉴定等司法文书，应针对同一案件的事实和规范进行合乎逻辑的推理论证，而不能捏造事实或恶意曲解与滥用规范。

（2）矛盾律意味着在同一思维过程中，两个互相否定的思想不能同真。矛盾律又名不矛盾律。它的基本规则要求包括：第一，在同一思维过程中，

---

[1]〔荷〕伊芙琳·T. 菲特丽丝：《法律论证原理——司法裁决之证立理论概览》，张其山、焦宝乾、夏贞鹏译，商务印书馆2005年版，第11页。

[2]〔德〕罗伯特·阿列克西：《法律论证理论——作为法律证立理论的一种理性论辩理论》，舒国滢译，中国法制出版社2002年版，第276~282页。

不能用两个相互否定的概念指称同一对象；第二，在同一思维过程中，不能用互相矛盾或互相反对的两个命题陈述同一对象，或者说，对互相矛盾或互相反对的两个命题，不能同时肯定，而必须否定一个命题。无矛盾性也是正确思维和论证的必要条件。矛盾律要求在同一思维过程中的思想必须前后一贯，避免自相矛盾。但是下列情况下并不适用矛盾律：一是在不同的时间或从不同的方面对同一对象作出两种相反的论断，即在不同的思维过程中处于相互否定的思想并存，这并不违反矛盾律。如"他是个穷光蛋"，多年后，"他是个大富翁"。又如"他是个中国公民"，移居美国后，"他不是中国公民"。二是形式逻辑意义上的矛盾律不同于哲学意义上的辩证矛盾律，因为后者真实反映了对象的现实矛盾性与对立统一状况，如哲学命题"物质是运动的又是静止的"、"真理是绝对的又是相对的"、"思维有至上性又有非至上性"等，并不违反形式逻辑的矛盾律。在法律论证中，我们遵循矛盾律，有助于保证首尾一致，避免前后矛盾。具体而言，运用矛盾律，能够揭示案情材料或法律论辩中的自相矛盾；发现或防止定罪量刑中的自相矛盾；揭露犯罪分子自相矛盾的狡辩。

（3）排中律意味着在同一思维过程中，两个互相矛盾的思想不可同假。它的基本规则要求包括：第一，在同一思维过程中，不能同时否定反映同一对象的两个矛盾关系的概念；第二，在同一思维过程中，不能同时否定两个矛盾关系的命题。此外，根据排中律的实质，在同一思维过程中，不能同时否定两个具有不同假关系的命题。但是，排中律也存在排除范围：第一，具有矛盾关系形式的两个性质命题（直言命题）的主项共同反映的那类（个）对象事实上并不存在时，如按照排中律要求推出必有一真，则毫无实际意义。如"火神星（实际上不存在）是最小的行星"，又说"火神星不是最小的行星"。第二，排中律要求两个同假的矛盾命题不能同时被否定，但是当这两个命题所反映的对象不确定，或者除了这两种情况外还存在第三种情况时，不适用排中律。此外，处于反对关系的两个命题也不适用排中律。如侦查员在分析某凶杀案情时尚不能最终确定张某为该案凶手，于是，可以说这样的话：张某不是凶手，但也不能确定张某不是凶手。第三，复杂用语不适用于排中律。所谓复杂用语就是指隐含着某种为对方所不具有或不能接受的预设问语，它既不能简单地予以肯定也不能简单地予以否定，否则一旦作出"是"或"不是"的选择，就意味着主动承认复杂问语中隐含的预设事实。对待复杂问语，可以采取回避或沉默的态度，也可以通过寻找其隐含的预设前提并加以否定来解决。复杂问语是欲擒故纵、请君入瓮的好办法，它也体现出一种智慧。在法律论证中，排中律要求我们务必排除两不可的态度，以保持思想的确定性。具体而言，运用排中律，首先可以规范立法工作中法律术语使用时的模棱两可问题，使法律规范更为明确具体；也可以揭露、制止被讯问人的模棱两可的行为；也有助于发现和避免司法中的模糊裁定；还可防止在审讯工作中滥用复杂问语搞诱供。

（4）充足理由律是指在论证过程中要确定一个论断是真的，就须有充足的理由，即在论证过程中，一个思想被确定为真，总有其充足理由。它的基本规则要求包括：第一，理由必须是真实的。在法律论证中，既要做到所运用的法律必须恰当，又要做到证据真实。第二，理由必须是充分的，从证据能必然推出论题。在法律论证中，我们必须遵循充足理由律，有助于加强法律论辩的论证性和说服力，也有助于全面把握案件的前因后果联系，尽可能作出完善的法律决定。

（二）论证评价的论辩标准：一个法律论证是好的，当且仅当，当事人通过理性的协商讨论解决法律争议

法律论证的论辩标准也就是理性的法律对话标准，它本质上是一套方便当事人协商讨论的程序规则标准。"在此程序中，法律主张根据理性商谈的特定规则获得支持。在这种称作对话的方法中，法律论述被看成是一场关于某种法律观点可接受性对话的组成部分。"[1]在具体的法律争议中，利益对立的双方当事人不可能一开始就共同的商谈论辩规则能够达成一致，因此这需要法律体系为理性的商谈讨论提供一种制度化的规则体系和论辩出发点。至于各方当事人能否遵循商谈规则还取决于法官的裁判职责担当，法官的仲裁者角色也很重要。

关于法律论证的论辩标准内容，菲特丽丝提出了论证式论辩的语用——辩证理论之理想模型，并为此归纳总结出十条"理性论辩者行为准则"[2]。具体包括：①讨论各方不得阻碍对方提出论点或对论点提出质疑；②提出论

〔1〕〔荷〕伊芙琳·T. 菲特丽丝：《法律论证原理——司法裁决之证立理论概览》，张其山、焦宝乾、夏贞鹏译，商务印书馆2005年版，第16页。
〔2〕〔荷〕伊芙琳·T. 菲特丽丝：《法律论证原理——司法裁决之证立理论概览》，张其山、焦宝乾、夏贞鹏译，商务印书馆2005年版，第171~172页。

点的一方有义务在对方提出要求的情况下，对其论点予以辩护；③攻击某个论点必须与对方实际上已经提出的论点相关；④一方只有提出与论点相关的论证，才能对其观点进行辩护；⑤一方不得错误地将未予表达的前提归予对方，或者对自己留存的模糊前提推卸责任；⑥一方不得错误地提出某个前提作为可接受的出发点，也不得否定作为可接受的起点的某个前提；⑦如果辩护不是借由被正确适用的适当的论证方案进行，某一论点就不能被视为得到了终局性辩护；⑧论辩中，一方只可采用逻辑有效或者通过阐明一个或多个未表达的前提便可使之有效的论述；⑨对某一论点未能成功辩护必然导致提出该论点的一方收回论点，同时，另一方对其论点的最终辩护，也必然导致对方收回他对该论点的质疑；⑩一方不得使用不够明确的或者模棱两可的表达方式，并且要尽量仔细、准确地解释对方的表达方式。这些行为准则本质上就是承认当事人各方提出论点和质疑论点的权利，以及通过论证为本方的法律观点进行辩护的权利和义务，主张某种根据共同的起点和评论方法成功得到辩护的观点的权利，以及认同某种依此方式得到辩护的观点的义务。

此外，基于批判性讨论的说服辩论也有助于我们识别和排除诉诸情感、诉诸武力、诉诸权威、诉诸无知等各种非形式谬误论证，并最终维护本方的法律观点和立场。而法律论辩的目的是希望通过理性的协商讨论尽可能地消除彼此间的意见分歧，并最终达成某种程度上的法律谅解和利益共识。因此，当事人和社会公众对论辩程序规则的知情和参与又是极端重要的。当事人可以通过采取多种逻辑的或非逻辑的论辩方法达到论辩目的。如采取苏格拉底方法表明给定假定与其他公认观点之间存在矛盾，进而促使提出假说一方撤回其观点，或者否认所主张的论题或反论题中的某些命题，然后转移到第三个命题。

（三）论证评价的修辞标准：一个法律论证是好的，当且仅当，它对于目标听众来说是可接受的

修辞标准是法律论证的语用学标准，它是用来衡量法律论证的实际功效的。"作为对逻辑方法及其强调法律论证形式方面的回应，修辞方法注重论述的内容以及可接受性之语境的依赖程度。依此方法，对于所面对的听众而言，论证的可接受性取决于论证的有效性。"[1] 这里的"听众"，主要是指作为

---

〔1〕〔荷〕伊芙琳·T. 菲特丽丝：《法律论证原理——司法裁决之证立理论概览》，张其山、焦宝乾、夏贞鹏译，商务印书馆 2005 年版，第 13 页。

法律论辩评判主体的法律职业者，如法庭庭审中的法官、交通听证现场的交警、刑事审判中的陪审员以及法学刊物的主要消费者法学教授等。这里的"可接受性"并非指演绎逻辑的非真即假，而是更具有似真性，掺杂了法律的和社会的综合标准。

亚里士多德将修辞术当作人的一种艺术和技能来对待，提出了逻辑、情感和伦理三种修辞证明，识别了辩论、协商和夸奖三种修辞类型。佩雷尔曼和奥尔布莱希特－蒂特卡认为论证功效与听众有关，并区分了特定听众和普通听众。论证结果即使符合逻辑标准和论辩标准，听众也并非一定会接受。听众可以接受的是作为法律职业共同体认同的一般观点，如在大陆法系国家的制定法优先判定规则，包括新法优先于旧法、上位法优先于下位法和特别法优先于一般法等效力处理规则，又如普通法国家的遵循先例和公平、良心、正义等衡平规则。有中国学者具体探讨了法律论证评价的四大具体修辞标准："以理服人"、"以辞服人"、"以情感人"和"以德/势服人"[1]。在他看来，"以理服人"侧重于运用理性的逻辑推理的方式来使听众信服，这体现在亚里士多德所提出的"logos"这种修辞要素，即当修辞者运用"logos"说服听众时，一般要使用演绎三段论或归纳三段论。而在修辞式推论中，论辩者往往需要前文论及的"论题"（Topoi）来获得论据，维护自己的立场。"以辞服人"即突出直接运用的言辞手法来说服人，具体说来，这包括了诸如比喻、重复、详略、妙语等，可以让人直接从字面上深切感受到身临其境效果的言辞手法。"以情感人"是指通过口头的或书面的言语表达技巧，触动听众内心的情感，使其接受修辞者所要传达的意图或观点，这种修辞方法尤其适用于口头方式的论辩中，并具有多种灵活的表达方式与技巧，如音节、音调、姿态等细微的环节都会影响到修辞的效果。"以德/势服人"注重修辞者本人的人格威望和道德修养这种"情"与"理"以外的因素在说服中的运用。

---

〔1〕　焦宝乾："法律中的修辞论证方法"，载《浙江社会科学》2009 年第 1 期。

第七章

# 形式的法律谬误

　　在逻辑学中，谬误有一种常见的分类，即它可分为形式谬误和非形式谬误。但是法律谬误不是一般的逻辑谬误，它甚至可被视为是一种特殊的法律论证类型。它既不代表演绎有效（前提真结论必真）的论证类型，也不代表归纳上强（前提均真结论可能真）的论证类型，而是一种可废止的非单调的似真论证类型，它存在前提为真结论似乎为真的逻辑特性。正如美国法学家沃尔顿指出的："当这些论证运用在法律领域时，显然不都是谬误。在大多数情况下，它们都是可废止论证或非决定性论证。虽然在某些情况下它们被错误地使用，但是在法律语境下它们通常都是一个合理论证，作为证据承载了一定的证明力。"〔1〕实际上，作为逻辑错误或诡辩形式的法律谬误，不但为司法诉讼过程中的自诉方或公诉方提供了非常有力的证明工具，而且也为主持审判工作的法律裁判者提供了质疑和认定双方当事人纠纷事由特别有效的证伪手段。现在，我们先从谬误的概念入手，再分别研究作为特殊法律论证类型存在的形式谬误与非形式谬误。

第一节　概述

## 一、谬误界定

　　谬误即错误，它与真理概念相对应。中国古代文献早有"谬误"一词记

---

　　〔1〕　［美］道格拉斯·沃尔顿：《法律论证与证据》，梁庆寅等译，中国政法大学出版社 2010 年版，第 35 页。

载。如汉朝王充的《论衡·答佞》曰："聪明有蔽塞。推行有谬误，今以是者为贤，非者为佞，殆不得之之实乎？"又如北宋沈括的成名作《梦溪笔谈》还设有"谬误"专题讨论。清朝蒲松龄《聊斋志异·青梅》也曾写道："妾自谓能相天下士，必无谬悮。"而在拉丁文中，谬误即 fallacza，意指"欺骗"、"阴谋"等。作为日常语言，谬误一词泛指一切错误或不切实际的人类认识状况。日常语言的谬误并不等同于逻辑学上的谬误范畴，这是因为在逻辑学上，谬误不仅针对错误，也针对正确，谬误就是针对在逻辑上错误但是人们误以为正确的人类认识状况。有学者指出，关于谬误的学术定义虽然各不相同，但是大家认同一个基本思想：谬误通常被定义为逻辑有缺陷的但可能误导人们它是逻辑上正确的论证。[1]

实际上，逻辑意义上的谬误一词至少包含三层含义：它是一种推理或论证；这种推理或论证在逻辑上是有缺陷的；这种推理或论证会误导人们认为其逻辑上是正确的。而在法律实务的层面，谬误一词则是指称法律推理或论证过程中的一切逻辑错误，它具体涉及推导前提的不真实性、推导形式的不合规则性、推导前提（论题）与结论的不相关性和推导结论的不充足性等逻辑缺陷症状。事实上，谬误一词作为惯用语常出现在律师辩护状或法院裁决书中，用来指称待决案件处理存在的事实认知错误或法律适用错误，法律适用者通过反驳对方推导过程存在的各种逻辑问题以达到支持和强化本方法律观点的目的。笔者以三个案例说明之：

案例一："潘甲、潘乙等与某甲县妇幼保健所、某乙县人民医院医疗损害责任纠纷案"二审民事判决书[2]：上诉人潘甲、潘乙、余某某，上诉人某甲县妇幼保健所，上诉人某乙县人民医院因医疗损害责任纠纷一案，不服云和县人民法院民事判决，向浙江丽水市中级人民院提起上诉。本案中双方争议的焦点是被告医疗行为是否存在过错以及是否承担民事赔偿责任问题。2013年 10 月 17 日，浙江丽水市中级人民院作出驳回上诉、维持原判的终审判决，即医方诊疗行为未见违规，但是医方因对患方沟通告知不足而存在医疗过错，应返还患者部分医疗费用。作为上诉方的某乙县人民医院辩称："上诉人潘甲

---

〔1〕 熊明辉："基于论证评价的谬误分类"，载《河南社会科学》2013 年第 5 期。
〔2〕 "浙江省丽水市人民法院［2013］浙丽民终字第 251 号"，载 http://www.zjlscourt.com/lishui/swgk/cpws2/ms/2013–11–29/37871.html，访问日期：2014 年 12 月 23 日。

在出生后先后到丽水市中心医院和浙江省儿童保健院治疗，这两家上级医院对其住院初期没有怀疑和检查巨细胞病毒，直至一段时间后才确诊巨细胞病毒性肝炎，这说明，考虑某种病因和查出某种疾病需要临床表现和一定的住院观察过程，因此，上诉人以答辩人未尽到诊断和治疗义务，主张答辩人承担责任实属谬误。"

案例二："王娟与欧伟军债权纠纷二审民事裁定书"〔1〕：上诉人王娟与被上诉人欧伟军物权纠纷一案，不服韶关市浈江区人民法院民事裁定，向广东省韶关市中级人民法院提起上诉。2013 年 3 月 1 日，韶关市中级人民法院审理终结后裁定，撤销一审法院民事裁定，指令其重审。本案的争议焦点：当事人之间的土地使用权争议是否应先由人民政府处理。法院认为，此类纠纷应由政府处理，法院无权审查。但是，广东省韶关市中级人民法院〔2013〕韶中法民一终字 198 号民事判决指出："虽然王娟据以提起诉讼的国有土地使用权证是合法有效的，但该证记载的土地四至不明（连发证机关自身亦持此观点），王娟在向法院提起诉讼时没有提交任何证据证明欧伟军 2006 年所建临时生活用房及猪舍所附设的土地与其国有土地使用权证所记载的土地属同一地块，在此情形下，原审法院以《中华人民共和国土地管理法》第 16 条的规定作为本案定案的法律依据，并由此作出驳回王娟起诉的裁定在适用法律上存在谬误，说理欠妥。"

案例三："辽宁省铁岭市中级人民法院驳回申诉通知书"〔2〕："吴晓峰、郑钊、王云辉：你们因受贿罪一案，对辽宁省西丰县人民法院〔2007〕西刑初字第 19 号刑事判决和本院〔2007〕铁刑二终字第 80 号刑事裁定不服，以其原审认定事实和适用法律错误、原审的主要依据《房屋估价鉴定书》和《司法会计》鉴定报告存在谬误，违背客观事实，均应改判无罪为理由，向本院提出申诉。本院经审查，原判事实清楚，证据确凿充分，法律适用正确，量刑适当。……本院认为，你们对该案的申诉理由不能成立……原判决应予以维持。2014 年 10 月 9 日。"

〔1〕 "广东省韶关市中级人民法院〔2013〕韶中法民一终字 198 号"，载 http://www.court.gov.cn/zgcpwsw/gd/gdssgszjrmfy/ms/201404/t20140422_844817.htm，访问日期：2015 年 1 月 21 日。
〔2〕 "辽宁省铁岭市中级人民法院〔2014〕铁立刑监字第 00007 号"，载 http://www.court.gov.cn/zgcpwsw/ln/lnstlszjrmfy/xs/201410/t20141027_3642559.htm，访问日期：2015 年 1 月 21 日。

## 二、谬误与诡辩

诡辩是因故意违反逻辑规则或规律而出现的逻辑错误，它是有意识地为某种谬误所做的推理或论证。因此，诡辩是谬误的一种特殊表现，但并非所有谬误都是诡辩。一般而言，谬误是人们不自觉地违反逻辑规律和逻辑规则而产生的逻辑错误，而诡辩则是人们为达到某一目的而采取的一种欺骗性手法，进行似是而非的论证，总在有意识地违反逻辑规律和逻辑规则要求。

不过，诡辩不单纯是一种语言游戏，却有着极其重要的论辩研究价值。德国哲学家黑格尔认为："诡辩这个字是个坏字眼。……诡辩这个词通常意味着以任意的方式，凭借虚假的根据，或者将一个真的道理否定了，弄得动摇了，或者将一个虚假的道理弄得非常动听，好像真的一样。我们要把这个坏的意义抛在一边，把它忘掉。相反地，我们现在要进一步从它的积极方面，严格地说，即是从科学的方面，来考察智者们在希腊究竟占据什么地位。"[1]他进一步指出："如果把智者的诡辩了解为只有坏人才会犯的一种品质，在这个意义之下，它是很恶劣的。但是辩术的意义比这要普遍的多；一切从根据出发的抽象推理——对某些特殊观点加以验证，提出一些正面理由和反面理由来辩难——都是辩术。也有一些智者们的话语是无可非议的，柏拉图的对话中就有这种例子……因此辩术并不如人所想象的那样距离我们很远。现今有教养的人们讨论问题时，可以讨论得很好，可是这种讨论与苏格拉底和柏拉图所称为辩术的方法并无不同之处，虽然他们自己也和智者们一样采取这种立场。"[2]

的确，诡辩并不是完全的胡说八道，古希腊"智者派"和中国战国时期公孙龙和惠施代表的"名辩"学派等都研究诡辩术。从认识论的角度看，诡辩术揭示了人类语言形式与语言意义的分离以及语词的多义和歧义问题，从而为我们提供了对一个思想对象从不同方面、不同的意义作多元判断和评价的可能性。实际上，无论在东西方的古代思想史上，诡辩术所导致的相对主义和怀疑论都打破了独断论，打破了对于信仰和信念的盲从。正是在这个意

---

〔1〕〔德〕黑格尔：《哲学史讲演录》（第2卷），贺麟、王太庆译，商务印书馆1960年版，第7页。

〔2〕〔德〕黑格尔：《哲学史讲演录》（第2卷），贺麟、王太庆译，商务印书馆1960年版，第20～21页。

义上，诡辩术不但可以训练人的批判性思维，而且具有文化启蒙的意义。据《公孙龙子·白马论》记载："疾名实之散乱，因资材之所长，为'守白'之论。假物取譬，以'守白'辩，谓白马为非马也。白马为非马者，言白所以名色，言马所以名形也；色非形，形非色也。夫言色则形不当与，言形则色不宜从，今合以为物，非也。""白马非马论"反映出中国古代思想史上有名的"名实之辩"，即关于抽象（名，即概念范畴）与具体（实，即反映对象）之间关系的辩论。白马非马论意味着"实"与"名"的区分与割裂，但没有看到"实"与"名"的辩证关联。在公元前 5 世纪，古希腊智者芝诺发表了阿基里斯和乌龟赛跑的悖论：他提出让乌龟在阿基里斯前面 1000 米处开始，并且假定阿基里斯的速度是乌龟的 10 倍。当比赛开始后，若阿基里斯跑了 1000 米，设所用的时间为 t，此时乌龟便领先他 100 米；当阿基里斯跑完下一个 100 米时，他所用的时间为 t/10，乌龟仍然前于他 10 米。当阿基里斯跑完下一个 10 米时，他所用的时间为 t/100，乌龟仍然前于他 1 米……芝诺认为，阿基里斯能够继续逼近乌龟，但绝不可能追上它。实际上，芝诺的阿基里斯和乌龟赛跑悖论，反映出质变与量变、间断性与连续性的矛盾和背离关系，却没有反映出量变到质变的飞跃过程，事物运动的间断性不是绝对的，连续性也是事物运动的基本属性。悖论形式上没有违反矛盾律，是对矛盾律的有意运用，但它不符合辩证逻辑的对立统一规律，即处于矛盾关系的对立双方可以共存。

在法律实践中，律师（当事人代理人）和法官也常常运用"诡辩"一词作为惯用语来通过反驳对方支撑本方的论辩观点。如"海上皇宫"违法行政纠纷诉讼案代理词[1]：2003 年，深圳时尚集团董事长郭奎章开始在深圳龙岗南澳东山湾建造"海上皇宫"；2010 年 1 月，广东省海洋与渔业局通过全面调查认定"海上皇宫"构筑物非法占用海域，决定对其行政处罚；2010 年 5 月 13 日，"海上皇宫"开始拆解；2011 年 2 月 21 日被拆解成两部分的"海上皇宫"获养殖证，经营休闲渔业；2011 年 3 月 4 日"海上皇宫"养殖证被收回；2011 年 4 月 8 日，"海上皇宫"再次被强制拆除，由此引发一起行政诉讼官司。广东知明律师事务所的汪腾锋律师担任"海上皇宫"的辩护律师，认为该行政强拆不合法。他首先指出："县级以上地方人民政府渔业行政主管

---

〔1〕 汪腾锋："'海上皇宫'违法行政纠纷诉讼案代理词"，载《中国律师》2011 年第 8 期。

部门是负责发放养殖许可证件的法定权威机关，且养殖许可证件一经取得就当然拥有合法使用相关指定海（水）域养殖的权力，无任何法律规定还要另行取得单独的'海域使用权凭证'为前置条件。故此，本案中原告取得'养殖登记证'后在指定海域养殖（垂钓）完全合法。龙岗区经济发展促进局所谓原告未合法取得海域使用权的诡辩之辞纯属违法无理。并且，近三十年来龙岗区渔政部门实际监督管理辖区内海域养殖业只发放养殖登记证却并无以取得海域使用证为前置条件的事实本身就是最有力的佐证，与其诡辩也自相矛盾，不攻自破！"又如在谢×懋聚众斗殴案初审判决书〔1〕中，海南省临高县人民法院指出："被告人谢×懋目无国法，积极参与王×宾和刘×良等人聚众打架斗殴，其行为构成聚众斗殴罪。公诉机关指控罪名成立。被告人谢×懋辩解没有参加斗殴，纯属诡辩，本院不予采纳。在本案共同犯罪中被告仅是积极参加者，起次要作用，可从轻处罚。……判决如下：被告人谢×懋犯聚众斗殴罪，判处有期徒刑一年零两个月。"

### 三、谬误分类

在逻辑的层面上，任何推理或论证的有效性不外乎前提（论据）与结论（论题）之间的有效逻辑关系，这不仅取决于前提（论据）的真实性，也取决于前提（论据）对结论（论题）的支持程度（必然的还是或然的）。在逻辑学上，形式谬误与非形式谬误是关于谬误概念的最常见分类，它主要根据结论是必真还是似真，即结论是唯一的还是多元的所进行的分类。

（一）形式谬误

如果前提（论据）是真实确定的，但是从前提（论据）到结论（论题）之间的推理或论证活动违反了推理形式规则或规律，那么此类逻辑错误一般称之为形式谬误。形式谬误主要是违反了演绎推理或论证规则出现的逻辑错误，即没有遵循直接推理（论证）的逻辑对当关系原理或者由于违背三段论规则所形成的谬误。另外，由于三段论存在直言三段论、选言三段论、假言三段论等诸多分类，因此，我们还可以分别从不同的三段论形式中研究形式谬误问题。本章所研究的形式谬误主要包括逻辑方阵上的谬误、定言三段论

---

〔1〕 "海南省临高县人民法院〔2014〕临刑初字第25号"，载 http://www.court.gov.cn/zgcpwsw/hain/hnsdezjrmfy/lgxrmfy/xs/201403/t20140319_ 558535.htm，访问日期：2015年1月21日。

的谬误、选言三段论的谬误和假言三段论的谬误等类别。

（二）非形式谬误

如果逻辑错误产生的原因，是由于前提（论据）的真实性所致，或者有关推理或论证活动没有违背形式的逻辑规则而是由于语言、宗教、政治、伦理等非逻辑的原因所致，那么此类谬误一般称之为非形式谬误。非形式谬误除了因违反归纳推理（论证）规则与类比推理（论证）规则等出现的逻辑错误外，还包括既非违反演绎规则也非违反归纳规则的似真类谬误，也就是被美国法学家沃尔顿称之为第三种论证类型的回溯论证或假定论证。

# 第二节 逻辑方阵上的谬误

源于逻辑方阵的逻辑谬误一般出现于直接推理或直接论证过程中，它的出现主要是因为违反了若干同类命题之间存在的对当真值逻辑关系（一般称之为逻辑方阵）。悖论是此类谬误的特殊形式。

## 一、形式谬误与逻辑方阵

在直接的逻辑推理或论证过程中，逻辑的形式有效性源于前提（论据）与结论（论题）之间更为直接的逻辑关系，即两类同素材（主项与谓项相同）命题之间的逻辑对应关系，特别是逻辑对当关系。如直言命题（性质命题）AEIO 之间存在的矛盾关系、反对关系、下反对关系和差等关系，规范命题必须 P、必须非 P、允许 P 和允许非 P 之间也存在此类对当关系。

基于同类命题之间的对当关系形成的逻辑方阵而进行的直接推理或论证，是根据前一个命题的真或假推出后一命题必然为真或假：如处于反对关系的命题不能同时为真，即可由一命题为真推出另一命题为假；处于下反对关系的命题不能同时为假，即可由一命题为假推出另一命题为真；处于矛盾关系的命题不能同时为假也不能为真，可由一命题为假推出另一命题为真，也可由一命题为真推出另一命题为假；处于差等关系的命题之间，由全称（必须）命题真则推出特称（允许）命题真，由特称（允许）命题假推出全称（必须）命题假。

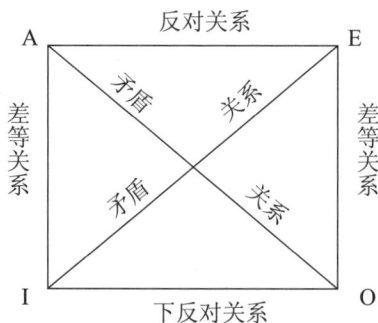

图 7 - 1　直言命题逻辑方阵

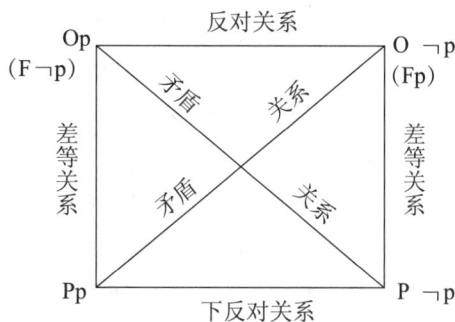

图 7 - 2　规范命题逻辑方阵

因此，根据上述逻辑方阵所体现的同素材命题之间的逻辑关系，我们从两命题之间的或然性关系不能推出必然为真或假的结论，否则构成逻辑谬误。如因处于反对关系的命题不能同时为真，即不可由一命题为真推出另一命题为真，也不可由一个命题为假推出另一个命题为假。因处于下反对关系的命题不能同时为假，即既不可由一命题为假推出另一命题为假，也不可由一个命题为真推出另一个命题为真。而处于矛盾关系的命题之间则既不能同真也不能同假；处于差等关系的命题之间，全称（必须）命题假则推出特称（允许）命题假，由特称（允许）命题真推出全称（必须）命题真。笔者下面以两个案例具体分析基于命题逻辑方阵产生的形式谬误问题：

案例一，"有些议员是狗娘养的"〔1〕：1874 年，马克·吐温与人合写了小说《镀金时代》，揭露西部官商勾结的惊人黑幕，社会反响强烈。有位记者

─────────────

〔1〕 ［美］马克·吐温：《百万英镑》，文楚安、高含菊译，漓江出版社 2008 年版，序言。

就小说的真实性表示怀疑，马克·吐温愤怒地回答："美国国会中有些议员是狗娘养的。"结果引起轩然大波，国会议员还以 100∶0 票的投票方式要求马克·吐温公开道歉，否则将诉之以诽谤罪。马克·吐温随后发表声明："日前我在酒席上发言，说有些国会议员是'狗娘养的'，事后有人向我兴师问罪，我考虑再三，觉得此言甚是不妥，故特登报声明，把我的话修改如下：美国国会中有些议员不是狗娘养的，幸祈鉴谅。"在本案中，马克·吐温充分利用了直言命题的下反对关系，因为根据直言命题的下反对关系，一命题为真，则另一命题可真可假，二者之间不存在必然性的唯一逻辑真值。为此，他既达到了继续讽刺美国国会某些议员丑恶行径的目的，也一定程度上实现了所谓道歉的目的而不致被逼上司法诉讼途径。实际上，马克·吐温的推论是一种违反下反对关系、而将本属于下反对关系的两个命题视为矛盾关系而产生的形式谬误。他的推论涉及两个命题：命题（1）"美国国会中有些议员是狗娘养的（SIP）"；命题（2）"美国国会中有些议员不是狗娘养的（SOP）"。他的道歉逻辑是：命题（2）真，则命题（1）必假，即 SOP→SIP。

案例二："赫全来诉曲延章、原审被告倪淑凤民间借贷纠纷"二审民事判决书[1]：2014 年 12 月 8 日～17 日，沈阳市中级人民法院开庭审理了赫全来上诉曲延章、原审被告倪淑凤民间借贷纠纷案，最终驳回上诉，维持沈阳市和平区人民法院的原审判决，即赫全来、倪淑凤共同偿还曲延章之债 516 000 元及相关利息。沈阳市中级人民法院认为，本案的焦点之一是赫全来与曲延章之间是否存在 516 000 元的民间借贷法律关系："本案中赫全来认可与曲延章发生过借贷关系，但主张借款的数额不是 516 000 元。现曲延章提供了赫全来出具的两张借条，已证明了双方借贷合意及借款数额和约定的利息。依据法律规定赫全来则对否认该事实的存在负有举证义务。现赫全来未能提供任何证据证明其主张，且承认发生过 216 000 元的借款，否认 300 000 元的借款数额，并又自愿按 300 000 元的借条中载明的本金和利息履行还款义务，其陈述自相矛盾，故本院对赫全来的上诉主张无法采信。"在本案中，沈阳市中级人民法院指出了上诉人诉求事实中存在的两个处于反对关系的证据类命题，即命题（1）"上诉人否认 300 000 元的借款数额"（SEP）；命题（2）"上诉人

---

[1]　"沈阳市中级人民法院［2014］沈中民四终字第 452 号"，载 http://www.court.gov.cn/zgcp-wsw/ln/lnssyszjrmfy/ms/201412/t20141226_5592470.htm，访问日期：2015 年 1 月 21 日。

自愿按 300 000 元借条中载明的本金和利息履行还款义务"，也即"上诉人肯定 300 000 元的借款数额"（SAP），这两个命题不能同时为真，否则就是谬误，违反了形式逻辑的矛盾律，因此法院决定对赫全来的上诉主张不予采信。上诉人的上诉逻辑是：命题（1）真，则命题（2）必真。即 SEP→SAP。上诉人的上诉逻辑属于自相矛盾的形式谬误。

### 二、逻辑方阵上的悖论

悖论是一种特殊的逻辑矛盾，它是一种诡辩，是论者有意识地利用了这样一种自相矛盾的命题形式：由肯定它真可推出它假，由肯定它假也可推出它真。这可用公式予以表示：一个命题 A，A 蕴涵非 A，非 A 蕴涵 A，A 与否定自身的非 A 等值，即 A，A $\longleftrightarrow$ ¬A。"自相矛盾"亦即人们常说的"出尔反尔"、"前言不搭后语"、"自己打自己的嘴巴"。司法工作常见的自相矛盾错误主要表现为：其一，使用互相矛盾的两个概念指称同一事物；其二，使用矛盾关系的两个命题反映同一事物情况，并主要表现为对一事物情况既全部肯定又部分否定，或者全部否定又部分肯定；其三，使用反对关系的两个命题反映同一事物情况，并主要表现为对不能同真、可能同假的两个命题，都予以肯定。

如辩护律师关于"祁国庆贩毒案"的辩护词[1]："纵观全案，被告人祁国庆自始至终不承认他参与贩毒或知道本次贩毒活动。如果本辩护人理解正确的话，检察机关据以指控祁国庆贩毒的唯一证据是本案第 7 被告左彩琴几次不稳定的口供。左的口供称 1990 年前后，祁国庆在与她姘居期间，共给她 30 万元人民币。1992 年她下云南贩毒时，带有祁的 10 万元及她自己的 4 万元。经征得祁同意后，她将祁的 9.3 万元交给毒贩何尚福。因此，祁国庆构成贩毒罪。但是，左彩琴的这一口供极不稳定，又被她别的口供所否定。在案卷材料中，左彩琴共作了 13 次交代，其中 5 次口供中有以上的交代，而且交代中有时说她当时给祁国庆说清入股是贩毒，有时又供述说是入股做牛皮生意。而在另外 8 次交代中则没有以上供述，相反却明确告诉侦审人员：贩毒的钱全部是她自己的。……在被告人左彩琴以上的供述中，既明确承认了用来贩毒的 14 万元全部是她自己的钱，又讲明了该款的来源，还承认了以

---

〔1〕 田荔枝：《名律师论辩词》，山东友谊出版社 1997 年版，第 322～324 页。

前诬陷祁国庆的事实，等于否定了祁国庆参与贩毒和投资贩毒。"我们可以从中发现，针对涉案人左彩琴的口供，本案辩护人的辩护通过遵循矛盾律揭示出左彩琴口供的自相矛盾。在本案中，左彩琴共作了 13 次交代，其中 5 次口供中说她当时给祁国庆说清入股是贩毒，也就是说祁有参与贩毒（A）；有时又供述说是入股做牛皮生意，也就是说祁没有参与贩毒（¬A）；而在另外 8 次交代中告诉侦审人员：贩毒的钱全部是她自己的，这也说明祁并未参与贩毒(¬A)。左彩琴的口供实际上包含了两个完全相反的命题（A 与 ¬A），这显然是违反了逻辑方阵中命题间矛盾关系的直接推论规则，即相互矛盾的命题不能同时为真也不能同时为假，必须有所断定。

悖论虽然是一种诡辩，但它不是单纯的逻辑语言游戏。实际上，关于它的探讨推动了类型论、公理集合论的创立和数学与语义学的发展。英国数学家弗兰克·拉姆齐将悖论分为逻辑悖论（如罗素悖论）和语义悖论（如说谎者悖论、理查德悖论）：①说谎者悖论：公元前 6 世纪，克利特人艾皮米尼地斯（Epimenides）说："所有克利特人都说谎，他们中间的一个诗人这么说。"人们会问：艾皮米尼地斯有没有说谎？这个悖论可简化为："我在说谎。"如果他在说谎，那么"我在说谎"就是一个谎言，因此他说的是实话，但是如果这是实话，他又在说谎。矛盾不可避免地永久存在。②理查德悖论：它算不上一个真正意义上的悖论，可表达为"一切可以用有穷个字定义的实数悖论"。具体而言，它表述为"不能用少于 17 个字定义的最小整数"，但该句话却使用了 16 个汉字定义了这个"整数"。③罗素悖论包括两类：一是集合论悖论：所有集合可分为两类，第一类集合以其自身为元素，第二类集合不以自身为元素。现假定 R 是第二类集合所组成的集合。那么，R 究竟属于哪一类集合呢？如果 R 是第一类的，R 是自己的元素，但由定义，R 只由第二类集合组成，于是 R 又是第二类集合；如果 R 是第二类集合，那么，由 R 的定义，R 必须是 R 的元素，从而 R 又是第一类集合。二是理发师悖论：某理发师发誓"要给所有不自己理发的人理发，不给所有自己理发的人理发"，现在的问题是"谁为该理发师理发"？首先，若理发师给自己理发，那他就是一个给"自己理发的人"，依其誓言"他不给自己理发"；其次，若"他不给自己理发"，依其誓言，他就必须"给自己理发"。解决逻辑悖论可采用罗素的类型论解决方案，即采用类型区分类有类的元素，假设存在不同的等级：个体 –0 类型；个体的集合 –1 类型；个体集合的集合 –2 类型，……在这样的类型划分中，谈论 $Xn \in Xn$ 是不恰当的（$Xn$ 表示 $X$ 是 $n$ 类型的变元）。而针对语义悖论则可用语言层次理论，即认为语言是分层次的，某一层次的语言不能在同一层次自身中讨论其表达式的真假，而唯有放在更高的语言层次讨论其真假。

在法律实践中，悖论也不时地出现于判决书中，如"李佰利诉湖南长大投资置业有限公司商品房销售合同纠纷案"[1]：原告李佰利诉称，原被告双方签署了《长沙市商品房买卖合同》，由原告购买被告投资开发的位于天心区商品房 1 套。根据合约，被告应于 2011 年 1 月 31 日前将商品房交付给原告，并在 2012 年 7 月 29 日前办妥房屋所有权证，逾期办理房屋所有权证的，被告应按日向原告支付违约金 100 元。截至 2013 年 7 月 17 日被告才办理完房屋所有权证。被告应按约向原告支付延期办理房屋所有权证违约金 35 300 元。被告湖南长大投资置业有限公司辩称，原告违约在先，没有按照合同约定在 2011 年 1 月 31 日前交付其买受房屋的维护基金，为此而延迟交房和办证的所有责任由原告承担。长沙市天心区人民法院于 2014 年 10 月 23 日审理终结。关于原告是否延迟交存物业维修基金，法院查明后认为："关于原告应当交存物业维修基金的时间，原告主张为实际办理交房手续前，而被告主张为依约应当办理交房手续前，即被告应当交房的 2011 年 1 月 31 日。本院认为，因合同明确赋予被告在原告交存物业维修基金前拒绝交房的权利，如采纳原告意见，则会形成只要被告在原告拒绝交存物业维修基金之前交房，原告就不会违约的悖论。故合同第十七条，原告应当在'办理收房手续前'应当交存物业维修基金的约定，应当理解为合同约定的应当办理收房手续的时间之前。但本院亦不认可被告主张的 2011 年 1 月 31 日，因为合同第十条的交付期限的约定是针对出卖人即被告的义务性规定，而根据第十一条，买受人即原告应当在被告的书面通知送达之日起 30 天内对房屋进行验收并与出卖人办理交接手续。故原告应当办理收房手续的时间为受到原告书面通知 30 日内，原告应当在此之前交付物业维修基金。因原、被告双方已在房屋交接确认书中共同确认原告已于 2011 年 1 月 31 日前收到被告发出的交房通知书，故原告应当于

---

[1] "湖南省长沙市天心区人民法院［2014］天民初字第 779 号"，载 http://www.court.gov.cn/zgcpwsw/hun/hnszsszjrmfy/zsstxqrmfy/ms/201411/t20141122_4277203.htm，访问日期：2015 年 1 月 21 日。

2011 年 3 月 2 日前交存物业维修基金。本案中，原告未于 2011 年 3 月 2 日前交存物业维修基金，已构成违约。"最后，法院判原告败诉，驳回其全部诉讼请求。在本案中，法院指出了原告诉求中明显存在的逻辑悖论：一方面，按照房屋买卖合同约定，原告未按期交存物业维修基金，已构成合同先期履行违约；另一方面，被告因原告未先期履行交存物业维修基金而拒绝交房，又构成对原告交房义务的违约，原告反而不构成违约了。被告按期交房与原告按期交存物业维修基金本来不矛盾，原告按期交存物业维修基金在先，被告按期交房在后。

## 第三节　定言三段论的谬误

不管是直言三段论、规范三段论，还是选言三段论、假言三段论，都必须遵循着共同的三段论基本规则（规律），否则构成各种形式谬误。直言三段论又名性质三段论、定言三段论，是最为简单、最为典型的三段论，由于三个命题形式都是对对象的性质予以断定而不附加条件限制，因此它相对于选言三段论和假言三段论而言是定言三段论。定言三段论包括五条基本规则，其中前三条涉及三段论的变项，第一条和第二条涉及中项问题，第三条涉及大项与小项问题，而后两条涉及三段论的常项，其中第四条涉及质的常项和第五条涉及量的常项。这些基本规则可列举如下：

第一条：一个三段论有且只有三个不同的项，否则构成四项谬误；

第二条：中项在两个前提中至少周延一次，否则构成中项不周延谬误；

第三条：前提中不周延的项在结论中也不得周延，否则构成大项不当周延谬误或者小项不当周延谬误；

第四条：从两个否定的前提得不出必然的结论；如果一个前提是否定的，那么结论也是否定的；如果结论是否定的，那么必有一个前提是否定的，否则构成否定前提的谬误；

第五条：两个特称前提得不出必然的结论；如果两个前提有一特称命题，则结论必为特称命题，否则构成特称前提的谬误。

可以毫不夸张地说，作为典型的演绎推论形式的三段论，是法律实务中应用最为广泛和最为普遍的推理形式或论证类型，这在以制定法为主要法律渊源的大陆法系国家和地区更是如此。正如梁慧星先生指出的："这个从大前提、小前提得出推论的公式，是形式逻辑的三段论公式，也正好是法官裁判案件的逻辑公式，这是该公式的重要性。"〔1〕这个裁判的逻辑公式具有极重要的意义，不但法官靠这个逻辑公式去说服当事人、说服社会，而且法官也是靠这个逻辑公式去说服上级法院，因此，"一个判决是否正确、妥当，就看它是否符合这个逻辑公式"。〔2〕

　　如在"菏泽市第二建筑工程公司与晁月起不当得利纠纷案"〔3〕中，原审法院经审理查明：1998 年 6 月 28 日，原告二建公司和曹县纬达置业有限公司签订了一份曹县东方红大街旧城改造一期工程的建设施工合同。合同签订后，原告将工程（土建）交由被告晁月起实施施工。在被告施工期间，涉案工程的收入、支出均由原告代管。后原告经菏泽君利隆联合会计事务所审计，发现多支付被告工程款 380 334.87 元。该审计报告主要依据原告的账务账册和2004 年 3 月 23 日由晁月起、二建公司时任经理范相臣、财务科长李贵祥签字的结算整合条……被告对整合条有异议，只认可土建部分定案价 8 659 687.33元和另扣甲方代扣水费 4005 元，对整合条的其他内容被告不认可。在诉讼过程中被告对审计报告提出异议，申请重新鉴定。原审法院认为：本案争议焦点是原告二建公司要求被告晁月起返还多支付的工程款 380 334.87 元及利息有无事实和法律依据。原告认为，菏君会审字［2011］第 1280 号专项审查报告及补充报告审查结论明确具体，直接证实了被告欠原告 380 334.87 元。原告主张依据原告的财务账和"结算整合条"，从江天核字［2012］728 号审计报告推导出被告欠原告 380 334.87 元的事实。原告主张"结算整合条"证明了被告直接从开发商领取了工程款 2 155 239 元。被告对原告提交的菏君会审字［2011］第 1280 号专项审查报告及补充报告和 2004 年 3 月 23 日原被告双方签字的结算整合条均有异议，对江天核字［2012］728 号审计报告真实性无异议，但对原告的证明目的有异议。"原告菏君会审字［2011］第 1280 号专项审查报告及补充报告系原告诉前单方委托，且该审计报告依据的结算整合条被告不予认可，该审计报告程序和实体方面均存在重大瑕疵，不能作为

〔1〕　梁慧星：《裁判的方法》，法律出版社 2003 年版，第 5 页。
〔2〕　梁慧星：《裁判的方法》，法律出版社 2003 年版，第 7 页。
〔3〕　"山东省菏泽市中级人民法院［2014］菏民一终字第 566 号"，载 http://www.court.gov.cn/zgcpwsw/sd/sdshzszjrmfy/ms/201411/t20141128_ 4378339.htm，访问日期：2015 年 1 月 21 日。

有效证据；江天核字［2012］728 号审计报告依据原告的财务记录对原被告双方无争议的款项进行了罗列汇总，对双方争议较大的结算整合条和其他有争议的款项提请法院裁决。该报告没有给出具体的审计结论，况且原告依据结算整合条推导出的结论违反了逻辑推理三段论的基本规则，因此该审计报告不能证实被告欠原告工程款 380 334.87 元。"对于结算整合条双方争议的工程款 2 155 239 元，原告缺乏合法的原始凭据，对此应负举证责任。"将举证责任分配给二建公司，一是作为工程的承包方（建筑公司）应当建立有完整的附有合法凭证的账务账目，作为涉案工程的承包方二建公司和发包方也应当存有工程（土建）预算单、（土建）决算单及（土建）对账结算单，对此应负举证责任；二是晁月起不认可其从开发商处领取工程款 2 155 239 元，而二建公司也未举出晁月起从开发商处领取了上述款项的其他证据予以佐证，故对 2 155 239 元，二建公司单方，且在没有合法的下账凭证的情况下予以扣减没有依据，这直接涉及晁月起在涉案工程中共收到的工程款数额，而江天审计报告明确规避了上述争议款项，结算整合条和其他有争议的款项而提请法院裁决，因此原告主张结算整合条中'余 2 155 239 元为一工区直接从甲方支款'的事实，因而证据不足，不予认定。"该案原审法院菏泽市曹县人民法院最终判决驳回原告二建公司诉讼请求，二审法院菏泽市中级人民法院也驳回二建公司上诉，维持原判。原审法院认为原告二建公司"依据结算整合条推导出的结论违反了逻辑推理三段论的基本规则"。就是说原告提供的证据不足以证实被告应返还款项的事实，因此其作为其三段论的小前提的真实性不确定，更不能依据三段论推导的基本规则请求被告履行其主张的还款义务。

## 一、四项谬误

三段论只能包含三个词项，即大项、中项和小项，它们都必须重复出现一次。其中，中项虽然不出现在结论中却非常重要，因为它既是大前提和小前提建立逻辑联系的中介和桥梁，也是前提最终可以支持结论的必要逻辑条件。四项谬误即四词谬误，属于三段论的中项失效情形之一，它可能使用了同一个术语，实际上却表现为两个概念，使之在推理的两个前提中没有被重复使用。由此，构成三段论的三个命题实际上出现了四个变项，因此此类逻辑谬误又称之为四概念错误。可以说，此类三段论正是欠缺中项的失效三段论。下面列举二案例予以说明：

案例一，"中山特立电器诉国家知识产权局案"[1]：原告中山市特立电器有限公司（简称特立公司）不服被告国家知识产权局专利复审委员会（简称专利复审委员会）2005 年 11 月 19 日作出的第 8490 号无效宣告请求审查决定（简称第 8490 号决定），并在法定期限内向北京市第一中级人民法院提起行政诉讼。原告特立公司称："1. 第 8490 号决定书认定事实存在明显的逻辑错误。第 8490 号决定书认定本专利是成套产品，包含两个推理：一个是由'没有独立使用价值的产品'，推理出是'有独立使用价值并且在习惯上是同时出售的产品'，另一个是'有独立的使用价值并且在习惯上同时出售的产品'推出是'成套产品'。将上述两个推理补充之后明显发现，第一个推理错误是中项在两个肯定判断中均不周延；第二个犯了逻辑推理中四概念错误。2. 认定本专利为成套产品明显与专利法及其实施细则和《审查指南》的相关规定相背离，属认定事实错误。本专利不具备认定为成套产品的前提条件：本专利组成部分的主机、部件 1 ~ 4 不符合成套产品中'同一类别'的要求，本专利不符合成套产品中各产品的设计构思相同，并且习惯上是同时出售、同时使用的要求，相关认定结论属被告主观臆断，本专利也不具备成套产品中各部分能分别获得授权的条件。3. 将三件产品的使用状态参考图作为无效宣告中是否近似或相同的比对对象无事实及法律依据。"综上，被告认定事实错误，适用法律不当，请求人民法院撤销第 8490 号决定并判决本专利全部无效。

但是北京市第一中级人民法院审理后认为："一、关于本专利被认定为'成套产品'是否存在认定事实明显错误，违反相关规定。鉴于第 8490 号决定的决定作出日为 2005 年 11 月 19 日，在《审查指南（2006）》实施日之前，因而应当适用《审查指南（2001）》的相关规定作为本案审理的依据，不应以《审查指南（2006）》中新增的有关'组件产品'的定义及规定来要求被告作出决定时的行为，承担其在过去不能合理预期到的责任。成套产品是由两件以上各自独立的产品组成，其中每一件产品有独立的特性和使用价值，而各件产品组合在一起又能体现出其组合使用的价值。成套产品的产品组成中并不排斥包含组合产品的情况，此时每一个组合产品视为构成成套产品的

---

〔1〕 "北京市第一中级人民法院［2007］一中行初字第 81 号"，载 http://www. law‐lib. com/cpws/cpws_ view. asp? id = 200401150612，访问日期：2015 年 2 月 23 日。

一个独立的产品单元。本专利涉及的多功能榨汁机，包括主机、部件 1 ~ 4，虽然其中每一个单独的构成部分没有独立的使用价值，但是将其按照一定的组装关系（主机与部件 1 和 2 组合、主机与部件 3 组合、主机与部件 4 组合）组合后即可形成三件各自具有独立特性和使用价值的产品，而该三件组合产品组合在一起又能体现出其组合使用的价值。本专利的特殊性在于：部件 1 ~ 4 需要分别与主机组配后才可构成三件具有独立使用价值的产品，由于部件 1 ~ 4 可共用同一个主机，因此，按照生活习惯和常理，在一台榨汁机中只需配备一个主机而无必要配备三个相同的主机，该三件产品符合同时出售或者使用、各产品的设计构思相同的要求，因此，被告将其认定为'成套产品'未与相关法律法规的规定相背离，并无不当。原告诉称的'本专利不具备认定为成套产品的前提条件'缺乏事实及法律依据，本院不予支持。"2007 年 9 月 13 日，北京市第一中级人民法院作出初审判决：维持被告国家知识产权局专利复审委员会作出的第 8490 号无效宣告请求审查决定。

案例二："温州市龙湾区房地产开发有限公司、乐清市新东房地产开发有限公司与乐清市柳市镇东村村民委员会合资、合作开发房地产合同纠纷案"[1]：2004 年 3 月 23 日，温州市龙湾区房地产开发有限公司与温州市财团有限责任公司作为合同乙方，与作为合同甲方的乐清市柳市镇东村村民委员会，就乐清市柳市镇东村旧城改造和新区开发的工程建设项目签订了一份柳市镇东村旧城改建合作协议书。同日，双方还签订了一份补充协议，载明"用地指标已经批准"等内容。协议签订后，2004 年 3 月 26 日，龙湾区房地产开发有限公司向乐清市柳市镇东村村民委员会交付了 800 万保证金，存入双方指定的工商银行账户，并约定未经双方同意，不得挪用该保证金。同年 7 月 2 日，龙湾区房地产开发有限公司与他人出资组建新东房地产开发有限公司。同年 7 月 7 日，新东房地产开发有限公司与乐清市柳市镇东村村民委员会按原协议相同内容，又签订柳市镇东村旧城改建合作协议书和柳市镇东村旧城改造 A - 3 号地块开发建设补充协议各一份。此后，因柳市镇东村改造项目涉及基本农田的土地功能调整问题，柳市镇东村村民委员会至今未能按约办理建设用地审批手续，导致双方约定的建设项目未能动工实施。原告温州

---

[1] "浙江省温州市中级人民法院 [2009] 浙温民终字第 1558 号"，载 http://www.court.gov.cn/zgcp-wsw/zj/zjswzszjrmfy/ms/201405/t20140506_ 993352. htm，访问日期：2015 年 1 月 21 日。

市龙湾区房地产开发有限公司、乐清市新东房地产开发有限公司要求被告乐清市柳市镇东村村民委员会返还 800 万保证金及相关银行利息。原审法院乐清市人民法院判决乐清市柳市镇东村村民委员会履行保证金还款义务，被告不服，向温州市中级人民法院提起上诉称："原判认定事实错误，遗漏了认定违约方的关键事实。1. 原判推断的大前提是对的，即由上诉人编制，且旧村改造项目的用地归属于上诉人，但此前提并不能得出土地功能调整及建设用地审批手续应当由上诉人负责办理的结论。此三段论缺少必需的中项，即无合同条款依据也无法律规定支持，违背了以事实为依据的法律原则。2. 事实上，编制旧村改造规划与审批工作，与项目用地审批工作是性质截然不同的两码事。程序有先后，办理也分属不同的部门。……旧村改造规划与审批工作不是项目用地的审批工作，两项工作并行不悖。原判将二者混为一谈，是事实不清，事理不明。"二审法院温州市中级人民法院审理后认为：根据双方的合作协议，上诉人负责旧村改造编制与规划工作，被上诉人负责有关项目的建设规划审批、方案设计工作，但对项目用地审批工作约定不明。由于农田功能调整，有关建设合作协议实际上已履行不能，但不能因此认为被上诉人违约所致。最终，二审法院判决驳回上诉，维持原判。可见，在本案中，上诉人关于原判中项欠缺的上诉辩称，本身也不成立。

## 二、中项不周延谬误

在三段论中，大项和小项是通过中项（即中词）发生媒介作用的。如果中项在两个前提中都不周延，就意味着大项与中项的部分外延重合，而小项与中项的另一部分外延重合，大项与小项可能就无法发生有效的关联。而三段论其实就是利用了小项与大项可能包含的相容关系，这种相容关系只有经由中项（指称全部对象）才能获得证成。所谓词项的周延性就是指对命题的主项或谓项的外延（即作为词项的概念所反映的事物对象范围）的断定情况。在一个命题中，如果断定了该词项的全部外延，我们就说该词项是周延的；如果没有断定该词项的全部外延，我们就说该词项是不周延的。

如在"美国史宾塞诉德州案"中，华伦院长发表的不同意见书称[1]：

---

〔1〕 Spencer v. Texas 385 U. S. 554, pp. 569～560, 1967. 另参见 [美] 鲁格罗·亚狄瑟：《法律的逻辑——法官写给法律人的逻辑指引》，唐欣伟译，法律出版社 2007 年版，第 173～174 页。

"有些时候，前科的证据之证据价值多过于其不利的影响，法庭因此作出裁定，认为前科的证据不必然有不利的后果，因而不需要一律禁止采用。该前提与累犯规定的有效目的相结合，产生以下逻辑：既然前科证据可以在审判过程中被采用，而且累犯规定的目的是有效的，在审判过程中，便可以提出前科证明，让陪审团来评估被告是否在累犯规定下要加重刑责，如果被证明有罪的话。我相信这个三段论虽然表面上看起来是合理的，但实际上，法庭的前提并不能合起来证成其延伸的结论。我相信法庭犯了逻辑错误，有时称作是中项不周延规则的谬误，因为它没有去检验理论上共通的原则，亦即前科证据是否与本案的罪行有关，或是否适用于累犯规定。在上述两种情况下采用的前科证据，可能是有效的目的，但是用以前的行为证成后来的行为，就像是说，因为人类和狗都是动物，所以人类和狗在每个方面都相同。"

又如在"美国卢卡斯太空有限公司诉协和产业案"[1]中：卢卡斯主张："诉讼必须裁定 SL1001 激磁机模型适用于'实质之非侵权使用'（substantial noninfringing use），因为有相当多的 PW100 引擎配备的 SL1001 型号，在美国已经不贩售或使用。"换句话说，卢卡斯企图用以下三段论规避 §271（c）的规定：不在美国制造、使用或贩售的激磁机并非侵权。卢卡斯有相当多的激磁机型号不在美国制造、使用或贩售。因此，所有的卢卡斯激磁机，不论是否不在美国使用，皆非侵权使用。此论证落入中词不周延的逻辑谬误。就逻辑而言，某些 SL1001 激磁机不违法，是因为它们在美国以外的地方制造、使用或贩售，但这不表示所有的 SL1001 激磁机的制造，不论是在哪里生产、使用与贩售，都是非侵权的。也就是说，不能因为鱼不会飞，而企鹅不会飞，所以企鹅就是鱼。

### 三、大小项不当周延谬误

按照三段论规则，前提中不周延的项在结论中也不得周延，换言之，结论中周延的项在前提中也必须周延。如果作为大前提的大项不周延，在结论中（作为谓项）却周延了，就是大项（大词）不当周延的谬误。如果作为小

---

[1] Lucas Aerospace, Ltd. V. Unison Industries, L. P. 899 F. Supp. 1269, 1287, D. Del. 1995. 另参见[美]鲁格罗·亚狄瑟：《法律的逻辑——法官写给法律人的逻辑指引》，唐欣伟译，法律出版社 2007 年版，第 177 页。

前提的小项不周延，在结论中（作为主项）却周延了，就是小项（小词）不当周延的谬误。

如"美国贝克诉阿莫科石油公司案"的判决书[1]指出："阿莫科公司的'操作理性'论证，在原告提出申请后，预设接受了原告贝克的有利于己的事实主张，法庭并没有接受，不过法庭同意阿莫科公司的结论，认为只要依法给予贝克终止或不续约的预先通知，就已经表达阿莫科公司有其他的目的，进而不妨碍其行使在法令下所享有的权利。如果贝克在本案争点主张阿莫科公司的终止或不续约只是托词，那么只要阿莫科公司能够证明它提出的通知的法律效力，这个论点是无法成立的。贝克的论证想要指出通知的瑕疵，因为阿莫科公司没有详列所有终止或不续约的理由，但是这个论点无法在判例法或法条的基础下成立，经销授权人并不需要详述终止或不续约的每一个理由。与命题恰恰相反，目前法院的判决似乎只要求经销授权人在合乎'石油法案'的规定下，合法终止经销权即可。贝克在这点上的推理，犯了'大词不周延'的逻辑错误。在这种谬误里，结论里的一个词适用于一个类的所有成员，而它在前提里却仅限于该类的部分成员。这里的大项（阿莫科公司必须详列所有终止或不续约的理由）告诉我们阿莫科公司必须依法处理。贝克的论证却主张过头了。他认为，因为通知里没有列举，所列举的理由就有瑕疵。这种结论假设了所有理由都是相关的，但是在大词里并没有看到列举所要求的周延。"

### 四、否定前提与特称前提谬误

否定前提谬误，又称互斥前提谬误，即三段论的两个前提都是否定命题，却得出必然的结论。按照三段论的形式规则要求，前提与结论必须存在逻辑关联，才有可能得出必然性结论。两个前提都是否定命题意味着存在两个差异性的断定或不一致，由于前提之间缺乏关联度，无法得出必然性的推理结论。在司法实务中，两个前提否定意味着作出司法决定的事实认定与法律援引都存在错误，这样的法律推理或论证自然无效，否则很可能出现强词夺理

---

　　[1]　Baker v. Amoco Oil Co. 761 F. Supp. 1386, pp. 1391～1392, E. D. Wisc. 1991. 另参见［美］鲁格罗·亚狄瑟：《法律的逻辑——法官写给法律人的逻辑指引》，唐欣伟译，法律出版社2007年版，第180～181页。

的恶果。在法律辩论中，如果辩论双方互斥前提，其结果是双方不能形成交集，而可能出现所谓"公说公有理，婆说婆有理"的各自为政局面。

特称前提谬误，即大前提与小前提都是特称命题，却能够得出必然性的结论。这个结论可以是一个全称命题，也可以是一个特称命题。如有的法官是法学本科生，有些法官是法学研究生，那么能否得出"有些法学本科生是法学研究生"或"所有法学本科生是法学研究生"的结论呢？显然是错误的。但是如果前提中的词项之间缺乏包容性，那么意味着前提对结论的支持度将会是或然的，唯有必然性才符合演绎推理（论证）的真值逻辑特性。而从特称到特称的推理过程是类比推理，从特称到全称的推理过程则是归纳推理。在法律实践中，如果从两个特称形式的前提不管是得出特称的结论还是得出一般性结论，都是论证不充分的表现，这明显违背形式逻辑的充足理由律。不过，特称前提的谬误不同于否定前提的谬误，因为前者推论的前提与结论之间尚存在某种程度的逻辑关联，而后者的前提与结论之间则存在毫不相干的逻辑关系。如在"美国公会委员会诉密歇根州长案"中，欧康诺大法官发表了不同意见书[1]："法庭将'只根据先前的事实来决定法案的有效性'，多数意见主张，在决定法条是否合宪时，吾人必须检视该法条的要件，而不是像学校校长排课的方式。多数意见申述，'雷斯那诉联邦共同会社公司案'的案例也支持这个立场。最高法院将毫无疑问地对雷斯那案的诠释有兴趣。近来，该法院摘述这个案例如下：'一个有效的法规，不能因为执行者的不当执行而被认为是不合宪。''雷斯那案'、'科比案。'显而易见地，对法规是否被认为违宪的问题，雷斯那案不能告诉我们什么。多数人犯了一种典型的逻辑错误：否定前提的谬误。"

## 第四节　选言三段论的谬误

有效的选言三段论，除了要遵循直言三段论规则，还要注意选言命题的逻辑性及其推理规则。在选言三段论里，其中一个前提（大前提）为选言命

---

〔1〕 Council of Organnizations v. Governor of Michigan 548 N. W. 2d 909, Mich App. 1996. 另参见〔美〕鲁格罗·亚狄瑟：《法律的逻辑——法官写给法律人的逻辑指引》，唐欣伟译，法律出版社 2007 年版，第185页。

题，而另一个前提（小前提）及结论都为直言命题（性质命题），它们否定或肯定选言命题的某一部分（选言肢）。而根据联结词（即选言条件）的不同，选言命题可分为相容选言命题和不相容选言命题：前者采用"或者"的联结词，各选言肢之间为反对关系；后者采用"要么"的联结词，各选言肢之间为矛盾关系。由此，我们可以把选言三段论分为相容选言三段论和不相容选言三段论。

## 一、相容选言三段论

相容选言三段论即大前提为相容的选言命题，小前提和结论都为直言命题所构成的三段论。由于相容的选言命题意味着各选言肢之间为反对关系，可以同时为真但不能同时为假，因此包含它的三段论只有一类有效式，即否定肯定式，即大前提为相容的选言命题、小前提为否定的直言命题和结论为肯定的直言命题所构成的三段论，可表示为：

$$A \text{ 是 } p \text{ 或者 } q,$$
$$A \text{ 不是 } p,$$

所以，A 是 q。

也就是说，如果采用肯定否定式，那么包含前提为相容的选言命题的三段论必定无效，否则就会犯非排他性谬误，这是因为相容选言命题的选言肢不是排他性的，可以同时为真。如在关于张××田××的离婚判决书[1]中，原告张××诉称：张××、田××于2005年9月19日登记结婚，婚后生一子田××（2006年5月28日出生），因婚前了解不足，没有建立感情基础，婚后常为家庭琐事争吵，田××经常在原告没有任何过错的情况下使用家庭暴力对其进行殴打，身体多处受伤，造成原告精神和肉体伤害。现夫妻感情已经破裂，已无继续生活可能。故诉至辽阳市太子河区人民法院要求与田××离婚。辽宁省辽阳市太子河区人民法院："经审理查明，原告张××与被告田××于2005年9月19日登记结婚，婚生一子田××，曾用名田××（2006

---

〔1〕　"辽宁省辽阳市太子河区人民法院［2013］辽阳太民一初字第185号"，载 http://www.court.gov. cn/zgcpwsw/ln/lnslyszjrmfy/lystzhqrmfy/ms/201404/t20140401_ 669306. htm，访问日期：2015 年 2 月 25 日。

年5月28日出生)。婚初双方感情尚可，后因家庭生活琐事发生争吵，被告对原告进行殴打，致使原告不能谅解被告，并于2012年3月7日起分居至今，原告坚持要求离婚。……本院认为，夫妻关系应以感情为基础，原、被告因家庭生活琐事争吵，致原告被打，原告坚持要求与被告离婚，已无和好可能，应予准许。……《中华人民共和国婚姻法》第三十二条一款、二款（二）项、第三十六条、第三十七条一款、第三十八条、第四十六条一款（三）项、《最高人民法院关于人民法院审理离婚案件处理子女抚养问题的若干具体意见》第七条、第八条、第十一条的规定，判决如下：一、原告张××与被告田××离婚……"在本案判决书中，辽阳市太子河区人民法院使用了否定肯定式的相容选言三段论推论：现行《婚姻法》第32条规定："有下列情形之一，调解无效的，应准予离婚：（一）重婚或有配偶者与他人同居的；（二）实施家庭暴力或虐待、遗弃家庭成员的；（三）有赌博、吸毒等恶习屡教不改的；（四）因感情不和分居满二年的；（五）其他导致夫妻感情破裂的情形。"法院认定原告张××与被告田××的离婚诉讼情形不符合《婚姻法》第32条规定的第（一）、（三）、（四）和（五）情形。所以，法院认定原、被告的离婚情形属于《婚姻法》第32条规定的第（二）项情形，因此准予原告张××与被告田××离婚。

## 二、不相容选言三段论

不相容选言三段论即大前提为不相容的选言命题，小前提和结论都为直言命题所构成的三段论。由于不相容的选言命题意味着各选言肢之间为矛盾关系，不可同时为真也不可同时为假，因此包含它的三段论存在两类有效式，即肯定否定式和否定肯定式，即大前提为不相容的选言命题、小前提为否定的直言命题和结论为肯定的直言命题所构成的三段论。

（1）肯定否定式不相容选言三段论：

$$A 要么是 p，要么是 q，$$
$$A 是 p，$$

$$所以，A 不是 p。$$

（2）否定肯定式不相容选言三段论：

$$A 要么是 p，要么是 q，$$
$$A 不是 p，$$

$$所以，A 是 q。$$

也就是说，在不相容的选言三段论中，如果作为大前提的选言命题的选言肢没有穷尽，而是还可能存在其他的选言肢，那么就会犯遗漏选项的谬误和非排他性的谬误。如薛海容申请宣告公民死亡民事判决书[1]：薛曼曼，女，1943 年 4 月 17 日出生，汉族，原住温州市鹿城区××住宅区松 1 幢××室。申请人薛海容系薛曼曼的女儿。薛曼曼于 2009 年 11 月离家出走，经多方寻找下落不明。2012 年 3 月 2 日，申请人向温州市鹿城区人民法院申请宣告薛曼曼失踪，并提交了居委会及派出所证明。经公告后，温州市鹿城区人民法院于 2012 年 6 月 25 日作出 ［2013］温鹿民特字第 3 号民事判决书，宣告薛曼曼为失踪人；指定薛海容为失踪人薛曼曼的财产代管人。因申请人申请宣告薛曼曼死亡，温州市鹿城区人民法院根据《中华人民共和国民事诉讼法》第 185 条第 1 款的规定，于 2013 年 12 月 23 日在人民日报发出寻找薛曼曼的公告，公告期为一年，现已届满，被申请人薛曼曼仍无音讯。温州市鹿城区人民法院认为："薛曼曼于 2009 年 11 月离家出走后下落不明，至今已逾五年，其间经薛海容申请，本院已判决宣告其为失踪人。现薛曼曼经多方寻找，至今仍无音信，故申请人薛海容向本院申请宣告薛曼曼死亡，符合法律规定，本院予以准许。依照《中华人民共和国民法通则》第二十三条第一款第（一）项的规定，判决如下：宣告薛曼曼死亡。"在本案判决前后，利害关系人和人民法院分别成功运用了否定肯定式的不相容选言三段论推理方法。其中第一次，利害关系人确认薛曼曼下落不明满 4 年可以申请法院宣告死亡的推理过程为：现行《民法通则》第 23 条规定："公民有下列情形之一的，利害关系人可以向人民法院申请宣告他死亡：（一）下落不明满四年的；（二）因意外事故下落不明，从事故发生之日起满二年的。"薛曼曼 2009 年

---

〔1〕"温州市鹿城区人民法院 ［2014］温鹿民特字第 15 号"，载 http://www.court.gov.cn/zgcp-wsw/zj/zjswzszjrmfy/wzslcqrmfy/ms/201501/t20150130_ 6489334.htm，访问日期：2015 年 2 月 25 日。

11 月离家出走后下落不明（不是因意外事故下落不明）。至今已逾 5 年。所以，薛曼曼的利害关系人（女儿薛海容）可以申请法院宣告其死亡。第二次，人民法院确认可以判决薛曼曼宣告死亡的推理过程为：现行《民事诉讼法》第 185 条第 1 款规定：人民法院受理宣告失踪、宣告死亡案件后，应当发出寻找下落不明人的公告。宣告失踪的公告期间为 3 个月，宣告死亡的公告期间为 1 年。因意外事故下落不明，经有关机关证明该公民不可能生存的，宣告死亡的公告期间为 3 个月。被申请人薛曼曼不是因意外事故下落不明的 3 个月宣告死亡公告期间。所以，2013 年 12 月 23 日人民法院在人民日报发出寻找薛曼曼的公告，公告期为 1 年（现已届满，被申请人薛曼曼仍无音讯）。最后，温州市鹿城区人民法院综合以上两种情况的推理结果，于 2014 年 12 月 30 日正式判决宣告薛曼曼死亡。

### 三、遗漏选项谬误

不管是肯定否定式的选言三段论，还是否定肯定式的选言三段论，都会涉及对作为大前提的选言命题某一选言肢的肯定（即为真）。其中，肯定否定式是在小前提中肯定作为大前提的选言命题某一选言肢为真，而否定肯定式则是在结论中肯定作为大前提的选言命题某一选言肢为真。然而事实上，我们漏掉了其他可能或者可替代的选项时，该选言命题就会不完备，犯了遗漏选项的逻辑错误。

在法律实践中，遗漏选项会产生谬误。"法官或者判他有罪，或者判他无罪"，这样的选言命题并不充分，因为该句话没有考虑到法官短期内无法作出裁决的第三种情形，事实上许多案件拖至数月乃至数年没有结果也不足为奇。同样，"要么原告胜诉（被告败诉），要么原告败诉（被告胜诉）"之类简单的二分化司法裁判结论，并没有考虑到法官主持下当事人调解（和解）成功的第三种情形，更没有考虑到当事人上诉或法院重审等更为复杂的审判程序运作。如"南京彭宇案"的一审判决书[1]：一审法院南京市鼓楼区人民法院认为本案的争议焦点之一是原、被告是否相撞。"本院认定原告系与被告相

---

〔1〕 "南京市鼓楼区人民法院〔2007〕鼓民一初字第 212 号"，载 http://www.dffyw.com/sifashi-jian/ws/200709/20070910142637.htm? from = timeline&isappinstalled =0，访问日期：2015 年 2 月 15 日。关于此案的逻辑批判，可参见张继成："小案件大影响——对南京'彭宇案'一审判决的法逻辑分析"，载《中国政法大学学报》2008 年第 2 期。

撞后受伤，理由如下：1. 根据日常生活经验分析，原告倒地的原因除了被他人的外力因素撞倒之外，还有绊倒或滑倒等自身原因情形，但双方在庭审中均未陈述存在原告绊倒或滑倒等事实，被告也未对此提供反证证明，故根据本案现有证据，应着重分析原告被撞倒之外力情形。人被外力撞倒后，一般首先会确定外力来源、辨认相撞之人，如果相撞之人逃逸，作为被撞倒之人的第一反应是呼救并请人帮忙阻止。本案事发地点在人员较多的公交车站，是公共场所，事发时间在视线较好的上午，事故发生的过程非常短促，故撞倒原告的人不可能轻易逃逸。根据被告自认，其是第一个下车之人，从常理分析，其与原告相撞的可能性较大。如果被告是见义勇为做好事，更符合实际的做法应是抓住撞倒原告的人，而不仅仅是好心相扶；如果被告是做好事，根据社会情理，在原告的家人到达后，其完全可以在言明事实经过并让原告的家人将原告送往医院，然后自行离开，但被告未做此等选择，其行为显然与情理相悖。……"

　　在本案中，最主要的事实分歧就在于原告认为原告的左股骨颈骨折是由于本人与被告相撞造成的，而被告则认为本人与原告没有相撞，她的左股骨颈骨折与自己无关。对这两种相互对立的诉讼主张，法官支持原告的诉讼主张。法官对原告的左股骨颈骨折是由于本人与被告相撞造成的这个诉讼主张（假说）的证明采用了一个选言推理：根据日常生活经验分析，原告倒地的原因除了被他人的外力因素撞倒之外，还有绊倒或滑倒等自身原因情形，但双方在庭审中均未陈述存在原告绊倒或滑倒等事实，被告也未对此提供反证证明，故根据本案现有证据，应着重分析原告被撞倒之外力情形。我们可以用 p 表示原告倒地的原因是绊倒的，用 q 表示原告倒地的原因是滑倒的，用 r 表示原告倒地的原因是被他人的外力因素撞倒的，用 ¬p 表示原告倒地的原因不是绊倒的，用 ¬q 表示原告倒地的原因不是滑倒的，那么法官的整个推理逻辑结构可简化为：$(p \lor q \lor r) \land (\neg p \land \neg q) \to r$。从逻辑的角度来看，这个推理属于相容选言推理的否定肯定式，似乎是一个有效的逻辑推理。只要对它进行认真的分析，就会发现这个推理其实是错误的。在大前提中，法官犯了遗漏选项的逻辑错误。因为法官认定原告倒地的原因只有被他人的外力因素撞倒、自己绊倒或滑倒三种情况的判断是武断的，没有穷尽导致原告倒地的全部可能情况，这样就有可能将真正引起原告倒地的原因遗漏掉。从逻辑上来说，外力因素撞倒可以被他人撞倒，也可以被风吹倒、被掉下的广告牌砸倒，等等；如果是被他人撞倒的，可以是被下车的人撞倒的，也可能是被车下的行人撞倒的；如果是绊倒的，可以是自己绊倒的，也可以是被别人绊倒的；除此之外还可能是原告受到意外惊吓而跌倒在地的等。如果没有穷尽所有可能，那么，导致原告倒地的真正原因也就可能被遗漏掉。这样，就无法保证大前提的真实性。以一个可能为假的命题作为推理的前提，即使法官使用的推理形式是有效的，也不能保证结论必然真实。在本案中，原告在没有拿出任何证据排除其他可能的情况下，法官就认定原告倒地的原因只有被他人外力因素撞倒之外，还有绊倒或滑倒等自身原因三种情况，这种认定在逻辑上是极其武断的、轻率的。

## 四、非排他性谬误

在选言三段论里，如果作为大前提的选言命题的选言肢之间是相容的，那么采用肯定否定式的推理方式就会犯非排他性谬误。这是因为，肯定其中的一个选言肢为真，进而否定其他的选言肢为真，但事实上，该选言肢与其他选言肢可能都为真，或者还存在第四种、第五种为真的诸多情形。因此，在设定作为大前提的选言命题时，我们不但要尽可能地穷尽选项，而且要使得这些选项之间相互排斥。在法律实践中，选项之间不具有排他性，也会产生谬误。因此，我们采用选择性条款的立法技术时，不仅可以通过设置兜底条款来避免立法疏漏，也应注意各法律选项之间的排他性来防止法律条款的杂乱无序与模棱两可。同样在法律适用环节，我们的法律决定必须建立在案件事实系统把握的基础上，排除矛盾而有所取舍，准确识别和排除具有排斥性的证据材料，以更好地适用法律规范作出权威性的最终裁判。

如在美国但泽诉最高法院案[1]中，法官指出："在'南加州爱迪生'的案例中，问题焦点在于是否被告可以将部分匿名原告对辩护律师公开，或者是否上述原告必须被传唤到庭。§2019（a）（4）指出，即使当起诉会影响到原告的直接利益时，也没有必要因此而传唤出庭。在'南加州爱迪生案'里，法庭提到关于匿名原告是否会因案件的审理而获得直接利益的问题，法

---

[1] Danzig v. Soperior Court 151 Cal. Rptr. 185, pp. 188～189, 87 Cal. App. 3nd 604, 1978. 另参见[美] 鲁格罗·亚狄瑟：《法律的逻辑——法官写给法律人的逻辑指引》，唐欣伟译，法律出版社 2007 年版，第 196 页。

庭认为匿名原告的确会因此而受益。但法庭并没有讨论匿名原告是不是
§2019（a）（4）或其他部分所提到的受益者。"

## 第五节　假言三段论的谬误

有效的假言三段论，除了要遵循直言三段论规则，还要注意假言命题的
逻辑性及其推理规则。在假言三段论里，其中一个前提（大前提）为假言命
题；而另一个前提（小前提）及结论都为直言命题（性质命题），它们否定
或肯定假言命题的某一部分（选言肢）。假言命题根据联结词（假言条件）
的不同，主要分为充分条件的假言命题和必要条件的假言命题，前者以"如
果……就……"表示，后者以"只有……才……"表示，存在各自不同的逻
辑属性。为此，我们可以把假言三段论分为充分假言三段论和必要假言三段
论。其中，充分假言三段论存在否定前件谬误与肯定后件谬误，而必要假言
三段论则存在肯定前件谬误与否定后件谬误。

### 一、充分假言三段论谬误

充分条件的假言三段论是由大前提为充分条件的假言命题及小前提和结论
都是直言命题构成的三段论，其中，作为大前提的充分条件假言命题与结论存
在共同的前件，作为小前提的定言命题与结论存在共同的后件。在立法的意义
上，由于任何一条完整的法律规则都可简化为逻辑公式"如果……（行为条
件），就会……（行为模式），否则……（行为后果）"，因此司法判决特别是初
审裁决会普遍采用充分条件的假言三段论，此类三段论在制定法裁判中运用最
为广泛。根据充分条件假言命题的逻辑属性，这种三段论存在肯定前件式和否
定后件式两种有效的三段论样式。其中，第一种有效的肯定前件式为：

$$如果 p，就 q，$$
$$p，$$

$$所以，q。$$

而第二种有效的否定后件式则为：

如果 p，就 q，

非 q，

所以，非 p。

如 "郭 × 龙盗窃罪" 刑事判决书 [1]：2014 年 5 月 15 日 12 时许，被告人郭 × 龙驾驶车牌号为晋 HJ7201 的红色吉利轿车在繁城镇向阳南路转悠寻找目标，准备实施盗窃行为，当其驾车行至向阳南路中化石油加油站附近时，见四周无人，遂生歹意，将崔 × 刚停放在路边的黑色哈弗牌越野车的副驾驶车门拉开，将车内的两瓶汾酒（价值 1160 元），一盒冬虫夏草含片（价值 9000 元），两盒鹿茸（价值 11 000 元），一条红河道香烟（价值 730 元），一条硬中华香烟（价值 430 元），四盒活根一号（价值 1200 元），三星 9100 手机（价值 720 元）盗走。2014 年 5 月 20 日 8 时许，被告人郭 × 龙独自驾车蹿至繁峙县滹源大街新苗幼儿园附近时，见四周无人，遂生歹意，将马 × 芳停放于幼儿园门口的白色丰田牌凯美瑞轿车的驾驶室车门拉开，将车内的一部黑色索尼牌摄像机（价值 4960 元）、一个黄色女士手提包（价值 150 元）、包内装有现金 800 元、黑粉色钱包一个（价值 300 元）盗走，后驾车逃离现场。以上事实有公诉机关当庭举证，并经受理法庭主持质证、认证和定证工作。2014 年 12 月 10 日，山西省繁峙县人民法院最终作出如下判决："根据本案的事实、性质、情节及社会危害性，依法对其适用缓刑对其所居住社区无重大不良影响，依据《中华人民共和国刑法》第二百六十四条、第七十二条、第七十三条、第六十四条、第五十二条、第五十三条之规定，判决如下：一、被告人郭 × 龙犯盗窃罪，判处有期徒刑二年，缓刑三年，并处罚金人民币一万元。（已执行）（缓刑考验期从判决确定之日起计算）二、作案工具红色吉利轿车（晋 HJ7201）一辆依法予以没收。"在本案中，法院的判决结论就运用了肯定前件式的充分条件假言三段论推理，其中大前提（法律援引）是一个充分条件的假言命题（p→q），小前提（事实认定）是一个定言命题（p），结论（判决书）是一个定言命题（q）。该案的判决过程可简化为：根据现行刑法规定，如果被告人盗窃公私财物，数额较大或者多次盗窃的，那么就会

---

〔1〕 "山西省繁峙县人民法院〔2014〕繁刑初字第 119 号"，载 http://www.court.gov.cn/zgcp-wsw/sx/sxsxzszjrmfy/fzxrmfy/xs/201501/t20150129_ 6477559.htm，访问日期：2015 年 2 月 25 日。

被处三年以下有期徒刑、拘役或者管制，并处或者单处罚金（p→q）；被告人郭×龙以非法占有为目的，秘密窃取他人财物，数额较大，其行为确已构成盗窃罪（p）；所以，被告人郭×龙被法院判处有期徒刑 2 年，缓刑 3 年，并处罚金人民币一万元（q）。

此类假言三段论存在否定前件的谬误和肯定后件的谬误两种类型：如果否定作为大前提的充分条件假言命题的前件，进而在结论中否定大前提的后件，那么就犯否定前件的谬误。同样，如果肯定作为大前提的充分条件假言命题的后件，进而在结论中肯定大前提的前件，那么就犯肯定后件的谬误。又如在"美国卡罗莱那联合电话公司诉联邦通讯委员会案"[1]中，法官指出："委员会恰当地将卡罗莱那公司的论证定位为对差别费用率公式的攻击，却未指出，该公式的结果事实上是不公平的且不合理的。该公司坚持如果该公式不公平又不合理，则它的结果必然也是不公平合理……这个诡辩颠倒问题的逻辑而转移了争点。决定费率的方法或由此而来的差别费率，如果其结果无法得到补偿性汇报的话，将是不公平且不合理的。我们不能像该公司尝试的一样，颠倒该命题的秩序并且主张其有效性……（肯定后件的谬误）。"再如在"法国人诉印第安纳州案"中，德布鲁勒大法官发表了不同意见书[2]："同样的，我不同意多数意见的主张认为第五修正案的正当程序条款承认死刑的合理性，因为那是逻辑谬误。"这个论证犯了"否定条件句的否定前件"的典型谬误。当"若 P 则 Q"的条件句被认为蕴涵"非 P，则非 Q"时，被构成该谬误。正当程序条款的说法可以以条件句陈述：如果一个人不经正当程序审判（若非 P），则该人不应被剥夺性命（则 Q）。多数意见企图从该述句推论说：如果一个人没有不经正当程序审判（若非 P），则他可以被剥夺性命（则非 Q）。这违反了演绎法的规则，可从以下这个例子可以看出：如果哥伦比亚大学在加州，则它在美国。哥伦比亚大学不在加州。因此，哥伦比亚大学不在美国。

〔1〕 United Telephone Co. of the Carolinas, Inc. v. FCC 559 F. 2nd 720, pp. 725~726, D. C. Cir. 1977. 另参见［美］鲁格罗·亚狄瑟：《法律的逻辑——法官写给法律人的逻辑指引》，唐欣伟译，法律出版社 2007 年版，第 189~190 页。

〔2〕 French v. Indinnan 266 Ind. 276, 362 N. E. 2d 834, pp. 842~843, 1977. 另参见［美］鲁格罗·亚狄瑟：《法律的逻辑——法官写给法律人的逻辑指引》，唐欣伟译，法律出版社 2007 年版，第 190~191 页。

### 二、必要假言三段论谬误

必要假言三段论是由大前提为必要条件的假言命题及小前提和结论都是直言命题构成的三段论，其中，作为大前提的充分条件假言命题与结论存在共同的前件，作为小前提的定言命题与结论存在共同的后件。此类三段论存在否定前件式和肯定后件式两种有效的三段论：其中，第一种有效的否定前件式为：

只有 p，才 q，非 p，
_____

所以，非 q。

而第二种有效的肯定后件式为：

只有 p，才 q，

q，
_____

所以，p。

如"林春、郝国良、长春冠洋国际房地产开发有限公司、第三人撤销之诉"二审民事判决书[1]指出："本案为第三人撤销之诉，是一种针对生效裁判的特别救济程序，故除了具备起诉的一般要件外，以下条件皆为其必要条件：诉请主体应为其要求撤销生效裁判诉讼中有正当理由未参加诉讼的第三人；诉请主体的民事权益因该生效裁判而受到损害，且能证明该生效裁判存有错误等。本案中，林春请求撤销的是［2010］白民二初字第 11 号民事判决。该判决的判项为：'冠洋公司支付郝国良工程款 1 778 594.00 元及利息。'可见，［2010］白民二初字第 11 号民事判决确定的是冠洋公司的金钱给付义务。林春没有证据证明［2010］白民二初字第 11 号民事判决损害其民事利益。林春主张的因冠洋公司名下的房产被执行而导致的其权益受损与该民事判决没有直接因果关系。在二审庭审时，林春亦承认：'判决本身对上诉人没

---

[1] "吉林省高级人民法院［2014］吉民一终字第16号"，载 http://www.court.gov.cn/zgcpwsw/jl/ms/201404/t20140408_724873.htm，访问日期：2015年2月26日。

有损害，但执行了上诉人的财产，就有损害；如果不执行，对上诉人没有损害。'故，林春的诉请不符合《中华人民共和国民事诉讼法》第五十六条之规定，应予以驳回。"在本案中，二审法院吉林省高级人民法院有效地运用了否定前件式的必要条件假言三段论推理：（（p←q）∧¬p）→¬q，最终认定第三人林春的撤销之诉不符合民事诉讼法的相关规则（体现为必要条件的命题形式）：现行《民事诉讼法》第 56 条规定：第三人撤销之诉（q）除了具备起诉的一般要件外，以下条件皆为其必要条件：诉请主体应为其要求撤销生效裁判诉讼中有正当理由未参加诉讼的第三人；诉请主体的民事权益因该生效裁判而受到损害，且能证明该生效裁判存有错误等（p）。林春没有证据证明 [2010] 白民二初字第 11 号民事判决损害其民事利益。林春主张的因冠洋公司名下的房产被执行而导致的其权益受损与该民事判决没有直接因果关系（¬p）。所以，林春之诉不符合第三人撤销之诉（¬q）。

　　但是，如果肯定作为大前提的必要条件假言命题的前件，进而在结论中肯定大前提的后件，那么就犯肯定前件的谬误。同样，如果否定作为大前提的必要条件假言命题的后件，进而在结论中否定大前提的前件，那么就犯否定后件的谬误。此类假言三段论存在肯定前件和否定后件的谬误。如在上例中，仅仅根据林春作为诉请主体为其要求撤销生效裁判诉讼中有正当理由未参加诉讼的第三人（p），并不能就断定林春之诉符合第三人撤销之诉（q），否则就犯了肯定前件的必要条件假言三段论谬误。同样，也不能根据林春之诉不符合第三人撤销之诉（¬q），就能断定林春为其要求撤销生效裁判诉讼中有正当理由未参加诉讼的第三人（¬p），否则就犯了否定后件的必要假言三段论谬误。

# 余　论

　　关于形式谬误的识别与破解，笔者在本章最后做个简略性说明。形式谬误主要是违背形式逻辑的推理形式（特别是演绎推理）的规律规则而产生的逻辑错误，它直接涉及推理形式的有效性问题。换言之，一个形式谬误必然伴随一个无效的推理形式。大致说来，我们可以分三个步骤对形式谬误进行识别和排除：第一步，首先分析论辩和推理过程中的推理形式种类，通过识别判断其可归属于哪种具体的演绎推理形式。第二步，简化、分解并详细地展开其所蕴涵的演绎推理形式，可使用公式或图表展示其具体的演绎推理过程。第三步，根据其蕴涵的演绎推理形式追溯出相应的逻辑规则和基本逻辑规律要求，找到谬误产生的具体原因，进而有针对性地予以谬误排除和解决。

第八章

# 非形式的法律谬误

非形式的法律谬误属于非形式谬误的特殊形式，有关研究必须兼顾逻辑学与法律学的不同研究视角。为此，根据法律论证的形式结构，我们可以把非形式的法律谬误分为语言学上的谬误、不相关证据的谬误和证据不充足的谬误三大类进行分别研究。首先我们有必要对非形式谬误概念作总体性介绍。

## 第一节　概述

非形式谬误并非产生于推理或论证形式的规则问题，而是看似符合有关推理或论证规则，但是却因为前提（论据）的不真实，或者前提（论据）与结论（论题）存在实质不相关，或者推论结论的证据不充分等所导致的逻辑谬误。也就是说，它并非产生于逻辑形式问题，而是源于推理和论证的实质构成要素问题，如存在事实真实性待定、语言歧义或者结论可信度等一系列问题，因此它须借助语用语境分析、证据完善、政策考量、利益权衡等非形式的逻辑手段予以破解。

关于非形式谬误的逻辑分类，存在诸多分类标准。学者熊明辉根据论证的逻辑结构三要素，将谬误分为前提谬误、相干谬误和支持谬误[1]。他认为，前提谬误是前提的不可接受性，包括"不一致谬误"、"前提虚假谬误"和"预期理由谬误"等。相干谬误即前提与结论之间存在不相关关系，包括"稻草人谬误"、"人身攻击谬误"、"诉诸权威谬误"、"诉诸情感谬误"、"诉

---

[1]　熊明辉："基于论证评价的谬误分类"，载《河南社会科学》2013 年第 5 期。

诸武力谬误"和"非黑即白谬误"等。支持谬误即所有的前提对结论的支持度不充分，包括演绎无效、归纳不强、合成谬误、分解谬误和先后定因果谬误等。其实，他的分类主要针对非形式谬误，为我们的非形式谬误提供了逻辑方法论启示，即从推理与论证的逻辑结构入手考察非形式谬误的形成原因及其分类。

在法律实务中，非形式谬误主要是由于证据方面的因素导致事实认定问题进而影响到裁决结果的公正性和可信度质疑。因此，非形式的法律谬误又被某些学者如萨哈金氏（Sahakians）定义为"错误的事实推理方式"[1]。而美国学者沃尔顿正是基于证据论证的研究视角，将非形式的法律谬误称为可废止的"回溯论证"或者"假定论证"，并指出此类谬误的表现形式分为诉诸类比论证、诉诸既定规则论证、诉诸征兆论证和回溯论证、诉诸从位置到知道论证、诉诸言词分类论证、诉诸承诺论证、实践推理、诉诸人身攻击论证和滑坡论证等。[2]亚狄瑟大法官认为，与形式谬误不同，非形式谬误又被称作"实质谬误"，大致分为不相关证据的谬误、混杂的非形式谬误和语言学上的谬误。[3]可见，亚狄瑟的分类比沃尔顿更为全面、简略。

综合有关非形式谬误研究成果，并结合法律推理和论证的结构分类标准与证据适用标准，笔者将非形式的法律谬误分为语言歧义性谬误（语用谬误）、不相关证据谬误（基于前提与结论之间的非逻辑关联）和证据不充足谬误三大基本类型，展开关于非形式谬误的具体法律论证分析。

## 第二节　语言歧义性谬误

语言歧义性谬误即语用谬误、语境谬误，它主要是因为语言的歧义性所产生的谬误。具体说来，语言歧义性谬误是由于人们在使用法律语言表达思想和交流思想的过程中，没有保持所用语言的确定性和明晰性逻辑要求而产

---

〔1〕　参见［美］鲁格罗·亚狄瑟：《法律的逻辑——法官写给法律人的逻辑指引》，唐欣伟译，法律出版社 2007 年版，第 164 页。

〔2〕　［美］道格拉斯·沃尔顿：《法律论证与证据》，梁庆寅等译，中国政法大学出版社 2010 年版，第 68 页。

〔3〕　［美］鲁格罗·亚狄瑟：《法律的逻辑——法官写给法律人的逻辑指引》，唐欣伟译，法律出版社 2007 年版，第 167 ~ 168 页。

生的非形式谬误。也就是说，它是指人们在确定的法律语言环境下，由于没有保持语言所使用的词项（概念）、命题（判断）的确定性而产生的各种谬误，主要包括语词歧义谬误、语句歧义谬误和语音歧义谬误等。

**一、语词歧义谬误**

语词歧义谬误是指在确定的语境下由于人们对同一词语在不同的意义下使用（即表达不同概念）而引起的逻辑错误。偷换概念或混淆概念是语词歧义谬误最为典型的表现形式。

（一）偷换概念

偷换概念是指在思维或论辩过程中，人们有意或无意地篡改某个词项本来要表达某种意义的概念，而赋予该词项以另外的含义，并且用改变含义后的概念来替换原来语词意义上的概念。偷换概念是一种诡辩，也是一种智慧，它常利用概念的多义性来达到偷梁换柱的诡辩目的。清朝康熙年间，何义庆贸然称康熙皇帝为"老头子"，就是因为思维敏捷而躲过千劫。一个炎热的夏天，何义庆光裸上身在书房看书。康熙突然驾到，何义庆来不及穿衣便钻到书房的床底躲起来。过了一会儿，何义庆以为康熙走了，便高声喊道："老头子走了没有？"他从床底爬出来，却发现康熙还没走，甚为惶恐。康熙质问："你称朕为'老头子'，何意？不说清楚，朕定你欺君之罪！"何义庆急中生智："皇上称万岁，岂不为'老'？皇上乃国家元首，岂不为'头'？皇上系真龙天子，岂不为'子'？"康熙转怒为喜。而在法律实践中，偷换概念也是十分常见的现象，当事人要么有意为之混淆对方视听达到不可告人的目的，要么识破对方诡计反驳之。当今社会常见的"买一赠一"商业促销活动也可能存在偷换概念的逻辑问题，这里选择一案供分析批判[1]：2012年4月初，孙先生在红屋牛排花400多元办了一张会员卡。5月6日，孙先生和朋友到该饭店就餐，因饭店在搞"买一赠一"优惠活动，两个人原本打算点一个56元的牛排套餐就够了，谁知服务员却告诉孙先生"买一赠一"是指赠一瓶果汁，而不是买什么就赠什么，孙先生觉得受到欺骗，提出退会员卡的要求，但饭店经理拒绝此要求，称孙先生理解错了，双方多次协调未果，孙先生只好投诉到市南工商分局。工商人员指出，商家偷换概念误导消费者，侵犯了消费

---

〔1〕　王军、曹思扬："牛排店偷换概念买一赠一赠果汁"，载《齐鲁晚报》2012年5月14日。

者的知情权。经调解，5 月 11 日，饭店经理向孙先生书面道歉，并为其办理了退卡手续。

"太平洋人寿保险海南分公司申请撤销仲裁裁决案"〔1〕是涉及偷换概念问题的又一典型司法案例：2014 年 6 月 13 日，海口市中级人民法院就中国太平洋人寿保险股份有限公司海南分公司申请撤销海南仲裁委员会［2014］海仲字第 9 号裁决书一案作出驳回申请撤销的终审裁定。在该案中，申请人中国太平洋人寿保险股份有限公司海南分公司诉称："海南仲裁委员会作出的［2014］海仲字第 9 号裁决书违背社会公共利益。保险的作用在于在投保人发生保险事故时，以收取保险费用和支付赔款的形式将投保人的巨额损失分散给众多的其他投保人，使个人难以承受的损失变成多数人可以承担的损失，实际上把损失均摊给了其他投保人。本案鲍琴琴恶意投保，将其个人应承担的风险恶意转移给了其他善意投保人，对其他投保人不公平。若纵容此种行为，将来所有被保险人均在患病后投保、待两年期限过去后主张保险公司支付保险金，将严重扰乱保险市场秩序，严重损害社会公共利益。"被申请人鲍琴琴辩称："太平洋公司认为海南仲裁委员会作的 9 号裁决书损害社会公共利益的诉称，是恶意套用了《仲裁法》第 58 条第 2 款的规定，是偷换概念的行为。社会公共利益是带有社会性、群众利益性、普及性和广泛性的利益，比如修桥、铺路，或者是具有慈善性质的等社会公共利益，太平洋公司是以牟利为主的商业机构，不含有社会公共利益，所谓以保费来维持少数人的风险只是商业机构在商业运营中的方式。"海口市中级人民法院经审理后认为："社会公共利益是指为某一范围内的广大公民所能享受的利益，具有公共受益性，具体包括与国家安全、扶贫救灾、修建公共设施、发展科教文卫及慈善事业等面向特定范围内的多数人的不以盈利为目的的社会公益事项等相关的利益。本案系鲍琴琴与太平洋公司就双方达成的人身保险合同产生的纠纷，基于合同的相对性原则，应依照法律规定和双方的合同约定解决。海南仲裁委员会作出的［2014］海仲字第 9 号裁决书中，向鲍琴琴支付保险金 10 万元的责任主体是合同相对方太平洋公司，其他投保人在发生保险事故时获得赔偿的权利并未因此受到损害。太平洋公司主张海南仲裁委员会作出的［2014］

---

〔1〕 "海口市中级人民法院［2014］海中法仲字第 28 号"，载 http://www.hkfy.gov.cn/plus/view.php? aid=9157，访问日期：2015 年 1 月 22 日。

海仲字第9号裁决书违背社会公共利益，于法无据，故对其申请撤销仲裁裁决的请求，本院不予支持。"

（二）混淆概念

混淆概念又称混同概念，它是指人们将语词形式相似但内涵与外延根本有别的两个概念相互替换，混为一谈，这突出地表现在某些近义词或同义词表达的概念上。这是一种无意造成的逻辑错误，且表现隐蔽，因为往往只出现一个概念（被混同的概念），而另一个真正应在此语境使用的概念则不出现，要求我们认真比对。在日常生活中，特别是媒体新闻报道中，人们常常混淆罪犯和犯罪嫌疑人、刑事被告人等概念，这里就有一案例。2011年2月2日，厦门商报《社会大观》栏目以"罪犯装成警察勇斗色狼"为题报道了一则法律故事[1]：林某，这名37岁的集美男子，在周围人看来是一个安分守己的人。但就在去年10月份，他卷入了一场刑事案件。据介绍，林某有个姓许的女性朋友，她被汤先生欠了10多万元。在多次讨钱无果打官司后，法院判决确认了这笔债务。不过，手持胜诉的判决书，许小姐还是没讨回钱。正好，许小姐也欠林某一笔钱。林某作为许小姐的要好朋友，以及三角债的债主，看着汤先生一边住着豪宅，一边拒不还债，不由怒火顿生。林某找到许小姐，说由他直接去找汤先生要钱。2010年10月9日上午，林某还很客气地请汤先生去喝茶，后来看到汤先生还是没有还钱的意思，林某就把汤先生从湖里带到集美区的一套房子里关押、殴打，导致汤先生眉毛上方有一个面积超过2 cm$^2$的擦伤，而躯干挫伤面积也超过15 cm$^2$，经鉴定属于轻微伤。次日下午，林某在接到民警的电话后，带着汤先生到公安部门投案自首。很快，林某被取保候审。在取保候审期间，林某去一家亲戚开的公司当厨师。为了给亲戚省些钱，林某有空还经常上山捡柴火。今年的一天，林某又上山捡柴火。当时，听到不远处传来女子"啊啊"叫的声音，林某探头一看，发现一男一女抱在一起，而且那女子的身高不到1米，估计是男子欲强奸八九岁的幼女。于是，林某一边喊"我是公安"，一边手持柴火朝男子打去。那男子心虚，想逃跑，但裤子已褪到膝盖处，根本跑不快，被林某当场抓获归案。就这样，林某制止了一起正在实施的强奸案件。事后，我市相关部门授予林某"见义勇为"荣誉称号。近日，湖里区法院开庭审理了林某非法拘禁案。法院

---

[1] 陈光豪、湖刑："罪犯装成警察勇斗色狼"，载《厦门商报》2011年12月2日。

认为，林某的行为已构成非法拘禁罪，而且在非法拘禁他人期间具有殴打情节，应从重处罚。不过，林某是投案自首，其讨要的债务亦属依法判决的合法债务，而且在取保候审阶段还能见义勇为，综合考虑相关案情，法院决定对其免除处罚。法院后来判处林某犯非法拘禁罪，不过免予刑事处罚。试问在本案中，林某取保候审期间能称为"罪犯"吗？显然，新闻记者将概念"犯罪嫌疑人"混同于概念"罪犯"。根据我国《刑事诉讼法》的规定，一个人只有经过法院宣判定罪量刑后才可称之为罪犯。在本案中，林某最终因三角债非法拘禁他人被当地法院判处非法拘禁罪，但免予刑事处罚。但是，林某装成警察勇斗色狼的见义勇为行为发生在法院判他非法拘禁罪之前。根据我国现行《刑事诉讼法》第12条规定：未经人民法院依法判决，对任何人都不得确定有罪。任何人因刑事指控被采取强制措施后、法院审判前只能被称为犯罪嫌疑人，而在刑事诉讼特别是法院审判终结前以及有关裁决发生法律效力前，任何人因刑事审判只能被称为刑事被告人。

而在"北京海龙国际运输代理有限公司不服一审法院管辖权上诉案"[1]中，法院更明确地指出上诉人的上诉存在混淆概念的逻辑问题：2014年7月2日，海口市中级人民法院就北京海龙国际运输代理有限公司不服海南省海口市美兰区人民法院［2014］美民二初字第34号民事裁定向该院提起上诉一案作出终审裁定：驳回上诉，维持原裁定。上诉人北京海龙国际运输代理有限公司诉称：对于北京海龙公司提出的关于海航货运公司与其之间签订的《2011年大新华百翔物流有限公司国际货运仓位竞拍销售协议》履行过程中发生纠纷，原审法院没有管辖权。同时认为："关于海航股份公司与北京海龙公司之间所签订的《航空货物运输销售代理协议（国际)》中双方对于'甲方所在地人民法院提起诉讼'的约定，因涉及当事人的只有'住所地'，没有'所在地'，故此约定属双方对管辖选择不明确，应适用法定管辖。"被上诉人海航股份公司辩称：海航股份公司与北京海龙公司在合同中明确约定"向甲方所在地人民法院提起诉讼"，甲方即为海航股份公司，海航股份公司住所地在海口市美兰区，故原审法院依法享有该案管辖权。海口市中级人民法院审理后认为："本案系民用航空运输销售代理合同纠纷。《中华人民共和国民事

---

[1] "海口市中级人民法院［2014］海中法立终字第63号"，载 http://www.hkfy.gov.cn/plus/view.php?aid=9271，访问日期：2015年1月22日。

诉讼法》第三十四条规定，合同或者其他财产权益纠纷的当事人可以书面协议选择被告住所地、合同履行地、合同签订地、原告住所地、标的物所在地等与争议有实际联系的地点的人民法院管辖，但不得违反本法对级别管辖和专属管辖的规定。本案中，海航股份公司（甲方）与北京海龙公司（乙方）于 2010 年 1 月 25 日签订的《航空货物运输销售代理协议（国际）》第九条第（三）项明确约定'协议双方在执行本协议时发生争议，应协商解决，协商不成的，除双方达成仲裁协议提交仲裁外，任何一方均可向甲方所在地人民法院提起诉讼'，由此可见，该合同双方当事人已书面协议选择合同甲方所在地人民法院管辖，而合同的甲方海航股份公司的住所地为海口市国兴大道 7 号海航大厦，属原审法院管辖范围内。据此，原审法院对本案享有管辖权，原审法院裁定驳回上诉人的管辖权异议，并无不当。关于上诉人北京海龙公司提出海航股份公司与其签订的《航空货物运输销售代理协议（国际）》中双方对于'甲方所在地人民法院提起诉讼'的约定，因当事人没有'所在地'的说法，故双方对管辖选择不明确，应适用法定管辖的意见。本院认为，双方对于'甲方所在地'人民法院管辖约定是明确的，可以理解为由'甲方住所地'人民法院管辖，上诉人的此项意见属混淆概念，本院不予支持。"

### 二、语句歧义谬误

语句歧义谬误是指在确定的语境下，对同一语句作了不同意义的理解，即用以表达不同的命题或判断而导致的逻辑错误，这主要表现为"偷换论题"或"转移论题"以及"模棱两可"或"复杂问语"的逻辑错误。

#### （一）偷换论题

偷换论题是指在思维和论证过程中，有意识有目的地转移话题或歪曲原话的意思，以达到维护己方观点或批驳对方论点的目的，这也是一种诡辩。如在一购物超市，一小偷行窃时被商场保安当场抓住，小偷和保安有一段对话。保安："你为什么要偷商场的东西？你的行为多可耻！"小偷："商场促销广告不是写着'不可放过大好时机'吗？"保安："你这么做，就不怕坐牢？也不为自己的妻儿着想？"小偷："怎么不想？可你们商场的促销商品只有男士用品啊！"现实中的商业保险纠纷常常指向霸王条款，如保险合同中一理赔条款所言的"心脏病（心肌梗死）"可能仅仅解释为"心肌梗死类心脏病"，这是否存在偷换论题的嫌疑呢？请看一现实案例[1]：2004 年 4 月 29 日，原告陈桂香与被告永丰某保险公司之间签订了一份康宁终身保险合同，约定每年的 5 月 1 日原告向被告缴纳保费 1030 元，缴纳 20 年，基本保额为 10 000 元，同时合同还约定：被保险人在本合同生效（或复效）之日起 180 日后初次发生，并经公司指定或认可的医疗机构确诊患重大疾病（无论一种或多种）时，公司按基本保额的 2 倍给付重大疾病保险金，合同的重大疾病保险金给付责任即行终止。若重大疾病保险金的给付发生于交费期内，从给付之日起，免交以后各期的保险费，本合同继续有效。且合同解释为重大疾病有：①心脏病（心肌梗死）。②冠状动脉搭桥手术等十种疾病。合同签订后，原告缴纳了保费。2008 年 3 月原告在永丰县人民医院检查患有风湿性心脏病，并进行治疗，后转至南昌大学第一附属医院进行治疗，被确诊为患有风湿性心脏病。2009 年 5 月 8 日出院后原告认为自己患有合同中约定的重大疾病，需由被告进行赔付，且免交以后的保费，合同继续有效，被告则认为原告的疾病不属于合同约定的赔付范围而拒赔。为此，原告向江西省永丰县人民法院提起诉讼。庭审中，原告认为自己患有风湿性心脏病，根据该合同约定的重大疾病类型，符合约定的重大疾病的一种即心脏病，被告应予以赔付。被告则认为，合同约定的重大疾病中的心脏病仅指心肌梗死，原告所患风湿性心脏病不属于赔付范围。江西省永丰县人民法院审理后认为：心脏病是上位概念，心肌梗死只是心脏病的一种情形，包括在心脏病的大范围之中。被告在提供格式合同中把患重大疾病的范围约定为心脏病（心肌梗死），然后再限定为仅指心肌梗死这一种，造成了该条款发生歧义。为此，该院依据我国《合同法》第41 条"不利于格式条款提供方的解释规则"和《保险法》第 31 条"有利于被保险人和受益人的解释规则"，作出如下判决：被告永丰某保险公司赔付原告陈桂香人民币 2 万元；免收原告陈桂香自 2010 年至 2024 年的保险费；原、被告之间签订的康宁终身保险合同继续有效。

（二）转移论题

转移论题是指在思维和论证过程中，答非所问、文不对题，或曲解、误会了原来的主题。这种逻辑错误产生的原因在于作者没有完全领会和把握某

---

[1] 陈少龙："保险合同格式条款有歧义 法院依据解释规则定输赢"，载 http://jazy. chinacourt. org/ public/detail. php? id=1808，访问日期：2015 年 1 月 22 日。

一命题或主题、观点的本质含义，而是作者有意或无意造成的。如两个人有这样的对话："老兄，你在晚会上唱的歌唱得比别人差劲呀。""瞎扯！你还唱不出我这个水平呢。"两人的对话没有形成交集，后者对前者的问题发生转移，可谓"答非所问"。再如两个人的另一次对话："你这个人怎么搞的？医生给你开的病假明明是1天，你却改成了3天，为什么要弄虚作假呢？""谁弄虚作假？你可以去问医生，看我是真感冒还是假感冒？"又如在宣佩虎与诸暨市织成有限公司房屋租赁财产损害赔偿纠纷上诉案[1]中，上诉人宣佩虎为与被上诉人诸暨市织成有限公司房屋租赁财产损害赔偿纠纷一案，不服诸暨市人民法院［2006］诸民一初字第3369号民事判决，向绍兴市中级人民法院提起上诉。原审法院诸暨市人民法院审理后认为，原告以租赁合同为诉的请求权基础，以被告出租房屋存在重大瑕疵造成原告经济损失为由，要求被告承担赔偿责任之请求，不能成立。遂判决：驳回原告宣佩虎要求被告诸暨市织成有限公司承担赔偿责任的诉讼请求。上诉人宣佩虎不服原审判决，提起上诉称："1. 原告是以被告的房屋依法不准使用、不准出租为由，要求法院确认双方租赁合同为无效，然后依《合同法》第五十八条之规定判令被告承担赔偿责任。原审法院已查明原、被告双方存在着租赁合同关系；原审法院也已查明被告所建房屋未安装消防栓或设置防水水源，造成火灾发生时消防人员寻找水源困难，不能扑救，造成灾情扩大，相关个体户的财产损失扩大；原审判决在本院认为中开宗明义，声称原告是以租赁合同为请求权基础，以被告的出租房屋存在重大瑕疵造成了经济损失为由而要求被告承担赔偿责任。对此，上诉人认为，原审法院针对原告的请求权基础是在明显地转移论题，故意模糊违反国家法律、法规的强制性条款的行为，与出租质量有瑕疵的建筑物的行为这两个涵义不同的行为之间的界线。2. 原审判决将原告主张的被告出租的房屋违反了浙江省为实施《中华人民共和国消防法》而制定的办法中的第十四条和第十六条强制性规定的观点，转移为用《城市房屋租赁管理办法》及《城市危险房屋租赁管理规定》来解释。原审判决将违反国家消防法律、法规强制性条款的行为说成仅是建筑物瑕疵的观点错误。3. 原告遭受的经济损失被形式上确认，但具体上却被否定，原审法院存在自相矛盾

---

[1]　"浙江省绍兴市中级人民法院［2007］绍中民一终字第265号"，载http://www.court.gov.cn/zgcpwsw/zj/zjssxszjrmfy/ms/201410/t20141028_3676330.htm，访问日期：2015年2月27日。

之处。故请二审法院在查清事实的基础上撤销原判，依法改判。"2007 年 4 月 6 日，绍兴市中级人民法院作出终审判决，驳回上诉，维持原判。

（三）模棱两可

模棱两可是一种语句性歧义谬误，实质上是对两个互相矛盾的概念或命题都加以否定，故又称"两不可"，企图在真假之外选择骑墙的第三种可能，因此也是违反形式逻辑排中律的逻辑错误。具体而言，"模棱两可"有两种现实表现：其一，在论证过程中没有提出明确的观点，或者故意把观点说得似是而非、含糊其辞，故弄玄虚，让人费解，这也是一种诡辩。有人在解答基本粒子是否可分问题时说：基本粒子是间断而又连续的，若断若续，非断非续，续中有断，断中有续；可能愈分愈小，也可能愈分愈大。其二，对某个问题表态时，"是"也否定，"非"也否定，让人无所适从。如"说世上有鬼，这是迷信，我不同意；但要就此断定世上无鬼，这我也不同意，因为有些现象还真不好解释"。在"王万强与周芹、南京市六合区人民医院等生命权、健康权、身体权纠纷案"[1]中，法院指出了当事人存在的模棱两可谬误：2012 年 11 月 8 日，南京市六合区人民法院开庭审理王万强与周芹、南京市六合区人民医院等生命权、健康权、身体权纠纷一案，同年 11 月 8 日审理终结。法院认为：本案的争议焦点在于，两家医院（南京市六合区人民医院与南京市儿童医院）在接诊患儿王某某时，是否存在查体及追问病史不细致，对王某某可能被狗咬伤或抓伤认识不足，是否存在医疗过错？南京市六合区人民法院认为，王万强与周芹夫妇作为患儿王某某的法定监护人，对患儿王某某狂犬病发作死亡应承担监护过错责任。"两原告作为王某某的监护人，在其受伤时未能在场尽到监护责任，从而不能准确向医院提供患儿病史，只是模棱两可地陈述'有狗从孩子身边跑走'，'可能跟狗接触过'。故王某某未能及时注射狂犬疫苗并最终狂犬病发作导致死亡，其死亡的主要原因在两原告。"也就是说，两被告医院对王某某死亡只承担次要的医疗过错赔偿责任，赔偿两原告共计 60 050 元，而不是两原告主张的 300 000 元。

（四）复杂问语

复杂问语就是指隐含着某种对方所不具有或者不能接受的预设问语，它

---

[1] "南京市六合区人民法院 [2012] 六民初字第 695 号"，载 http://www.court.gov.cn/zgcp-wsw/jiangsu/jssnjszjrmfy/njslhqrmfy/ms/201404/t20140404_ 704852.htm，访问日期：2015 年 1 月 22 日。

既不能简单地予以肯定，也不能简单地予以否定，否则一旦作出"是"或"不是"的选择，都意味着主动承认复杂问语中隐含的预设事实。复杂问语的表现形式是多种多样的，大致可分为六种类型[1]：一是是非型复杂问语，即由陈述句加疑问语气组成的问语。如"你认识胡克平吗？"该问语隐含着"有胡克平这个人"的判断，其回答不外乎"是"或"不是"。二是正反型复杂问语。即指问话人将一个问题肯定和否定置于问话中，让答话人做出选择性回答的问语，如"你有没有打他？"三是选择型复杂问语。即由选择复句加疑问语气组成的问语，如"你是一个人到作案现场的，还是两个人到作案现场的？"此类问语去掉疑问语气，也是一个不相容的选言判断。四是假言型复杂问语，这是由假言命题加疑问语气构成的复杂问话。例如，"如果这台电视机是你的，那么请问电视机开关底下掉了一块漆，你知道吗"？该问语必须回答"知道"，否则陷入自相矛盾。五是反问型复杂问语，这是运用反问句作为提问的问语，如"这起交通事故难道不是你造成的吗"？它建立在坚实的证据基础上，其中的假定，即隐含判断是对确凿事实的断定，将这种确凿的事实寓于反问进行提问，既强化了提问的内容，加强了提问的力度，同时又对答话人无论是公开的狡辩或是间接的否定都进行了有力的驳斥。六是特指型复杂问语，这是针对某一特定的未知事物提出疑问的问语。换言之是指针对案件的时间、地点、人物、作案工具、动机、目的、原因、手段、结果等各方面因素提出问题的问语，如"你是什么时候开始贪污的"？"你在什么地方盗窃的彩电"？等。对待复杂问语，可以采取回避或沉默的态度，也可以通过寻找其隐含的预设前提并加以否定来解决。复杂问语是欲擒故纵、引君入瓮的好办法，被广泛地运用于刑事侦查实践与法庭质证辩论，用以套取证据、揭露谎言和伪证以及寻找新的犯罪线索、促使犯罪嫌疑人自首和坦白等。不过，法律实务中的复杂问语也有消极的一面，被冠之以"诱供"、"套供"的坏名声。但是，华盛顿找马[2]却是一个充分利用复杂问语解决问题的正面例子。有一天，华盛顿的一匹马被人偷走了。华盛顿同一位警察一起到偷马人的农场里去索讨，但那人拒绝归还，一口咬定说："这就是我自己的马。"华盛顿用双手蒙住马的两眼，对那个偷马人说："如果这马真是你的，那么，请你告

〔1〕 刘汉民："论复杂问语及其在刑事侦查中的运用"，载《政法学刊》2005年第3期。
〔2〕 蔡践：《趣味小故事天才大智慧（外国名人卷）》，中国长安出版社2006年版，第1页。

诉我们，马的哪只眼睛是瞎的？"偷马人犹豫地说："右眼。"华盛顿放下蒙眼的右手，马的右眼并不瞎。"我说错了，马的左眼才是瞎的。"偷马人急着争辩说。华盛顿又放下蒙眼的左手，马的左眼也不瞎。"我又说错了……"偷马人还想狡辩。"是的，你是错了。"警官说，"这些足以证明马不是你的，你必须把马还给华盛顿先生。"

### 三、语音歧义谬误

语音歧义是指在确定的语境下，对同一语句读音的不同而导致语句具有不同意义所产生的逻辑错误，这既可以表现为通过对语句中某一语句的某个音节的语言强调而引起的；也可以表现为由于对语句中的某个语词整个音节的语音强调而引起的。此外，还表现为对整个语句语调高低升降的变化而引起的。我国河北秦皇岛山海关孟姜女庙的庙门上有这样一副奇妙的楹联："海水朝朝朝朝朝朝朝落，浮云长长长长长长长消。"那么这副楹联该怎么读呢？这副楹联其实充分运用中国汉字的多音多义现象而构筑的一副文采飞扬的经典楹联。该楹联至少有三种断句辨音形式，进而发展为三副不同意境的楹联：一是三三四断句：海水潮，朝朝潮，朝潮朝落，浮云涨，常常涨，常涨常消，还能读做：海水潮，潮朝朝，朝朝潮落，浮云涨，涨长长，常常涨消。二是四三三断句：海水朝潮，朝朝潮，朝朝落，浮云常涨，常常涨，常常消。三是五乘二断句：海水，朝潮，朝潮，朝潮，朝落浮云，常涨，常涨，常涨，常消。中国古代史记载过五代时期伶官敬新磨利用"同"与"铜"（镜，古代以铜制镜）谐音化险为夷的故事[1]：新磨尝奏事殿中，殿中多恶犬，新磨去，一犬起逐之，新磨倚柱而呼曰："陛下毋纵儿女啮人！"庄宗家世夷狄，夷狄之人讳狗，故新磨以此讥之。庄宗大怒，弯弓注矢将射之，新磨急呼曰："陛下无杀臣！臣与陛下为一体，杀之不祥！"庄宗大惊，问其故，对曰："陛下开国，改元同光，天下皆谓陛下同光帝。且同，铜也，若杀敬新磨，则同无光矣。"庄宗大笑，乃释之。

---

〔1〕〔北宋〕欧阳修：《新五代史卷三十七·伶官传第二十五》。

## 第三节　不相关证据的谬误

不相关证据的谬误又名相干谬误、不相干谬误，它是指那些前提（论据）包含的信息似乎与结论（论题）的确立有关，但实际上毫无逻辑关联而产生的谬误。具体而言，不相关证据的谬误包括三层含义：第一层含义是论证者原本要达成某个结论；第二层含义是论证者采用的证据不支持原本要达成的结论；第三层含义是论证者得到了另一结论。不相关证据的谬误可能是论证者（如律师、法官等）有意制造的谬误即相干诡辩。一般来说，谬误制造者往往利用前提与结论之间的心理、人格、社会方面的联系，利用语言表示情感的功能，以言辞激起人们的同情、怜悯、恐惧、敬畏、敌意等，从而达到对方或听众接受或者拒绝某一论题的目的。不相关证据的谬误也可能是论证者无意造成的，但同样也能达到欺骗对方或转移对方注意力的目的。由此，不相关证据的谬误可以分为诉诸无知谬误、诉诸怜悯谬误、诉诸权威谬误、诉诸人身攻击谬误、因人纳言与因人废言谬误、诉诸武断谬误、诉诸暴力谬误等。由于不相关证据的谬误通过分散听众注意力偏离了原论题，因此又称之为离题谬误、分散注意力谬误。不相关证据的谬误有时还被称为稻草人谬误。

### 一、稻草人谬误

稻草人谬误（fallacy of the strawperson）是一种典型的不相关证据谬误。稻草人是人们利用稻草扎的对手替身，它轻薄脆弱，比真实的对手更容易被击败，却又能达到人们战胜对手的目的。稻草人谬误通常是一种诡辩。在论辩过程中，论辩一方先是有意无意地歪曲或虚构对方的论点，然后利用证据反驳这一被歪曲或虚构的对方论点，以达到反驳对方论点的目的。实际上，论辩者并没有真实地驳倒对方，因为他采用的证据与真实的对方论题毫不相干。

不过，稻草人谬误不能等同于"偷换论题"和"转换论题"等语言上的谬误形式，虽然二者最终是为了维护和巩固论辩者自己的论题和观点。"偷换论题"和"转换论题"都是论辩者直接歪曲或虚构本方论点以达到迷惑或反驳对方的目的，而稻草人谬误则是论辩者有意无意地歪曲或虚构对方论点进而通过反驳对方达到维护本方观点的目的。

例1：甲和乙关于性交易问题的争论。

甲："你觉得性交易是罪恶吗？"

乙："我觉得不是。"

甲："你果然享受过性服务！你这个糟糕的家伙！"

在本次论辩中，很显然，甲把"觉得性交易不是罪恶"曲解成"享受过性服务"，然而两者之间并无直接的必然联系。

例2：甲和乙关于同性恋问题的争论。

甲：同性恋是不正当的，非常可耻。

乙：你去跟你爸妈、学校、公司公开说同性恋是不正当呀！不敢的话你敢说同性恋不正当吗？

在本次论辩中，很显然，"同性恋不正当"和"敢公开宣扬同性恋"并没有直接的必然联系。

又如"索托诉德州案"[1]中，米勒大法官发表了不同意见："该判决书唯一可笑之处，是它默认自己内在的薄弱。但是默认的形式又扯出判决书的另一个问题：就本案所呈上诉人的证据是否能够确认罗莎琳达·塞万提斯是'执法人员'而言，判决书又错误解释该争点，因而犯了逻辑学所称的'稻草人谬误'。州方在初审法庭、上诉法庭，甚至在本院，就'塞万提斯是不是执法人员'的争点，从来不曾反驳或抗辩。加入该争点由上诉人提出，那么基于我们因袭很久的规则'审讯中无异议，再审无须提出'，多数意见必须驳回这个争点。但是不知何故，多数意见无法在上诉审时把相同的法律规则适用于州方。"

## 二、诉诸无知谬误

诉诸无知谬误是一种以无知或不知为论据而引起的谬误，要么论辩者不了解该论据，要么该论据的真假无从得到证实或证伪。但是，诉诸无知谬误并不是意味着诉诸某个人的愚蠢，而常常是一种以真实性悬而未决的陈述为

---

[1] Soto v. Texas 681 S. W. 2d 602，611，1984. 另参见 [美] 鲁格罗·亚狄瑟：《法律的逻辑——法官写给法律人的逻辑指引》，唐欣伟译，法律出版社2007年版，第201~202页。

论证理由的谬误。诉诸无知的论证模式是：没有证明 S 是真；所以，S 是假的。或者，没有证明 S 为假；所以，S 是真的。以下两则对话就存在诉诸无知的谬误。

对话一：

甲："那边有一条既看不见又摸不着的龙。"

乙："你怎么证明那条龙存在？"

甲："你又怎么证明那条龙不存在？"

乙："我没有办法证明。"

甲："既然你无法证明，那么那条龙就是存在的。"

对话二：

甲："上帝是存在的。"

乙："世界上根本上就不存在上帝。"

甲："你有什么证据？"

乙："我从来没见过上帝，但你见过吗？"

甲："我们没见过上帝，不过没碰上罢了，但这并不能证明上帝不存在。"

按照美国大法官亚狄瑟的观点，在刑事法律中，无罪推定作为典型的诉诸无知论证是可以接受的。[1] 这是因为在刑事案件中，除非警方在没有合理怀疑的情况下证明被告有罪，否则被告应被推定无罪。这个公式可表示如下：P 并没有被证明有罪，因此，P 没有犯罪。这种推理思路与诉诸无知是一致的。实际上，从证据法的观点来看，诉诸无知的重要特征就是转移了证明责任。具体说来，提出观点者不去证明自身的观点 P 何以成立，而是把证明责任推卸给他人，即让他人来证明观点 P 为何不成立。当他人不去或不能证明 P 不成立时，观点的提出者就得出结论说，P 成立，而这正是诉诸无知的典型论证模式：没有证明 S 为假；所以，S 是真的。如"温西蒲案"[2] 就是诉诸无知的一个典型案例。该案判决书指出："合理的怀疑标准，是减少根据错误事实而定罪的风险的主要工具。这个标准提供了无罪推定的具体实质——

---

〔1〕 ［美］鲁格罗·亚狄瑟：《法律的逻辑——法官写给法律人的逻辑指引》，唐欣伟译，法律出版社 2007 年版，第 222 页。不过，也有学者指出，诉诸无知与无罪推定还是存在实质的区别。参见王建芳："无罪推定与诉诸无知论证比较研究"，载《北京理工大学学报（社会科学版）》2006 年第 4 期。

〔2〕 In re Winship, 397 U. S. 358, p. 364,（1970）.

而这是在我们刑法的实行中最基本的原则。""为了使人信服，对于超越合理怀疑证据的要求，在刑事程序中扮演最重要的角色。在起诉过程中，被告的权益是非常重要的，不仅仅因为他可能因为这个判决而失去自由，他也会因为这个判决而被贴上标识。因此，在强调好名声的价值与自由的社会时，除非有合理的怀疑认为该人与此犯行有关，否则就不应该判决他有罪。在诉讼中，事实的发现总是有若干程度的错误，双方都应该被考虑进来。由于更高的价值（被告的自由），这个错误的程度必须严格缩小，而诉讼之另一方必须负举证责任……在判决前说服事实调查者，相信他的定罪是超越合理的怀疑。因此，正当法律程序要求，除非政府负起举证责任，说服事实调查者相信他有罪，否则没有任何人可以失去自由。"

### 三、诉诸怜悯谬误

诉诸怜悯谬误是一种仅以认定某人某事值得怜悯、同情而作为论据进行论证的谬误，分为两种情况：

一是论辩者利用对方或听众的同情心作为支持自己论点的论据，以达到诡辩的目的。美国著名律师达洛就充分利用了这种怜悯术[1]。有一次，美国木工联合工会的会员吉德被控犯了罪，达洛受聘为其辩护。在法庭上，他说："我在这里并不想仅仅因为吉德个人请求你们，我是为那许许多多知名的和不知名的，死去了的和活着的，曾在地球上创造了大量财富的而倍遭富人们蹂躏和掠夺的穷人们，请求你们。我为这些请求你们，他们日出而作，日落而息，世世代代贡献出了他们的生命、力量和劳动，使他人富有、生活愉快，我要为现代财富的创造者——劳动妇女们请求你们，要为活着的和尚未出世的孩子们请求你们。"吉德到底犯了什么罪，是否应该开释？达洛只字不提。实际上，律师或当事人在陪审团面前常常利用怜悯术来摆脱论证上的自身困境。因此，律师界流传这么一句至理名言："当法律于你不利时，就去辩论事实；当事实对你不利时，就诉诸一切能取信于陪审团的方法。"这种能取信于陪审团的方法之一，就是诉诸怜悯。

二是利用对方或听众的怜悯之心使其接受自己的观点，以摆脱目前的困境。唐朝杨贵妃也是利用怜悯术的高手，《新唐书·杨贵妃传》就记载过她断

---

〔1〕 黄中建："说辩中的哀兵战术"，载《现代交际》1997 年第 11 期。

发唐玄宗的故事：杨贵妃曾因妒忌吃醋而出言冒犯唐玄宗，惹得龙颜大怒。唐玄宗令高力士用辎车送她回老家，不准回宫。杨贵妃登车伊始就悔恨不已，涕泪俱下，情急之中，剪下自己一绺头发交于高力士，说："妾有罪过，罪该万死，但除了身体头发之外尽是皇上所赐，如今将死，无以报答圣恩。"随即持刀断发一束附奏说："将此留与皇上诀别。"唐玄宗收到断发，睹物思人，顿生爱怜之心，旋即令高力士接杨贵妃回宫。而在西方，柏拉图在《辩护篇》曾记录过苏格拉底受审时的自我辩护，也曾利用过诉诸怜悯："或许你们里面有人很讨厌我，想到他为了类似的甚至微不足道的案子，哭哭啼啼地乞求法官，他把孩子们都带到法庭来，以及亲朋好友，场面令人动容；而有生命危险的我，是不会干这种事的。他会想到这个对比，而说我的坏话，很愤怒地投票，因为他以这个理由讨厌我。如果你们里头真有这样的人——我不敢说到底有没有——我大概会用荷马的回答他：'朋友，我是个人，是个有血有肉的生物，而不是木石。'我也有家庭，我也有孩子。啊，雅典人，我有三个孩子，一个快成年了，其余两个还小；我不会把他们带来这里，以请求你们判我无罪。"[1]

### 四、诉诸武断谬误

诉诸武断谬误是指既未提出充分的论据，也未进行必要的论证，就主观作出判断的一种谬误。昆剧《十五贯》中，无锡知县过于执，仅凭尤胡芦（被害人）养女苏戌娟年轻貌美这一点，便判定她是与熊友兰勾搭成奸，谋财杀死养父的凶手。过于执的论断是："看你艳如桃李，岂能无人勾引？年正青春，岂能冷若冰霜？你与奸夫情投意合，自然要生比翼双飞之意。父亲拦阻，因之杀其父而盗其财，此乃人之常情。"过于执仅凭当事人之间某种想当然的关系就断定苏戌娟为杀父凶手，犯了诉诸武断的逻辑错误。

而在当代各国司法实践中，一方面，诉诸武断可能被当事人作为不服原审判决而提起上诉的重要逻辑工具来使用，如"金娟娣与雷细芳、徐转璋民间借贷纠纷上诉案"[2]。在本案中，上诉人金娟娣、雷细芳不服浙江省永嘉

---

〔1〕　转引自［美］鲁格罗·亚狄瑟：《法律的逻辑——法官写给法律人的逻辑指引》，唐欣伟译，法律出版社2007年版，第205～206页。

〔2〕　"温州市中级人民法院［2014］浙温商终字第317号"，载 http://www.lawxp.com/case/c4568558.html，访问日期：2015年2月28日。

县人民法院〔2013〕温永城商初字第 343 号民事判决，向温州市中级人民法院提起上诉称："原审判决认为雷细芳向金娟娣所借债务为雷细芳个人债务是错误的，应为雷细芳、徐转璋夫妻存续期间共同债务，由双方共同负责清偿，理由如下：一、徐转璋知晓借款事实，且已经以事实行为予以追认。虽然在出具借据之时徐转璋不在现场，也没有在借据上签字，但是事后金娟娣多次向徐转璋催要过借款，徐转璋也多次宽慰金娟娣称其夫妻一定想办法还款。更为重要的是 2011 年在协助雷细芳、徐转璋夫妻向雷小草催款时，徐转璋亦共同前往，由此可见徐转璋对该笔借款是明知认可的。二、借款用途并未超出被上诉人家庭共同生活支出或共同经营支出范畴。该笔借款确实是打入雷小草账户，但这是雷细芳指定的借款支付方式，至于款项支付后具体用途，是用于投资或其他经营行为，金娟娣根本不明其详。退一步来说，即便雷细芳从金娟娣处所借款项用于在外放贷，其收益也无非是用于其家庭共同生活而已。原审判决认为雷细芳、徐转璋夫妻均为有固定工作，其收入足以维持一般家庭生活，该认定是武断和不客观的。事实上，从现有证据可以看出，雷细芳、徐转璋夫妻婚姻存续期间除了抚养小孩外，买车买房，每月要还按揭，这样的生活水平完全靠固定工资是无法维持的。因此借款对外投资经营合情合理……"2014 年 4 月 10 日，浙江省温州市中级人民法院作出终审判决：①撤销浙江省永嘉县人民法院〔2013〕温永城商初字第 343 号民事判决；②雷细芳、徐转璋于本判决生效之日起 10 日内偿还金娟娣借款本金 420 800 元并赔偿利息损失。

另一方面，诉诸武断也可能被法院作为批判工具作出有利于一方的判决，如"GPX 轮胎公司诉美国政府案"[1]。在"GPX 轮胎公司诉美国政府案"中，美国国际贸易法院的审查标准就注意到了诉诸武断逻辑论证方法。2013 年 1 月 7 日，美国国际贸易法院就 GPX 国际轮胎公司和河北兴茂轮胎有限公司就美国公法 112 - 99，即允许对非市场经济国家适用反补贴调查的问题诉美国政府案作出判决。关于审查标准："根据 28 U. S. C. § 1581（c），美国国际贸易法院对本案拥有审判权。国际贸易法院将认定该法并未违宪，除非原告证明该法缺乏服务于某一合法的政府利益的合理基础，从而证明国会的行为

---

〔1〕 河北商务厅："美国国际贸易法院就 GPX 轮胎公司诉美国政府案发布判决"，载 http://www. hecom. gov. cn/content. aspx? id = 49745，访问日期：2015 年 2 月 28 日。

是'武断的和不合理的'。至于对商务部终裁和征收反补贴税的第一次发回重审裁决，国际贸易法院应对商务部作出的'没有登记的实质性证据支持的，或与法律规定不符的'任何裁决作出违法判决［19 U. S. C. § 1516a（b）（1）（B）（i）］。"美国国际贸易法院认为，该项新法并未违宪，但认为商务部的终裁裁决和第一次发回重审裁决并未完全符合相关法律的规定，也未完全得到实质性证据的支持。据此，国际贸易法院就可诉补贴是否已被取消发回商务部作出重新分析，如果并未取消，商务部应解释或重新考虑其对由此引发的反补贴税的计算。商务部应在该判决发布 60 日内提交裁决结果，GPX 公司、TUTRIC、帝坦和普利司通应在随后 30 日内提交答复，美国政府应在随后 15 日内作出回应。

### 五、诉诸权威谬误

诉诸权威谬误是指在论证中对论题不作具体的论证，而仅靠不加分析地摘引权威人士或机构的言论，以之作为论证论题正确的充分论证的一种谬误。该谬误是对权威的滥用，它是诉诸当事人的权威或声望，却不主张该权威的正当性。不可否认，法律推理和论证是可以诉诸权威的，但是如果该权威与论题无内在的逻辑关联，将权威观点或人物不加分析地当作主要论据来证立论题或结论，使之与论题生搬硬套地联系在一起，那就是诉诸权威谬误了。

美国"猿猴诉讼案"[1]就是一例典型的诉诸权威谬误。20 世纪 20 年代初，美国社会兴起了一场由民主党政客布赖恩领导的反进化论运动。1925 年田纳西州的法令更明确宣布：本州的一切大学、师范学校和其他各级公立学校，它们的任何教师如果讲授了任何否认上帝创造了人的圣经学说的异端，都将作为违法论罪。1925 年 5 月 7 日，布莱恩伙同田纳西州戴顿镇地方政府向法院起诉，指控当地年轻的生物教员斯科普斯在课堂上讲授进化论，违反该州法律。控告书上这样写道："要是人是由猿猴进化而来的，那么上帝干什么去了呢？"戴顿镇法院决定 7 月 10 日开庭审理此案，其中两个学生胆怯地作证斯科普斯曾教过他们进化论，但补充说他们没有受到毒害。原告律师布莱恩挥舞着生物教科书，则谴责那些到戴顿镇来为被告辩护的科学家们：

─────────

〔1〕 "猿猴诉讼案"，载 http://news. sina. com. cn/w/2005 - 11 - 11/02477407279s. shtml，访问日期：2015 年 1 月 22 日。

"《圣经》是决不会被那些千里迢迢而来的专家们赶出法庭的。"法院最终作出判决，对被告斯科普斯处以 100 美元的罚款。

又如 1970 年"克里斯诉太平洋内陆航空公司案"判决书[1]，就郑重指出了诉诸权威谬误的负面作用："附加引用那些不具有支配力的法条、法则或规定，我不得不认为是有害处的。这些附加物本身有潜在的危险。当法律的来源本身不是很有意义时，那么引用该法律的唯一用处就在于修辞而已。在形式逻辑里，我们称为'诉诸权威'，亦即诉诸某个法源的声望。在指示陪审团时使用'诉诸权威'，会不必要地误导法律真相的探究。而最糟糕的是，由于误导性因素所形成的印象，可能会产生不必要的偏见。此外还有个潜在的危机，当法院拒绝引用某个来源，而提到其他来源时，可能等于对于证据提出了评论。"

## 六、诉诸暴力与人身攻击谬误

诉诸暴力谬误是指在论辩中，论辩者借助威胁和恫吓以迫使对方接受其观点的一种谬误。它也叫诉诸强权。近来一些国家和议会辩论中上演的全武行就是此类典型表现。如 2009 年 7 月 22 日，因对传媒法和非正规（职雇佣）法案等意见分歧，韩国国家党和民主党双方在国会会场大打出手，至少有一人被送往医院。[2]又如中国《史记·秦始皇本纪》记载赵高"指鹿为马"的故事也是典型的诉诸暴力："赵高欲为乱，恐群臣不听，乃先设验，持鹿献于二世，曰：'马也。'二世笑曰：'丞相误邪？谓鹿为马。'问左右，左右或言马以阿顺赵高。或言鹿者，高因阴中诸言鹿者以法。后群臣皆畏高。"

诉诸人身攻击谬误则是指在论辩中用攻击论敌的个人品质，甚至谩骂论敌的手段，以激发听众对其论敌的厌恶，诱使听众仇恨论敌，进而达到诡辩的目的。这种手法的实质是以不道德的论战手段代替正常的逻辑论证，以便在论辩中取胜。如 1860 年 6 月 30 日，英国教会和一些保守学者在牛津大学集

---

〔1〕 Cresap v. Pacific Inland Navigation Co. 478 P 2d 233，228 78 Wash. 2d 563（1970）. 另参见［美］鲁格罗·亚狄瑟：《法律的逻辑——法官写给法律人的逻辑指引》，唐欣伟译，法律出版社 2007 年版，第 211 页。

〔2〕 姬新龙："韩国执政党强行通过媒体法引发议员群殴"，载 http://news. qq. com/a/20090722/001594_ 3. htm，访问日期：2015 年 1 月 22 日。

会反对达尔文的进化论思想。[1] 威尔伯福斯大主教拿不出科学论据反驳进化论，就把矛头指出信仰进化论的赫胥黎："赫胥黎教授就坐在我旁边，他是想等我一坐下来就把我撕成碎片的，因为照他的信仰，他本来是猴子变的嘛！不过，我倒要问问，既然人是猴子变过来的，那么你到底是猴爷爷还是猴奶奶的后代？"赫胥黎回敬道："祖先是个猿猴，这并不可耻。如果祖先是个才智超群却善于混淆视听的人，那才可耻。"双方都认为自己赢得了这场辩论，不过听众的感觉是赫胥黎占了上风。再如 1988 年"派特森诉督学委员会[2]案"中，当事人之间的法庭质证也频繁出现诉诸人身攻击的谬误。该判决书写道："上诉人贾瑞抗辩说，废弃选票的论证，虽然市府律师说那是'无聊的贩卖丑闻'和'卑鄙的人身攻击'，'而且与有限的舆论目的不符'，但是该论证既无误导也没有不一致的问题。在审阅被废弃的选票以后，提出我们的判决意见如下：对于哈根的婚姻问题以及柯利南财务状况的人身攻击，就是否要重新划分波丽中学校产（那是投票唯一的主题）而言，并无任何合理的关联。只有在巴伯亚地产（命题 B 所提到的地产）的开发问题里，我们才看到哈根的名字。而柯利南的财务状况和所提校产重划的问题完全无关。既然在投票前并无特定的开发计划或潜在的开发者，投票者可能被相关言论误导，并认为他们是在投票支持或反对特定的开发商。在第三个论证里对于两个市府官员的人身攻击，和波丽中学校产重划的投票问题也完全无关。事实上，该陈述显然是指 1986 年 6 月选举后对于某官员在巴伯亚开发案的不当行为所提起的诉讼。"

在当代中国，也不乏诉诸语言暴力或人身攻击的司法诉讼案件，下面仅举"何瑞珍与佛山市顺德区公安局行政处罚纠纷案"[3]一例：2014 年 4 月 18 日，佛山市顺德区人民法院就何瑞珍与佛山市顺德区公安局行政处罚纠纷案宣判：驳回原告何瑞珍要求撤销被告作出的佛顺公行罚决字［2013］19012

---

〔1〕　郭林："达尔文诞辰二百年：进化论风雨未休"，载 http://www.gmw.cn/content/2009 – 04/30/content_ 911933. htm，访问日期：2015 年 3 月 1 日。

〔2〕　Patterson v. Board of Supervisors 248 Cal. Rotr. 253，260（1988）. 另参见〔美〕鲁格罗·亚狄瑟：《法律的逻辑——法官写给法律人的逻辑指引》，唐欣伟译，法律出版社 2007 年版，第 213～214 页。

〔3〕　"广东省佛山市顺德区人民法院（2014）佛顺法行初字第 26 号"，载 http://www.court.gov.cn/zgcpwsw/gd/gdsfsszjrmfy/fsssdqrmfy/xz/201407/t20140701_ 1884012. htm，访问日期：2015 年 3 月 1 日。

号《行政处罚决定书》及判令被告将赵善江等人涉嫌侮辱或诽谤何瑞珍一案立案侦查，依法追究刑事责任的诉讼请求。法院经审理查明："2013 年 11 月 16 日 21 时许，第三人赵善江与钟汗祥在佛山市顺德区伦教住宅处拿了几份含有对新塘村股份社副社长何瑞珍进行人身攻击、侮辱内容的《新圹村民的怨言》在顺德伦教新塘新安路口股份社公告栏、新塘汇龙路公告栏、新东村与新西村内进行张贴。2013 年 11 月 17 日，被告接到原告的举报后将涉嫌人身攻击、侮辱他人的第三人抓获。经调查核实后，被告于 2013 年 12 月 10 日作出佛顺公行罚决字〔2013〕19012 号《行政处罚决定书》，并于同日分别送达给第三人及原告。原告不服，向佛山市顺德区人民政府申请行政复议，该府于 2013 年 11 月 22 日作出顺府行复案〔2013〕118 号《行政复议决定书》，维持被告的具体行政行为，原告于同年 2 月 14 日收到该复议决定书。"由此法院认为："根据《中华人民共和国治安管理处罚法》第二条、第七条的规定，被告依法有权在本行政区域内对违反治安管理的行为实施行政处罚。……本案中，被告根据何瑞珍、赵善江、钟汗祥、陈桂彩的《询问笔录》、钟汗祥的《辨认笔录》、赵善江对接收和张贴《新圹村民的怨言》地点的指认照片等证据认定赵善江于 2013 年 11 月 16 日 21 时许与钟汗祥在顺德区伦教新塘张贴《新圹村民的怨言》对新塘村股份社副社长何瑞珍进行人身攻击、侮辱，被告依照上述法律规定，对第三人作出行政拘留三日的行政处罚决定，事实清楚、证据确凿，适用法律正确。"

### 七、因人纳言与因人废言谬误

因人纳言谬误是指在论辩过程中，仅仅根据立论者的愿望或自己对立论者的感情或钦佩，而不考虑其论断内容是否真实或其论证过程是否正确，便对立论者的论点表示接受和赞同的一种谬误。所谓"嘴上无毛、办事不牢"，用"办事者年纪轻"为论据来证明"年轻人办不好事"也属这类错误。又如明代冯梦龙《古今谭概》讲到过南北朝时一个因人纳言的典故：有一个叫张率的年轻人，把自己文学习作送给名家虞纳鉴定。虞纳漫不经心地翻了几页，便傲慢地说："这都是不像样的东西，怎么拿来给我看？"张率的文章写得不错，听了虞纳的话很不服气。过了一段时间，张率把自己的另一篇习作呈给虞纳，这次诡称是文学家沈均所作，没想到虞纳马上表态："名家手笔，果然不同凡响"。

因人废言谬误是指在论辩过程中，仅仅根据立论者的道德品质或自己个人对立论者的厌恶态度，而不考虑立论者的论断内容是否真实，也不根据逻辑反驳的规则和要求，就对立论者的论点加以否定而表现出来的一种谬误。它最早见于《论语·卫灵公》："君子不以言举人，不以人废言。"据《史记·扁鹊仓公列传》记载：虢太子死，扁鹊至虢宫门下，问中庶子喜方者曰："太子何病，国中治穰过于众事？"中庶子曰："太子病血气不时，交错而不得泄，暴发于外，则为中害。精神不能止邪气，邪气蓄积而不得泄，是以阳缓而阴急，故暴蹶而死。"扁鹊曰："其死何时？"曰："鸡鸣至今。"曰："收乎？"曰："未也，其死未能半日也。""言臣齐勃海秦越人也，闻太子不幸而死，臣能生之。"中庶子曰："先生得无诞之乎？何以言太子可生也？"扁鹊仰天叹曰："越人之为方也，不待切脉，望色听声写形，言病之所在。闻病之阳，论得其阴；闻病之阴，论得其阳。病应见于大表，不出千里，决者至众，不可曲止也。子以吾言为不诚，试入诊太子，当闻其耳鸣而鼻张，循其两股以至于阴，当尚温也。"中庶子乃以扁鹊言入报虢君。虢君闻之大惊，出见扁鹊于中阙，曰："窃闻高义之日久矣，然未尝得拜谒于前也。先生过小国，幸而举之，偏国寡臣幸甚。"扁鹊曰："若太子病，所谓'尸蹶'者也。太子未死也。"扁鹊乃使弟子子阳厉针砥石，以取外三阳五会。有间，太子苏。故天下尽以扁鹊为能生死人。扁鹊曰："越人非能生死人也，此自当生者，越人能使之起耳。"中庶子认为扁鹊救不了虢太子，因为只有神医俞跗之方可救太子，而扁鹊的方法不管用。但结果却是扁鹊救活了虢太子。

## 第四节　证据不充足的谬误

证据不充足的谬误即因果归纳谬误，又名理由不充足谬误，它一般产生于归纳推论与类比推论过程中，具体包括轻率概括谬误、平均数谬误、错误抽样谬误、错误原因的谬误和机械类比谬误等类型，它们既是非形式逻辑错误的某些典型表现，也是服务于现实生活的特殊论证工具和司法手段。

### 一、轻率概括谬误

轻率概括的谬误即以偏概全的谬误，即如俗语中的"盲人摸象"现象。

它是指在论证过程中，不遵循归纳概括的合理性原则，由个别特例而推出一个带普遍必然性的全称命题而产生的谬误。如2005年4月30日，深圳市龙岗警方在龙岗街道办事处辖区怡丰路黄龙塘市场上悬挂"坚决打击河南籍敲诈勒索团伙"和"凡举报河南籍团伙敲诈勒索犯罪、破获案件的，奖励500元"的大横幅〔1〕，此举引起了社会上的诸多争议，其中争议最多的就是涉嫌歧视河南人问题。难道所有河南人都涉嫌敲诈勒索犯罪？换言之，非河南籍人就不存在敲诈勒索犯罪现象？虽然当地派出所称辖区河南籍人居多，河南人发案率相对高于其他地方人，但是不能以偏概全，将河南籍人一网打尽，因为"有些河南人涉嫌敲诈勒索犯罪"就推知"所有河南人都涉嫌敲诈勒索犯罪"。以下两案的当事人或法官则利用了轻率概括谬误的论证方法。

一是"张彬、张巧梅与齐颜琴等相邻关系纠纷案"〔2〕：上诉人张彬、张巧梅因与被上诉人齐颜琴、刘万全、梁俊邦相邻关系纠纷一案，不服吴起县人民法院〔2013〕吴民初字第00417号民事判决，向陕西省延安市中级人民法院提起上诉，称："一、一审判决事实认定不清。一审判决对于被上诉人造成上诉人财产损失的范围态度含糊。一审判决虽然对上诉人房屋地基下陷及其所需维修资金有所分析，但对被上诉人造成上诉人其他财产损害没有考虑，这种'以点带面、以偏概全'的做法，违反了民事诉讼法的有关规定，应予纠正；二、一审判决遗漏了上诉人第2项诉讼请求，仅以简单的一句'驳回原告其他诉讼请求'来应付上诉人的具体诉讼请求，剥夺了上诉人的诉讼权利和实体权利；三、一审判决违反民事诉讼法关于回避的程序规定，应予撤销。一审判决的主审法官李树延与被上诉人梁俊邦之间存在亲属关系，有可能影响案件的公正处理，应自行回避。因此一审法院判决错误。故上诉请求：1. 依法撤销陕西省吴起县人民法院〔2013〕吴民初字第00417号民事判决；2. 本案一、二审诉讼费由被上诉人承担。"2014年12月25日，延安市中级人民法院作出终审判决：驳回上诉，维持原判。

---

〔1〕 "派出所高悬打击河南籍犯罪团伙横幅被指有歧视"，载 http://news.163.com/05/0330/01/1G29MFJ40001122B.html，访问日期：2015年1月22日。

〔2〕 "陕西省延安市中级人民法院〔2014〕延中民二终字第00706号"，载 http://www.court.gov.cn/zgcpwsw/shanxi/sxsyaszjrmfy/ms/201501/t20150120_6349354.htm，访问日期：2015年3月2日。

二是"陈德相诈骗案"〔1〕：苍南县人民检察院以苍检刑诉〔2014〕117号起诉书指控被告人陈德相犯诈骗罪，于2014年3月4日向苍南县人民法院提起公诉。苍南县人民法院于同日立案，并依法组成合议庭，公开开庭审理了本案。法院认为："关于控辩双方争议的焦点，本院评判如下：1. 被告人陈德相骗取棉纱款的数额问题。经查，被告人陈德相从2012年2月份开始，在其债台高筑无力还债的情况下，先以低于市场价的价格联系买家，后以做棉纱生意为名，向本案被害人赊账购买棉纱，再将骗取的棉纱低价出售套取现金用于还债和个人挥霍，其主观上非法占有故意极为明显。根据法律规定及司法实践，诈骗数额可以行为人实际骗取的数额计算，案发前已经归还的数额予以扣除。故起诉书将未偿还棉纱款认定为诈骗数额并无不当。辩护人仅将被告人陈德相卖给其中一个买家章某的棉纱款约10万元认定为全案诈骗数额，显然以偏概全，与查明的事实不符，本院不予采纳。"法院最后认定被告人陈德相无视国法，以非法占有为目的，虚构事实，骗取他人财物，数额特别巨大，其行为构成诈骗罪。

## 二、平均数谬误

众所周知，平均数是信息化社会的一个重要评估参考标准，不管是作为企业公司业绩的考核标准，还是作为法律适用机构的量化衡平指标。如现行《劳动合同法》第47条规定："经济补偿按劳动者在本单位工作的年限，每满一年支付一个月工资的标准向劳动者支付。六个月以上不满一年的，按一年计算；不满六个月的，向劳动者支付半个月工资的经济补偿。劳动者月工资高于用人单位所在直辖市、设区的市级人民政府公布的本地区上年度职工月平均工资三倍的，向其支付经济补偿的标准按职工月平均工资三倍的数额支付，向其支付经济补偿的年限最高不超过十二年。"而2013年2月1日最高人民法院公布实施的《关于审理劳动争议案件适用法律若干问题的解释（四）》第6条还补充规定："当事人在劳动合同或者保密协议中约定了竞业限制，但未约定解除或者终止劳动合同后给予劳动者经济补偿，劳动者履行了竞业限制义务，要求用人单位按照劳动者在劳动合同解除或者终止前十二个

---

〔1〕 "浙江省苍南县人民法院〔2014〕温苍刑初字第279号"，载 http://www.court.gov.cn/zgcp-wsw/zj/zjswzszjrmfy/cnxrmfy/xs/201405/t20140528_ 1262856.htm，访问日期：2015年3月2日。

月平均工资的 30% 按月支付经济补偿的，人民法院应予支持。"但是，如果滥用甚至扩大平均数的指标功能，基于平均数的假象引申出一般性的结论，那么就会产生平均数谬误，如根据西南财经大学 2012 年 5 月在北京发布的全国首份《中国家庭金融调查报告》得出中国人都有房有钱的结论呢？显然不能。该报告称：中国家庭自有住房拥有率为 89.68%，远高于世界平均的 60%；截至 2011 年 8 月，中国家庭资产平均为 121.69 万元，城市家庭平均为 247.60 万元，农村家庭平均为 37.70 万元；中国内地家庭金融资产平均为 6.38 万元，其中城市家庭金融资产平均为 11.20 万元，农村家庭金融资产平均为 3.10 万元。[1]

在司法诉讼中，平均数谬误也常出现在法院判决书中。如在"徐林忠与安吉县天荒坪镇人民政府行政裁决纠纷案"[2]中，上诉人徐林忠因与被上诉人安吉县天荒坪镇人民政府、原审第三人万南生林业行政裁决一案，不服长兴县人民法院［2013］湖长行初字第 14 号行政判决（驳回原告徐林忠要求撤销被告作出天政行决字［2013］第 1 号林地使用权权属争议行政处理决定书的诉讼请求），向湖州市中级人民法院提起上诉。在二审庭审中，上诉人徐林忠称："原判认定事实存在二点错误：1. 被上诉人的处理决定主要事实没有查清，以采用上山丈量上诉人承包山面积多于第三人的面积平均数来推定上诉人侵占第三人承包山面积的做法错误。20 世纪 80 年代初实施的农村山林承包到户时，由于工作量大加上丈量设备原始落后，在分配承包山面积时普遍存在面积数不准的现象，并且每户拥有多处数块承包山，区块间还存在等级差别而需要补差面积的情况，如果仅以上诉人与第三人交界的一处承包山平均面积来推定也是十分不科学和公平的。……"上诉人徐林忠请求撤销原审判决，依法改判撤销被上诉人作出的天政行决字［2013］第 1 号林地使用权权属争议行政处理决定书。二审法院最终驳回上诉，维持原判。

### 三、错误抽样谬误

抽样法是一种不完全归纳法，它是从总体中不加任何分组、划类、排队

---

［1］"西南财经大学在京发布全国首份《中国家庭金融调查报告》"，载 http://news.sina.com.cn/o/2012–05–15/152524419503.shtml，访问日期：2015 年 1 月 22 日。

［2］"浙江省湖州市中级人民法院［2014］浙湖行终字第 7 号"，载 http://www.court.gov.cn/zgcpwsw/zj/zjshzszjrmfy_3160/xz/201403/t20140317_538165.htm，访问日期：2015 年 3 月 2 日。

等，完全随机地抽取调查单位以得出关于总体的一般性结论的调查方法。其特点是：每个样本单位被抽中的概率相等，样本的每个单位完全独立，彼此间无一定的关联性和排斥性。它作为具体的社会学方法时常出现在司法实践中。不过，不正确地使用抽样法将会产生错误抽样的谬误。所谓错误抽样的谬误，就是指在论证过程中，由于抽样不合理（如抽样片面、样本不具有代表性等）而产生的谬误。如19世纪美西战争期间，有人根据海军士兵死亡率0.9%，纽约市民的死亡率1.6%，而得出战争期间海军服役军人比一般市民安全的荒谬结论。再如下列两案中，错误抽样的谬误手段被不同程度地利用或识破，以达到巩固或加强本方论点目的。

　　一是在"邓胜容与四川鑫泰物业服务有限公司物业服务合同纠纷上诉案"[1]中，上诉人与被上诉人围绕经抽样调查所得物业服务质量问题进行了质证。经法院查明，截止到2013年9月15日，邓胜容尚欠鑫泰物业服务费3384.25元，垃圾清运费264元。鑫泰物业公司经催收未果，遂诉至原审法院绵阳高新技术产业开发区人民法院，请求判令邓胜容支付拖欠的物业服务费、垃圾清运费及违约金，原审法院经审理后对鑫泰物业公司的上述请求予以支持。原审被告邓胜容不服判决，向绵阳市中级人民法院提起上诉："认为原判认定事实不清，证据不足，请求改判邓胜容不向鑫泰物业公司支付物业服务费、垃圾清运费或发回重审。其主要上诉理由为：根据2008年1月4日物业服务合同的约定，鑫泰物业公司应按绵阳市物价局《绵价费（2004）56号》物业管理服务质量标准及服务内容二级提供物业管理服务，但合同签订后，鑫泰物业公司远远没有达到二级服务标准：1. 综合服务方面，物业管理服务满意度抽样调查其满意率远远低于85%；2. 房屋管理及维修养护方面，房屋、窗户漏水等问题，鑫泰物业公司既没有提供维修养护服务，也没有联系开发商维修；3. 公共设备维修养护、绿化养护、保洁服务等也没有达到二级服务标准。"被上诉人答辩称："被上诉人是取得一级服务资质的物业公司，给上诉人所在的小区提供了优质的物业服务。对于上诉人所述的满意度调查，是其单方进行的，调查对象多数都是欠费的业主，不能反映真实情况。对于上诉人所称的业主房屋漏水、损坏等问题，此系业主专属部分，应由业主自

---

　　〔1〕 "四川省绵阳市中级人民法院［2014］绵民终字第444号"，载 http://www.court.gov.cn/zgcpwsw/sc/scsmyszjrmfy/ms/201404/t20140417_793611.htm，访问日期：2015年3月2日。

已管理，物业服务是针对公共部分。小区的绿化完好率和路灯完好率均达到了合同所约定的二级服务标准。原审认定事实清楚，适用法律正确，请求驳回上诉，维持原判。"2014 年 4 月 9 日，绵阳市中级人民法院终审判决：驳回上诉，维持原判。

　　二是在"闻叶红诉广德县市场监督管理局行政处罚再审案"〔1〕中，再审法院安徽省高级人民法院认为：本案实体方面涉及的争议焦点主要是广德县工商局广工商处字〔2011〕第 015 号行政处罚决定所依据的宣城市质量监督检验所的 2011 宣检（化工）字第 0062 号检验报告是否具有合法性，能否作为定案的依据。与此相关的问题有四：第一，送检样品的抽样人员是否合法；第二，抽样方式是否合法；第三，样品盛放、封存是否合法；第四，检验报告的送达是否合法、是否保障了当事人申请复检的权利。其中，"关于抽样方式是否合法的问题。根据中华人民共和国国家标准 GB1503 - 2009《复混肥料（复合肥料)》第 6.3.1 的规定，对袋装复混肥料（复合肥料）采样时，应按规定随机抽取一定袋数，用采样器沿每袋最长对角线插入至袋的四分之三处。本案中，广德县工商局提举的现场照片、农资抽样取样记录均不能证明其是用采样器沿每袋最长对角线插入至袋的四分之三处抽取样品。其再审中虽辩称取样方式符合上述国家标准，但因证据不足，故该答辩理由不能成立"。安徽省高级人民法院最后指出："宣城市质量监督检验所的 2011 宣检（化工）字第 0062 号检验报告所检验样品的抽取人员、抽取方式、盛放封存不符合《流通领域商品质量监测办法》、国家标准 GB1503 - 2009《复混肥料（复合肥料)》的相关规定，且检验结果未依法通知利害关系人红四方公司，影响了其申请复检的权利，故该检验报告不具有合法性，广德县工商局依据该检验报告作出的涉案行政处罚主要证据不足，依法应予撤销。原一、二审判决驳回闻叶红的诉讼请求，适用法律不当。红四方公司的再审申请理由成立，依法应予支持。"

### 四、错误原因谬误

　　因果联系是法律人运用证据链认定法律事实的重要逻辑基础，相应的逻

---

〔1〕　"安徽省高级人民法院〔2014〕皖行再终字第 00005 号"，载 http://www.court.gov.cn/zgcp-wsw/ah/xz/201411/t20141114_ 4125871.htm，访问日期：2015 年 3 月 2 日。

辑错误可被称为错误原因的谬误。所谓错误原因的谬误，就是在论证中将不是原因的东西当作原因。在司法实践中，错误原因谬误至少存在三种基本形式：虚假原因谬误、以先后为因果谬误和因果倒置谬误。

所谓虚假原因谬误就是指某种原非给定结果的原因错误地以为是引起该结果的真实原因，又称为原因误认谬误。这些所谓的"原因"与"结果"之间可能彼此相关，但它们都以第三个尚未检验的事件作为原因，而不是二者之间存在真实的因果关系。如有些同学一来上课就犯困，一到考试就头疼，不来上课反而生龙活虎，不用考试也不头疼了。于是，这些同学就认为上课或考试是引发犯困和头疼的原因。又如在"赵尔峰、黄超、吴多荣涉嫌犯重大责任事故罪、妨害作证罪、包庇罪案"[1]中，一审法院甘肃省山丹县人民法院指出："被告人赵尔锋矿难发生后，指使他人隐瞒事故真相，虚构矿难者的死亡原因，在省安监局联合调查中作了虚假证言，指使吴多荣等人在司法机关作了被害人魏荣死于交通事故的虚假证言，致使公安机关误将吴多荣以涉嫌交通肇事罪立案侦查。被告人赵尔锋在主观上明知自己的妨害作证的行为会发生妨害司法活动的客观公正性的结果，客观上实施了指使他人作伪证的行为，其行为已构成妨害作证罪。被告人吴多荣明知赵尔锋的煤矿发生了事故，而与赵协商，承担魏荣死亡的责任，包庇赵尔锋逃避法律追究，在山丹县公安局以其涉嫌交通肇事罪一案立案侦查中仍然隐瞒事故真相，虚构被害人魏荣系其驾车肇事致死，故意作假证明包庇，妨害司法机关正常的刑事诉讼活动，其行为已构成包庇罪。故起诉书指控被告人赵尔锋、黄超犯重大责任事故罪、被告人赵尔锋犯妨害作证罪、被告人吴多荣犯包庇罪的事实清楚，证据确实、充分，指控罪名成立，应予刑罚处罚。"

所谓以先后为因果谬误（post hoc ergo propter hoc）就是指将事物间的先后关系误以为因果关系而得出的一种谬误，这是从时间先后关系推论过因果关系的谬误：B 在 A 之后发生，因此，A 是 B 的原因。但是，A 在 B 之前发生，并不意味着 A 必然成为 B 的原因。按照美国大法官亚狄瑟的说法，"以先后为因果谬误"即"在此之后，职是之故"，这是一种暗示性的推论，在法律中比虚假原因谬误更为常见，是一种事后归因的"后此谬误"，他为此列举了

---

　　[1]　"甘肃省张掖市中级人民法院［2012］张中刑终字第 38 号"，载 http://www.chinagscourt.gov.cn/zyDetail.htm? id = 713733，访问日期：2015 年 3 月 2 日。

若干案例，其中包括布瑞南诉美国钢铁联合工会[1]。该案的法院判决书就指出："从多数意见的全称命题得到的特称命题，围绕在两个复杂的事实：（1）1066 分会投票所的计票员被认为有选举舞弊；（2）萨多夫斯基的对手，山缪·艾弗特得到国际工会的'官方家庭'的支持。我认为从这些个例推论出概括性的结论……是犯了'在此之后，职是之故'的谬误。因为国际官员在有舞弊的选举里支持萨多夫斯基的对手，因此国际组织必须对该舞弊负责，这是典型的'在此之后，职是之故'的谬误。只是时间的前后，并不一定会建立因果关联。"而仍处于社会舆论漩涡中的"南京彭宇案"一审判决书中，主审法官也犯了"以先后为因果谬误"。这是因为，该判决书写道："根据被告自认，其是第一个下车之人，从常理分析，其与原告相撞的可能性较大。"[2]在法官看来，被告是第一个下车的人，所以，被告与原告相撞的可能性较大。法官的推理是这样的：第一个下车的人与原告相撞的可能性大，被告是第一个下车的人，所以，被告与原告相撞的可能性大。即使我们假定原告是被车上下来的人撞倒在地的，但这与他人下车的顺序无关，完全取决于原告到达第一辆车后门时遇到的是第几个下车的人。原告要证明自己是被彭宇撞倒在地的，就必须提供证据证明自己一定是被第一个下车的人撞倒的。只有当原告提供了这个证明，法官推断原告是被第一个下车的人撞倒的才有意义。否则，即使彭宇承认自己是第一个下车的人，也不能由此推断原告是被彭宇撞倒的。

所谓因果倒置谬误就是指在相对确定的条件下，把原因和结果相互颠倒，视原因为结果或将结果看作原因而引起的谬误。日常所言的"本末倒置"、"先斩后奏"就是因果关系倒置的具体表现。在"邹恒甫与北京大学名誉权纠纷二审案"[3]中，北京市第一中级人民法院于 2014 年 12 月 23 日作出的终审判决书就提到因果倒置谬误问题："邹恒甫上诉称广大网友的评论系基于其自身社会经验与认识而作出，与其没有关系。对此，本院认为，任何群体结

---

〔1〕 〔美〕鲁格罗·亚狄瑟：《法律的逻辑——法官写给法律人的逻辑指引》，唐欣伟译，法律出版社 2007 年版，第 232 ~ 236 页。

〔2〕 "南京市鼓楼区人民法院 [2007] 鼓民一初字第 212 号"，载 http://www.dffyw.com/sifashijian/ws/200709/20070910142637.htm? from = timeline&isappinstalled = 0，访问日期：2015 年 2 月 15 日。

〔3〕 "北京市第一中级人民法院 [2014] 一中民终字第 09328 号"，载 http://www.court.gov.cn/zgcpwsw/bj/bjsdyzjrmfy/ms/201412/t20141231_5863378.htm，访问日期：2015 年 3 月 3 日。

论的得出均是多数个体经过内心确认的结果，但是这离不开外部环境诱因。本案中，广大网友所相信的事实确指邹恒甫所发布的北京大学'教授院长主任'与北京梦桃源餐饮有限公司女服务员之间存在不正当关系的事实，并非广大网友依据自身经验与认知所得出的其他事实。因此，邹恒甫所发布的事实系'因'，广大网友的结论是'果'，二者之间并不存在互相佐证或因果倒置的问题。故对邹恒甫上诉称其行为未造成北京大学损害后果的上诉理由，本院不予采纳。"

### 五、机械类比谬误

类比法是非演绎推理，它的结论是或然的，其逻辑规则包括：类比对象间相同的属性应该尽可能多；类比对象间的属性应该是本质的；注意类比对象间的差异性。违反类比法规则的类比就是机械类比。机械类比谬误，即简单类比谬误，它是指把两个或两类共同点或相似点较少，且缺乏相似本质属性的事物进行比较而得出的不当结论。俗语"东施效颦"即是机械类比。又如《庄子·至乐》记载鲁侯养鸟的故事："昔者海鸟止于鲁郊。鲁侯御而觞之于庙。奏《九韶》以为乐，具太牢以为膳。鸟乃眩视忧悲，不敢食一脔，不敢饮一杯，三日而死。此以己养养鸟也，非以鸟养养鸟也。"鲁侯养鸟的故事就是典型的机械类比。为什么呢？鲁侯把飞到鲁国城郊的一只海鸟看作神鸟，用招待贵宾的办法侍奉它，把它迎到庙堂里，供之以美食琼浆和《九韶》仙乐。海鸟却被吓得惊慌失措，不吃不喝，三天之后就死了。鲁侯以自己之所好来养鸟，而不是按照鸟的本性养鸟。在法律实践中，类比法运用很广泛，但因类比法使用不当而造成的机械类比或简单类比也是存在的，特别是存在于相似案件事实的发现与法律规则漏洞的填补过程中，现摘取二案具体说明之。

一是在"世界图书出版上海有限公司与上海富昱特图像技术有限公司著作权权属、侵权纠纷二审案"[1]中，二审法院深圳市中级人民法院针对侵权赔偿与授权许可费存在的本质区别，明确指出："三、关于一审判决金额是否合理的问题。由于侵权使用与经授权许可使用有着本质的不同，侵权赔偿与

---

〔1〕 "深圳市中级人民法院［2014］深中法知民终字第 321～327 号"，载 http://ipr. court. gov. cn/gd/zzqhljq/201407/t20140725_ 2221703. html，访问日期：2015 年 3 月 3 日。

授权许可使用所支付的费用不能简单类比，原审法院根据我国《著作权法》第四十八条规定，在权利人的实际损失或者侵权人的违法所得不能确定的情况下，综合考虑涉案摄影作品的类型、许可使用费、世界图书出版公司侵权的性质及情节、富昱特公司为制止侵权所支出的合理费用等因素，酌情判定世界图书出版公司赔偿富昱特公司经济损失的数额为每案 4500 元，七案合计31 500 元符合法律规定，并无明显不当，故该上诉理由，本院不予采纳。"

二是在"杨聪辉与晋江市青阳明扬汽配制造有限公司专利权纠纷二审案"[1]中，针对类似案件能否参照适用的问题，二审法院福建省高级人民法院指出并非所有类似案件都可套用相关规则："根据《中华人民共和国民事诉讼法》第一百条的规定，人民法院对于可能因当事人一方的行为或者其他原因，使判决难以执行或者造成当事人其他损害的案件，根据对方当事人的申请，可以裁定对其财产进行保全。根据该条规定，诉讼保全的条件必须是由于当事人一方的行为或其他原因有可能使将来的判决不能执行，或因一方当事人的行为或其他原因可能使对方当事人的合法权益受到难以弥补的损害。本案中没有证据证明存在或可能存在上述规定的情形，原审法院未受理杨聪辉的保全申请，不违反法律的规定。此外，人民法院需依个案具体情节决定是否采取诉讼保全措施，不应简单进行类比套用，杨聪辉主张原审法院在其他个案中采取了保全措施，进而认为本案原审法院有偏袒行为，没有事实和法律依据。"

## 余　论

关于非形式谬误的识别与破解，笔者在本章最后做个简略说明。相对于形式谬误，非形式谬误要复杂得多，且有些非形式谬误因具体语言环境的不同也可能是正确的。因此，要准确地识别并破解非形式谬误，我们还得具体问题具体分析。大致说来，我们可分三个步骤进行：第一步，运用各种推理和论证的知识、理论和原理特别是有关非演绎推理和论证的知识、理论和原理，对需要识别的谬误进行分类：究竟属于形式谬误还是非形式谬误。第二

---

〔1〕 "福建省高级人民法院〔2014〕闽民终字第 286 号"，载 http://www. court. gov. cn/zgcpwsw/fj/ zscq/201407/t20140701_ 1877927. htm，访问日期：2015 年 3 月 3 日。

步，进而分析谬误产生的原因是语言形式方面还是实质内容方面的。如该谬误仅局限于语言使用方面的原因，它则可归属于歧义性谬误，从语词、语句和语音等方面考虑排除。第三步，谬误不是产生于语言使用方面的问题，则表明其为实质内容方面的原因，进而考察其论题与论据之间的关联度是无关还是支持度不够，前者由于推不出必涉及论据的重新选择或论题重审，后者则属于论据不足而需做相关增删工作。

# 参考文献

1. 普通逻辑编写组编:《普通逻辑》(第 4 版),上海人民出版社 1993 年版。

2. 吴家国:《〈普通逻辑〉教学参考书》(第 2 版),上海人民出版社 1988 年版。

3. 雍琦:《逻辑》(修订版),中国政法大学出版社 1997 年版。

4. 雍琦、金承光、姚荣茂:《法律适用中的逻辑》,中国政法大学出版社 2002 年版。

5. 雍琦、金承光:《法律逻辑教与学》,法律出版社 2007 年版。

6. 张保生:《法律推理的理论与方法》,中国政法大学出版社 2000 年版。

7. 解兴权:《通向正义之路——法律推理的方法论研究》,中国政法大学出版社 2000 年版。

8. 王洪:《法律逻辑学》,中国政法大学出版社 2008 年版。

9. 梁慧星:《裁判的方法》,法律出版社 2003 年版。

10. 王洪:《制定法推理与判例法推理》,中国政法大学出版社 2013 年版。

11. 郑永流:《法律方法阶梯》,中国政法大学出版社 2008 年版。

12. 葛洪义:《法律方法讲义》,中国人民大学出版社 2009 年版。

13. 张大松:《法律逻辑学案例教程》,复旦大学出版社 2009 年版。

14. 黄伟力:《推理与思维训练》,上海交通大学出版社 2013 年版。

15. 余继田:《实质法律推理研究》,中国政法大学出版社 2013 年版。

16. 赵传栋:《论辩原理》,复旦大学出版社 1997 年版。

17. 张智光:《生活中的逻辑与智慧》,华文出版社 2001 年版。

18. 吴邛:《智断疑案与逻辑推理》,重庆大学出版社 2008 年版。

19. 〔古希腊〕亚里士多德:《工具论》(上、下),余纪元等译,中国人民大学出版社 2003 年版。

20. 〔美〕霍姆斯:《法律的生命在于经验——霍姆斯法学文集》,明辉译,清华大学出版社 2007 年版。

21. 〔美〕E. 博登海默:《法理学——法律哲学与法律方法》,邓正来译,中国政法大学出版社 1999 年版。

22. ［美］鲁格罗·亚狄瑟：《法律的逻辑——法官写给法律人的逻辑指引》，唐欣伟译，法律出版社 2007 年版。

23. ［美］史蒂文·J. 伯顿：《法律和法律推理导论》，张志铭、解兴权译，中国政法大学出版社 2000 年版。

24. ［美］道格拉斯·沃尔顿：《法律论证与证据》，梁庆寅等译，中国政法大学出版社 2010 年版。

25. ［英］尼尔·麦考密克：《法律推理与法律理论》，姜峰译，法律出版社 2005 年版。

26. ［德］罗伯特·阿列克西：《法律论证理论——作为法律证立理论的一种理性论辩理论》，舒国滢译，中国法制出版社 2002 年版。

27. ［德］卡尔·拉伦茨：《法学方法论》，陈爱娥译，商务印书馆 2003 年版。

28. ［荷］伊芙琳·T. 菲特丽丝：《法律论证原理——司法裁决之证立理论概览》，张其山、焦宝乾、夏贞鹏译，商务印书馆 2005 年版。

# 后 记

　　我与法律和逻辑的结缘存在时差性。大学时代，我的逻辑启蒙老师是罗剑辉教授和胡泽洪教授。我清楚地记得，罗老师使用的是上海人民出版社出版的全国通用教材《普通逻辑》，而胡老师则给我们讲授语言逻辑。不过，我对逻辑学的最初感觉是云里雾里懵懵然，但没想到的是我却最终走上法律逻辑研究之路。我硕士毕业后来到广州工作，进了广东商学院法律系（现为广东财经大学法学院），讲授的第一门法学课程就是《法学概论》，这也是我第一次接触法律，因为我的学士学位与硕士学位都是哲学专业。后来，纪宗宜教授、杜承铭教授、房文翠教授等鼓励我开设法律逻辑课程。我最初的法律逻辑教学，基本上是在为学生普及普通逻辑知识，至多辅之法律案例。在中国人民大学攻读法学博士学位的时候，我选修了陈慕泽教授主讲的逻辑学课程，陈老师把我们当成 MBA 学生进行逻辑训练！这也是我第一次切身感受逻辑学的方法论魅力，逻辑学还是一门便捷实用的工具性学科。随后，我又为本科生和研究生开设更多的法律逻辑与法律方法课程，此类教学实践促进和深化了我关于法律与逻辑之关联性问题的学术探索。

　　关于法律与逻辑的关联性问题研究，是我学术生涯中最为关心和时常反思的重要理论话题。陈慕泽教授富有个性的逻辑教学，促使我不断思考同一个问题，即逻辑为我们工作生活究竟能够提供怎样的方法论指引呢？不错，逻辑是一种工具，这种观点早就由古希腊亚里士多德提出。但问题是，逻辑不仅是一种分析性工具，也是一种非分析性工具。陈老师教学给予我的最大启发就在于，逻辑还是一种批判性工具，它是提升和培育批判性思维的必要工具性手段。当然，我并不满足于将逻辑仅仅视为解析法律问题的中介性工具，而且也视之为发现和解决法律问题的方法论选择。我并不完全认同法律逻辑的司法工具论，法律推理的确为我们提供了一种有别于法律解释的法律方法。然而，如果立足法律的论证立场而非法学立场，那么我们不应将法律推理与法律解释作过分严格的区分，更不应满足法律适用的解释学立场。这是因为，法律推理为法律论证提供论证方式选择，而法律论证则为法律推理提供正当化路径选择，即使法律推理谬误也不过是法律论证的特殊表现形式。当今世界的法律论证研究可谓风起云涌成果辈出，但是有关研究基本沿袭法哲学立场，而不是从法律方法角度提供可操作性的司法论证工具。几年前，广东财经大学法学院被主管部门批准为国家法律专业硕士教育与卓越法律人才分类培养教育基地之一，这正为我们重新反思和定位法律与逻辑和方法的关系问题提供了难得的实践契机，因为这两个层次的教育教学实践都侧重实用型法律专业人才的培养教育。拙作取名《法律的逻辑与方法研究》，实则为"案件逻辑学"，它在综合吸收前人和同行的最新研究成果基础上，希望能够反映本人十几年来的某些学术思考。拙作还显得稚嫩，也很不成熟，在此我真诚地希望诸位学术前辈和同行们不吝赐教与批评指正！"路漫漫其修远兮，吾将上下而求索"，这本中期汇报成果不过是新的起点，我将继续后期的相关学术研究工作。

在此，我首先要向上文提到的诸位老师致敬！他们是罗剑辉教授、胡泽洪教授、陈慕泽教授、杜承铭教授、纪宗宜教授、房文翠教授等，因为正是他们才使得我与法律和逻辑结缘并最终踏上有关学术研究之路。其次，我要衷心地感谢郑永流教授和亚狄瑟大法官。虽然与他们二位素未谋面，却从他们的著作中受益多多，我自以为在《法律方法阶梯》与《法律的逻辑——法官写给法律人的逻辑指引》两本著作中，他们不但关于法律方法的理论阐述相当系统全面，而且关于司法案例的摘引梳理非常精致实诚。我借此机会要向中国法律逻辑前辈雍琦教授、王洪教授等致敬！他们永远是我学习和景仰的学术指路明灯。再次，我要衷心地感谢广东财经大学法学院，正是法学院为本书早日面世提供了必要财政支持。同时，我也要向所有可爱的学生们表示由衷谢意，因为正是他们的配合与帮助，才使得我十几年来成功开设《法律方法》与《法律逻辑》两门课程，并给予我最为难得的教学与科研践行平台。最后，我还要感谢中国政法大学出版社丁春晖编辑，正是他的辛苦、细致而规范的编辑工作，才使得拙作锦上添花！本书得以最终顺利付梓，我在此要向他和他的出版社同事们致以最崇高的敬礼！

最后的最后，还请容许我提及我的宝贝女儿桐桐，她现在是小学二年级学生。听说爸爸准备出版一本新书，她屡次请缨帮助爸爸设计书的封皮。她还将自己的想法付诸实践，创造绘制了 QQ 应用游戏"泡泡鱼"卡通形象作为书的封面，还郑重其事地在封底制作 3 岁以下少儿不宜阅读的标识。女儿真是爸爸的开心"小苹果"，她的童真可爱为本书写作过程增添了不少欢快的小插曲！我由衷地感恩亲情，感谢所有关心和爱护我的亲朋好友，你们就是我永葆工作青春的永动机！

姚小林
2015 年 3 月 30 日于广州

**图书在版编目（ＣＩＰ）数据**

法律的逻辑与方法研究/姚小林著. —北京：中国政法大学出版社，2015.5
ISBN 978-7-5620-6086-4

Ⅰ．①法… Ⅱ．①姚… Ⅲ．①法律逻辑学②法律－方法论 Ⅳ．①D90-051②
D90-03

中国版本图书馆CIP数据核字(2015)第113307号

--------------------------------------------------------------------------------

| | |
|---|---|
| 出 版 者 | 中国政法大学出版社 |
| 地 　 址 | 北京市海淀区西土城路 25 号 |
| 邮寄地址 | 北京 100088 信箱 8034 分箱　邮编 100088 |
| 网 　 址 | http://www.cuplpress.com（网络实名：中国政法大学出版社） |
| 电 　 话 | 010-58908586(编辑部) 58908334(邮购部) |
| 编辑邮箱 | zhengfadch@126.com |
| 承 　 印 | 北京鑫海金澳胶印有限公司 |
| 开 　 本 | 720mm×960mm　1/16 |
| 印 　 张 | 21.25 |
| 字 　 数 | 340 千字 |
| 版 　 次 | 2015 年 5 月第 1 版 |
| 印 　 次 | 2015 年 5 月第 1 次印刷 |
| 定 　 价 | 49.00 元 |